EMMA **ECKSTEIN**

MARGARETE **HILFERDING**

SABINA **SPIELREIN**

EUGENIA **SOKOLNICKA**

BARBARA **LOW**

HERMINE **HUG-HELLMUTH**

LOU **ANDREAS-SALOMÉ**

KAREN **HORNEY**

RUTH **MACK BR**

Fátima Caropreso
Renata Udler Cromberg

(ORGANIZADORAS)

Mulheres pioneiras da psicanálise

UMA ANTOLOGIA

autêntica

Copyright © 2025 Fátima Caropreso e Renata Udler Cromberg
Copyright desta edição © 2025 Autêntica Editora

Todos os direitos reservados pela Autêntica Editora Ltda. Nenhuma parte desta publicação poderá ser reproduzida, seja por meios mecânicos, eletrônicos, seja via cópia xerográfica, sem a autorização prévia da Editora.

EDITORAS RESPONSÁVEIS
Rejane Dias
Cecília Martins

COORDENAÇÃO EDITORIAL E CONCEMPÇÃO
Gilson Iannini

REVISÃO
Aline Sobreira

CAPA
Diogo Droschi

DIAGRAMAÇÃO
Waldênia Alvarenga

**Dados Internacionais de Catalogação na Publicação (CIP)
(Câmara Brasileira do Livro, SP, Brasil)**

Mulheres pioneiras da psicanálise : uma antologia / Fátima Caropreso, Renata Udler Cromberg (organizadoras). -- 1. ed. -- Belo Horizonte, MG : Autêntica Editora, 2025.

Vários colaboradores.
ISBN 978-65-5928-587-7

1. Psicanálise - História 2. Psicanalistas I. Caropreso, Fátima. II. Cromberg, Renata Udler.

25-273135 CDD-150.195

Índices para catálogo sistemático:
1. Psicanálise : Psicologia 150.195

Eliete Marques da Silva - Bibliotecária - CRB-8/9380

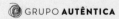

Belo Horizonte
Rua Carlos Turner, 420
Silveira . 31140-520
Belo Horizonte . MG
Tel.: (55 31) 3465 4500

São Paulo
Av. Paulista, 2.073, Conjunto Nacional
Horsa I . Salas 404-406 . Bela Vista
01311-940 . São Paulo . SP
Tel.: (55 11) 3034 4468

www.grupoautentica.com.br
SAC: atendimentoleitor@grupoautentica.com.br

7   **Apresentação**
    Fátima Caropreso e Renata Udler Cromberg

9   **Prefácio**
    Mulheres pioneiras da psicanálise: poder, amnésia coletiva e violência
    Klara Naszkowska

EMMA ECKSTEIN

27 Paciente, analista, autora
    Richard Theisen Simanke

31 **A questão sexual na educação da criança**

MARGARETE HILFERDING

65 O amor materno
    Renata Udler Cromberg

69 **As bases do amor materno**

SABINA SPIELREIN

83 A destruição como força de criação
    Renata Udler Cromberg

91 **A destruição como origem do devir**

EUGENIA SOKOLNICKA

131 Pioneira do movimento psicanalítico francês
    Richard Theisen Simanke

135 **Análise de uma neurose obsessiva numa criança**

BARBARA LOW

149 Uma pioneira da psicanálise britânica
Richard Theisen Simanke e Fátima Caropreso

155 **Psicanálise: uma breve apresentação da teoria freudiana**

HERMINE HUG-HELLMUTH

189 A psicanálise de crianças
Fátima Caropreso

193 **Sobre a técnica da psicanálise infantil**

LOU ANDREAS-SALOMÉ

213 A criatividade como forma de existência
Renata Udler Cromberg

219 **Narcisismo como dupla direção**

KAREN HORNEY

253 A sexualidade feminina
Fátima Caropreso

257 **Sobre a gênese do complexo de castração feminino**

RUTH MACK BRUNSWICK

273 A invenção do pré-edipiano
Renata Udler Cromberg

281 **A fase pré-edipiana do desenvolvimento da libido**

304 Anexo
Presença feminina nas reuniões
das quartas-feiras (1906-1918)

307 Agradecimentos

308 **Organização, prefácio e introduções**

Apresentação

Fátima Caropreso
Renata Udler Cromberg

As mulheres que pertenceram à primeira geração de psicanalistas, num momento instituinte do movimento psicanalítico, anterior à sua institucionalização em 1925, foram esquecidas e reencontradas em seu pioneirismo e na importância de sua obra ou prática apenas 50 anos depois, a partir dos anos 1970. Uma nova historiografia da psicanálise trouxe um novo espírito quando começou a questionar o dogma de que o relato sobre as origens e o desenvolvimento da psicanálise deve adotar a perspectiva fornecida pela vida e pela obra de Freud. Essa nova historiografia pôde surgir pelo rearranjo do movimento psicanalítico que, com o passar dos anos, fez emergirem outras visões que pouco a pouco pulverizaram a exclusividade da Associação Psicanalítica Internacional como porta-voz do movimento psicanalítico. O passado revisitado pôde trazer à tona a originalidade e a riqueza de obras de contemporâneos de Freud, homens e mulheres, e continua desvelando novas psicanalistas, de forma que a lista de pioneiras da psicanálise continua a crescer.

Desde o início do século XX, em uma época em que lutavam por direitos simples, como a inserção no mercado de trabalho, na universidade e na política, várias mulheres ingressaram na psicanálise como clínicas e teóricas inovadoras. Essas pioneiras não apenas trouxeram um olhar diferente sobre a sexualidade e a psicanálise infantil, como também questionaram premissas básicas, defendidas por Freud desde o início de sua teoria, construíram metapsicologias próprias e estenderam a abordagem psicanalítica a novos campos. Embora, na maior parte dos casos, tenham sido esquecidas ou subestimadas na história da psicanálise, elas participaram ativamente das associações psicanalíticas, e algumas delas foram ouvidas, inclusive por Freud, que dialogou ativamente com muitas delas e incorporou suas contribuições em sua teoria, mesmo que, muitas vezes, sem mencioná-las explicitamente.

O livro *Mulheres pioneiras da psicanálise: uma antologia* visa resgatar a importância da produção teórica de algumas dessas primeiras psicanalistas e contribuir para a construção de uma perspectiva mais ampla e fidedigna da história da psicanálise, através da publicação de traduções de um dos textos mais significativos de cada uma delas. As autoras selecionadas são Emma Eckstein, Margarete Hilferding, Sabina Spielrein, Hermine Hug-Hellmuth, Karen Horney, Ruth Mack Brunswick, Lou Andreas-Salomé, Barbara Low e Eugenia Sokolnicka. Todas elas são figuras de grande relevância para a psicanálise, embora, em sua maior parte, não tenham tido suas contribuições devidamente reconhecidas ou tenham permanecido em um quase completo esquecimento, durante boa parte da história dessa disciplina.

Os textos escolhidos são importantes não apenas do ponto de vista histórico, mas também pelo conhecimento neles contido, que, em sua maior parte, permanece atual e traz valiosas contribuições para guiar a técnica psicanalítica com crianças, para compreender o desenvolvimento infantil e a sexualidade feminina, para elucidar a dinâmica pulsional e o processo criativo, entre outros temas. Cada um dos textos é precedido por um capítulo introdutório com informações sobre a vida e a obra das autoras, o que fornece um panorama do contexto de suas publicações.

A morte trágica da maioria das pioneiras da psicanálise traz à tona a importância da reflexão sobre as forças históricas que atuaram no esquecimento de suas pessoas e obras. Essas forças se relacionam àquilo que é marca simbólica da sua corporeidade como mulheres, russas, polonesas, vienenses, a maioria judia, e aos seus fantasmas pessoais. Também se relacionam às forças instituintes coletivas do movimento psicanalítico, em seus primórdios, que iam determinando os rumos dos ideais do novo campo de saber, o que também era perpassado não só pelas práticas psicanalíticas nascentes, mas também pela política institucional e pela política da teoria nascente. Assim, as forças históricas que atuaram no esquecimento da pessoa e da obra dessas psicanalistas são forças políticas gerais, que fizeram intersecção com forças políticas institucionais específicas e com forças políticas culturais. Elas compõem camadas de compreensão da repressão ou supressão que está na base do processo de sua inicial marginalização histórica. O valioso prefácio da historiadora Klara Naszkowska aborda esse contexto social e político mais amplo do ingresso das mulheres na psicanálise, além de apresentar o contexto específico da inserção de cada uma das autoras em tal disciplina.

Prefácio
Mulheres pioneiras da psicanálise: poder, amnésia coletiva e violência

Klara Naszkowska

Tradução: Fátima Caropreso

O livro que o leitor tem em mãos nos faz lembrar tanto da história quanto do momento atual. As biografias das mulheres incluídas nesta antologia compartilham vários temas ligados às ainda pertinentes questões de gênero, raça e etnia, acesso à educação, desenvolvimento profissional, tirania, perseguição, violência, migração e ética da memória. O contexto em que as mulheres entraram no campo da psicanálise, suas escolhas de carreira e seus caminhos foram, muitas vezes, profundamente afetados e desafiados por circunstâncias sociopolíticas. Com a única exceção de Ruth Mack Brunswick, norte-americana da nova geração, as mulheres incluídas nesta antologia eram todas psicanalistas europeias da primeira geração, nascidas entre as décadas de 1860 e 1880. Como era de se esperar, muitas das primeiras psicanalistas eram austríacas (geralmente vienenses), como Emma Eckstein, Margarete Hilferding e Hermine Hug-Hellmuth, e outras eram alemãs, como Karen Horney. Outro grande contingente das primeiras mulheres psicanalistas nasceu na Europa Oriental e Centro-Oriental, em grande parte na então ocupada Polônia, na Hungria (na época Império Austro-Húngaro) e na Rússia, incluindo Eugenia Sokolnicka, Sabina Spielrein e Lou Andreas-Salomé. Antes da Segunda Guerra Mundial, a maioria dos psicanalistas em potencial gravitava em torno de Viena, Berlim, Zurique ou Budapeste – os principais centros do movimento freudiano (e junguiano). Os psicanalistas europeus compartilhavam um *background* que consistia em muitos eventos profundamente traumáticos. Suas vidas foram, muitas vezes, interrompidas ou alteradas pela Primeira Guerra Mundial, pela ascensão do antissemitismo e do nazismo no período entre guerras, pela Segunda Guerra Mundial e, finalmente, pelo Holocausto.

Essas circunstâncias difíceis e outros fatores sistêmicos, enraizados nas estruturas de poder, contribuíram para o fato de que as primeiras mulheres psicanalistas foram, em sua grande maioria, deixadas totalmente de fora da narrativa histórica, assim como suas contribuições inovadoras para o campo, ou foram lembradas de forma inadequada. Seu apagamento coletivo é uma reminiscência da amnésia social, da "repressão que a sociedade impõe à lembrança – o próprio passado da sociedade" (cf. Jacoby, 1997, p. 5). A psicanálise, infelizmente, é um campo moldado por uma longa história de discriminação deliberada de gênero e raça. E, como Michel-Rolph Trouillot (1995) nos lembra, a história é o fruto do poder. A narrativa histórica preponderante sobre a psicanálise, muitas vezes, diminui as contribuições inovadoras das minorias para esse campo nascente. As mulheres foram frequentemente ligadas, de forma inseparável, aos "grandes homens": Freud, Jung, Adler, Nietzsche etc., e enredadas nos "grandes cismas" entre eles. Durante décadas após sua morte (muitas vezes precoce), elas existiram como meras notas de rodapé nas biografias das "grandes figuras masculinas". Essas mulheres entraram em espaços dominados por homens e geralmente os dominaram com seu brilhantismo intelectual e seu pensamento sofisticado. Admitir a primazia e reconhecer o valor de suas contribuições poderia ser visto como um abalo nas estruturas de poder por parte de seus colegas homens.

As primeiras mulheres psicanalistas eram modelos das *new women*: "mulheres universitárias do início do século XX, que desafiavam as expectativas convencionais […] buscando a autorrealização pessoal por meio do ensino superior e de carreiras em campos profissionais tradicionalmente masculinos" (Freidenreich, 2002, p. xvii). Como é típico das *new women*, muitas autoras apresentadas nesta antologia eram judias de nascimento, com exceção de Hermine Hug-Hellmuth, Karen Horney e Lou Andreas-Salomé. Assim que as escolas médicas europeias começaram a abrir suas portas para as mulheres, as judias imediatamente passaram a constituir uma grande proporção de seus alunos. A Suíça foi o segundo país da Europa a admitir mulheres em 1864, depois da Inglaterra. Até que as instituições acadêmicas húngaras permitissem que as mulheres estudassem Medicina, em 1896, seguida pela Alemanha e pelo restante do Império Habsburgo, em 1900, mais de 90% das alunas das universidades suíças eram imigrantes, principalmente da Europa Oriental (Holmes, 1984). Sabina Spielrein estudou Medicina na Universidade de Zurique de 1905 a 1911 e se especializou na Clínica Burghölzli, dessa universidade. Ela fez história, em 1911, com sua tese de doutorado *Sobre o conteúdo psicológico de um caso de esquizofrenia* – uma das primeiras teses com orientação psicanalítica, certamente a primeira escrita por uma mulher. A psicanalista nascida na Polônia Eugenia Sokolnicka também se formou na Burghölzli, com seu diretor, Eugen Bleuler, em 1910 (cf. Groth, 2015). Outras mulheres psicanalistas que estudaram Medicina na Suíça naquela época e/ou foram treinadas na Burghölzli incluíam Salomea Kempner (Hermanns, 2019), Mira Oberholzer-Gincburg (Magnone, 2023), Esther Aptekmann e Fanny Chalewsky (cf. Launer, 2014), entre muitas outras.

Em 1903, apenas três anos após a Universidade de Viena ter aberto suas portas para as mulheres, Margarete Hilferding tornou-se a quinta mulher a receber um título de doutora da instituição. Das 18 primeiras mulheres que se formaram em Medicina em Viena até 1906, dois terços eram judias. No início da década de 1930, as mulheres judias representavam quase 40% das alunas da Faculdade de Medicina da Universidade de Viena (Freidenreich, 1996, p. 80).

A preponderância de mulheres judias entre as estudantes de Medicina nos primeiros anos do século XX ocorreu devido a uma combinação de fatores socioeconômicos e culturais. A educação universitária era cara, e as bolsas de estudo raramente eram concedidas a mulheres. A maioria das estudantes do sexo feminino vinha de famílias abastadas de comerciantes, industriais, professores e funcionários públicos (Suchmiel, 1997). Portanto, seus pais, menos preocupados com a necessidade de suas filhas se casarem com alguém rico, podiam se dar ao luxo de educá-las bem. As mulheres judias frequentemente contavam com o apoio financeiro e moral de seus pais para cursar a universidade e seguir carreiras profissionais, especialmente em profissões práticas, inclusive Medicina (cf. Freidenreich, 2002). Além disso, a educação tem um valor especial entre os judeus. Esse princípio de educação das crianças incluía dotá-las de algo que não poderia ser retirado delas da mesma forma que as posses, a cidadania e até mesmo a vida.

Circunstâncias socioculturais, políticas e econômicas específicas permitiram a entrada das mulheres nos movimentos psicanalíticos em Zurique, Viena, Berlim ou Budapeste. No início dos anos 1900, em comparação com outros campos científicos, a psicanálise era bastante receptiva às mulheres que se tornavam membros da sociedade, candidatas, professoras e autoras (cf. Borgos, 2021). Essa abertura para as mulheres coincidiu com a primeira onda do movimento feminino na Europa, o qual trouxe uma mudança nas expectativas sociais e nas representações culturais das mulheres, além de um debate sobre os papéis de gênero, o casamento e a maternidade.

O que atraiu as mulheres foi o fato de a psicanálise europeia do pré-guerra ser um projeto político que oferecia uma nova linguagem para falar sobre questões que não haviam sido abordadas até então, e que buscava mudar estereótipos e apoiar a emancipação sexual das mulheres. Além disso, muitas das pioneiras estavam envolvidas em movimentos sociais femininos e feministas, como Emma Eckstein e Margarete Hilferding.

É possível depreender, a partir de entrevistas de história oral, que os analistas da primeira e da segunda geração seguiram um chamado, muitas vezes ignorando as desvantagens e os perigos de uma profissão que não era prestigiosa nem lucrativa (cf. Naszkowska, 2023). Naquela época, os analistas eram isolados nos círculos médicos e acadêmicos. Além disso, seguindo a ideia freudiana do pré-guerra de tornar a terapia acessível a todos, modelo do primeiro instituto de treinamento estabelecido em 1920 em Berlim, surgiu o tratamento gratuito de pacientes. Os analistas do Instituto de Treinamento de Berlim, incluindo Karen Horney, eram obrigados a tratar pelo menos um paciente gratuitamente (Danto, 2007). Nas palavras de outra analista pioneira, Grete Bibring (1974, p. 9): "Éramos um grande grupo de intelectuais liberais e social-democratas que estava realmente envolvido na tentativa de ajudar as classes trabalhadoras". Esse compromisso, entre os psicanalistas europeus, de levar os benefícios da terapia aos pobres e às classes trabalhadoras foi geralmente abandonado quando a psicanálise chegou aos Estados Unidos, onde ela se tornou uma prática lucrativa e elitista (cf. Jacoby, 1983).

Notavelmente, Emma Eckstein, mais conhecida por ter sido vítima de uma negligência médica ultrajante, trabalhou por vários anos como psicanalista no início do século XX, sem diploma universitário ou treinamento prévio (além de um tratamento psicológico com Freud). Eckstein foi paciente de Freud por alguns anos, a partir de 1892 (Vichyn, 2005). Ele a encaminhou ao otorrinolaringologista Wilhelm Fließ para uma operação, que foi malsucedida, colocou-a em risco de vida e produziu uma desfiguração permanente de seu nariz. Freud (que na época também era paciente de Fließ) desconsiderou a situação. Ainda assim, em 1897, Eckstein começou a tratar pacientes neuróticos de acordo com as técnicas freudianas e sob sua orientação. Ela publicou vários textos, inclusive o pequeno livro *A questão sexual na educação da criança*, incluído nesta coletânea (Nölleke, [s.d.]). Por fim, a história foi tratada de forma sensacionalista por Jeffrey Masson (1984), desviando ainda mais o foco das contribuições profissionais de Eckstein.

Quando Eckstein, Hilferding, Spielrein, Hug-Hellmuth, Andreas-Salomé, Sokolnicka e Mack Brunswick estavam morando, estudando, em treinamento, trabalhando ou em análise com Freud (cf. May, 2007) em Viena, o Império Habsburgo já era um reduto de antissemitismo e violência racial. As universidades austríacas eram propensas a preconceitos, pressões e violência antissemitas. O Partido Social Cristão, antissemita, estava no poder em Viena desde a década de 1890. Como prefeito de Viena (1897-1910) e líder do partido, o Dr. Karl-Lueger-Ring liderou o maior movimento antissemita da Europa (cf. Pauley, 1992). Notavelmente, foi somente em 2012 que uma seção da histórica avenida Ringstrasse (anel viário) de Viena, que levava seu nome desde 1934, foi renomeada para Universitätsring (anel universitário). No entanto, em uma decisão recente, o conselho da cidade votou contra a remoção de seu monumento de 1926, situado na Lueger Platz, no centro de Viena (no primeiro distrito do centro da cidade, Innere Stadt). Em vez disso, a estátua foi inclinada 3,5 graus para a direita.

Em 1910, Hilferding se tornou a primeira mulher a ser eleita membro da Sociedade Psicanalítica de Viena, oito anos após o estabelecimento da sociedade, em 1902. Essa sociedade foi, inicialmente, um grupo exclusivamente masculino, abertamente hostil à participação das mulheres na medicina e na ciência, como é possível perceber a partir da leitura das atas das suas reuniões (cf. Nunberg; Federn, 1974). Com muita relutância, ela foi aceita como membro em abril de 1910. Raramente é lembrado que a analista polonesa Ludwika Karpińska-Woyczyńska foi a primeira mulher a participar das reuniões da Sociedade Psicanalítica de Viena, em 1909-1910 (Dembińska; Rutkowski, 2024). Sabina Spielrein foi a segunda mulher a se tornar membro dessa sociedade, em 1911.

Embora Hilferding e Spielrein tenham feito apresentações seminais nas reuniões da Sociedade Psicanalítica de Viena, o hermético grupo, predominantemente masculino, não entendeu e descartou a maior parte de suas ideias. Em janeiro de 1911, Hilferding discutiu seus pensamentos revolucionários sobre as questões da maternidade e do instinto materno na palestra "As bases do amor materno", cuja tradução compõe este livro. De acordo com a historiadora Rosemary Balsam (2012), apenas muito recentemente a psicanálise avançou nos temas discutidos por Hilferding no início da década de 1910, os quais incluem a ausência de "amor materno" inato, os impulsos destrutivos de uma nova mãe e o componente sexual do relacionamento mãe-bebê. Alguns meses depois, e após Hilferding já ter deixado o grupo, Spielrein apresentou fragmentos de seu influente trabalho sobre a destruição e a pulsão de morte, que foi publicado na íntegra no ano seguinte como *A destruição como origem do devir*, incluído neste volume. Grande parte dos membros da Sociedade Psicanalítica de Viena não aprovou suas referências interdisciplinares à biologia, à psicologia, à mitologia, à religião, à filosofia de Nietzsche, à música de Wagner, a experiências de mulheres e a conceitos junguianos. Ainda assim, ela lançou as bases para muitas ideias introduzidas por Freud em *Além do princípio de prazer*, de 1920, como a hipótese de que nem todas as funções mentais obedecem ao princípio do prazer, sua concepção do supereu e o conceito de pulsão de morte.

A admissão de Hilferding e Spielrein na Sociedade Psicanalítica de Viena abriu caminho para que mais mulheres se tornassem membros antes do fim da Primeira Guerra Mundial, incluindo Tatiana Rosenthal, em 1911, Andreas-Salomé, em 1912, e Sokolnicka, em 1916. Quando entrou para essa sociedade, aos 50 anos de idade, Andreas-Salomé já era uma escritora bem-sucedida com um grande número de publicações, incluindo romances, contos, poemas e trabalhos acadêmicos. No entanto, apesar de seu pensamento independente e suas profundas contribuições, sobretudo para as teorias psicanalíticas da arte e da criatividade, ela é lembrada principalmente como musa de Freud, Friedrich Nietzsche ou Rainer Maria Rilke (cf. Dushy-Barr, 2024).

O movimento psicanalítico prosperou no período entre guerras. Com o colapso do Império Austro-Húngaro, em 1918, a população austríaca foi reduzida em 90%, enquanto a Alemanha manteve a maior parte de seu território e sua população. Como resultado, Viena perdeu sua posição para Berlim como o centro cultural e político do mundo de língua alemã. Em fevereiro de 1920, com a ajuda de Karen Horney, foi fundada a Policlínica Psicanalítica de Berlim, como o primeiro instituto de treinamento de psicanálise. Berlim tornou-se então a "sede" do movimento psicanalítico, sob a liderança de Karl Abraham (com a total aprovação de Freud). Horney tornou-se a primeira mulher a lecionar na policlínica, onde permaneceu até emigrar para os Estados Unidos, em 1932 (cf. Quinn, 1988). Em 1918, dentro do conservador Estado austríaco, a capital, conhecida como Viena Vermelha, tornou-se uma ilha social e politicamente progressista. Suas normas tolerantes permitiram que a psicanálise florescesse. Em 1924, o Instituto de Treinamento de Viena foi criado, tendo Helene Deutsch, nascida na Polônia, como sua primeira diretora.

Enquanto isso, em Varsóvia, na Polônia, Eugenia Sokolnicka abria um consultório particular (Magnone, 2023). Um de seus pacientes era um "garoto de Minsk" que sofria de neurose obsessiva. Seu tratamento foi muito bem-sucedido, e o caso foi publicado em alemão, em 1920, em inglês, em

1922, e agora também em português, neste livro. Sokolnicka é uma das três precursoras da análise infantil incluídas nesta antologia, cujas contribuições para o campo foram em grande parte esquecidas. A primeira analista infantil praticante foi Hermine Hug-Hellmuth. Seu primeiro artigo, "Análise de um sonho de um menino de 5 anos e meio", foi publicado em 1911-1912. Ela também foi a primeira a criar um método de análise através da brincadeira, na década de 1910. No 6º Congresso Psicanalítico Internacional em Haia, em 1920, ela apresentou seu artigo de maior destaque, sobre a técnica lúdica, incluído nesta antologia (cf. Plastow, 2011). As circunstâncias sensacionalistas da sua morte trágica nas mãos de seu sobrinho/paciente lançaram um muro de silêncio sobre suas realizações profissionais.

Spielrein tornou-se outra pioneira da área, com a publicação, em 1913, de "Contribuições para a compreensão da alma infantil". Ela também fez uma apresentação seminal, em 1920, no Congresso de Haia, na qual apresentou uma versão inicial da sua teoria sobre o desenvolvimento da linguagem e do pensamento. A plateia incluía duas futuras pioneiras da análise infantil: Anna Freud e Melanie Klein. Dois anos depois, Spielrein publicou sua teoria totalmente desenvolvida em seu texto inovador "A origem das palavras infantis papai e mamãe: algumas observações sobre os diferentes estágios do desenvolvimento da linguagem". O artigo combinava linguística, psicologia infantil e psicanálise, e era um prenúncio da teoria do apego, da psicologia do desenvolvimento e da psicologia evolutiva. Ele também antecipou hipótese sobre a importância da sucção do seio materno e alguns aspectos da teoria de Melanie Klein sobre o "seio bom" e o "seio mau". Até recentemente, Anna Freud, a "grande filha" de um "grande homem" que sobreviveu ao Holocausto, era erroneamente identificada como a fundadora da análise infantil. Anna Freud publicou seu primeiro artigo sobre psicologia infantil, "Fantasias de espancamento e sonhos diurnos", em 1922, e iniciou sua prática com crianças no ano seguinte. O fato de Hug-Hellmuth, Spielrein, Sokolnicka e outras terem começado a analisar crianças e a desenvolver técnicas de análise infantil, bem como terem publicado vários artigos inovadores sobre psicanálise com crianças, bem antes de 1922 foi amplamente omitido da narrativa histórica da psicanálise.

Além de abrir um consultório particular bem-sucedido em Varsóvia, Eugenia Sokolnicka também começou a construir um movimento psicanalítico na Polônia: ela reuniu um grupo de seguidores e organizou cursos e palestras. Em 1917, informou a Otto Rank que a criação de uma associação de psicanálise polonesa estava em andamento (Lieberman; Kramer, 2012).

Os motivos específicos por trás da falha na execução do plano ainda não foram determinados. É importante ressaltar que, embora a Polônia abrigasse a maior comunidade judaica asquenazi do mundo, com cerca de 2,8 milhões de pessoas em 1918, os dois partidos políticos dominantes eram antissemitas: o nacionalista Sanacja ("limpeza") e o quase fascista Endecja, que defendia a expulsão da população judaica. Após um golpe de Estado, em 1926, orquestrado por Józef Piłsudski, o regime autoritário de Sanacja foi estabelecido, pondo fim à breve democracia. O status legal dos judeus foi ativamente reduzido, e os boicotes econômicos aos seus negócios aumentaram. Até hoje, Piłsudski continua sendo um herói nacional célebre na memória coletiva, com muitos monumentos em todo o país e ruas e praças com seu nome.

Em 1921, Sokolnicka deixou a Polônia e foi para Paris. O apoio de Freud lhe foi repetidamente recusado e negligenciado, apesar de ela ter implantado com sucesso seu movimento na França, como ele queria. De acordo com Lena Magnone, quase todos os psicanalistas franceses da primeira geração (com exceção de Marie Bonaparte) foram apresentados à psicanálise por Sokolnicka. A chegada à França de Marie Bonaparte, favorita de Freud e sua representante oficial nesse país, fez com que Sokolnicka fosse deixada de lado. Ela perdeu sua posição no movimento local, além de muitos pacientes, o que fez com que tivesse dificuldades financeiras. Em 19 de maio de 1934, ela decidiu tirar a própria vida.

Spielrein voltou para a Rússia Soviética em 1923. Ela logo se tornou líder da Sociedade Psicanalítica Russa, em Moscou, e presidiu o Departamento de Psicologia Infantil da Universidade de Moscou. Entretanto, após a morte de Lênin, em 1924, o tirano paranoico e imprevisível Josef Stalin assumiu o poder, o que levou à deterioração da situação dos judeus e dos psicanalistas. A Sociedade Psicanalítica Russa foi oficialmente dissolvida em 1933. Todos os livros sobre psicanálise foram retirados das livrarias e bibliotecas, e o uso do nome de Freud e do termo "psicanálise" foi proibido. Na época em que a União Soviética era um lugar muito perigoso para se viver e praticar a psicanálise, Spielrein trabalhava em tempo integral, inclusive tratando crianças e adultos na policlínica psiquiátrica de Rostov-on-Don. Podemos presumir que ela também mantinha um consultório particular em casa, trabalhando em profundo sigilo até a década de 1930 (cf. Naszkowska, 2019).

Enquanto isso, na Alemanha, após o Tratado de Versalhes, que havia sido imposto como medida punitiva severa, os "ismos" estavam se desenvolvendo. O Partido Nazista ganhou poder considerável pela primeira vez em setembro de 1930, após eleições parlamentares nominalmente democráticas.

Pouco tempo depois, em 30 de janeiro de 1933, Hitler foi nomeado chanceler, e as políticas do partido desencadearam uma campanha de antissemitismo, racismo e heterossexismo. A sucessão de eventos em pouco tempo incluiu a imposição de uma legislação de emergência após o incêndio do Reichstag (fevereiro de 1933), o primeiro campo de concentração regular, estabelecido em Dachau (março de 1933), os primeiros boicotes organizados a estabelecimentos comerciais judeus (abril de 1933), a queima de livros (maio de 1933) e a imposição das Leis Raciais de Nuremberg (setembro de 1935). Lou Andreas-Salomé permaneceu na Alemanha e, apesar de várias doenças graves, trabalhou com pacientes e publicou até sua morte, em 1937.

No período entre guerras, as políticas nazistas alemãs se espalharam rapidamente para muitos países vizinhos. Elas caíram em solo fértil e criaram raízes rapidamente, em especial na Áustria e na Hungria. Na Áustria, maio de 1933 marcou a transição para o austrofascismo cristão e um Estado autoritário de partido único. Quando a ascensão do novo regime extinguiu a social-democracia, em 1934, a psicanálise perdeu seu espaço cultural, educacional e intelectual no país. Além disso, entre 1933 e o início da guerra, em 1939, Engelbert Dollfuss e seu sucessor, Karl Schuschnigg, introduziram mais de 400 decretos e regulamentações antissemitas que praticamente privaram os judeus austríacos de seus direitos de cidadania e de suas propriedades. No período do austrofascismo, a Faculdade de Medicina de Viena ficou infestada de políticas nazistas de eugenia e higiene racial. O processo implacável de erradicação dos judeus da medicina austro-alemã levou à demissão de cerca de 36% de seus professores e palestrantes não arianos, substituídos por adeptos políticos dos princípios nacional-socialistas (cf. Zeidman, 2020). Apesar da amnésia coletiva mantida em grande parte na Áustria após a Segunda Guerra Mundial quando as tropas alemãs marcharam para Viena, em 11 de março de 1938, para anexar o país ao Terceiro Reich de Hitler, elas foram recebidas com grande entusiasmo pelo público.

Em 1º de setembro de 1939, a Alemanha invadiu a Polônia pelo oeste, pelo norte e pelo sul. Dezesseis dias depois, a União Soviética atacou, seguindo as cláusulas secretas do Pacto Molotov-Ribbentrop, assinado com a Alemanha no início daquele ano, e ocupou o leste da Polônia. A Rússia Soviética continuou a lutar ao lado do Terceiro Reich até que Hitler quebrou o pacto político entre as duas nações e lançou a Operação Barbarossa contra ela, em junho de 1941.

Independentemente da importância da herança judaica e dos componentes de identidade religiosa, cultural ou familiar dos psicanalistas, a violência antissemita entre guerras, a Segunda Guerra Mundial e o Holocausto afetaram profundamente suas vidas e, muitas vezes, determinaram seus destinos. Depois de ser deportada para Theresienstadt, em meados de 1942, Hilferding continuou a prestar assistência médica e psicológica a outros prisioneiros. Ela morreu em 24 de setembro de 1942, um dia depois de ser deportada para Treblinka. Spielrein também morreu no Holocausto, em 11 de agosto de 1942. Seus corpos foram jogados em valas comuns ou desapareceram, seus bens foram levados ou destruídos, enquanto muitos de seus familiares foram assassinados.

Apenas três mulheres apresentadas nesta antologia sobreviveram à Segunda Guerra Mundial: uma gentia (Karen Horney), uma norte-americana (Ruth Mack Brunswick) e Barbara Low, que estava relativamente segura no Reino Unido nas décadas de 1930 e 1940. Low, a primeira mulher analista do Reino Unido, envolveu-se com o movimento freudiano no início da década de 1910 e foi única mulher e a única judia entre os fundadores da Sociedade Psicanalítica Britânica, em 1919. Ela foi também escritora, palestrante, bibliotecária, revisora, tradutora, e permaneceu como membro ativo da Sociedade Psicanalítica Britânica por 30 anos, até sua morte, em 1955. No entanto, suas contribuições estão amplamente ausentes da narrativa dominante sobre os estágios iniciais da psicanálise. Normalmente, ela é lembrada apenas por ter proposto o "princípio do Nirvana", adotado por Freud em *Além do princípio de prazer* (cf. Simanke, 2024).

Karen Horney é uma das poucas precursoras da psicanálise cujo nome e cujas contribuições são reconhecidas mundialmente, embora em círculos psicanalíticos e acadêmicos fechados. As pesquisas realizadas até o momento indicam que ela foi a segunda analista freudiana a chegar aos Estados Unidos, tendo deixado Berlim em 1932, depois de Margrit Libbin. Horney era uma gentia, e não uma refugiada, diferentemente de muitas psicanalistas que chegaram ao país a partir dessa época. O analista Franz Alexander, que havia fugido da turbulência e do crescente autoritarismo direitista na Hungria em 1919, convidou-a para ajudá-lo a fundar o Instituto Psicanalítico de Chicago. Posteriormente, ela se mudou para Nova York e abriu o pouco ortodoxo Instituto Americano para Psicanálise. Em 1941, a revista *Time* nomeou Horney e Helene Deutsch como as duas "mulheres psiquiatras de destaque nos EUA". Horney morreu de câncer abdominal em 1952, aos 67 anos de idade (Naszkowska, 2022).

Finalmente, Ruth Mack Brunswick, analista judia norte-americana, sobreviveu à guerra nos Estados Unidos. Depois de se formar em Medicina na Universidade Tufts, em Boston, Mack Brunswick viajou para Viena para uma análise pessoal com Sigmund Freud, que durou de 1922 a 1938, com várias interrupções. Ela se tornou membro da Sociedade Psicanalítica de Viena, em 1930, e começou a lecionar no Instituto de Treinamento de Viena. Ela é mais conhecida por ser uma das poucas mulheres de alta confiança de Freud, com Helene Deutsch e Marie Bonaparte. Que ele tinha as habilidades analíticas dela em alta conta é evidenciado pelo fato de que, em 1926, ela foi escolhida como a segunda analista de Sergei Pankejeff, o famoso "homem dos lobos". Sua análise, alternativa à de Freud, foi publicada em inglês, em 1928, e, em alemão, em 1930. Brunswick retornou aos Estados Unidos em março de 1938, onde continuou a trabalhar com pacientes e a publicar até sua morte prematura, em 1946.

O sistema de imigração dos Estados Unidos criado na década de 1920, com a Lei da Imigração, de 1924, e o Sistema de Quotas, era racista, antissemita, xenófobo e excludente. A partir de 1º de julho de 1929, qualquer pessoa que chegasse aos Estados Unidos tinha de apresentar um visto carimbado no passaporte. O limite máximo da quota total para os imigrantes europeus era de 164.667, uma redução de 80% em relação à média anterior à Primeira Guerra Mundial. Posteriormente, a quota foi reduzida para 153.879. Além disso, a "quota de origem nacional" foi fixada em 2% do número total de indivíduos de determinado país que já residiam nos Estados Unidos, calculado com base nos dados do Censo. O Congresso, reagindo à evolução das tendências de imigração, utilizou os dados de 1890, que mostravam totais mais baixos de imigrantes residentes da Europa do leste e do sul, em vez do Censo mais recente, de 1910. Assim, favoreceram os europeus do norte e do oeste da Escandinávia, do Reino Unido e da Alemanha, considerados brancos. Estes preencheram cerca de 85% das quotas disponíveis, o que inviabilizou a migração em massa da maior comunidade judaica: a do leste da Europa.

Como a perseguição nazista na Europa continuou a aumentar, o Departamento de Estado dos Estados Unidos impôs mais exigências e restrições cada vez mais caras aos solicitantes de visto. Era necessário apresentar uma declaração juramentada de patrocínio de um *affidavit* norte-americano em cada solicitação. Antes de voltar para casa, no auge da anexação da Áustria ao Terceiro Reich, em 13 de março de 1938, Mack Brunswick forneceu *affidavits* de apoio a muitos de seus amigos judeus para que pudessem fugir para os Estados Unidos e inspirou outra psicanalista norte-americana, Muriel Gardiner, a fazer o mesmo (Gardiner, 1983, p. 86). Após o início da guerra, foi necessário fornecer *affidavits* morais adicionais, atestando a identidade e a boa conduta do solicitante. Depois de setembro de 1940, foi exigido um segundo *affidavit* financeiro. Para chegar ao ponto de partida, os refugiados em potencial tinham de comprar um lugar em um navio e obter vistos de trânsito caros para todos os países pelos quais passariam. Tudo isso tinha de ser finalizado antes de uma entrevista em um consulado dos Estados Unidos. Em julho de 1941, a "regra dos parentes" entrou em vigor: os vistos eram negados a indivíduos cujos parentes próximos (inclusive pais e avós idosos) permanecessem no território ocupado pela Alemanha.

A narrativa dominante sobre a migração judaica para os Estados Unidos na década de 1930 e durante a guerra enfatiza que o país admitiu mais refugiados fugindo da perseguição alemã do que qualquer outro. Um muro de silêncio cobriu o fato de que apenas cerca de 132 mil refugiados judeus foram aceitos entre 1933 e 1945 (cf. Breitman; Kraut, 1987). Esse número poderia ter sido significativamente maior se o Congresso dos Estados Unidos tivesse modificado as leis de imigração antissemitas existentes.

As biografias de mulheres pioneiras da psicanálise, quase todas judias e profundamente afetadas pela violência racial e pelo Holocausto, são pertinentes não apenas para entender o desenvolvimento da psicanálise, mas também para entender a história passada e presente. Como Timothy Snyder afirma no prólogo de seu livro *On Tyranny*, de 2017: "A história não se repete, mas instrui" (p. 9). Ainda assim, o populismo de direita tem aumentado globalmente no século XXI. Movimentos nacionalistas de direita e de extrema-direita, ou nacionalistas cristãos, ganharam terreno substancial na Áustria, no Brasil, na Croácia, na República Tcheca, na França, na Alemanha, na Hungria, na Índia, em Israel, na Itália, na Polônia, na Eslováquia e nos Estados Unidos, entre muitos outros lugares (cf. Coi, 2024), alguns deles apenas em 2024 – o maior ano eleitoral da história da humanidade. A recente vitória de Donald Trump e dos republicanos, nos Estados Unidos, ameaça o futuro da Organização do Tratado do Atlântico Norte (Otan) como garantidora da paz e da segurança na Europa (pelo menos para seus membros), assim como pode ter consequências devastadoras para a guerra na Ucrânia e em Gaza.

A maioria dos autocratas e aspirantes a ditadores que estão ressurgindo no século XXI parece estar lendo o mesmo manual de abuso odioso dos direitos humanos e de restrições antidemocráticas, que lembram as de Hitler (que, por sua vez, foi inspirado pela escravização dos afro-americanos e pelo racismo norte-americano, cf. Wilkerson, 2023). O plano foi resumido por Ben Rhodes com referência aos Estados Unidos: "O manual para transformar uma democracia em uma autocracia branda era claro: conquistar o poder com uma mensagem populista contra as elites. Redesenhar os distritos parlamentares. Alterar as leis de votação. Assediar a sociedade civil. Encher os tribunais com juízes dispostos a apoiar a tomada de poder. Enriquecer os comparsas por meio da corrupção. Comprar jornais e estações de televisão e transformá-los em propaganda de direita. Usar a mídia social para energizar os apoiadores. Envolver tudo em uma mensagem de 'nós contra eles': Nós, os 'verdadeiros' russos, húngaros ou americanos, contra um elenco rotativo de Eles: os migrantes, os muçulmanos, os liberais, os gays, George Soros e assim por diante" (Rhodes, 2024, [s.p.]).

Notavelmente, muitos, incluindo Trump, Viktor Orbán na Hungria, Recep Tayyip Erdoğan na Turquia, Jair Bolsonaro no Brasil, Giorgia Meloni na Itália e o Partido Lei e Justiça na Polônia, criaram e usaram como arma uma versão de uma narrativa nostálgica que lembra a campanha "Tornar a Alemanha grande novamente" pós-Primeira Guerra Mundial, com sua retórica indutora de ódio e violência. Eles se valem de uma saudade da mítica grandeza passada de seu país, uma época de um sistema mais patriarcal e supremacista branco. Eles geralmente sugerem que os grupos majoritários: cidadãos brancos, financeiramente estáveis, cisgêneros e do sexo masculino são os que foram injustiçados e precisam ser elevados. Como Viet Thanh Nguyen escreve, em um artigo que reflete sobre a recente vitória de Trump, trata-se de uma nostalgia de um "passado mais simples, mais unificado, mais poderoso e mais lucrativo, com menos arrivistas e menos críticas à branquitude, à masculinidade e à heterossexualidade, além de dúvidas silenciosas sobre o capitalismo e o militarismo" (Nguyen, 2024, [s.p.]).

Hoje em dia, as lições de Snyder (2017) sobre o fascismo do século XX – que prejudicou e, muitas vezes, destruiu a vida de muitas das mulheres pioneiras da psicanálise – são uma instrução de leitura obrigatória sobre a resistência aos movimentos de extrema-direita, antissemitas, racistas, heterossexistas e anti-imigrantes, abordando a obediência antecipada, defendendo as instituições, a linguagem e a verdade, e assumindo a responsabilidade.

Referências

Balsam, R. *Women's Bodies in Psychoanalysis*. New York: Routledge. 2012.
Bibring, G. Dr. Grete Bibring Interview by Sandor Gifford. *In*: Oral History Transcripts and Oral History Interview Records, Jan. 11. Boston: Boston Psychoanalytic Society and Institute Archives, 1974.

Borgos, A. *Women in the Budapest School of Psychoanalysis: Girls of Tomorrow*. London; New York: Routledge, 2021.

Breitman, R.; Kraut, A. M. *American Refugee Policy and European Jewry, 1933-1945*. Bloomington: Indiana University Press, 1987.

Brunswick, R. M. A Supplement to Freud's "History of an Infantile Neurosis". *International Journal of Psychoanalysis*, v. 9, p. 439-476, 1928.

Brunswick, R. M. The Preoedipal Phase of Libido Development. *Psychoanalytic Quarterly*, v. 9, p. 293-319, 1940.

Coi, G. Mapped: Europe's Rapidly Rising Right. *Politico*, May 24, 2024.

Danto, A. *Freud's Free Clinics: Psychoanalysis and Social Justice, 1918-1938*. New York: Columbia University Press, 2007.

Dembińska, E.; Rutkowski, K. Ludwika Karpińska-Woyczyńska: The Forgotten First Female Freudian. *In*: Naszkowska, K. (ed.). *Early Women Psychoanalysts: History, Biography, and Contemporary Relevance*. New York: Routledge, 2024. p. 155-177.

Dushy-Barr, S. Lou Andreas-Salomé: An Unacknowledged Psychoanalytic Theorist of Art. *In*: Naszkowska, K. (ed.). *Early Women Psychoanalysts: History, Biography, and Contemporary Relevance*. New York: Routledge, 2024. p. 37-56.

Eckstein, E. *Die Sexualfrage in der Erziehung des Kindes*. Leipzig: Modernes Verlagsbureau, 1904.

Freidenreich, H. P. *Female, Jewish, and Educated*. Bloomington: Indiana University Press, 2002.

Freidenreich, H. P. Jewish Women Physicians in Central Europe in the Early Twentieth Century. *Contemporary Jewry*, v. 17, n. 1, p. 79-105, 1996.

Freud, A. Schlagephantasie und Tagtraum. *Imago*, v. 8, p. 317-332, 1922.

Freud, S. *Além do princípio de prazer [Jenseits des Lustprinzips]*. Edição crítica Bilingue. Seguido do dossiê: Para ler *Além do princípio de prazer*. Tradução: Maria Rita Salzano Moraes. Belo Horizonte: Autêntica, 2020.

Gardiner, M. *Code Name "Mary": Memoirs of an American Woman on the Austrian Underground*. New Haven; London: Yale University Press, 1983.

Groth, J. Eugenia Sokolnicka: A Contribution to the History of Psychoanalysis in Poland and France. *Psychoanalysis and History*, v. 17, p. 59-86, 2015.

Hermanns, L. M. Unsere letzte psychoanalytische Mohikanerin in Berlin. Die Berliner Jahre (1923-1939) der polnischen Psychoanalytikerin Salomea Kempner (1880-1943) und ihr "Verschwinden" in Warschau. *In*: Kobylińska-Dehe, E.; Dybel, P.; Hermanns, L. M. (ed.). *Im Schatten von Krieg und Holocaust. Psychoanalyse in Polen im polnisch-deutsch-jüdischen Kontext*. Frankfurt am Main: Psychosozial-Verlag, 2019. p. 87-100.

Holmes, M. Go to Switzerland, Young Women, if You Want to Study Medicine. *Women's Studies International Forum*, v. 7, n. 4, p. 243-245, 1984.

Hug-Hellmuth, H. Zur Technik der Kinderanalyse. *Internationale Zeitschrift für Psychoanalyse*, v. 7, p. 179-197, 1921.

Hug-Hellmuth. H. Analyse eines Traumes eines 5½ jährigen Knaben. *Zentralblatt*, v. 2, n. 3, p. 122-127, 1911-1912.

Jacoby, R. *Social Amnesia: A Critique of Contemporary Psychology.* New York; London: Routledge, 1997.

Jacoby, R. *The Repression of Psychoanalysis. Otto Fenichel and the Political Freudians.* New York: Basic Books, 1983.

Launer, J. *Sex Versus Survival: The Life and Ideas of Sabina Spielrein.* London: Overlook Press, 2014.

Launer, J. The Case of Emma Eckstein. *Postgraduate Medical Journal*, v. 92, n. 1083, p. 59-60, 2016.

Lieberman, E. J.; Kramer, R. (ed.). *The Letters of Sigmund Freud and Otto Rank. Inside Psychoanalysis.* Baltimore, MD: John Hopkins University Press, 2012.

Magnone, L. *Freud's Emissaries: The Transfer of Psychoanalysis Through the Polish Intelligentsia to Europe 1900-1939.* Translated by T. Bhambry. Lausanne: Sdvig Press, 2023.

Masson, J. M. *The Assault on Truth: Freud's Suppression of the Seduction Theory.* New York: Farrar, Straus & Giroux, 1984.

May, U. Freud's Patient Calendars: 17 Analysts in Analysis with Freud (1910-1920). *Psychoanalysis and History*, v. 9, n. 2, p. 135-264, 2007.

Mühlleitner, E. *Biographisches Lexikon der Psychoanalyse.* Tübingen: Brandes & Apsel, 1992.

Naszkowska, K. Help, Health, Husbands, and Hutzpah: The Lives of Five Women Analysts. *In*: Harris, A. (ed.). *The Émigré Analysts and American Psychoanalysis: History and Contemporary Relevance.* New York: Routledge, 2023. p. 56-91.

Naszkowska, K. Passions, Politics, and Drives: Sabina Spielrein in Soviet Russia. *In*: Cooper-White, P.; Kelcourse, F. (ed.). *Sabina Spielrein and the Beginnings of Psychoanalysis: Image, Thought, and Language.* New York: Routledge, 2019. p. 109-150.

Naszkowska, K. Psychoanalyst, Jew, Woman, Wife, Mother, Emigrant: The Émigré Foremothers of Psychoanalysis in the United States. *European Judaism*, v. 55, n. 1, p. 112-137, 2022.

Nguyen, V. T. "I am Disappointed, Fearful, Numb." Pulitzer Prize Winner Viet Thanh Nguyen Reflects on Trump "Racially Purifying" the US. *Zeteo*,

Nov. 16, 2024. Disponível em: https://tinyurl.com/2hcpk5c4. Acesso em: 16 nov. 2024.

Nölleke, B. Emma Eckstein (1865-1924). *In*: Psychoanalytikerinnen. Biografisches Lexikon. Disponível em: https://www.psychoanalytikerinnen.de/oesterreich_biografien.html#Eckstein. Acesso em: 11 nov. 2024.

Nunberg, H.; Federn, E. (ed.). *Minutes of the Vienna Psychoanalytic Society: Volume 3: 1910-1911*. Translated by M. Nunberg. New York: International Universities Press, 1974.

Pauley, B. *From Prejudice to Persecution. A History of Austrian Antisemitism*. Chapel Hill, NC: University of North California Press, 1992.

Plastow, M. Hermine Hug-Hellmuth, the First Child Psychoanalyst: Legacy and Dilemmas. *Australasian Psychiatry*, v. 19, n. 3, p. 206-210, 2011.

Quinn, S. *A Mind of Her Own: The Life of Karen Horney*. Boston, MA: Addison-Wesley, 1988.

Rhodes, B. I Study Guys Like Trump. There's a Reason They Keep Winning. *The New York Times*, Nov. 8, 2024.

Simanke, R. T. Barbara Low: "The Little Bit of Pioneering" or the Beginnings of British Psychoanalysis. *In*: Naszkowska, K. (ed.). *Early Women Psychoanalysts: History, Biography, and Contemporary Relevance*. New York: Routledge, 2024. p. 204-222.

Snyder, T. *On Tyranny: Twenty Lessons from the Twentieth Century*. New York: Tim Duggan Books, 2017.

Sokolnicka, E. Analyse einer infantilen Zwangsneurose. *Internationale Zeitschrift für Psychoanalyse*, v. 6, p. 228-241, 1920.

Spielrein, S. Beiträge zur Kenntnis der kindlichen Seele. *Zentralblatt*, v. 3, p. 57-72, 1913.

Spielrein, S. Die Destruktion als Ursache des Werdens. *Jahrbuch für Psychoanalytische und Psychopathologischen Forschungen*, v. 4, p. 465-503, 1912.

Spielrein, S. Die Entstehung der kindlichen Worte Papa und Mama. *Imago*, v. 8, p. 345-367, 1922.

Spielrein, S. Über den psychologischen Inhalt eines Falles von Schizophrenie (Dementia praecox). *Jahrbuch*, v. 3, p. 329-400, 1911.

Spielrein, S. Zur Frage der Entstehung und Entwicklung der Lautsprache. *Internationale Zeitschrift für Psychoanalyse*, n. 6, p. 401, 1920.

Suchmiel, J. Żydówki ze stopniem doktora wszech nauk lekarskich oraz doktora filozofii w Uniwersytecie Jagiellońskim do czasów II Rzeczypospolitej. Częstochowa: WSP, 1997

Trouillot, M.-R. *Silencing the Past: Power and the Production of History.* Boston: Beacon Press, 1995.

Vichyn, B. Eckstein, Emma (1865-1924). *In*: Mijolla, de A. (ed.). *International Dictionary of Psychoanalysis: Volume I: A-F.* Detroit: Macmillan Reference, 2005. p. 454-455.

Wilkerson, I. *Caste. The Origins of our Discontents.* New York: Random House, 2023.

Women Doctors. *Time*, 13 Jan. 1941, p. 54.

Zeidman, L. A. *Brain Science under the Swastika. Ethical Violations, Resistance, and Victimization of Neuroscientists in Nazi Europe.* Oxford: Oxford University Press, 2020.

EMMA ECKSTEIN (1865-1924)

Paciente, analista, autora
Richard Theisen Simanke

Emma Eckstein (1865-1924) é uma figura central no processo de criação da psicanálise. Como paciente de Freud, ela se vincula a alguns dos desenvolvimentos teóricos cruciais que deram forma à nova disciplina ao longo dos anos 1890. Ela é uma das personagens envolvidas no célebre "sonho da injeção de Irma", que Freud elegeu como modelo de sua compreensão dos sonhos e do método para interpretá-los, ao lado de outra paciente, Anna Hammerschlag (a "Irma" de Freud), ao qual o conteúdo manifesto do sonho se refere mais explicitamente. Além disso, o seu é um dos casos clínicos em torno dos quais Freud articula a sua "teoria da sedução" (o outro é o caso de Aurelia Kronich, a "Katharina" dos *Estudos sobre a histeria*). Essa teoria se baseava na hipótese segundo a qual a histeria e outros transtornos neuróticos derivariam, em última instância, de episódios traumáticos de abuso sexual infantil, e, embora abandonada depois, colocou definitivamente a sexualidade e a vida mental infantil no centro da visão psicanalítica das neuroses. Mas isso não é tudo. Há evidências de que Freud não apenas a tratou, mas a instruiu também na teoria e na prática da psicanálise e encaminhou-lhe pacientes, o que faria dela a primeira mulher psicanalista, além de ela ter também escrito e publicado sobre psicanálise. Por essas e outras razões, o psicanalista e historiador italiano Carlo Bonomi colocou a relação entre Freud e Eckstein no centro de sua reinterpretação do processo de formação da psicanálise em seu livro *The Cut and the Building of Psychoanalysis: Volume I: Sigmund Freud and Emma Eckstein*.

Emma Eckstein provinha de uma proeminente e abastada família da burguesia judaica vienense. Politicamente progressistas, os Eckstein incluíam pensadores e jornalistas socialistas, como o irmão de Emma, Gustav. Outro de seus irmãos, Friedrich Eckstein, era um intelectual excêntrico, ligado à teosofia e às artes, amigo e colaborador de compositores como Hugo Wolf e Anton Bruckner (cuja biografia escreveria), além de frequentar as reuniões de verão dos artistas e intelectuais que se encontravam no mesmo Castelo Bellevue em que Freud sonharia seu famoso sonho-modelo. Sua irmã Therese Schlesinger foi uma das primeiras mulheres eleitas para o Parlamento austríaco. Assim como a irmã, Emma esteve ligada desde muito jovem ao movimento feminista austríaco nascente, através de suas amigas Rosa Mayreder e Marie Lang, entre outras, e colaborou com certa frequência com periódicos ligados ao movimento, como o *Dokumente der Frauen* e o *Neues Frauenleben*.

Sofrendo de sintomas gástricos e distúrbios menstruais, Emma inicia em 1892 com Freud – amigo próximo de sua família – um tratamento catártico que se estenderia até 1897. Além de diagnosticar a natureza histérica dos sintomas, Freud, a certa altura, convenceu-se de que se tratava de um caso do que Wilhelm Fließ chamava de "neurose nasal reflexa" (um distúrbio psicossomático envolvendo o aparelho respiratório e os órgãos sexuais) e recomendou-lhe a cirurgia dos cornetos nasais que Fließ prescrevia para esses casos e à qual o próprio Freud se submeteu várias vezes. A cirurgia, realizada em Viena, foi um desastre, com hemorragias, infecção, fratura óssea e o esquecimento de um fragmento de gaze na região operada. As complicações subsequentes deixaram Emma correndo risco de vida por várias semanas e resultaram em sequelas e deformidades faciais permanentes. Reinterpretações posteriores do sonho da injeção de Irma (Max Schur e Didier Anzieu, entre outros), baseadas em informação biográfica antes indisponível, mostraram que esse episódio foi um dos principais fatores motivadores do sonho, em que pensamentos latentes referentes à competência e à reputação médica ocupam um lugar central.

Na seção de seu *Projeto de uma psicologia* (1895) dedicada à psicopatologia, Freud utiliza o caso clínico de Emma como exemplar de sua teoria da sedução e da concepção segundo a qual o trauma atua em dois tempos – o episódio infantil de abuso sexual e a sua reativação por uma cena ocorrida após a maturação sexual da puberdade –, com o efeito traumático postergado (*nachträglich*) da segunda cena resultando da sua vinculação retroativa com a primeira.

O longo tratamento de Emma por Freud acabou se fazendo acompanhar de seu treinamento na técnica de tratamento da psicanálise em formação e na sua introdução aos fundamentos teóricos da nova disciplina. Logo após o término do tratamento, Freud encaminhou-lhe pelo menos uma paciente

– uma jovem de 19 anos em que Emma diagnosticou um episódio de sedução por parte do pai, nos termos da teoria que Freud aplicaria ao seu próprio caso. Autores como John Forrester, Lisa Appignanesi e Mikkel Borch-Jacobsen consideram que diversas outras pacientes lhe possam ter sido encaminhadas da mesma maneira, de modo que o envolvimento de Emma com a psicanálise teria sido não apenas como paciente de Freud, mas também como colaboradora, discípula e praticante do tratamento psicanalítico.

Sendo já uma autora experiente com suas contribuições à literatura feminista, Emma Eckstein aventurou-se também na publicação psicanalítica. Em outubro de 1900, ela publica uma resenha de *A interpretação do sonho*, de Freud, no periódico socialista *Arbeiter-Zeitung*, editado por Victor Adler, criador do Partido Social-Democrata austríaco e primo do dissidente freudiano Alfred Adler. Embora cautelosa com relação à universalidade da tese do sonho como realização de desejo, a resenha é elogiosa e saúda a contribuição que a investigação das regiões ocultas da mente permitida pela análise do sonho possa dar à solução dos problemas de saúde mental. Sua publicação mais importante, contudo, é a monografia intitulada *A questão sexual na educação da criança*, de 1904, cuja tradução compõe este livro. Esse pequeno livro tem irrecusável importância histórica, aplicando a psicanálise a questões educacionais e de saúde mental e dialogando com a literatura médica e psicológica da época, além de documentar a participação feminina pioneira na construção da psicanálise. Outro trabalho mais breve sobre o mesmo tema foi publicado por ela numa obra coletiva em 1909. Freud conservaria uma cópia da monografia em sua biblioteca, na qual se pode ler a dedicatória "Ao Prof. Sigmund Freud, meu venerado professor, com sincera gratidão".

Depois de uma série de problemas de saúde tanto mental quanto física – incluindo uma tentativa de suicídio e uma conturbada retomada de um tratamento analítico com Freud –, Emma Eckstein faleceu de hemorragia cerebral, em 30 de julho de 1924.

Referências

Appignanesi, L.; Forrester, J. *Freud's Women*. New York: Basic Books, 1992.
Bonomi, C. *The Cut and the Building of Psychoanalysis: Volume I: Sigmund Freud and Emma Eckstein*. London: Routledge, 2015.
Borch-Jacobsen, M. *Freud's Patients: A Book of Lives*. London: Reaktion Books, 2021.

Eckstein, E. *Die Sexualfrage in der Erziehung des Kindes*. Leipzig: Curt Wigand, 1904.

Eissler, K. R. Preliminary Remarks on Emma Eckstein's Case History. *Journal of the American Psychoanalytic Association*, v. 45, n. 4, p. 1303-1305, 1997.

Hartman, F. R. A Reappraisal of the Emma Episode and the Specimen Dream. *Journal of the American Psychoanalytic Association*, v. 31, n. 3, p. 555-585, 1983.

Huber, W. J. Emma Ecksteins Feuilleton zur "Traumdeutung". *Jahrbuch der Psychoanalyse*, v. 19, p. 90-106, 1986.

Launer, J. The Case of Emma Eckstein. *Postgraduate Medical Journal*, v. 92, p. 59-60, 2016.

Le Guérer, A. The Psychoanalyst's Nose. Sigmund Freud, Wilhelm Fliess and Emma Eckstein: Three Nasal Narratives at the Origins of Psychoanalysis. *Psychoanalytic Review*, v. 88, n. 3, p. 401-453, 2001.

A questão sexual na educação da criança (1904)[1]

Emma Eckstein

Tradução: Sidnei Vilmar Noé

Capítulo I

O que outrora já não se dissera e escrevera a respeito da honrosa profissão da mulher como esposa e mãe. Em virtude da nobreza e da santidade dessa missão, ela deveria ser protegida, diante do olhar do mundo, da formação e do conhecimento; ela não deveria aprender a ver nem a pensar, para poder administrar devidamente, com seu senso doméstico, sua atividade maternal, a estreiteza do lar.

Não é que Möbius, um homem da ciência, explicou que a mulher não só é retardada por motivos fisiológicos, mas que ela inclusive precisa ter essa deficiência de habilidades para poder exercer a sua profissão de mãe. Que "a imbecilidade feminina não só é um fato fisiológico, mas também um postulado fisiológico".[2]

Por muito tempo, imperou a opinião de que uma menina não só não precisaria fortalecer os músculos, para não provocar uma suspensão de sua "feminilidade", como deveria inclusive evitar exercícios físicos. Assim seria preservado o atrofiamento espiritual da mulher constatado por Möbius e ela "seria protegida do intelectualismo" para que continuasse útil como mãe.

Assim como nos últimos tempos, por parte de muitos médicos,[3] o fortalecimento do corpo da mulher, mediante elevação e fomento racional,

---

[1] Publicado originalmente como *Die Sexualfrage in der Erziehung des Kindes*. Leipzig: Modernes Verlagsbureau, Curt Wigand, 1904. (N.E.)

[2] Möbius, P. J. *Ueber den physiologischen Schwachsinn des Weibes* [*Sobre a imbecilidade fisiológica da mulher*].

[3] Adams-Lehmann, H. B. *Die Gesundheit im Haus* [*A saúde na casa*].

tornou-se um pressuposto para o preenchimento de sua tarefa de vida, também em muitos artigos e obras sociológicas[4] se exige, como necessidade, o desenvolvimento espiritual da mulher, para que ela se mantenha a par do desenvolvimento cultural enquanto educadora dos filhos e, assim, alavanque a força espiritual imprescindível para romper com narrativas petrificadas e tradições sem sentido.

Uma dessas tradições veneráveis antigas, que pretendo aprofundar mais, é a desconsideração da questão sexual na educação. O afã de querer combater qualquer informação acerca da questão sexual da juventude em processo de amadurecimento, de distraí-la da existência de excitações sexuais, embora corroborado como ineficiente em cada caso individual, continua sendo posto em prática, justamente porque a remoção desse costume insano exigiria uma parcela considerável de atividade reflexiva.

Uma tarefa importante da educação consiste em poupar ou ao menos facilitar os embates e sofrimentos da criança, aos quais suas forças espirituais ainda não possam fazer frente. Os nervos, assim como o corpo inteiro das crianças, deveriam ser fortalecidos de qualquer maneira e poupados de influências não saudáveis, para que posteriormente possam se sair vitoriosos na luta da vida.

Não é difícil perceber quando uma criança desabrocha fisicamente e se ela também se desenvolve espiritualmente, fazendo progressos correspondentes à sua idade; realizar essa avaliação pressupõe o desenvolvimento das faculdades espirituais do observador, mas o problema bem mais difícil diz respeito à própria vida anímica da criança. Chegar a um conhecimento desta e saber avaliar se e como a criança sofre animicamente e o quanto necessita de uma mão amiga demanda um estudo tão extenso quanto importante, para não solapar, desde a mais tenra idade, em inúmeros casos, a sorte e o florescimento de um ser humano.

Gerações precedentes parecem ter conhecido pouco ou nada acerca dessa luta e dessa rinha na idade juvenil, porque, caso contrário, essa necessidade de assistência teria se imposto. Entre as mães jovens de hoje, todavia, há uma multidão que relembra, não sem dor, a própria infância e suas lutas amargas, aquelas batalhas às quais foram submetidas, totalmente desprovidas de forças e de armas, e que consumiram muito de seu frescor juvenil e as alienaram de seus pais e suas mães, muitas vezes sob terríveis torturas de sua consciência moral. Tais mulheres aprenderam a conhecer

---

[4] Olberg, O. *Das Weib und der Intellektualismus* [*A mulher e o intelectualismo*].

dolorosamente a grande tarefa da profissão materna e se dispõem a usar tudo ao seu alcance para atendê-la adequadamente em relação aos seus próprios filhos; porém, somente uma pequena parcela pode ser bem-sucedida nessa empreitada, porque a maioria delas prescinde, por precariedade de formação e compreensão do ser humano, do olhar mais amplo necessário ao entendimento, ou sequer do vislumbre dessas moções anímicas, distintas das próprias. Sem embargo, quem porventura deveria ou poderia apoiar o filho, mediante suas excitações sutis, senão a própria mãe? Quem, primeiro, poderia lograr êxito em despertar sua confiança, mediante ir ao seu encontro compreensivo, para obter mais facilmente um entendimento do modo de pensar e de sentir da criança? Quem poderia servir-lhe de amparo e guia? Acaso a criança pensante deveria procurar seu próprio caminho e resolver sozinha os problemas que a vida cotidiana lhe escancare? Quanto desperdício horrível de força e senso juvenil não acontece por causa disso!

Eu gostaria de comparar a tarefa do educador àquela do guia alpino que, mediante seu conhecimento do lugar e sua capacitação especial, esteja em condições de conduzir ao topo da montanha também outras pessoas, ao longo de precipícios cheios de perigo e paredões de rochas escarpadas. O turista precisa empenhar sua própria força e coragem, acompanhado do melhor líder, para sobrepujar as dificuldades de uma escalada em altitude. Se, todavia, cada um tivesse de lutar com todos os perigos de uma área ainda inexplorada, somente muito poucos alcançariam o objetivo prazerosamente; a maioria chegaria ao ápice extenuada e alquebrada, se já não antes seus membros fraquejassem no desempenho de suas funções.

Segundo essa compreensão da profissão materna, entretanto, não basta ter se familiarizado com os ensinamentos de Fröbel. Aprender a conhecer os perigos aos quais a juventude esteja exposta e saber como e quando uma mão versada à liderança seja desejável requer trabalho espiritual por conta própria.

A mãe que haja estudado o corpo e alma do filho, para poder legar-lhe algo de valor no âmbito de sua atividade, saberá que, além dos sistemas digestivo e respiratório, ainda há outros órgãos cujas excitações deveriam ser conhecidas e observadas na criança sob amadurecimento, porque são de importância eminente por sua ampla influência sobre o desabrochar espiritual e biológico.

Quem algum dia haja alcançado um entendimento do grande perigo das sensações sexuais precocemente despertadas e saiba quão infinitamente frequente ocorre o hábito perigoso da masturbação entre crianças encarará como um dever da mãe aprofundar-se nessa área até agora fora da alçada da ciência e de preferência silenciada até a morte ou, quando muito, roçada de leve. Os estudos científicos mais abrangentes sobre as manifestações consequentes da masturbação e sobre como, p. ex., preveni-la somente terão impacto mínimo se não forem amplamente divulgados de acordo com a importância que merecem. A assistência do médico, nesse tocante, somente poderá ser muito limitada, haja vista que ele só será consultado quando esse hábito se tiver tornado uma paixão difícil de ser controlada e perturbações da saúde se fizerem perceptíveis. Mas, para observar e, eventualmente, influenciar jovens criaturas nesse aspecto, faz-se necessário, sobretudo, familiaridade com o assunto, que somente pode ser obtida mediante o estudo do material acumulado.

Resta ainda, mesmo então, uma tarefa deveras difícil que, no caso em questão, tem a ver com a escolha do caminho certo, o qual, naturalmente, diante das diferentes formas desse mal, também precisa ser muito diverso, de acordo com as diferentes idades daqueles que necessitam de auxílio.

Como esse estudo necessariamente deve ser para todos cuja tarefa sejam a supervisão e a educação de uma criança, é elucidativo o fato, recorrentemente constatado, de que a masturbação – que deveria ser compreendida como a satisfação solitária do instinto sexual – seja um mal tão amplamente difundido que, conforme p. ex. Rohleder[5] pensa, seja a doença endêmica mais disseminada existente, a tal ponto que um ser humano que nunca se masturbou faça parte das raridades.

Se também concomitantemente se constatou, mediante a certeza da enorme frequência desse hábito, que ele nem sempre é prejudicial (caso contrário, mal haveria um ser humano saudável), ainda assim isso não deve ter por consequência que se menospreze a ameaça da masturbação sobre o desenvolvimento espiritual e corporal, especialmente na idade infantil; e um estudo aprofundado do objeto inevitavelmente levará à conclusão de que crianças de qualquer idade estejam expostas a um perigo com o qual as mães se deparam, na maioria das vezes, sem qualquer conhecimento e, por isso também, nenhuma iniciativa.

---

[5] "A masturbação é uma manipulação tão disseminada que, de cada 100 rapazes e moças, 99 a praticam de vez em quando, e somente o centésimo – como eu uso dizer, o ser humano puro – oculta a verdade" (Rohleder, Hermann. Die Masturbation. Monographie für Ürtze und Erzieherinnen [A masturbação: monografia para médicos e educadores]. *In*: Berger, Oskar. *Archiv für Psychiatrie*, v. 6).

A triste verdade de que todas as crianças, em todas as idades e classes sociais, tenham acesso fácil a esse hábito, condenado como vício e pecado, e muito frequentemente lhe sejam subjugadas não pode, entretanto, ser banida do mundo, negando-a ou ignorando-a. É preciso que haja empenho em pesquisá-la, mediante toda a sua abrangência, para, antes de tudo, aprender a conhecer o inimigo que se deve combater com toda a força. Para a infância, a masturbação é um inimigo traiçoeiro. Sem ser notado nem pressentido, ele se esgueira no quarto das crianças e lá trabalha obstinada e imperturbadamente em sua obra de destruição da juventude e da força do corpo e do espírito de suas vítimas, que lhe ficam entregues, porque seus cuidadores por ofício não reprimem o perigo nem sequer aprenderam a identificá-lo.

É bem verdade que, em abrigos infantis – haja vista que lá convivem os mais diferentes elementos sob comunhão estreita, onde a observação das crianças somente possa ser superficial e uma relação íntima ou de confiança entre educador e alunos individuais esteja fora de questão –, esse mal encontre um solo especialmente fértil e rápida disseminação nos dormitórios coletivos. Mas é completamente equivocado acreditar que, para uma criança que não esteja sujeita a essa situação, o perigo, de modo geral, nem sequer exista.

A prova mais segura da falsidade de tal noção me parece ser o fato – todavia pouco conhecido – de que já em crianças lactentes seja encontrada a masturbação; que crianças menores de 1 ano já sofram de acessos intensos de masturbação e suas respectivas consequências perigosas. Trata-se de uma prova de peso do quão imane seja esse perigo e pouco conhecidas sua causa e sua prevenção![6]

---

[6] Fleischmann relata dois casos de masturbação de crianças em idade lactente, que lhe foram encaminhadas por causa das intensas e recorrentes convulsões: "na verdade, contudo, a relação estreita com serviçais moralmente depravados é uma das principais causas da masturbação e praticamente a única que entra em consideração no caso de bebês. É um recurso bastante popular entre cuidadores de crianças, para acalmar crianças berrantes, acariciar a fontanela da testa ou a região perineal com as palmas das mãos; em ambos os casos se alcança o objetivo, na medida em que isso desencadeia uma espécie de anestesia na criança. Originalmente demandada com essa intenção, a carícia da região perineal com mãos mornas logo suscitará uma excitação precoce dos nervos sensoriais específicos; surgem reações nítidas da parte da criança que não só se expressam sob mero e rápido sossego, mas também sob ereções visíveis, e isso mediante crescente prazer das pequenas vítimas. Se essa manipulação criminosa for continuada, precocemente é alcançado um paroxismo típico, que atinge seu auge sob uma espécie de esgotamento sexual, logo, um tipo de orgasmo que, finalmente, provoca um relaxamento. Nesse estágio do estímulo, a criança seduzida logo começará

A certeza de que tais coisas sequer sejam possíveis já haverá de assustar a pessoa mais despreocupada e deverá ocupar sua atenção duradouramente.

O costume de caracterizar a masturbação, de modo geral, como um vício me parece ser um grande erro que muitas vezes impede a descoberta do mal, pois é bem compreensível que nenhuma mãe impute um "vício" a seu filho. Todavia, também é uma consequência natural dessa caracterização que aquele que não haja se dedicado ao estudo das manifestações colaterais demasiado facilmente ignore os pequenos sintomas que bastariam ao bom entendedor para um diagnóstico, porque este imagina poder reconhecer a viciosidade de uma criatura sob suas manifestações mais rudimentares,

---

a aprender os meios e caminhos para, sem participação alheia, chegar ao orgasmo; sim, ela própria anseia ininterruptamente por colocar-se na posição adequada, que, na maioria das vezes, consiste em assumir uma posição sentada. É evidente que a reiterada repetição de tais paroxismos se expresse, sob efeitos mais nefastos, no desenvolvimento dos pequenos pacientes. E, de fato, logo se encontrará uma mudança no humor da criança: ela permanentemente parecerá querer algo, ficará aborrecida, irrequieta, e temerá, doravante, qualquer mudança de posição; dentre os sentidos, a audição sofrerá especialmente, pois será minorada em relação a tons baixos e altamente sensível a altos. Também a capacidade visual começará a sofrer e desencadeará miopia e cegueira noturna" (Fleischmann, Ludwig. "Ueber Onanie und Masturbation bei Sauglingen" ["Sobre o onanismo e a masturbação por bebês"]. 1878.). Mediante referência a outro artigo, que tem por base o mesmo objeto, cito o seguinte: "Eu todavia concluo, a partir da obra de Jacobi, que também aqui o tipo e a maneira da autocontaminação demonstre a maior congruência com meus casos, quanto à prática e à consumação do orgasmo; que o mal demasiadas vezes haja sido ignorado pelos médicos se deve ao fato de que não soubessem como classificar a ocorrência, que chama a atenção, de espasmos convulsivos nas crianças".

"Dever-se-á proibir rigorosamente aos empregados que cuidam das crianças o toque de sua genitália, como, p. ex., através de carícias que tenham por fim acalmá-las – como muitas vezes acontece por parte de *au pairs*" (Rohleder, *op. cit.*).

"A prevenção da masturbação nos primeiros anos de vida somente pode se dar mediante o zelo dos pais e das mães. [...] A medida mais importante consiste em jamais deixar uma criança sozinha com uma pessoa que não seja de absoluta confiança. Crianças, muitas vezes, são seduzidas por *au pairs* ou amas, que, elas próprias, se masturbam" (Lehmann, Adams. *Die Gesundheit im Haushalt* [*Saúde no lar*]. 1899.).

"De passagem eu ainda gostaria de mencionar que observei, aos movimentos mais ou menos duradouros de embalo do tronco de crianças pequenas, que estes reiteradamente fossem expressão de excitações de masturbação. [...] Vocês mal acreditarão que algumas crianças, já no segundo ano de vida, às vezes, inclusive mais cedo, masturbem-se, ou em função de manipulações reais, ou por fricção das sobrecoxas entre si" (Henoch, Eduard. Vorlesungen über Kinderkrankheiten [*Preleções sobre doenças infantis*]. 1893.).

através das características inapropriadas de seu caráter. Antes que se acuse uma criança de "vício", parece-me necessário constatar o que se deve compreender por esse conceito. Chamamos de vício uma ação que se torna hábito e que seja prejudicial a si mesmo ou a outras pessoas, mas em que a consciência de sua nocividade seja uma pressuposição necessária. Uma criança pequena – ou maior, de 10 a 12 anos – somente poderá ter uma noção do caráter ou da nocividade desse hábito se for especificamente chamada sua atenção a respeito ou se for vítima precoce desse amadurecimento pernicioso. Se, portanto, a masturbação for caracterizada, sob qualquer condição, como um vício, então isso levará ao equívoco.

Como uma causa frequente de patologias do sistema nervoso, enquanto hábito perigoso que crianças que nem sequer têm uma ideia da vida sexual, tampouco da ética, assimilam com infinita facilidade e inconscientemente; como uma malcriação difícil de ser abandonada ou desacostumada, mas que é desencadeada pelas causas mais variadas, aparentemente de menor importância, espero não haver apresentado esse mal candidamente demais. Acredito ter tornado mais acessível o assunto às mães e demonstrado seu dever de aprofundar-se nele. Elas precisam ser ensinadas, em primeiro lugar, acerca da frequência da masturbação, suas causas, formas, manifestações colaterais e consequências, para que possam atuar em prol e para o bem-estar de seus filhos.

O perigo da masturbação das crianças parece-me que se insere, para a maior parte dos educadores, na área daquelas coisas repugnantes em relação às quais procuram manter distância mediante maior ou menor motivação consciente: o perigo diz respeito aos outros! Que filhos de outras gentes tenham esse hábito horrível, disso todo mundo já ouviu falar; mas como os próprios haveriam de descambar nele? Pois, na verdade, toda mãe está convencida de que, se esse fosse o caso, a saber, se sua criança tivesse decaído nesse "vício", ela seria a primeira a saber, haja vista que ela cuide, assista e conheça o filho, como ela acredita, por completo. E tamanho erro poderia ter-lhe passado despercebido?

Dessa maneira, nos casos raros em que o médico se veja ensejado a intervir e tente chamar a atenção da mãe, ou de quem mais cuide da criança, acerca dos perigos desse hábito ignorado, seus esforços já cessarão aqui; e, no máximo, o médico da família poderá lograr êxito em constatar a veracidade de sua suspeita. Mas, mesmo assim, infinitamente pouco será alcançado se seus esforços não forem ao encontro da compreensão e do conhecimento necessário, para uma intervenção auxiliadora. Não é função do médico só constatar o mal, em cada caso individual, mas também esclarecer o entorno social do paciente sobre sua essência.

E assim se chega finalmente à situação em que também médicos, de antemão, tenham a certeza da inutilidade de seus esforços e, temendo o embate com a ignorância e a incompreensão, via de regra, deixem o assunto seguir seu caminho infausto.

Dificilmente, decerto, esse mal será totalmente desconhecido de um adulto; mesmo aqueles que transitória e não intencionalmente se masturbaram e mal se lembram mais disso já ouviram falar a seu respeito, sob variados nomes: onanismo, autoabuso, autossatisfação etc. Ainda assim, somente de maneira tímida e encoberta o objeto é tocado e, na mesma proporção, são tomadas medidas ao seu enfrentamento.

Por vezes, crianças são enfiadas à noite em um tipo de camisola cuja bainha inferior encerra os pés, fechando-se como um saco, o que também se aplica às mãos. Certamente mediante essa veste é alcançado o propósito de dificultar, ou tornar impossível, o toque das genitálias com as mãos; mesmo assim, só o ignorante dar-se-á por satisfeito com tal medida de criação e acreditará haver fechado o acesso ao inimigo. Quem, não obstante, haja se debruçado sobre o objeto com dedicação, para realmente aprender a conhecê-lo, saberá quão infinitamente múltiplas são as formas de masturbação e que, uma vez despertadas as sensações sexuais, e uma forma à sua satisfação impedida, logo outra a substituirá.

A busca pela raiz, pela causa de seu surgimento, muitas vezes remontará à infância; por vezes, inclusive, à idade do bebê lactente, por isso é a mãe que, em primeiro lugar, poderá combater a causa e o desenvolvimento desse mal. Os recursos para tal, todavia, não lhe são dados por Deus durante o sono; tampouco ela os traz ao mundo consigo enquanto "instinto"; mas unicamente se tornarão possíveis mediante sua ocupação com o assunto por meio de um estudo aprofundado.

A superação da aversão à aceitação das sensações sexuais como possíveis e presentes, inclusive em crianças, tornar-se-á possível a qualquer mulher pensante, assim que haja aprendido a conhecer os processos e suas conexões. Tão logo aprenda a encarar as funções sexuais como um fator importante no desenvolvimento de qualquer ser humano desde a infância, ela também cessará de tentar acobertar, com o sobretudo da vergonha, os danos e perigos bem diante de seus próprios olhos. A mulher precisa ter ciência de que, também em relação às coisas sexuais, a ignorância não é uma virtude; ao contrário, somente poderá ser uma mãe boa aquela que esteja bem informada acerca das funções mais importantes e poderosas do corpo e da alma.

Dr. Rohleder lamenta, em sua monografia, que nas universidades nada se ensine acerca da forma de tratamento da masturbação e que mal haja algum livro onde o médico possa buscar alguma instrução científica. Quão mais difícil não será, naturalmente, para o leigo providenciar qualquer tipo de ensinamento e/ou material.

Escritos bons e levemente redigidos sobre o tema são urgentemente necessários, para tornar popular o tratamento de uma questão tão importante: "mediante palestras e ensinamentos impressos, também será necessário chamar a atenção de pais e mães e de administradores de pensionatos que eles têm o dever de discutir com as crianças os perigos da masturbação".[7] A compreensão de que, também aqui, seja necessário romper com a política do avestruz já representaria um ganho considerável; não obstante, a bênção pode virar maldição, se o desvelamento e a administração da verdade não andarem de mãos dadas com o entendimento e o conhecimento.

A profilaxia – isto é, o empenho em evitar o surgimento da doença – também deverá ser aplicada à masturbação, enquanto patógeno. O cuidador da criança não só deverá ser capacitado ao reconhecimento do mal, assim que este surja; tampouco ele somente deverá assistir eficientemente a atividade do médico: ele também precisará manter um olho arguto às causas de seu surgimento e identificar os sintomas que se apresentam, antes de estes se tornarem manifestações patológicas.

No que diz respeito à prevenção, à obstrução e ao desacostume da masturbação, evidentemente, os meios para combatê-la serão distintos, de acordo com a causa, a idade e os hábitos de vida dos afetados.

No que se refere ao tratamento das manifestações patológicas desencadeadas pela masturbação, este é da competência do médico e raramente passará de uma terapia. Entretanto, o que queremos aqui é deixar claro para a mãe o tamanho da tarefa que lhe compete enquanto cuidadora natural do filho.

A respeito de se a masturbação, após a chegada da maturidade sexual, pode produzir consequências prejudiciais à saúde, quando praticada moderadamente, as opiniões dos pesquisadores se dividem; igualmente, no que se refere à sua aceitação como um expediente substitutivo à ausência da relação sexual. No que todos os médicos, sem embargo, são unânimes é quanto ao

---

[7] Cohn, Hermann (prof. de medicina óptica). *Was kann die Schule gegen die Masturbation von Kindern thun?* [*O que a escola pode fazer contra a masturbação da criança?*]. 1894.

fato de que a masturbação representa um grande perigo às crianças. Os graus de prejuízo são infinitamente variados, porque dependem da disposição, da idade, das influências externas, da frequência da prática e de outras condições aleatórias; ainda assim, segundo a palavra de psiquiatras renomados, a masturbação, quando já praticada desde a infância mais remota, implicará as mais graves consequências no desenvolvimento do indivíduo.

Para atacar de frente esse importante impulso, observá-lo sob seu surgimento e impedi-lo, é necessário, sobretudo, pesquisá-lo: como ele pôde ser despertado e o que poderia aquietá-lo novamente?

Em íntima conexão com as excitações mecânicas das sensações sexuais observadas por Fleischmann, Henoch, Hirschsprung, entre outros, parece também contar aquele hábito, de modo geral admitido para a maioria das crianças pequenas, de chupar, sugar e obter, mediante isso, prazer. Mesmo que o mau hábito de chupar os dedos, os dedões ou outros objetos alheios, quando praticado em pequena escala, seja considerado um costume inocente, este também poderá reverter-se às vezes em uma paixão e, em função do constante estímulo dos nervos, implicar consequências prejudiciais.[8]

Dr. Lindner, que se ocupou a fundo com o objeto, distingue entre sucção simples e combinada, observando, em relação à última, que às vezes o "prazer de sugar é potencializado mediante assistência ativa"[9]: "dedos

---

[8] "Se também for necessário afirmar que entre os movimentos de sucção e de masturbação há uma extraordinária diferença, não obstante, não se poderá desmentir que, em certa medida, ambos se pareçam muito. Nos casos em que ocorre uma sucção de grau elevado, apaixonada, da parte de crianças pequenas, pode-se observar manifestações muito parecidas com a masturbação frenética. Eu constatei amiúde como os pequenos bebês, durante sua sucção apaixonada, na maioria das vezes do dedo polegar, olham rigidamente para um ponto, ficam com seu semblante em brasa e fitam fixamente o vazio com os olhos; inclusive, sua respiração acelera. Se ora considerarmos que tanto a sucção quanto a masturbação nessa idade são praticadas sem qualquer consciência, de modo puramente instintivo, então nos encontraremos a um passo da suspeita de que a sucção possa preparar um terreno favorável à masturbação e de que já esse ato de chupar os dedos seja capaz de exercer decididamente uma influência nociva na irritabilidade do sistema nervoso. Eu creio, seguramente, que a sucção apaixonada, definitivamente, tem um lado questionável; ainda mais quando há uma sobrecarga nervosa da criança da parte de mães e pais. Nesse sentido, eu penso que o ato de sugar possa assumir um papel na predisposição à masturbação" (Rohleder, *op. cit.*).

[9] Palestra apresentada à Sociedade Real dos Médicos de Budapeste (Lindner, S. *Das Saugen an den Fingern, Lippen, etc. bei den Kindern (Ludeln)* [*O chupar os dedos, os lábios, etc., em crianças pequenas*]. 1879). (N.T.)

individuais de uma das mãos, ou ambas as mãos, friccionam algum ponto de prazer ou satisfação na cabeça ou no pescoço; outros, no peito, ventre ou pelve", mediante o que a fruição da sucção seja consideravelmente aumentada. O tato e a busca ativa por algum desses "pontos de prazer", evidentemente, levam logo às genitálias, e, como conhecidamente o toque desses órgãos mais facilmente desencadeia sensações lascivas, uma vez achado esse ponto pela mão tateante, ele se tornará o preferido, e o caminho à masturbação contumaz não ficará muito distante.

Mas, também quando ocorra um chupar dos dedos menos sistematicamente formado, parece-me que o hábito de despertar sensações agradáveis, mediante a ocupação com o próprio corpo – seja sugando, acariciando, pressionando etc. –, é muito propício para que a masturbação se torne acessível à criança em questão.

Assim como a causa da masturbação em crianças bem pequenas, mais ou menos até 2 anos, somente pode ser desencadeada mediante um estímulo local, puramente mecânico, seja pela falta de limpeza e, consequentemente, pela irritação da pele, seja pelo toque, pela carícia, pelo aperto dos genitais etc., igualmente sua obstrução somente poderá, e haverá de ser, mecânica. Assim que se haja averiguado o movimento e a posição corporal que tornam possível a excitação local da criança, dever-se-á aplicar meios que impeçam a ocorrência de tais movimentos ou situações. É bem verdade que dificilmente será possível impedir a criança da prática de tal hábito pernicioso, sem torturá-la com bandagens, amarras leves ou outros meios invasivos. Todavia, seria um sentimentalismo, muito mal empregado, querer manter distância dessa limitação e dessa importunação temporárias e, desse modo, abrir o flanco a esse mal.

Assim que, não obstante, a criança tenha sobrepujado os primeiros anos de vida; tão logo possa se contar com a razão da criança, já não será mais possível estabelecer alguma norma acorde à qual o caso em questão deva ser tratado; pois, tão variável quanto possa ser a causa da masturbação, mediante o aumento da idade, igualmente variável será seu combate. Cada criança precisa ser guiada diferenciadamente, e somente quem conheça bem sua peculiaridade e mantenha uma relação de confiança com ela saberá avaliar antecipadamente, ao menos por alto, o efeito de uma influência e encontrar o caminho certo para conquistar sua confiança e, assim, tornar-se seu auxiliar.

Se a observação de uma criança – se ela eventualmente se masturba e de que forma – já exige delicadeza e precaução, tanto mais melindrosa e difícil será uma intervenção, que deveria ser percebida pela criança como benéfica e não aterrorizante ou punitiva.

A tarefa se tornará cada vez mais difícil quanto mais velha ficar a criança que se masturbe e maior for o período em que sacie esse hábito e, assim, torne-se escrava desse impulso poderoso; e cada vez mais dificilmente também a mãe poderá ser substituída por outras pessoas estranhas.

Além das causas que podem desencadear a masturbação já em crianças lactentes, no caso de crianças maiores que já ultrapassaram o estágio puramente animal e já tiveram despertado o interesse e o entendimento dos processos do seu meio, o impulso à imitação desempenha um papel essencial. Os movimentos de masturbação e os manuseios executados por outros são inconscientemente imitados e, em função da sensação de prazer que desencadeiam, conduzem ao hábito. Mas também a fricção da genitália, pelo uso de vestuário demasiadamente apertado, pode provocar estímulos locais mesmo na idade infantil mais precoce, os quais encontram sua satisfação através da masturbação.

Nesses casos, a influência psíquica e a obstrução física haverão de andar de mãos dadas; ainda assim, eu acredito que medidas mais drásticas como as aplicadas com crianças pequenas, porquanto de fato cumpram seu propósito, a saber, o de realmente evitar o despertar da excitação, no contexto de crianças mais velhas, deveriam ser evitadas tanto quanto possível. Ao passo que, em relação a seres humanos mais maduros, uma obstrução mecânica dos movimentos de masturbação costumeiros possa servir de admoestação e apoio, para fins de seu desacostume, no caso de crianças mais jovens, ela facilmente terá por consequência a resistência e a birra; logo, não será capaz de impor limites ao hábito, porque a criança já mais desenvolvida e autônoma logo procurará e encontrará novas estratégias à prática do impulso despertado. Também uma criança nessa idade de cerca de 2 anos certamente não perceberá tal regra de criação como um apoio, mas somente como uma punição; e é precisamente essa impressão que deveria ser evitada a todo custo.

A grande dificuldade de fazer frente à masturbação tornada hábito, em grande parte, deve-se à circunstância de que ela possa ser praticada facilmente, sem ser notada e sem qualquer auxílio de outra pessoa ou objeto. Mais adiante, ela é bem apropriada para tornar a solidão desejável ou, ao menos, reconciliar-se com ela. A criança punida, não obstante, sente-se isolada e facilmente inclinada a superá-la mediante a masturbação e a procurar nela uma recompensa ao amor, do qual fora privada; por isso, tanto mais ela dependerá desse, assim chamado, vício, quanto mais seja levada, em função da rejeição – que sempre deveria ser encarada como uma punição –, a se sentir entregue às suas próprias forças. A prática do castigo, em vez de restringida, deve suscitar cautela redobrada, para que não redunde no contrário do sucesso almejado. O que em primeiro lugar deveria ser combatido é que a masturbação de fato se torne uma necessidade psíquica, enquanto substituta do amor negligenciado: o rigor mal aplicado conduzirá a criança a esse estágio perigoso, antes de afastá-la dele.

Na capacidade de autossatisfação de sua necessidade de amor e carinho, através da masturbação que se tornou hábito, é que reside o grande perigo da alienação da criança do seu meio. Tais crianças, na maioria das vezes, são tímidas e se retraem cada vez mais em si mesmas, e por conta disso obtêm ainda mais oportunidades para a consumação desse hábito pernicioso e para a fuga do controle e da influência.

Não pode ser ignorado que já na criança bem pequena – como os exemplos arrolados mostram – o despertar das excitações sexuais e sua satisfação estão intimamente ligados ao carinho e ao amor.

Acariciar, fazer cócegas etc. nas genitálias, com o fim de anestesiar e acalmar, naturalmente será percebido pela criança abusada dessa maneira como sinal de carinho e amor, dado o prazer do qual desfruta. Por isso, se quisermos arrancar esse hábito perigoso da criança, é necessário empenhar-se por recompensá-la de outra forma, mediante amor.

Em paralelo ao acompanhamento das medidas de higiene que se relacionam à dieta, à cama, ao vestuário, ao movimento corporal etc., será necessário descobrir, a partir da observação de tal criança, da forma mais discreta possível e mediante uma persuasão amorosa, a ocupação de seu espírito. É preciso precaver-se, todavia, para não assustar a criança, que até então tenha seguido um impulso desavisadamente, com perigos ameaçadores; ao contrário, é recomendável, mais do que em relação a qualquer outra excitação, evitar aquelas que incondicional e necessariamente aflorem em tal vilão insciente, demonstrando-lhe que esteja prestes a comprometer seriamente seu próprio corpo ou, inclusive, seu espírito. Tais acusações inquietarão terrivelmente uma criança, mesmo que não seja de seu domínio interromper prontamente esse hábito. Além disso, não obstante, uma criança ficará excitada e amedrontada quando compreender a perniciosidade do seu comportamento, porém será fraca demais para resistir ao impulso duradouramente.

Essas excitações podem ser evitadas quando se combate o hábito como uma depravação horrível e se mostra à criança a dicotomia entre querer e poder; quando ocorre um esforço para intervir sempre que a força de vontade infantil fracasse.

Cada masturbador, seja grande ou pequeno, tem suas formas e seus horários habituais para ir atrás de sua autossatisfação, e é necessário chegar ao que esteja por detrás desse segredo rigidamente guardado para estender uma mão auxiliadora à criança. Dessarte, será de grande vantagem, no caso de uma criança que se acostumou a se masturbar, não deixá-la sozinha em um quarto escuro antes de dormir, mas permanecer com ela e, mediante uma conversa às vezes dirigida e, em outras, indiferente, desviar sua atenção e apaziguar seus sentidos. Já no caso de uma criança que tende a se masturbar pela manhã, antes de se levantar, há que ter o cuidado para que ela, ao acordar, imediatamente levante da cama e seja distraída e revigorada, lavando-se, realizando exercícios físicos ou outras coisas do gênero. Igualmente, ou inclusive mais facilmente, será possível evitar a masturbação da criança durante o dia, mediante sua observação e ocupação. Em todos esses esforços, contudo, há que ter o cuidado de não se exceder no rigor, pois certamente o sucesso surgirá primeiro naqueles casos em que o pequeno pecador ousar confessar contritamente: mãe, mesmo contra minha vontade, eu fiz isso de novo. E somente dessa maneira é que a mãe poderá descobrir onde e quando ela tem de estar em prontidão para assegurar a proteção a seu filho contra seus impulsos levados ao desvio.

෴

Em idade mais avançada, mediante a aproximação da maturidade sexual, em que o anseio por amor muitas vezes leva ao frenesi, a autossatisfação habitual facilmente conduz à paixão. Com o crescente entendimento da fealdade e da execrabilidade desse hábito, em relação ao qual, todavia, já não se pode mais ser senhor, também advém a resistência moral que odeia esse impulso poderoso e suscita desprezo pela sensação e pela fraqueza próprias.

Poucos são tão bem-sucedidos a ponto de sair como vencedores dessa batalha, mediante vontade enérgica e autocontrole treinado precocemente; a maioria se martiriza sob torturas da alma, que, quando mantidas rigorosamente em segredo, cada vez mais se agravam, envenenando a vida. Sobre o significado dessas torturas o psiquiatra Griesinger escreve: "essa luta persistente contra o impulso, que é superpotente e sob o qual o indivíduo ao cabo sempre é derrotado, essa vergonha escondida, o arrependimento, as boas intenções e o estímulo que essa ação provoca, tudo isso nós que não temos pouca experiência com masturbadores consideramos muito mais importante que a ação primária, diretamente física".[10]

O começo dessas lutas dolorosas e destruidoras dos nervos ocorre, na maioria das vezes, também àqueles que já há anos se masturbam, no período da puberdade, quando ocorre o despertar das sensações sexuais e a jovem criatura frequentemente começa a entender o sentido dessa ação habitual, embora possa ainda somente pressenti-lo. Não raro, ocorre que o indivíduo em particular considere seu desejo e sua satisfação como algo muito especial e peculiar e, por conta disso, imagine-se pior e mais animalesco que os demais e entenda ser totalmente impossível compartilhar suas preocupações e dores, mesmo com as pessoas da maior confiança. O mero esclarecimento sobre o caráter, bem como a frequência, desse mal, por um ser humano mais maduro, já poderia servir aqui muitas vezes como ajuda e libertação.

Aos recursos físicos, unicamente possíveis a crianças bem pequenas, nos casos de masturbação, somam-se mais tarde também os meios de estímulo espiritual à excitação sexual, como a ocupação da fantasia com a prefiguração de atos sexuais, que não somenos favorecem a masturbação e que, já por essa razão, deveriam ser mitigados, quando não evitados, na medida do possível, entre a juventude.

Enquanto de modo geral se pressupõe que, na infância mais remota, meninos, mais do que meninas da mesma idade, tendam à masturbação e que, para ambos os sexos, ainda sob essa perspectiva, o período da maturidade sexual seja crítico, no caso das meninas, o começo da menstruação forma uma falésia perigosa, cuja circum-navegação não raramente requer timoneiro com uma mão experiente.

A grande transformação física, e na maioria das vezes simultaneamente psíquica, com a consumação da maturidade sexual exige de ambos os sexos um organismo robusto e saudável, para atravessá-la sem perturbação corporal; não obstante, ela também requer uma vida anímica e sensorial sadia, para suportar normalmente as novas sensações e excitações como desenvolvimento natural.

A anemia e a palidez frequentes, com todas as suas manifestações decorrentes difíceis de derrotar, ensinaram-nos que precisamos alimentar e cuidar das crianças, ao longo de seu desenvolvimento, de modo especialmente adequado para prevenir o mal em tempo hábil. Não obstante,

---

[10] Sem indicação de fonte. Possivelmente Griesinger, W. *Die Pathologie und Therapie der psychischen Krankheiten* [*A patologia e a terapia das doenças mentais*]. 1870. (N.T.)

justamente essa proteção, que amiúde é dedicada à menina no período da menstruação, abriga um novo, e não pequeno, perigo.

No caso de uma criança realmente saudável, o período da puberdade passará sem nenhuma perturbação importante, e o educador deve esforçar-se para que ela não precise passar por qualquer incômodo digno de nota através de uma vida regrada e ocupada. Assim como não é recomendável ou útil deixar a criança ambígua e confusa em relação aos seus próprios processos corporais e suas próprias sensações, igualmente não se mostrará eficaz fazer dessas excitações uma idolatria, que tome conta de sua vida espiritual e corporal. Esse, todavia, é o perigo ao qual facilmente se expõem as meninas, quando lhes é concedida uma condição excepcional durante esse período, mantendo-as medrosamente afastadas de qualquer ocupação; ou quando se as mantenha, por medida de precaução, dias a fio na cama, preservando-as e cuidando delas como alguém que está doente. Para que tal proteção não se torne uma necessidade, é necessário prevenir-se. Se ela ainda assim se tornar uma necessidade, a tarefa de intervenção enérgica é coisa do médico. Pois justamente os estímulos sexuais, que vividamente afloram, a tempestade interior de excitações, às vezes desconhecidas, às quais a racionalidade juvenil ainda não sabe atribuir um lugar para levá-las ao sossego e ao equilíbrio, servem de melhor regulador da ocupação e do treino físicos. Se a menina, a despeito disso, mediante fraqueza ou outras condições corporais, for forçada a se sujeitar a muito resguardo durante esse período, a interromper a sua ocupação usual para entregar-se ao descanso e à ociosidade, então, a probabilidade também será muito elevada de que ela – que até então tinha sido preservada da masturbação – se torne sua vítima. Tal período de inatividade regularmente recorrente fornece uma oportunidade deveras favorável a ruminações e aos, assim chamados, devaneios diurnos, que, por múltiplas razões, devem ser mantidos afastados.

Ainda que estes (devaneios diurnos – *Tagträumen*) constituam uma forma bem geral e importante de "autoerotismo" e, além disso, sob maior medida, o primeiro degrau à masturbação, parece que eles têm merecido pouca consideração. O devaneio diurno, sob sua forma mais destacada, foi estudado por Mabel Learoyd como uma *continued story*. Essa "história continuada" é uma narrativa imaginada, mais ou menos íntima ao indivíduo e por ele protegida com carinho enquanto algo especialmente sagrado, considerada um patrimônio espiritual, do qual somente amigos muito empáticos possam participar. Ela ocorre mais frequentemente entre meninas e jovens mulheres. Em um grupo de 352 pessoas de ambos os sexos, 47% das mulheres, e somente 14% dos homens, cultivavam tal história continuada. Seu começo ocorre a partir de um livro ou, ainda mais frequentemente, de uma vivência que a seguir é representada por um indivíduo, que, quase sempre, é o herói ou a heroína da história. O incremento do conto é favorecido pela solidão e pela permanência na cama antes de adormecer, que se torna um momento especialmente consagrado a esse culto.[11]

Outra perniciosidade dos devaneios diurnos, muitas vezes observada, é o significativo comprometimento da capacidade produtiva intelectual e da força de trabalho, o que é bem perceptível na sala de aula, mediante dispersão, que chame a atenção, e memória fraca. Os devaneios diurnos, tornados hábito, precisam ser encarados como plantas parasitas espirituais, que se desenvolvem cada vez mais às custas das forças espirituais disponíveis e tomam crescente espaço na vida espiritual do sonhador, monopolizando-a, para finalmente asfixiar, em seu germe, outras moções e outros interesses que não encontrem espaço na vida onírica. O circuito cognitivo dos devaneios diurnos, não obstante, é muito limitado e se ocupa, em sua maior parte, com representações de cunho sexual, que, mediante conhecimento deficitário, são especialmente favorecidas e muitas vezes são também de natureza altamente fantástica.

Embora, tendo em vista as circunstâncias supramencionadas, a inclinação e a oportunidade aos devaneios diurnos sejam mais frequentes nas meninas do que nos meninos, ainda assim, eles também se fazem presentes entre estes e, tanto quanto nas meninas, são fomentados por qualquer excitação sexual.

Uma razão a mais para evitá-los, na medida do possível, em ambos os sexos. Um problema muitas vezes bem difícil, cuja solução incondicionalmente se insere no círculo de atribuições das mães, para as quais, todavia – remontando à afirmação de Möbius –, a riqueza de capacidades espirituais, e não o déficit, é seu pressuposto.

Capítulo II

O reconhecimento de que as funções sexuais são um fator importante no desenvolvimento de cada ser humano, logicamente, deverá levar à

---

[11] Ellis, Havelock. *Geschlechtstrieb und Schamgefühl* [*Impulso sexual e sentimento de vergonha*]. 1907.

dedicação do espaço devido à questão sexual nos planos pedagógicos. Mediante essa concessão, nós nos deparamos com outra tarefa, cuja solução, na maioria das vezes, é atribuída à mãe: esclarecer aos filhos, no tempo certo e da maneira correta, sobre a vida sexual.

Sobre esse objeto, recentemente, muito já se falou e se escreveu, mas o tema não foi tocado com coragem resoluta nem tratado com a profundidade necessária para fazer frente ao adversativo "se" e "mas". Embora a necessidade de esclarecimento seja admitida, são levantadas reservas contra ela, que muito raramente partem da perspectiva da criança, mas, sobretudo, da hesitação pusilânime dos educadores.

Reiteradamente, tratou-se dos danos provocados nos jovens quando lhes é negado o esclarecimento a partir de uma posição compreensiva. Entretanto, esse triste capítulo certamente ainda não foi escancarado e discutido em toda a sua extensão; caso contrário, esses esclarecimentos haveriam de ter-se mostrado mais eficazes. Muitas vezes, são a covardia ou a inadvertência que fazem com que tanto homens quanto mulheres permitam que suas próprias experiências e seus próprios pensamentos juvenis caiam no esquecimento; e, portanto, impeçam que sua tarefa em relação aos seus protegidos se torne consciente. E é somente o silenciamento das dores e dos sofrimentos secretos que, por vergonha e pudicícia, permanecem trancados a sete chaves no imo mais profundo que torna possível que o indivíduo esboce uma imagem distorcida no cérebro jovem, caracterizada pela ignorância e pela má influência, fazendo com que ele considere essas imagens uma manifestação tornada possível pela disposição especial da pessoa atormentada, que não tem qualquer papel na vida da coletividade. Certamente, a predisposição inata é, também aqui, um fator importante; todavia, ela não é culpada pela falsidade da imagem, haja vista que ela somente influencia as consequências introduzidas pela ignorância ou pela verdade, muitas vezes, deturpada. Ela é determinante para o tamanho do prejuízo à candura e, não raro, à alegria da vida. Pois, se a vida sexual se estrutura no imaginário das jovens como algo desprezível e asqueroso e se elas sonham com um amor puramente platônico, é porque mal conseguem ceder espaço no seu pensamento, muito menos nos seus sentimentos, à sensualidade dissociada do anímico. Se elas passam anos a fio sob os tormentos da dicotomia e da luta, em função da comparação recorrente entre este mundo "ideal" e o real, sem conseguir equalizar os seus sentimentos e suas representações com a vida, então, essa equivocada aspiração por pureza será muitas vezes tão nefasta como o desejo contrário por contos obscenos, amizades depravadas etc., e que talvez possam ser encontradas muito mais frequentemente. E tudo isso só porque se deixa a juventude em uma ignorância artificial, para preservá-la "pura e inocente".

Multatuli, que descreve, em sua obra *As aventuras do pequeno Walter*, a vida anímica de um menino ao longo de todas as fases de vida, mediante grande amor e delicadeza, esclarece o prazer que seu pequeno herói sente em escutar conversas indecentes:

> Equivocar-nos-íamos se identificássemos a influência nociva que a convivência com malandros imaturos exerce sobre Walter com o que se usa chamar de fazê-lo "ficar esperto". Isso eu considero não só como não prejudicial, mas, inclusive, como desejável. Justamente essa ridícula falta de esperteza de Walter é que lançara o fundamento à sua tendência por explicações liricamente belas. Tivesse ele sido criado por pais cultos, que compartilhassem com ele, mediante seriedade científica, o que a esse respeito tivesse de ser compartilhado, ele não teria achado gosto nessas piadinhas do tipo mais chulo, mediante as quais seu ímpeto pelo saber fora estimulado e enganado. Não é o saber que torna impuro; mas o ouvir modos de falar indecentes sobre o saber.

É uma vergonha para mães, pais e educadores exporem seus filhos ao perigo de receber os presentes mais belos da natureza de uma maneira que os degrade à peste![12]

O mais irracional e francamente errôneo desse princípio pedagógico não pode ser mais bem caracterizado que mediante o fato de que não só haja meninas que comecem um matrimônio sem haverem sido instruídas acerca da relação sexual, mas que também haja pessoas, com capacidade de raciocínio normalmente desenvolvida, que considerem essa ignorância sobre o sentido da autodescoberta como desejável. Através desse sistema de mentira e ocultação, não obstante, tem-se êxito em apresentar a vida sexual como algo de que se deve ter vergonha, e, dessa perspectiva, naturalmente será difícil, senão impossível, tornar a juventude cossapiente de uma coisa tão feia.

"Diante do sagrado, do sobre-humano imane, estendeu-se um véu para preservá-lo da profanação. E na massa profana se aninha a crença de

---

[12] Multatuli. *Die Abenteuer des kleinen Walther* [*As aventuras do pequeno Walter*]. 1901. (N.T.)

que o véu fora esticado para encobrir algo indecente." Nessa afirmação de W. Bölsche,[13] é expresso o mal-entendido, que agora vemos transformado em monstro, e que se torna extremamente perigoso para nossa juventude.

A necessidade de buscar enveredar por outro caminho se impõe de todos os lados, e é irrefutável a demanda por esclarecimento racional. E nós nos deparamos com a questão sobre como o grande mistério da natureza poderia ser levado mais ao alcance do entendimento infantil e de sua capacidade compreensiva.

Seria totalmente equivocado confrontar as dificuldades da tarefa proposta, ignorando ou caracterizando-as como de pouca monta, através dos conceitos e das condições para seu preenchimento atualmente disponíveis. A tarefa é difícil porque ela demanda da mãe, ou de outra pessoa que assuma essa função, grandes esforços de reflexão própria; mesmo assim, ela poderá ser cumprida, e tanto mais facilmente ela será preenchida quanto mais um círculo maior de pessoas se convencer de sua importância, e quanto mais se tiver a noção de que a dificuldade contra a qual temos hoje de lutar, não em sua menor parte, tem seu fundamento nas atuais teorias pedagógicas.

Quando se tenha chegado a essa compreensão, há que zelar para que a inocência natural das crianças não seja perturbada, como tão frequentemente ocorre, mediante o estabelecimento de um código moral precípuo às meninas, e outro aos meninos, por meio do qual, muito artificialmente, promove-se uma divisão entre os sexos que já começa a operar desfavoravelmente nas crianças pequenas contra sua inocência. Outra consequência p. ex. deverá ser estabelecer um novo padrão para a literatura infantojuvenil. O ponto de vista a partir do qual se define o valor ou a admissibilidade de um livro precisará ser essencialmente alterado se se esperar dele auxílio, ou mesmo esclarecimento, a partir da leitura indicada às crianças. Essa exigência deverá ser feita pelos muitos que não têm capacidade para ensinar sobre o tema. Mas também não se pode duvidar de que, uma vez admitida essa necessidade, ela poderá ser satisfeita por pedagogos de peso e por bons escritores. À juventude mais madura, então, poder-se-á entregar, com satisfação, livros dos quais tenha sido privada até hoje, por terem sido considerados perniciosos, por pura irracionalidade e incompreensão tosca, justamente porque discutem as relações entre os sexos e a vida sexual. Saudar-se-á, com alegria, algum autor que, em virtude de sua seriedade moral

---

[13] Trata-se de Wilhelm Karl Eduard Bölsche. (N.T.)

e sua cosmovisão nobre, domine a arte de elevar a juventude ao altiplano de sua compreensão e saiba ensinar-lhe a vida com sua beleza e verdade.

☙

A mulher pensante que tenha se ocupado com essas questões educacionais importantes considerará como seu dever e seu direito, enquanto mãe, quando sentir que tenha chegado o tempo certo, desfraldar, com as próprias mãos, o véu que até então encobrira essa imensa força motriz da vida do coração infantil. Por que ela, que acompanhara com crescente interesse as primeiras tentativas da criança de pôr-se de pé e caminhar, também o despertar e o crescimento de suas faculdades espirituais, e cujo anseio fora tornar-se a confidente desse ser desamparado; por que essa mãe se recusaria a responder à pergunta – de onde vêm as crianças? – para deixar ao acaso onde e como a criança providenciará o esclarecimento tão desejado?

Regras, determinadas formas de esclarecer a criança sobre a reprodução naturalmente não podem ser apresentadas, haja vista que cada esclarecimento da situação precisa ser adaptado às capacidades cognitivas e à peculiaridade da criança; ainda assim, é possível constatar o essencial para uma tal explicação. Ela poderá ser muito facilitada sempre que as crianças crescerem, desde pequenas, em um *milieu* em que sintam a relação entre pai e mãe como algo íntimo, inseparável e inefável, e que lhes permita, pela via do sentimento, pressentir e compreender o que mal possa ser vertido em palavras.

A recorrente objeção de que o esclarecimento facilmente possa implicar outro risco, a saber, o de sobrecarregar a capacidade de entendimento da criança com explanações que ainda não encontrem respaldo em seu mundo conceitual, eu considero infundada. Quantas vezes alguém, que já se tornou adulto há tempos, não tem a experiência de que somente realmente captou e entendeu bem mais tarde algo que acreditava já ter interiorizado?

E quanto mais não vive a criança na ilusão de achar que entende algo para cuja compreensão ela só amadurecerá muito mais tarde? Se, todavia, ela chegar à consciência de que ainda não pode conceber totalmente o que ouvira, tanto melhor ela compreenderá que seu entendimento dos processos sexuais somente pode ser-lhe desvelado aos poucos, não porque os pais e as mães sintam vergonha deles, mas porque esse capítulo da vida é grande e difícil demais para se chegar ao seu reconhecimento, senão de passo em passo mediante forças de compreensão sob progressiva maturação.

De acordo com meu ponto de vista, é necessário adentrar no esclarecimento na proporção em que o ímpeto de conhecimento ou a curiosidade da criança avancem; não obstante, ele precisa ser dado sem procrastinação ou hesitação amedrontada.

Quão fácil será atender essas demandas, mais do que de modo geral se acredita, isso cada um verificará quando ousar assumir essa tarefa corajosamente, com um mínimo de entendimento. A experiência mostrará que principalmente as palavras introdutórias são difíceis de ser encontradas, mas que o modo como se acolhe a criança inocente e o que lhe é dito têm um efeito encorajador e facilitador sobre quem é esclarecido. Se, todavia, imediata ou posteriormente, uma criança chegar à conclusão de que fora enganada com inverdades ou de que a informação lhe fora dada com contrariedade e hesitação, então essas impressões terão por consequência, na maioria das vezes, um abalo na relação de confiança até então estabelecida, e será difícil reverter em bem aquilo que o momento estragara.

Para o esclarecimento da fecundação e da reprodução do ser humano, sugere-se, preferencialmente, sua comparação com as plantas; ainda assim, a maioria dos exemplos didáticos arrolados terminam com a seguinte lição: e da mesma maneira sucede com o ser humano ou assim tu também cresceste dentro do ventre de tua mãe.

Até aqui, por vezes, até parece que o assunto fora bem encaminhado, mas esse poderia e deveria ser o desfecho da explicação? Não se pode duvidar de que a criança ávida por saber, após lhe serem contadas tantas coisas novas, por certo tempo, fique satisfeita; que seu espírito, em um primeiro momento, tenha dificuldade de assimilar e apropriar-se do experienciado. Porém, não muito depois, ela ainda assim voltará a ruminar a respeito e provavelmente também perguntará: como a criança surge dentro do corpo da mãe e como ela vem ao mundo? A criança se dará conta, mesmo sem que necessariamente tenha se tornado mais compreensiva, de que o que fora dito não é suficiente. E me parece que a explanação anatômica, que haverá de seguir às próximas perguntas, seja bem mais difícil de se dar quando, uma vez requerida anteriormente, tenha ficado para trás como um pato manco do que quando seja dada imparcialmente, sem senões nem reservas, ao ouvinte igualmente imparcial. Isso porque bem sabemos que aquilo que realmente assusta a juventude que cresce na ignorância sexual, quando esclarecida, é a imaginação da conjunção física entre homem e mulher. Essa impressão poderá ser evitada se já a criatura infantil, que ainda não desenvolveu sentimento de vergonha, souber a respeito e incorporar esse fato, como tantos outros, em seu raciocínio. A criança aceitará as exigências e leis da natureza, assim como elas são e não podem ser diferentes. Se portanto se tenha recorrido ao exemplo da floração e de sua fertilização, então, que se vá até o fim da comparação e se diga, no devido tempo, o que deve ser dito.

Extrapolaríamos o escopo aqui se nos aprofundássemos em todas as obras sobre o tema mais ou menos dignas de nota, que em parte foram publicadas em jornais e revistas ou surgiram sob a forma de pequenas brochuras, e que, de modo geral, parecem-me ser mais apropriadas para despertar o interesse pelo problema do que propriamente para satisfazê-lo. Diante da principal dificuldade, a saber, explicar o ato da fecundação humana, todos os autores, mesmo os mais audazes, assustaram-se e, por isso, fizeram com que permanecesse uma lacuna que torna ilusório o valor de toda a explicação. O propósito do esclarecimento, todavia, somente poderá ser alcançado quando tornar supérflua sua experiência através de atalhos e, assim, impedir o mal-entendido. Essas condições, contudo, somente poderão ser preenchidas quando ministradas consequentemente.

Para muitos, poderia significar uma importante libertação se se dispusessem a dizer à criança que ela cresceu dentro do ventre da mãe, o que poderia ser o começo de uma melhora dessas abordagens, onde quer que se encontrem, digna de ser congratulada com alegria. Todavia, antes prejudicial do que fomentador desse movimento germinal me parece ser evitar um esclarecimento integral; quando, em vez de um tratamento amoroso de todo o problema sexual com abertura e grandeza, o esclarecimento se torna refém de explicações dadas com palavras pontiagudas, marcadas por ignorância e depravação, e exige auxílio. Que esse "até aqui e não mais além", também encontrado em livros como, p. ex., o de Carpenter, *Quando os seres humanos se tornam maduros para o amor*, continue sendo mantido de pé, isso há de causar espécie e facilmente despertará a crença de que essa lacuna seja impreenchível. Em outras palavras, que uma explicação real da reprodução humana não possa ser dada aos jovens por um caminho cristalino. O próprio autor afirma:

> Enquanto essas coisas não forem compartilhadas e esclarecidas às crianças e jovens de modo compreensivo, não se poderá esperar que impere outra coisa no âmbito da vida sexual, além da confusão moral e a insensatez. Que nós permitamos que nossas crianças obtenham suas informações sobre a mais sagrada, profunda e importante de todas as funções humanas a partir da cloaca; que consintamos que elas experienciem, a partir dos lábios da ignorância e

do vício, aquilo que deveriam ouvir puramente dos lábios de seus pais e suas mães, isso um dia parecerá inacreditável e certamente comprova a descrença profundamente arraigada e a impureza de nossa própria vida interior.

[...] primeiramente deveríamos instruir a criança bem abertamente sobre sua ligação biológica com a própria mãe; dizer-lhe quanto tempo permaneceu repousando em seu corpo e qual o laço de amor profundo e sagrado que, por consequência, liga mãe e filho; em seguida, deveríamos explicar-lhe a paternidade; dizer-lhe como o amor dos pais e das mães entre si foi a razão do surgimento de sua própria existência: essas certamente são coisas bem fáceis e naturais – ao menos, ao espírito juvenil – e não suscitam nenhum tipo de espanto nem quaisquer sentimentos de impropriedade, mas, tão somente, de gratidão e de uma espécie de admiração carinhosa.[14]

A explanação do ponto difícil – o esclarecimento da paternidade – aqui é contornada e o leitor é remetido ao começo da obra, onde encontra a referência a um exemplo de ilustração a partir de Shafts, *La Revendication des droits*,[15] que, a despeito disso, não leva a nenhum passo adiante, assim como ocorre em tantas outras publicações do gênero.

Ainda outro grande erro, que a citação de Carpenter tem em comum com tantas outras explanações, nominalmente diz respeito à ambição de estruturar poeticamente explicações científico-naturais e, assim, velá-las sob um véu pouco transparente de frases de efeito que só têm por resultado a maior falta de clareza. Ou a criança receberá uma representação dos processos naturais ou, como consta em Shafts, a mãe esclarecerá aos seus pequenos: "este pequeno bebê encantador veio de Djahid, assim como a bela borboleta da crisálida; ele repousava logo abaixo de seu coração; ela mesma o fizera e lá conservara até que crescesse; ela o amava tanto que ele cresceu" etc.

A mesma mãe, mais adiante, explicara certa feita à sua filhinha a fertilização das flores e concatenara a seguinte observação à narrativa dessa instrução:

---

[14] Trata-se de Carpenter, E. *Wenn die Menschen reif zur Liebe werden: eine Reihe von Aufsätzen über das Verhältnis der beiden Geschlechter* [*Quando os seres humanos se tornam maduros para o amor: uma série de artigos sobre a relação entre os sexos*]. 1902, p. 237. (N.T.)

[15] Cf. Schafts. *La Revendication des droits féminins* [*A reivindicação dos direitos femininos*, 1894]. (N.T.)

Assim, eu semeei no coração imaculado e no pequeno espírito curioso a semente daquele reconhecimento delicado, que imediatamente pode se corromper na obscenidade, quando a mãe, por falsa vergonha, abandona a instrução do filho nas mãos dos coleguinhas de escola. Agora minha pequena menininha poderá fazer-me as perguntas tão temíveis assim que queira e eu somente precisarei relembrá-la da ciência da botânica, simplesmente acrescentando: "exatamente da mesma forma ocorre com o ser humano, só com a diferença de que aquilo que acontece com as plantas inconscientemente, em nosso caso, dá-se conscientemente; e de que entre seres humanos, que sejam como deveriam ser, as pessoas só se unem com quem amam."

À criança pensante, resulta desse ensinamento – caso ela de modo geral consiga imaginar algo, mediante explicações tão vagas – a conclusão de que "dois seres humanos que se unem" – vamos pressupor que a criança tenha adivinhado que se trata de seres humanos de sexos diferentes – "têm filhos". Então, ela finalmente saberá que, se uma mulher se "une" com um homem, obtém filhos. Mas o que significaria "unir-se" para a criatura inexperiente? De acordo com a experiência, essa "união" – que prescinde de qualquer conceito – será traduzida por "ficar junto", e é justamente contra essa interpretação da representação – de que, quando um homem e uma mulher ficam juntos, isso tem por consequência filhos – que é preciso trabalhar, pois essa loucura causa muita desgraça terrível, na medida em que enche as meninas pequenas de angústia e preocupação. Entre os mal-entendidos mais grosseiros, sob os quais muitas vezes aquelas que se preservaram "inocentes" sofrem, encontra-se no topo da lista a crença de que ter contato prolongado com um homem – como na dança, no manejo de certos lugares, p. ex., através de massagens etc., ou no próprio beijo – possa engravidar.

Que mães não casadas sejam menosprezadas e desprezadas pela boa sociedade, isso se mantém bem menos em segredo e sob indignação moral, fazendo com que essas pobres criaturas acreditem estar rendidas a um opróbrio contra o qual se sintam desarmadas, mas que também não possam se explicar.

Também aqui, eu gostaria de destacar: eu não tenho um caso individualizado em vista, que possa ser explicado pela predisposição doentia ou pela falta de inteligência. A primeira vez que me foi possível trazer à tona um segredo como esse, mediante muito esforço, foi junto a uma moça de 18 anos, muito talentosa, com respectiva formação e cultura. Nela, também pela primeira vez, pude ver de perto todo o sofrimento anímico de um ser tão desassistido, e eu acreditei, profundamente abalada, estar diante de uma aberração especial, de uma fantasia doentia. Todavia, a experiência me ensinou, uma vez atenta a essa questão, que essa representação não é de modo algum tão rara, e que, na verdade, é uma consequência altamente dolorosa de um conhecimento insuficiente.

Essas vivências, em parte, deram ensejo a esta publicação, e eu cultivo a firme convicção de que, para muitos, basta um estímulo para começar a enxergar nessa direção e a sentir a necessidade de reconhecer essa tarefa, em toda a sua abrangência, e perseguir suas consequências até o fim.

Acredito que posso deixar mais claros os meus pontos de vista e os meus pensamentos sobre esse assunto através da seguinte carta, que foi retirada de uma troca de cartas entre mãe e filho, e tem como objetivo fornecer as informações solicitadas.

> Mal recebi tua carta tão amorosa e longa, já me pus a respondê-la para dar um retorno tão rápido quanto possível às tuas perguntas. Eu me alegro muito que tu não te assustes com o enorme esforço que demanda de ti escrever uma carta tão extensa para relatar detalhadamente o que fazes e pensas, enquanto tua mãe ainda precise permanecer longe de ti e não possa, como usualmente, ler teus pensamentos diretamente de teus olhos.
> Em espírito, estou sempre contigo e com teu pai, e, como tu me fizeste hoje uma pergunta tão importante, sinto como especialmente doloroso não poder estar com vocês.
> Se estivesse em casa, eu poderia bater um papo contigo, como usamos fazer, e, nesse caso, a tua pergunta – de onde vêm as crianças? – seria bem mais fácil de responder. Eu tomaria meu filho crescido em meus braços para, dessa maneira, conseguir ler melhor em seu rosto amável se ele também me entende e se minhas respostas são suficientes, de modo que experimente tudo o que deseja saber. Mas, como isso não é possível, eu me empenharei em esclarecer-te por escrito, tanto quanto me seja possível, o que tenho a te dizer e, se alguma coisa não te for compreensível, então podes perguntar ao teu pai.
> Na verdade, eu já esperava ouvir de ti, há tempo, a pergunta – de onde vêm as crianças –, especialmente quando te vi estudando sobre a botânica da floração e da fertilização dos botões masculinos e femininos.

Talvez tu não te interessaste muito pelo que aprendeu e, por isso, não o tenha assimilado plenamente em teu entendimento. Eu, todavia, acredito que posso explicar-te mais facilmente como surgem as crianças, esses seres humanos tão diminutamente pequenos, a partir daquilo que aprendeste das plantas e da sua multiplicação. Tu sabes que há dois tipos de floração em uma árvore ou arbusto, algo que justamente nesta época do ano podes ver com teus próprios olhos, p. ex., nas bétulas ou nas aveleiras. Um dos tipos de floração, chamado de caixinhas, é masculino, e o pequeno, em forma de cálice, feminino. Mais adiante, se observares mais de perto as caixinhas, perceberás que elas contêm os grãos de semente, que, mediante apenas um leve toque de mão, caem e são dispersados, mesmo mediante a brisa mais silente. Mas, ainda que não se toque a caixinha, a semente cai quando está madura e, então, como a poeira é levantada com o vento, é levada às florações femininas que são formadas para que uma pequena abertura as assimile e incorpore, onde então crescem e amadurecem até o fruto, como p. ex. a avelã. Agora veja, meu pequerrucho, se tu imaginares o botão como o pai e a flor como a mãe da pequena avelã, então tu entenderás que a semente cresça no pai e que, ao ser levada ao corpo da mãe (pois o vento provê isso), ela lá se desenvolva para vir ao mundo como filho de ambos.

Isso tudo tu podes imaginar mais facilmente já que não só ouviste e estudaste a respeito, mas também podes ver a existência dos dois tipos de flor, da semente e do fruto, mais ou menos bem desenvolvido. Por essa razão eu te relembrei daquilo que tu na verdade já sabias, para dizer-te, finalmente, que com o ser humano sucede quase do mesmo jeito que com a planta.

Também dentro do pai humano cresce a semente, que ele coloca no corpo da mãe e onde ela cresce, ao longo de muitos meses, para só então vir ao mundo como um ser vivo pequeno, chorão e irrequieto. Tu vês, portanto, pequena criança humana, que és fruto do pai e da mãe. A semente da qual provieste cresceu dentro do corpo de teu pai e, em meu corpo, tornou-se esse menino pequeno e fofo. Agora tu talvez ainda te perguntes se também nesse caso o vento precise colaborar. Isso, todavia, é diferente nos seres humanos, assim como em muitos animais, quando comparados às plantas. Eles mesmos podem providenciar a transferência da semente do corpo paterno ao materno. É para isso que servem os assim chamados órgãos sexuais, a partir dos quais, como bem sabes, já é possível distinguir entre meninos e meninas desde seu nascimento. Essa pequena parte do corpo do homem crescido contém, provisoriamente, a semente e pode ser inserida no órgão sexual feminino, que basicamente consiste em uma abertura no seu corpo, de sorte que a semente – cujas partes individuais são infimamente pequenas e somente perceptíveis quando muito ampliadas sob um microscópio – alcance diretamente, a partir do homem, o corpo da mulher. Lá, por sua vez, ela se une a um ovo, igualmente diminuto, que já está preparado no corpo da mulher e se nutre, assim como o grão do campo dos sumos da terra, dos da mãe, para então, tão logo tenha se tornado fruto, vir ao mundo através da mesma abertura do corpo, que para tal fim se dilata.

Nesse processo, com efeito, a mãe precisa aguentar dores muito severas, de modo que adoece por alguns dias, e, por isso, eu já ouvi dizer, muitas vezes, que seria bem melhor se fosse verdade – algo que agora não se conta mais aos filhos pequenos – que as crianças de fato crescessem no açude, donde só seria necessário fisgá-las. Quando tu nasceste, eu precisei suportar muitas dores, mas eu já tinha muito, realmente muito, amor por ti, mesmo antes que pudesse te ver como ser humano, porque por muitos meses eu sentia como crescia um pequeno ser em meu ventre. Um filhinho em relação ao qual eu já estava tremendamente curiosa. Tanto eu como teu pai estávamos muito ansiosos para saber a quem de nós essa coisinha teria puxado mais e fosse parecida. Ainda que tenhamos imaginado tantas coisas sobre como serias, não poderíamos adivinhar que teríamos um meliante desse jaez.[16]

※

Haja vista que dizer às crianças que elas não precisam se preocupar em saber como se dá a questão da reprodução dos seres humanos não desvia sua reflexão sobre esse objeto, tanto menos posteriormente se poderá manter de pé a tese de que a vida sexual, a força do impulso sexual, não deveria ocupar o pensamento da juventude. A despeito disso – de que a ordem de não pensar a

---

[16] Sem indicação de fonte (possivelmente Carpenter, *op. cit.*). (N.T.)

respeito de determinado objeto sabidamente só consiga alcançar o efeito contrário –, nesse caso, a afirmação é insustentável, porque é contraproducente.

As percepções que se impõem ao ser humano em amadurecimento, para promover seu desenvolvimento espiritual e físico de modo normal e para estimulá-lo à reflexão, também precisam de uma resposta.

As explicações de fato que tenham sido dadas solicitamente e de forma apropriada, via de regra, também possibilitarão uma relação de confiança, entre o rapaz ou a moça e o educador, para além do período da infância, de modo que também a solução de questões que emerjam mais tarde acerca da vida sexual e amorosa possam fruir desse manancial puro, a partir do qual vertera anteriormente o tão desejado esclarecimento.

Uma grande insensatez, se não covardia, é fazer de conta que não sabemos que nossas crianças maiores estão expostas a impressões, embates e perigos, cujo preparo e cuja orientação necessários mal podem ser adivinhados. Como se não se soubesse que a juventude madura assimila de seu meio os pontos de vista sobre toda a área da vida amorosa e que estes, muitas vezes, são de sentido bem abrangente. Se, entretanto, não se tenha tido a preocupação com o próprio filho, antes que se tornasse adulto, acerca de como o mundo se espelha em seu interior, então também não se poderá ter a ilusão de derrubar suas opiniões e corrigir suas percepções como e quando parecer recomendável.

A cosmovisão moral precisa partir de uma fundamentação mais profunda na cognição e na emoção do indivíduo em particular, para poder orientar o que fazer, ou deixar de fazer, para resistir a tentações interiores poderosas. Ela precisará constituir-se como resultado total da vida interior. Uma compreensão, a despeito disso, expressa por meio de pregações – sejam elas escritas ou verbais – somente criará raízes soltas, que serão soterradas pela primeira intempérie.

Conforme nossas condições sociais estão constituídas, o rapaz jovem precisa desproporcionalmente de muito mais capacidade de resistência e autonomia e, igualmente, compreensão e convicção próprias, em comparação às moças jovens, para poder fazer frente às tentações sexuais. Pois, ao passo que à menina sejam estipuladas, enquanto lei moral primordial e suprema, a imaculada virgindade e a total denegação das excitações sexuais, a mesma sociedade permite ao jovem saciar seu impulso sexual, mal despertado, do modo mais brutal. Certamente não é uma concepção demasiado otimista, se eu pressupuser que grande parte desses jovens rapazes no mínimo se manteriam castos por muitos anos se os pais ou as mães responsáveis cumprissem devidamente sua função.

Aqui eu roço uma das mais difíceis questões do capítulo doloroso de nossas condições sociais, sobre a qual não é fácil, para ninguém que a encare honestamente, tomar qualquer posição. Porquanto os homens possam contrair matrimônio ainda bem mais tarde do que a satisfação de seu instinto sexual requeira, será mal-empregado estabelecer como exigência moral uma rigorosa abstinência a todos os solteiros, pois nada é mais apropriado para fomentar a mentira e a hipocrisia que leis que não possam ser cumpridas. Quão aplicável tal mandamento seja a homens maduros não poderá ser discutido aqui, e precisamos delegar aos nossos filhos adultos e maduros a busca por maneiras de lidar com tais descalabros, tão bem quanto possível. Porém, que adolescentes entre 16 e 18 anos não careçam de relações sexuais para se manter produtivos, isto é certo. O que impele essas pessoas jovens às prostitutas por certo raramente é o desejo natural pelo outro sexo, mas, sobretudo, por um lado, a ignorância na qual são mantidos por seus educadores e, por outro, os ensinamentos e as seduções ou, quando estes não prosperem, o escárnio, que colegas mais experientes e camaradas da mesma idade sempre têm preparados para tais "guardiões da virtude". Para não parecerem infantis e fracotes, muitos superam sua timidez e sua relutância diante dessas mulheres humilhadas, e por conseguinte sacrificam sua inocência em face do sexo feminino, suas representações puras do amor e, não raramente também, sua saúde.

E os homens e as mulheres mais experientes assistem a essa atividade à distância, como se fossem meras criancices.

Certamente aqui, mais do que em qualquer outra questão pedagógica, o *milieu*, as cosmovisões acerca da vida, sob as quais um jovem cresceu, exercem o papel mais preponderante. Não obstante, muitas vezes contra essas influências atuam interferências externas tão poderosas, que não haverá de nos surpreender se estas assumirem a primazia no inexperiente.

Nisso, todavia, a culpa é do costume de encarar as excitações sexuais como vulgares e baixas e de fazer vista grossa e silenciar-se a seu respeito no seio da família, como se a sua simples menção na relação com a juventude já significasse contaminar-se.

Mas justamente a esse respeito a juventude precisa ser instruída, para que o instinto sexual, que nos foi legado pela natureza, também signifique para o indivíduo particular aquilo que a sua personalidade, mais desenvolvida ou mais brutal, seja capaz de sentir e estruturar.

Pessoas jovens precisam tornar-se conscientes do quão pouco compatível com as nossas compreensões do direito e da dignidade humana é fazer da mulher um instrumento à satisfação corporal; manter com ela relações íntimas, sem carinho no coração, e sem correspondência anímica e espiritual; a despeito disso, elas também precisam saber das tentações e dos embates que têm pela frente e que, muitas vezes, põem sob duríssima prova o autocontrole treinado e a capacidade de resistência. Nesse sentido, é urgentemente necessária a verdade nua e crua sobre a força desse instinto, bem como os danos e perigos inerentes à sua satisfação leviana.

Se a discussão dessas questões cabe ao pai ou à mãe me parece ser uma disputa bem penosa. Teoricamente poder-se-ia elencar tantas razões em prol do esclarecimento por parte da mãe quanto do pai. Praticamente ela sempre competirá a quem for mais apto a assumir tal função.

ஐ

A discussão dessas questões puramente sexuais, necessariamente, também tem de adentrar nos conceitos correlacionados de moral e moralidade, e somente aqui se escancara o horizonte para uma atividade rica de bênçãos ao educador que reconheça sua tarefa em toda a sua abrangência e esteja à altura de seu cumprimento.

Que os conceitos impregnados de moral e moralidade, aparentemente o esteio que a sociedade aufere para cada um em sua jornada de vida, na verdade, demonstrem-se muletas carcomidas por vermes, incapazes de dar conta das dificuldades no caminho, torna um dever do educador que queira ver seus protegidos capacitados à vida colocá-las sobre seus próprios pés, ensinando-os a ver e a julgá-las por conta própria.

Haja vista que raramente as condições de vida sejam como conste no manual, isso crianças pensantes já haverão de perceber; e se elas próprias tiveram a sorte de crescer sob relações regradas e organizadas, isso não deveria torná-las tapadas e mesquinhas em relação a pessoas e condições de vida que menos facilmente possam ser harmonizadas aos conceitos de senso comum acerca da moral e dos costumes.

Uma pergunta que já precisa alvorecer à criança é, p. ex., a seguinte: por que também ocorre que pessoas vivam juntas e tenham filhos mesmo sem se amar, e que se relacionem entre si sob desavença e sem carinho? Ou também será possível que crianças não percebam isso? Será desejável que cresçam tão alienadas da realidade a ponto de que o lado sombrio da vida lhes permaneça totalmente oculto? Não, definitivamente não poderá ser diferente. As crianças também perceberão tais coisas com o passar do tempo e, especialmente aquelas naturezas entre elas mais predispostas à reflexão, haverão de pensar a esse respeito e pesquisar soluções para tal enigma. Por que, nesse caso, elas não haveriam de receber a resposta de que, às vezes, as pessoas se amam muito e somente veem nas relações mais estritas da vida cotidiana que na verdade não se suportam tanto quanto desejariam; ou que preocupações e tormentos muitas vezes tornam as pessoas impacientes, briguentas e mal-humoradas, de modo que amiúde elas se encontrem carrancudas, mas que a despeito disso se amem e no fundo se queiram bem? Também que casamentos sejam selados por vantagens pecuniárias e, assim, às vezes, tornem-se bem infelizes – isso tudo não poderá permanecer oculto aos filhos.

As pessoas jovens precisam aprender também a compreender e a tolerar a insuficiência da força moral dos outros; e alguém só poderá ser maleável quando souber quão infinitamente difíceis podem ser as condições de vida de muitos e souberem ter empatia cognitiva e emocional com pessoas sob tais circunstâncias.

Não há que temer que a alegria infantil seja prejudicada duradouramente, quando não se impeça que a criança veja que nem tudo na vida é belo e bom. A criança tornada cega artificialmente, na verdade, não enxerga as dores e os tormentos da vida por algum tempo; mas, concomitantemente, é tornada apática à alegria e à beleza, porque é preciso estreitar demasiadamente seu campo de visão para mantê-la em tal mundo do faz de conta.

Também o contraste entre pobres e ricos não se deixa esconder das crianças; mas, especialmente para elas, para quem a diferença do grau de formação ainda não se faz tão perceptível, esse abismo poderá ser mais facilmente sobrepujado.

Parece-me um sentimentalismo mal aplicado chamar a atenção das crianças à pobreza e à miséria, como se isso lhes fosse um mundo estranho, para despertar nelas um sentimento de compaixão. Trata-se de um recurso didático execrável apontar-lhes a pobreza e a miséria dos outros para aumentar nelas a alegria pelo seu próprio bem-estar.

Eu creio que se, em contrapartida, nós permitirmos que nossas crianças cultivem amizades com outra classe social, então, já poderemos alargar seu horizonte desde sua idade mais jovem e desenvolver nelas a capacidade de entendimento das necessidades e condições de vida, das quais permanecem intocadas, em função da própria fortuna.

Um problema que me parece essencialmente mais fácil, mediante esse entendimento, diz respeito ao seguinte: aquilo que podemos e devemos contar às crianças como resposta à sua inquirição sobre nascimentos fora do casamento e relações livres. Com quanta mentira e disparate, na maioria das vezes, confunde-se o cérebro juvenil, ao responder essa questão! Eu penso que não possa fazer mal ao senso moral da criança lhe dizer que, se duas pessoas se amam, de modo que querem ficar juntas tanto quanto possível e cuidar uma da outra, e, por conta disso, vivem como homem e mulher, mesmo sem haver contraído matrimônio – ou porque não tenham dinheiro para tal ou porque outros óbices estejam no caminho –, na prática e de fato, estão casadas. Também poder-se-á esclarecer as crianças, sem risco, sobre a possibilidade de que casais se separem após se darem conta de que não se gostam mais tanto quanto seria necessário para uma vida conjunta; e que esse infortúnio é uma das causas das relações livres e dos filhos ilegítimos.

O triste capítulo das meninas abusadas e abandonadas, na maioria das vezes, somente precisará ser discutido com nossas crianças crescidas; e se até lá as tivermos ensinado a compreender a vida e as pessoas, então elas abrirão mão de desdenhar, sem reflexão e emoção, papagaiando os juízos impiedosos do mundo.

Que diante dos filhos somente possamos defender nossa própria convicção; que seja necessário termos clareza sobre as próprias compreensões da vida, antes que possamos torná-las inteligíveis às crianças, disso eu assino embaixo.

A tarefa de esclarecer as crianças da maneira apresentada hoje requer trabalho intelectual e autonomia que não podemos exigir de todos. Ainda assim nutro a convicção de que aquilo que alguém aparentemente só pode proporcionar aos próprios filhos aos poucos também possa servir de bênção para outros; e que as ideias que atualmente ainda encontram resistências precisam se tornar bem comuns, porque contêm a verdade em si e também porque o sistema arcaico, cada vez mais, demonstra-se inútil.

Para alcançar tal objetivo, primeiramente é necessário trabalho e compreensão das mães e, por conseguinte, mais uma vez, desenvolvimento e formação intelectual da mulher!

MARGARETE HILFERDING (1871-1942)

O amor materno
Renata Udler Cromberg

Margarete Hilferding foi médica, originária de uma família judia vienense, tendo nascido com o nome de Hönigsberg. Foi a primeira mulher a fazer parte da Sociedade Psicanalítica de Viena, após quatro reuniões de discussão sobre se deveria ser permitida a entrada de mulheres nela. Já em novembro de 1910, intervém vigorosamente, por ocasião da conferência "Escolha de uma profissão e neurose", em que o autor, Wilhelm Stekel, aplicava a psicanálise de maneira selvagem e falava que os jornalistas adotavam essa profissão por paixão às prostitutas, e os médicos, por sadismo, voyeurismo e exibicionismo. Sendo ao mesmo tempo médica e mulher de um brilhante jornalista e economista, refutou polidamente essas bobagens (Roudinesco; Plon, 1998).

Na reunião de 11 de janeiro de 1911, perante 20 homens psicanalistas, a Dra. Hilferding inicia sua conferência "As bases do amor materno". Nela, questiona a ideia firmemente arraigada na cultura ocidental patriarcal de um amor materno natural. A ausência de amor materno frequentemente se exprime pela recusa em amamentar a criança ou pela intenção de não ficar com ela. Mas, ao se conseguir, por algum truque, colocar a criança no seio da mãe, muito frequentemente esta não quer mais se separar daquela. Do ponto de vista da psicanálise, diz ela, é a interação física entre a mãe e o bebê que suscita o amor materno. Ela fala, então, de atos violentos e hostis das mães em relação aos filhos, o que demonstraria que não existe amor materno inato. Analisa o lugar de objeto sexual natural para a mãe durante o período que se segue ao parto, o que é o correlato das sensações sexuais do bebê em relação à mãe, bem como a mudança que a criança efetua na vida sexual da mãe.

> Se nós supomos a existência do complexo de Édipo na criança, ele tem sua origem na excitação sexual provocada pela mãe, que supõe uma sensação igualmente erótica por parte da mãe. O período em que a criança representa um objeto erótico para a mãe coincide com a necessidade de cuidados por parte da criança. Após esse período, a criança deve ceder lugar ao marido ou eventualmente a outro filho (Hilferding, 1998, p. 91).

Ela diz ser interessante examinar o papel do pai, em que condições ele se constitui como objeto sexual da criança (atitude homossexual), em que modalidades se produz o desligamento da criança do seu primeiro objeto sexual e de que maneira o período dessexualizado anterior à puberdade (certamente ela se refere ao período de latência) está vinculado ao desligamento da criança em relação à mãe.

Para Pinheiro (1991), há aí a tentativa de construção de uma metapsicologia da sexualidade da grávida do primeiro filho por meio não só da transformação real nesse corpo, mas também da sensação corporal ou da excitação sexual, novas, desconhecidas até então, como fontes de prazer, e essa sexualidade determinará o amor materno, que tem como suporte a relação sexual mãe-bebê. Sobre a questão da agressividade surgida pela separação, ela propõe que o impensável no sexo castrado da mulher é que ele implica a separação, contra a qual e pela qual o humano se funda. Mas será certamente na vivência da primeira gravidez que a mulher terá de se defrontar com o impensável da separação, através do próprio sexo. O que está em jogo é a própria estrutura psíquica da mulher que se torna mãe. Poderíamos dizer, o fato de a mulher ser desdobrável.

A maioria dos psicanalistas homens presentes não contestou a oradora, e várias ideias complementares ao que ela disse surgiram, numa rica discussão, não apenas psicanalítica, mas também antropológica, sobre o lugar do pai na amamentação, o erotismo do seio, a relação entre o amor de mãe e a posição desta como filha com seus pais, a permissão ou não do coito na época da amamentação. Apenas Sadger, um dos três membros da sociedade que votou contra a admissão de mulheres nela, insiste em uma visão abertamente moralista do papel do erotismo do mamilo e do recalque deste. Para ele, o caráter erógeno específico do mamilo, a sensação diretamente sexual durante a amamentação é provavelmente o fundamento mais profundo do amor materno. No recalcamento, o caráter erógeno dessa zona pode provocar repulsa e nojo, e, por isso, certas mulheres estão impossibilitadas de superar a sensação de aversão à ideia de amamentação dos filhos. Muitas mulheres, durante toda a vida, têm sensações erógenas nessas zonas e "fazem seus maridos chuparem os seus mamilos" (como se o prazer fosse só delas) (Hilferding, 1991, p. 93). A amamentação dá à mãe uma sensação de prazer até então desconhecida e perversa. Outras moções perversas não só são permitidas com o bebê, diz ele, como também se revestem de uma espécie de auréola, desempenhando aí o erotismo anal um papel particular, o que induz a pensar num segundo grupo de mães, que amam com paixão o filho sem nunca o terem amamentado.

Freud faz, então, um longo comentário. Começa ressaltando o mérito da oradora de ter empreendido o estudo psicanalítico de um tema que está sustado de ser investigado pela nossa convenção e pelo fato de os esclarecimentos a que chegou serem os mais válidos, porque são originais e independentes, obtidos antes de ela se ocupar com a psicanálise. A sobredeterminação de vários aspectos é evidente na análise do fenômeno. Fala de certo sentimento de decepção nas mães devido ao contraste entre a imaginação e a realidade e que se produz frequentemente quando um desejo por muito tempo alimentado é, enfim, realizado. Um grande número de sevícias praticadas em crianças pode ser explicado psicanaliticamente pelo fato impressionante de que os pais apresentam, em geral, como razão de elas acontecerem, os maus hábitos sexuais das crianças (masturbação, incontinência urinária noturna). Parece que a condição mais geral que determina o comportamento da mãe é o efeito principal que produz a visão da criança: o renascimento da sexualidade infantil da mãe, produzindo o conflito entre o desejo sexual despertado e o recalcamento sexual que se produz novamente, imposto e mantido com grande esforço. Os fatores sociais acrescentam fermento para que o impulso infanticida seja colocado em execução.

Alguns psicanalistas mostram-se extremamente ambivalentes com as descobertas feitas por Hilferding, reafirmando o amor materno inato e instintivo e que características fisiológicas em relação ao corpo (tamanho dos quadris e da vagina) interferem na quantidade de amor materno. O amor paterno, para eles, seria mais aparente nos homens que têm traços femininos e que se identificam facilmente com as mulheres. O ódio materno apareceria nas mulheres que têm características masculinas. E a tese que diz que o amor materno só aparece depois da amamentação seria válida para os animais e para as mulheres que têm um dom materno inferior. Os fenômenos do ódio materno estariam intrinsecamente ligados ao problema dos filhos desejados e indesejados. Tanto o ódio como o amor materno são de utilidade para a conservação da espécie. O amor materno é uma tendência de proteção tanto da situação da mãe quanto da sobrevida do filho, uma proteção contra as moções de hostilidade constantemente presentes.

A Dra. Hilferding observa em sua conclusão que foi mal compreendida, em certo sentido, pois a discussão ressaltou o componente psíquico do amor materno, que ela apenas esboçara, e não o componente fisiológico, que era o seu verdadeiro assunto. Aqui é interessante notar, como faz Lima (2024, p. 50-51), "que ao buscar compreender em que base se assenta o amor materno, ela aponta para uma ruptura entre gravidez e maternidade, sendo o primeiro momento mais frequentemente tomado por sentimentos positivos, de uma espera feliz, e o segundo nem sempre correspondendo a tais expectativas". Lima traz um dado interessante: em 1858 havia sido publicado O *tratado da loucura das mulheres grávidas, das recém-paridas e das nutrizes*, escrito pelo psiquiatra francês Louis Victor-Marcé, considerado o fundador da psicologia perinatal. A partir dessa publicação e de seus estudos, essa disciplina passa a ser compreendida dentro de suas especificidades em relação a outros momentos da vida. Lima coloca a questão de saber por que o trabalho de Hilferding foi tão pouco valorizado, uma vez que tais ideias já circulavam, com algumas décadas de antecedência.

Margarete Hilferding acompanha Alfred Adler quando ele se retira do movimento psicanalítico. Cogita-se que por ser como seu marido, militante social-democrata, de inclinações marxistas como ela, da mesma forma que Adler. Ela foi mãe de dois filhos e se divorciou, coisa rara em seu tempo. Foi deportada para o campo de concentração Theresienstadt e exterminada em Maly Trostinec. Seu ex-marido, Rudolf Hilferding, morreu em Auschwitz.

Referências

Hilferding, M.; Pinheiro, T.; Vianna, H. B. *As bases do amor materno*. São Paulo: Escuta, 1991.

Lima, J. L. Maternidade, uma vacilante cartografia do feminino. *In*: Hilferding, M. *A base do amor materno*. Porto Alegre: Artes & Ecos, 2024. p. 50-51.

Pinheiro, T. Comentário sobre *As bases do amor materno*. *In*: Hilferding, M.; Pinheiro, T.; Vianna, H. B. *As bases do amor materno*. São Paulo: Escuta, 1991. p. 107-134.

Roudinesco, E.; Plon, M. *Dicionário da psicanálise*. Rio de Janeiro: Jorge Zahar, 1998.

As bases do amor materno (1911)[1]

Margarete Hilferding

Tradução: Teresa Pinheiro

Ata da Sociedade Psicanalítica de Viena

Reunião de 11 de janeiro de 1911
Presentes: Adler, Federn, Freud, Friedjung, Furtmüller, F. e G. Grüner, Hilferding, Hitschmann, Jekels, Klemperer, Oppenheim, Rank, Reitler, Rosenstein, Sadger, Tausk, Wagner, Winterstein.
Anfitriões: O Dr. F. S. Krauss, o Dr. Frischauf.

O presidente fixa a eleição do vice-presidente para a próxima reunião e diz ter ouvido que Stekel aceitaria a reeleição caso a maioria se decidisse por ele. As candidaturas para a eleição podem ser feitas a partir de hoje.

Tausk gostaria de aproveitar a ocasião para sugerir uma pequena modificação na composição do comitê; ele propõe que uma delegação oficial dos membros não médicos, que são bastante numerosos, seja eleita no comitê. Ele pensa no Prof. Furtmüller ou em Oppenheim como representantes que poderiam alternar a presidência com o presidente médico.

O presidente informa aos membros que Dr. Leonid Drosnés, de Odessa, candidatou-se à sociedade.

O prof. Freud diz que recomenda calorosamente esse jovem, que ele acredita que será útil à causa psicanalítica.

---

[1] A conferência "As bases do amor materno" foi proferida na reunião da Sociedade Psicanalítica de Viena de 11 de janeiro de 1911 e publicada nas atas das reuniões dessa sociedade. Esta tradução foi originalmente publicada no livro *As bases do amor materno* (Escuta, 1991). Agradecemos à tradutora e organizadora do livro, Teresa Pinheiro, e à Editora Escuta pela cessão do texto. (N.E.)

O Prof. Oppenheim pergunta ao bibliotecário se a sociedade não está em condições de comprar ao menos uma parte dos suplementos para o estudo da *Antropophyteia*.

Adler assinala que o orçamento já está sobrecarregado e propõe fazer uma subscrição entre os membros que se interessam pelo assunto.

O Prof. Freud presenteia a biblioteca da sociedade com a obra sobre a vida amorosa dos japoneses.

O Dr. F. S. Krauss apresenta, como anfitrião da sociedade, uma remessa do Peru que contém um remédio contra a esterilidade e pede que alguém que se interesse por isso examine a planta.

O barão Winterstein lê uma passagem do *Crepúsculo*, de Nietzsche, que trata do papel das pulsões no sonho.

Conferência: As bases do amor materno
Oradora: Dra. Hilferding

A palestra da oradora contém duas coisas diferentes: a primeira é um material composto de fatos reunidos anteriormente; a segunda é a tentativa de explicar esses fatos tendo por base a psicanálise.

Acontece frequentemente que mães que muito se alegram com a ideia de que um filho vai nascer ficam decepcionadas quando ele nasce e elas não experimentam verdadeiro sentimento de amor materno. Se esse sentimento aparece, no entanto, mais tarde, tem-se a impressão de que não são tantos os fatores fisiológicos, mas os psicológicos que desempenham papel decisivo: certa compaixão (*Mitgefühl*), a convenção que exige amor por parte da mãe etc. Esses fatores psicológicos são encontrados como substitutos do amor materno fisiológico, mais particularmente nas esferas educadas.

Por outro lado, seria de esperar que o amor materno aparecesse imediatamente após o nascimento ou mesmo antes. Ora, esse não é o caso. Ao contrário, a ausência de amor materno frequentemente se exprime pela recusa em amamentar a criança ou pela intenção de não ficar com ela. Se, no entanto, consegue-se, através de algum truque qualquer, colocar a criança no seio da mãe, é frequente que esta não queira mais se separar daquela.

A ausência de amor materno pode se apresentar sob outra forma e se expressar por atos diretamente hostis em relação à criança; na nossa vida social, ganham, por um lado, a forma de infanticídio e, por outro lado, de sevícias exercidas sobre a criança. É surpreendente ver que o infanticídio só se produz em geral com o primeiro filho e mais frequentemente somente no caso de a mãe sentir aversão particular pela criança (por exemplo, porque o pai a abandonou). Enquanto psicanalistas, podemos dificilmente aceitar que essas mulheres sejam mentalmente degeneradas, como se postula para salvar essas infelizes. As sevícias de crianças se produzem geralmente com filhos ilegítimos, ou frutos de adultério, que não são criados pelas próprias mães.

Em geral, o primeiro e o último filhos ocupam posição especial: o primeiro, por suscitar na mãe afetos hostis os mais violentos (ele é geralmente criado mais severamente em função disso); o mais novo, por suscitar afetos positivos os mais intensos, é com frequência mimado e estragado. São esses casos de amor materno e ansiedade excessivos, se aplicarmos ao amor materno o conceito de recalcamento e a ideia de que impulsos hostis são compensados por uma reversão no contrário.

Esses fatos, estabelecidos pela observação e pela experiência, foram resumidos pela oradora através da fórmula: não existe amor materno inato. Mas o saber psicanalítico nos obriga a fazer uma distinção; não podemos aceitar essa fórmula como inteiramente válida.

Parece que é por meio da interação física entre a mãe e o bebê que é suscitado o amor materno. De fato, a criança efetua certas mudanças na vida sexual da mãe. Em determinado povo, a mulher se afasta do homem até que o filho seja desmamado. As dores após o parto são causadas diretamente pela sucção, e certa frigidez aparece durante o período de aleitamento, fato de que Ohnet[2] se serviu num de seus romances. Pode-se concluir desses fatos que a criança representa um objeto sexual natural para a mãe durante o período que se segue ao parto. É preciso que existam entre a mãe e o bebê certas relações sexuais que devem ser suscetíveis de se desenvolver.

Supõe-se que os primeiros sinais de amor materno surjam na época dos primeiros movimentos do feto. Parece que esses movimentos provocam também certa sensação de prazer, o que poderia ser considerado como índice dessas relações sexuais. Com a saída da criança, esse sentimento é perdido, e é talvez aí que comece a aversão da mãe. A subida do leite nos seios vem acompanhada também de certa sensação de prazer. Ao todo, pode-se dizer que as sensações sexuais do bebê devem encontrar um correlato nas sensações correspondentes da mãe.

---

[2] Georges Ohnet (1848-1918), escritor francês. (N.T.)

Se nós supomos a existência do complexo de Édipo na criança, ele tem sua origem na excitação sexual provocada pela mãe; essa excitação pressupõe uma sensação igualmente erótica por parte da mãe. Em seguida, em certo período, a criança representa um objeto sexual natural para a mãe; esse período com a necessidade de cuidados com a criança. Após esse período, a criança deve ceder lugar ao marido ou eventualmente a outro filho.

Voltando ao ponto de partida do seu estudo, à questão de saber se o amor materno é inato ou não, a oradora observa que, para o primeiro filho, parece que esse sentimento não é inato, mas adquirido pelo contato físico com a criança, através do cuidado, da amamentação etc. É preciso ressaltar que a amamentação não tem a importância que se lhe atribui geralmente. Para os próximos filhos, o amor materno é talvez inato no sentido de que ele surge sem problemas, pela lembrança dos cuidados dados ao primeiro filho.

As mulheres que se apegam a esse objeto sexual por mais tempo do que o devido são as que não encontram satisfação sexual junto ao marido. No entanto, não se deve considerar isso como perversão, mas como extensão, prolongamento no tempo de um estado da natureza.

Seria também interessante examinar o papel que desempenha o pai nisso tudo, em que condições ele se constitui como objeto sexual da criança (atitude homossexual), em que modalidades se produz o desligamento da criança de seu primeiro objeto sexual; valeria a pena igualmente ser estudado de que maneira o período dessexualizado (antes da puberdade)[3] está vinculado ao desligamento da criança em relação à mãe. Esses são os problemas que a oradora gostaria de esboçar, sem poder dessa vez apresentar solução para eles.

Discussão

Winterstein menciona a hipótese de Moritz Benedikt,[4] segundo a qual existe uma relação estreita entre o amor materno e o sentimento experimentado durante o coito que leva à concepção.

---

[3] A Dra. Hilferding se refere certamente ao período de latência. (N.T.)
[4] Trata-se provavelmente do neurologista (1835-1920) autor de obras de neurologia, biologia e psicologia. (N.T.)

G. Grüner não pode de nenhuma maneira contradizer as considerações da oradora; ele gostaria somente de acrescentar algumas pequenas observações. O amor da mãe pelo seu filho é a reprodução da sua própria relação de filha com os seus pais. Esse amor é somente prolongamento do amor que tem pelo marido, cuja imagem ela ama no seu filho. Enfim, a mãe ama no filho seus próprios órgãos genitais.

F. S. Krauss menciona que o povo citado pela oradora no qual as mulheres permanecem afastadas do homem até o fim do período de amamentação é o dos índios peruanos; Brüning[5] falou da vida sexual deles no volume VI da *Antropophyteia*. Em outros povos existe uma crença segundo a qual a mulher não pode conceber durante o período de amamentação. Os chrowotes acreditam, ao contrário, que o período que se segue ao nascimento é o mais propício às relações sexuais.

Friedjung, partindo da sua própria experiência de pai, menciona como contrapartida a ausência de amor materno, a ausência de amor paterno, ou seja, a predominância de moções hostis em relação à criança – fato que ele teve condições de confirmar por uma investigação em grande escala.

Quanto ao infanticídio que se produz numa idade mais tardia (um caso de uma criança de 2 anos), é preciso ressaltar os fatores sociais.

Friedjung não viu grande coisa da pretendida severidade em relação ao primeiro filho; ao contrário, cometem-se em relação ao primeiro filho os mesmos erros pedagógicos (mimos etc.), como ocorre via de regra em relação aos filhos únicos.

Quanto ao tema da abstinência sexual durante a amamentação, não é preciso ir muito longe: em nossa cidade, somos de opinião que as mulheres não concebem durante esse período; é por isso que muitas mulheres amamentam seu filho por mais tempo. Além disso, nas nossas regiões é ideia corrente que não é são praticar o coito durante o período de amamentação.

Sadger acha que valeria a pena saber o que até o presente foi estabelecido cientificamente a respeito do amor materno. Pelo que sabe, onde se acham mais coisas a esse respeito é em Havelock Ellis. Este ressalta o caráter erógeno específico do mamilo, a sensação diretamente sexual durante a

---

[5] Brüning, Hans Heinrich. *Beiträge zum Studium des Geschlechtslebens der Indianer im alten Peru* [Contribuição ao estudo da vida sexual dos índios do antigo Peru]. 1909. (N.T.)

amamentação, que é provavelmente o fundamento mais profundo do amor materno. No recalcamento, o caráter erógeno dessa zona pode também provocar a repulsa e o nojo, e é talvez essa a razão pela qual certas mulheres sentem uma impossibilidade de ultrapassar a sensação de aversão à ideia de amamentar seus filhos; é possível que uma educação extremamente rígida seja igualmente devida a essa aversão, sob outra forma. Por outro lado, Havelock Ellis menciona que muitas mulheres, durante toda a vida, só têm sensações erógenas nessa zona e fazem seus maridos chuparem os mamilos delas. A amamentação dá à mãe uma sensação de prazer até então desconhecida e perversa. Ademais, Freud apontou para o fato de que outra série de moções perversas é não somente permitida com o bebê, mas também envolta numa espécie de auréola; o erotismo anal desempenha aí um papel particular. Isso explica talvez a existência de um segundo grupo de mães – as que amam com paixão seu filho sem nunca o terem amamentado.

As mulheres que têm sentimentos maternos sem nunca terem tido filhos são as "tias" natas, que foram glorificadas pela literatura, especialmente por Ibsen.

Sobre a abstinência sexual durante o período de amamentação, encontram-se observações em Westermarck[6] e Iwan Bloch.[7]

O Prof. Freud ressalta que o único meio de saber alguma coisa sobre o amor materno é através da experiência estatística e que, até o momento, estamos somente em condições de dizer quais motivos podem entrar em jogo. É muito meritório da parte da oradora ter empreendido o estudo psicanalítico de um tema que está sustado de ser investigado pela nossa convenção. Na palestra, estão os esclarecimentos aos quais ela chegou antes de se ocupar da psicanálise, que são os mais válidos, porque são originais e independentes.

Pode-se dizer de saída que toda tentativa de analisar o fenômeno sob um único aspecto está fadada ao fracasso; a sobredeterminação é especialmente evidente nesse caso. A referência que Friedjung fez ao pai só é válida como analogia; essa questão, também, só pode ser resolvida por meio de um estudo estatístico. Em todo caso, existem pais que desde o início têm sentimentos de ternura pelo filho e não são nunca decepcionados; outros são certamente indiferentes, o que é preciso considerar com hostilidade.

---

[6] Edward Alexander Westermarck (1862-1939), antropólogo finlandês.). (N.T.)

[7] Cf. v. I, Minutas 43. (N.T.)

É possível que em certos pais, e talvez em certas mães também, um fator de psicologia geral deva ser levado em consideração. Talvez se trate de um sentimento de decepção devido ao contraste entre a imaginação e a realidade e que se produz frequentemente quando um desejo por muito tempo alimentado é, enfim, realizado. Certo lapso de tempo é provavelmente necessário para mudar a via pela qual deve passar uma corrente de libido. Esse fator terá importância nas jovens mães que sofreram a influência nociva da literatura moderna e que utilizam o desejo frenético de ter um filho como pretexto para seus desejos sexuais. Ouve-se muitas vezes ser invocada como motivo dessa decepção a desculpa de que a criança é "muito feia", o que é efetivamente verdade com relação a todo recém-nascido.

Quanto ao infanticídio, os fatores sociais poderiam perfeitamente desempenhar o papel principal se a coisa não fosse tão complexa. Primeiro o infanticídio se produz mais raramente do que se poderia prever a partir da frequência das dificuldades sociais; segundo, encontra-se também aí onde os problemas sociais não existem (particularmente nos animais fêmeas: diz-se, por exemplo, que a fêmea do javali devora seus filhotes).

Um grande número de sevícias praticadas em crianças pode ser explicado psicanaliticamente pelo fato impressionante de que os pais apresentam em geral como causa os maus hábitos sexuais das crianças (masturbação, incontinência urinária noturna). A condição[8] mais geral que determina o comportamento da mãe seria a seguinte: o efeito principal que produz a visão da criança é o fazer renascer a sexualidade infantil da mãe.

De um lado, o desejo sexual é despertado; do outro, o recalcamento sexual que foi muitas vezes imposto e mantido com grande esforço se produz novamente. Assim, os impulsos hostis que se expressam nas sevícias a crianças poderiam também estar ligados a esse despertar da sexualidade infantil na mãe. Ela anteriormente manifestou em relação à sua irmã ou ao seu irmão que acabara de nascer o mesmo sentimento que experimenta agora em relação ao seu próprio filho: seu primeiro movimento seria o de eliminar esse irmãozinho ou essa irmãzinha. Se fatores sociais vêm em socorro desse impulso, uma vez que ela é mãe, ele pode facilmente ser posto em execução.

A satisfação de certas zonas erógenas (sucção, tendências corpofílicas) que os cuidados dados à criança proporcionam é acompanhada de uma "involução" do caráter, de certa regressão: isso se expressa frequentemente

---

[8] O texto original diz "*Gesichtspunkt*" (ponto de vista), o que parece ser um erro. (N.T.)

de uma maneira suficientemente clara na negligência de um grande número de jovens mães. Adler gostaria de chamar a atenção para outros fatores significativos da psicologia do amor materno e consequentemente falar primeiro do "ódio materno" que se revela inevitavelmente em cada análise. O que se produz ali coincide com as raízes mais profundas das moções hostis no neurótico quando ele volta o seu amor para alguém. É o sentimento: agora eu sou escravo. É preciso dar razão a Friedjung quando ele diz que os primeiros sentimentos são quase sempre hostis: os sentimentos de afeto são determinados por fatores ulteriores. O desejo de ter um filho não é tão grande quando a possibilidade de tê-los é ilimitada; por outro lado, vê-se frequentemente desenvolver-se o desejo de um filho nas famílias nas quais nenhum ainda está à vista. Esse desejo é posto a serviço de outras tendências e utilizado pelos pais como objeto de recriminações mútuas. A isso se acrescenta o fato de que, em nossa civilização, um casal sem filhos é quase considerado como uma vergonha – um fenômeno ligado às raízes da ambição (no caso do pai, ligado ao desejo de ser um homem; no caso da mãe, ao desejo de ser fértil). É assim que todos os sinais de amor são suscitados nos pais antes mesmo do nascimento do filho. Esse triunfo é suscetível de encobrir suas moções originalmente hostis e desempenha também um papel na vida de povos inteiros (franceses e alemães: rivalidade). Essas moções que aparecem toda vez que um indivíduo deve renunciar a alguma satisfação.

O problema da amamentação e da aversão pelo bebê tem uma determinação semelhante (o fato de que algumas mulheres sentem prazer durante a amamentação não muda em nada a questão); essa pretensa incapacidade de amamentar fala também em favor de certas moções hostis. A ideia de que o coito é nocivo ao bebê durante o período de amamentação é defendida com particular rigor em relação às amas de leite.

O estudo psicanalítico de certo número de casos que implicavam tanto uma ansiedade excessiva por parte da mãe quanto uma severidade exagerada na educação demonstrou que o motivo principal era determinado pela ideia de que não se devia ter outro filho. Por esse comportamento, os pais mostram (como foi demonstrado por um caso que apareceu no *Zentralblatt*)[9] que não há lugar para mais que um único filho. O artigo em questão menciona igualmente a questão da severidade em relação aos defeitos

---

[9] "Über Männliche Einstellung bei Weiblichen Neurotikern" [Atitudes masculinas nas neuróticas femininas]. *Zb*, 1911, 1. (N.T.)

infantis (*Kinderfehler*) e à masturbação: essas são mães que acreditaram ser sua sexualidade muito forte e que nesse momento começam a se proteger contra ela. Trata-se aqui do medo de ter filhos e do medo (da mãe) de que a filha possa um dia sofrer o mesmo destino. Em face desses motivos importantes, a sensação de prazer que proporcionam as zonas erógenas recua para o segundo plano.

Assim como os filhos únicos, os filhos enfermos e, como o mencionou Freud, os filhos que foram objeto de uma tentativa de aborto são particularmente mimados. Os sentimentos da mãe pelo filho são certamente hostis a princípio; são em seguida revertidos para o seu contrário, porque é considerado degradante para uma mãe não amar seu filho.

Krauss relata que são encontrados entre as tribos primitivas fenômenos semelhantes ao comportamento dos animais que comem seus filhotes. Conta-se que, entre os australianos do norte, a mãe tem a liberdade de comer seu primeiro filho; existem costumes semelhantes entre os esquimós. Apesar disso, o amor materno deve ser qualquer coisa inata, instintiva. Basta pensar nos pássaros: embora estímulos externos (como a sucção) não existam entre eles, os pássaros defendem sua prole sem levar em consideração seus próprios interesses vitais.

Hitschmann acha também mais útil partir das condições primitivas tais como elas existem entre os animais e examinar em seguida a população operária rural.

A recusa inicial de amamentar o filho é seguidamente devida ao fato de que a mulher ignora o prazer que isso proporciona. Diz-se que as mulheres amam de uma maneira toda especial os filhos que elas próprias amamentaram, como Frau V. Stein o diz.[10]

Mesmo que as madrastas não sejam tão perigosas na vida real quanto nos contos de fadas, torna-se contudo evidente a ausência de laços naturais. A falta de amor pelo filho pode estar ligada a uma falta de amor pelo marido. Na neurose, a compulsão de matar um filho desempenha um papel importante com mais frequência porque o filho é um obstáculo a trilha à sexualidade da mãe. Por outro lado, as consequências da morte de um filho são muito graves na neurose.

---

[10] Charlotte V. Stein (1742-1827), amiga de Göethe, mãe de sete filhos. (N.T.)

Rank menciona que os contos de fadas, as lendas e os mitos estão cheios de exemplos de sentimentos hostis das mães para com os filhos, o que é uma perfeita contrapartida da hostilidade do pai para com o filho, como é descrito em *O mito do nascimento do herói*. Como é o caso do pai, a mãe transfere sua hostilidade para substitutos (sogra, madrasta).

Federn se opõe à explicação espiritual que Adler deu sobre o amor materno e ao fato de que Hilferding nega o amor da mãe por seu primeiro filho. Ele atribui o infanticídio autorizado dos esquimós à penúria de alimento de que sofre esse povo e menciona a propósito disso que o porco, cuja voracidade é extremamente desenvolvida, devora seus filhotes.

Federn assinala, por outro lado, um trabalho do Prof. Mathes[11] no qual este mostrou que existe um tipo de mulher que, devido a uma formação particularmente favorável do *introtus vaginae* e da bacia, está predestinado à maternidade e ao aleitamento. Essas mulheres, que não são de forma alguma degeneradas, são dotadas de fortes pulsões orgânicas, parem mais facilmente e gostam muito de amamentar; talvez essas mulheres também tenham grandes inclinações maternas instintivas e não tenham necessidade nem de uma tendência de proteção nem do despertar de perversões para aceder ao amor materno. Em seu livro *Mães degeneradas*, Ferriani[12] demonstrou que as sevícias a crianças, assim como outras transgressões, produzem-se em mães degeneradas. A tendência psíquica desse fenômeno, a saber, a aversão da mãe pelo filho, aparece nas mães cujos órgãos não são predestinados ao amor materno.

O amor paterno será talvez mais aparente nos homens que têm traços femininos e que se identificam facilmente com as mulheres (o amor paterno que é característico da civilização é, sem dúvida, o prolongamento no futuro da ideia que o pai tem sua própria existência). O ódio materno, por outro lado, aparecerá nas mulheres que têm sobretudo características masculinas.

No que diz respeito à aversão pelo filho, convém examinar até que ponto pode se estender a aversão sexual, no contexto de nossa civilização: em certas mulheres, ela não se manifesta senão sobre as relações sexuais; em outras, sobre suas consequências também, o que tem como efeito que certas neuroses só se manifestam na gravidez. A tese segundo a qual o amor

---

[11] Paul Mathes, ginecologista, publicou inúmeras obras, entre elas um *Manual para parteiras* (Viena, 1908). (N.T.)

[12] Lino Ferriani (1852-1921), jurista e criminologista italiano. (N.T.)

materno aparece apenas depois da amamentação é válida para os animais e no caso das mães que têm um dom materno inferior.

Furtmüller salienta, como sendo o elemento mais marcante e mais positivo da conferência, a posição de exceção que foi sublinhada na relação da mãe com seu primeiro filho – um fato que dois casos lhe permitiram confirmar. Ele tende a dar razão àqueles que, como a Dra. Hilferding, consideram as raízes fisiológicas do amor como um fator de desenvolvimento e dão importância igual aos fatores sociais. Na França, as crianças são enviadas muito cedo para fora da casa paterna e contudo encontram, quando retornam, o amor materno em sua plenitude. A afirmação de Rank, que se refere à hospitalidade da mãe, é contrariada pelo mito de Zeus, no qual a mãe é aquela que protege o filho da hospitalidade do pai. Parece arriscado querer sempre ver na madrasta dos contos de fadas um substituto da mãe, uma vez que isso se fundamenta, afinal de contas, em experiências reais, que se produzem talvez de maneira mais nítida em épocas primitivas.

Oppenheim partilha o sentimento de Furtmüller de que se falou demais do ódio materno. Trata-se de saber que série de fenômenos é considerada como a mais primitiva; e aí é preciso dizer que os fenômenos relativos ao amor materno são pelo menos tão originais quanto os outros. Mesmo no reino animal vê-se que o amor materno é necessário à conservação da espécie. É preciso, então, levantar o problema nos termos seguintes: que meios a natureza emprega para produzir na consciência individual esse instinto de conservação da espécie? Para examinar essa questão, seria preferível ater-se antes de tudo às condições primitivas, nas quais o amor dos pais aparece como algo evidente.

É efetivamente na procriação dos filhos que repousa a preservação da comunidade social. Os fenômenos do ódio materno aparecerão apenas em condições sociais difíceis e complicadas e estão estreitamente ligados ao problema dos filhos desejados ou indesejados; esse fator também não emerge senão num grau de complicação *relativa* das circunstâncias; nesse sentido, o problema do ódio materno pode ser trazido de volta à questão de saber como se formam essas diversas atitudes em relação ao filho que vai nascer e como os indivíduos chegam a não desejar filhos. Desse modo se poderá também responder à questão de saber como a pulsão primitiva do amor materno se transforma de tal maneira que até uma aversão possa se formar.

Adler ressalta que o amor materno cresceu enormemente no percurso do desenvolvimento de nossa civilização – um fato que lança alguma luz sobre as incertezas existentes em algumas dessas questões. É lógico que alguma coisa como o amor materno, que serve à conservação da espécie, deve ser inata e inclui a possibilidade da formação do seu oposto. Mas se descobre o fator mais importante que atinge o imenso alcance do amor materno considerando-se o ódio materno.

Historicamente, os dois são possíveis exatamente do ponto de vista de sua utilidade para a conservação da espécie. O fato de que, em determinado período na Grécia, as crianças enfermas eram abandonadas, enquanto em nossos dias, ao contrário, a maior parte do amor materno está voltada para essas crianças, demonstra-nos que, do ponto de vista social assim como do individual, o amor materno é uma tendência de proteção tanto para a situação da mãe quanto para a sobrevida do filho – uma proteção contra as moções de hostilidade constantemente presentes.

Oppenheim menciona, como contrapartida à hostilidade da mãe no mito, que foi mencionada por Rank, o culto da Grande Mãe, um dos fatores mais poderosos não somente nas religiões da Antiguidade, mas também em todas as religiões, como o demonstrou Albrecht Dieterich[13] em seu trabalho *Mutter Erbe*.

O Prof. Freud não podia deixar de contradizer uma das observações de Furtmüller. O tema da madrasta é um fenômeno que, como ocorre tão frequentemente no caso da neurose, admite inúmeras explicações. O fato de que madrastas más existam na realidade não é senão uma explicação fraca desse estado de coisas; o mito não é obrigado a imitar essa realidade. Na verdade, essas madrastas podem muitas vezes ser desmascaradas como mães más.

A Dra. Hilferding observa em sua conclusão que ela foi mal compreendida, em certo sentido. Na discussão, foram ressaltadas muitas coisas que se referiam apenas ao componente psíquico do amor materno, que ela apenas esboçou, e não ao componente fisiológico, que era seu verdadeiro assunto.

Os defeitos infantis se produzem frequentemente demais para que possam ser considerados como a causa de sevícias aos filhos, do ponto de

---

[13] Albrecht Dieterich (1866-1908), historiador alemão das religiões. (N.T.)

vista de Freud; pode-se, por outro lado, objetar que a aversão se dirija com mais frequência, especificamente, sobre um dos filhos. A referência feita por Freud à hostilidade antiga por um irmãozinho ou uma irmãzinha está por demais ligada ao domínio psíquico para que seja suscetível de nos explicar o que quer que seja.

Não é admissível postular uma categoria de mães degeneradas, como o faz Federn.

SABINA SPIELREIN (1885-1942)

A destruição como força de criação[1]
Renata Udler Cromberg

Um pequeno baú encontrado em 1977 com documentos relacionados a Jung, Freud e Sabina Spielrein transformou-se em um achado arqueológico que deu a conhecer uma segunda vez a vida e a obra da pioneira esquecida da psicanálise Sabina Spielrein (1885-1942), que nasceu e morreu em Rostov sobre o Don, na Rússia tornada União Soviética no tempo de seu retorno, em 1923, após 20 anos na Europa Ocidental. Uma visão de seu percurso como psiquiatra, médica e pedóloga e de seus escritos pode dar conta da dimensão de suas realizações inéditas no seu tempo histórico.

Aos 19 anos, foi internada na Clínica Burghölzli numa crise psíquica aguda que foi diagnosticada por Bleuler como histeria. Ele escreveu para Freud pedindo autorização para que ela fosse atendida com o método psicanalítico. Um jovem médico, Jung, é quem conduz por nove meses sua cura na clínica. Desde o início, Jung e Spielrein estabeleceram fortes laços pessoais e profissionais, conforme indicam os registros hospitalares. Como se construiu essa crise ao longo de sua história? Seus pais eram deprimidos e abusivos nos seus castigos, além de muito possessivos. Seu pai exigia uma grande dedicação e boas notas, pois queria dar aos filhos a melhor educação e a melhor vida possível dedicada à ciência, livre de restrições financeiras, e projetava um rígido esquema de treinamento. Entre uma babá, uma tutora privada e um professor de música, eles chegaram a dominar vários idiomas:

---

[1] Apresentação baseada no prefácio de Renata Udler Cromberg para *A destruição como origem do devir*, de Sabina Spielrein, publicado pela Editora Artes e Ecos, em 2021, e nos livros *Sabina Spielrein, uma pioneira da psicanálise*, Obras Completas, v. 1 e 2, pela Editora Blucher, em 2021.

latim, inglês, francês, alemão, polonês e russo. Ela tocava piano muito bem e estudou composição. Aos 5 anos, foi a uma escola infantil de vanguarda e, aos 11, já estava num colégio de educação tradicional para meninas de classe alta, após difícil seleção, onde estudava línguas por 16 horas semanais de um total de 28, além do domínio de vários alfabetos. Em seu diário adolescente, queixava-se da carga excessiva e adoecia com frequência com essa pressão constante.

Aos 13 anos perdeu a avó querida e aos 15 morreu sua irmã. Mais tarde, ela reconheceu nessa grande dor o início da doença, o refúgio na solidão e o abandono do apoio religioso. Sabina terminou o ginásio em 1904, com a mais alta honra, uma medalha de ouro por ser a melhor aluna. Queria estudar Medicina e era apoiada pelo avô rabino. Mas na Rússia, como judia e mulher, não acharia um lugar para estudar. Aos 18 anos, não sabia que direção dar a sua vida. Foi quando entrou num grave estado psicológico: recusava-se a se comunicar de qualquer forma com a família, dizia coisas sem nexo se alguém a olhasse ou lhe dirigisse a palavra, fazia ruídos incompreensíveis e caretas e tapava os olhos com as mãos. A situação entre a família e ela se tornou intolerável, e decidiram buscar ajuda no exterior.

Durante a sua estadia na Clínica Burghölzli, ela começou a estudar, a acompanhar as discussões clínicas com os médicos e a auxiliar nos testes de associação que eram aplicados aos pacientes, fazia diagnósticos e tentava justificá-los no Laboratório de Psicologia, fazia refeições na mesma mesa que os médicos e assistentes. A atenção que lhe deram significou uma enorme valorização para sua baixa autoestima. Após uma carta de recomendação de Bleuler que atesta sua aptidão ("Miss Sabina Spielrein de Rostov, residindo neste asilo e planejando matricular-se para o semestre de verão na Faculdade de Medicina, não é mentalmente doente. Ela foi admitida aqui para tratamento de nervosismo com sintomas histéricos. Nós não temos impedimento em recomendá-la para matrícula. O diretor: Bleuler"), ela presta os exames para a Faculdade de Medicina em 1905, mudando-se, após alguns meses, para uma pensão. Continuou a trabalhar na Burghölzli e a ter encontros num misto de terapia e amizade com Jung até que, em 1908, desenvolvem uma relação amorosa e erótica que dura até 1909, quando ela escreveu pedindo a interferência de Freud. Na fase final de sua relação, de transferência recíproca, eram muito unidos. O encontro com Sabina Spielrein proporcionou a Jung uma profunda visão de si. Ele escreveu que ela permanecia nele como uma personalidade viva. Nela havia encontrado sua *anima*, a parte ambígua e feminina do par *anima* e *animus* que segundo ele habita todo ser humano.

Uma visão de seu percurso como psiquiatra, médica e pedóloga e de seus escritos podem dar conta da dimensão de suas realizações inéditas no seu tempo histórico. A sua dissertação de obtenção da graduação em Psiquiatria não só foi a primeira tese de psicanálise defendida por uma mulher, mas também onde se realizou o primeiro estudo analítico do discurso esquizofrênico de maneira extensa para comprovar sua lógica simbólica interna, a partir da compreensão psicanalítica ("Sobre o conteúdo de um caso de esquizofrenia", 1910, publicada na principal revista de psicanálise, o *Jahrbuch*, em 1911). Suas reflexões fazem parte da nova psiquiatria, movimento de implantação da psicanálise no coração da psiquiatria, que se deu na Clínica Burghölzli, em Zurique, na primeira década do século XX, do qual fez parte. Após se formar como médica, com sua tese pioneira, Bleuler convidou-a a trabalhar como sua assistente. Foi ele quem deu as diretrizes de seu tratamento. Ele dirigia a clínica como uma espécie de comunidade terapêutica. Ela foi tratada por ele como vítima de um grave traumatismo, apesar de seus principais sintomas terem sido diagnosticados como histéricos. Seus princípios terapêuticos essenciais de paciência, calma e acolhimento interior preveniam suas atuações, capacitando-a a confiar que ninguém abusaria dela e a promover seus recursos e talentos, que se manifestaram em seu progresso impressionante. O que não foi usual foi a maneira ilimitada como o fez, colocando-se como escudo entre ela e sua possessiva família. O tempo todo a respeitou como futura colega e colaboradora.

A partir da intervenção de Freud, que se correspondeu com ela e Jung até que tudo viesse à tona, houve um rompimento abrupto com Jung e o endereçamento de sua paixão amorosa e erótica para a sua criatividade como autora, e a *poesie* (nome que dava a seu encontro amoroso e intelectual com Jung) se tornou a prosa de seus escritos inéditos. O primeiro trabalho de Spielrein, sua tese de psiquiatria, com o título de *Sobre o conteúdo psicológico de um caso de esquizofrenia*, foi um sucesso, e Freud se referia a esse trabalho de 1910 e publicado em 1911 como seu "grandioso trabalho". Ela tinha 25 anos quando escreveu sua tese grandiosa. E 26 anos quando escreveu seu ensaio fundador, *A destruição como origem do devir*, um filho simbólico, fruto de um intenso trabalho de simbolização e sublimação na liquidação de sua transferência amorosa e analítica a Jung. É esse texto que publicamos nesta antologia.

Se há certa razão em dizer que *A destruição como origem do devir* antecipa a concepção freudiana de pulsão de morte quase ponto por ponto, temos de ter cuidado em não exagerar, pois isso não faria justiça nem ao gênio e ao rigor de Freud nem à sensibilidade e à inspiração criadora de

Spielrein, ainda que possua qualidades de rigor e radical inovação no campo psicanalítico da época e ainda um século depois.

Freud palestrou no VI Congresso Internacional de Psicanálise, em Haia, em 1920, sobre *Além do princípio de prazer*, no qual a famosa brincadeira de seu neto com o carretel será um dos exemplos *princeps* da repetição do afastamento da mãe ritmado com seu retorno, repetição de uma intensidade traumática e tentativa de dominá-la que é além ou aquém do princípio de prazer e onde o trauma não tem valor positivo ou negativo, mas sim de pura intensidade, que escapa ao psíquico e que somente a repetição pode inscrever. Sabina Spielrein estava presente e apresentou seu texto *Sobre o surgimento da linguagem*. Portanto, quase ao mesmo tempo em que Freud também fala, de certa forma, sobre a emergência e função da linguagem.

Em 1920, na publicação do ensaio *Além do princípio de prazer*, Freud a cita em uma nota de rodapé na parte VI, em que fala do sadismo e do masoquismo, reconhecendo Spielrein como antecipadora de boa parte das especulações que oferece em seu texto sobre a pulsão de morte através dos componentes destrutivos da sexualidade e do masoquismo originário em seu ensaio. Freud poderia tê-la citado em outros momentos mais importantes, e fora das notas de rodapé, não apenas pelas semelhanças entre suas ideias, mas também pelas diferenças.

> Em um trabalho muito rico de idéias, ainda que para mim não de todo transparente, empreende Sabina Spielrein uma parte desta investigação e qualifica de destruidores os componentes sádicos da pulsão sexual (*Die Destruktion als Ursache des Werdens*, em *Jahrbuch für Psychoanalyse*, IV, 1912). De um modo distinto tentou A. Starcke (*Inleidig by de vertálig*, von S. Freud. *De sexuelle beschavingsmoral*, etc., 1914) identificar o conceito da libido com o que teoricamente há de supor de um impulso à morte (Comp. Rank: 1907 *Der Künstler*). Todos estes esforços mostram o impulso em direção a um esclarecimento ainda não alcançado da teoria das pulsões (Freud, [1920] 2012, p. 118).

Cotejando os dois textos, vemos que o conceito freudiano de pulsão de morte recalcou o conceito spielreiniano de destrutividade. Apesar de uma acolhida receosa, o texto de Spielrein provocou uma profunda e duradoura impressão em Freud.

Um dos principais aspectos apontados por Spielrein é o fato de que a morte é necessária para a criação da nova vida, que a afirmação causa negação e que a transformação é o resultado da destruição. A posição de Spielrein sugere um dinamismo ativo em jogo no tema, que questiona a própria perspectiva de Freud do psíquico impelido pelo desejo de tranquilidade e inércia. O que impulsiona a transformação e a construção (criação), diz ela, é a pulsão de destruição. Em Spielrein, o complexo do Eu surge por diferenciação e desaparece por indiferenciação. Sua reflexão está mais interessada na vida do que na morte. O devir não é passagem do ser ao não ser, e sim conflito irremediável entre a parte e o todo e o desejo de regressar ao todo.

Sándor Ferenczi (1926-1993) reconheceu a importância desse ensaio de Spielrein. Em 1926, no ensaio "O problema da afirmação do desprazer (progresso no conhecimento do sentido de realidade)", ele relaciona o conceito de destruição como origem do devir ao conceito freudiano de desintricação pulsional entre Eros e a pulsão de destruição. Essa última libera Eros para construir um Eu capaz de resistência ainda maior ao se transformar em autodestruição parcial do Eu, necessária à adaptação ao ambiente, ao reconhecimento do mundo em volta e à formulação de um julgamento objetivo.

No ensaio visionário escrito e publicado a partir da apresentação, em 1911, para os membros da Sociedade Psicanalítica de Viena, da qual passará a fazer parte, Spielrein vai relacionar a angústia sexual aos componentes destrutivos do instinto sexual, aos processos de destruição e reconstrução no seu organismo a partir do fato biológico da procriação. É ao feminino e ao gozo sexual que ela direciona o campo da angústia. É a própria pulsão que traz em si a fonte de angústia; a febre amorosa, a paixão, naquilo que o instante supremo do gozo sexual traz de contato com a evanescência, a finitude, da qual o eu quer se proteger, esconder-se e não consegue, angustiando-se quando está diante da potência da sexualidade. É a própria pulsão que aparece como traumática, e há aqui a formulação do desamparo diante da pulsão.

Ainda em 1912, publicou *Contribuições para o conhecimento da alma infantil*, um compêndio de descrição e análise de fantasias infantis sobre a concepção e o nascimento. Entre 1904 e 1911, ela faz sua passagem de primeira paciente a ser psicanalisada por Jung na Clínica Burghölzli, dirigida por Eugen Bleuler, para a praticante de psicanálise que se tornou ao se formar como médica e trabalhar na mesma clínica, além de ser a segunda mulher a fazer parte da Sociedade Psicanalítica de Viena. A separação entre Freud e Jung deveu-se não só às divergências teóricas e pessoais entre eles, mas também ao papel de pivô que Sabina desempenhou ao convocar Freud para ser o terceiro interventor na intensa ligação afetiva e sexual entre ela e Jung, que foi seu terapeuta, amante, mentor e posteriormente colega. Os conceitos de amor de transferência e contratransferência presentes nos escritos técnicos de Freud surgiram nesse contexto. O término da relação amorosa transferencial com Jung fez de Sabina autora de psicanálise e psicanalista.

Por volta do tempo da Primeira Grande Guerra, em sua residência entre Berlim e Lausanne, publicou muitos artigos de casos clínicos infantis e análises de sonhos, entre os quais *A sogra*, de 1913, no qual trata de interações familiares de uma perspectiva inédita a partir da diferença sexual e de influências sociais mais amplas. Após trabalhar como médica cirurgiã e tentar ser compositora musical, Sabina Spielrein foi a pioneira entre os psicanalistas a trabalhar entre os campos da psicanálise e da nascente linguística moderna para trazer uma nova compreensão sobre a origem da linguagem infantil. Na sua estadia no pioneiro Instituto Jean-Jacques Rousseau, berço da Escola Nova, entre 1920 e 1923, assistente de psicanálise, psicanalista e colega de Édouard Claparède e Jean Piaget, foi pioneira também em entrelaçar o campo psicanalítico e linguístico com o campo também nascente do estudo da psicologia do desenvolvimento infantil do pensamento, da linguagem e da aquisição das capacidades cognitivas e psicológicas pela criança. Ali escreveu três artigos fundamentais: "A origem das palavras infantis 'papai' e 'mamãe': algumas considerações sobre os diferentes estágios do desenvolvimento da linguagem", publicado em 1922; a conferência do Congresso de Berlim "Uma contribuição psicológica para o problema do tempo", publicado em 1923 como "O tempo na vida psíquica subliminar"; e "Algumas analogias entre o pensamento da criança, do afásico e o pensamento subconsciente", publicado em 1923.

Na sua atuação, a partir de 1923, na implantação da psicanálise nos primórdios da antiga União Soviética como psicanalista, psicanalista infantil e pedóloga, participou de uma ampla gama de atividades de ensino, por meio de conferências e seminários na Universidade e no Instituto Estatal Psicanalítico de Moscou, onde era também psicanalista didática, e da constituição de uma interface entre seus conhecimentos de psicanálise infantil com a direção de uma famosa creche ou jardim de infância psicanalítico, o Lar Experimental para Crianças, criado em 1921. Esse experimento pedagógico com crianças em idade pré-escolar foi convertido, quando redescoberto, em inspiração do movimento pela educação não autoritária no Ocidente. Publicou três artigos em seu período na União Soviética em meio às controvérsias públicas que buscavam desqualificar científica e politicamente a psicanálise: "Aportes à vida psíquica infantil", de 1923, "Sobre o discurso do Dr. Skalkovskij", de 1929, e "Desenho infantil com olhos abertos e fechados", de 1931, este o último artigo de psicanálise da União Soviética publicado no Ocidente antes da proibição oficial da psicanálise naquele país. Eles tentam apontar a interdisciplinaridade, e não a oposição entre as pesquisas e práticas da psicanálise, da neurociência e da psicologia comportamental, em disputa nas controvérsias da era Stalin.

Em 1942, Sabina Spielrein e suas duas filhas, Renata e Eva, foram levadas por tropas alemãs para o Desfiladeiro das Cobras, em Rostov sobre o Don, onde foram assassinadas e lançadas em valas comuns. O final trágico de Sabina Spielrein e suas filhas pelo nazismo foi precedido pelo de seus irmãos, assassinados pelo stalinismo. Os totalitarismos soviético e nazista foram a principal força histórico-institucional do apagamento dessa pioneira da psicanálise e da história da psicanálise na Rússia Soviética.

Sabina Spielrein nos deixa um devir pela maneira como foi força instituinte, três vezes guerreira de maneira transdisciplinar com a psiquiatria, com a educação e com a neurociência, campos nascentes que ela pôs em contato de maneira inédita, preservando a psicanálise como a força imanente central dos desdobramentos de suas criações, trazendo compreensões inéditas da loucura, da linguagem e do pensamento infantil, formulando uma teoria da simbolização entre o corpo e o pensamento para torná-lo vivo, simultaneamente singular e universal, inventando formas terapêuticas, criando, na atualidade renascida e renovada de sua obra, novos devires.

Referências

Ferenczi, S. O problema da afirmação do desprazer. *In: Obras completas: Psicanálise III*. São Paulo: Martins Fontes, 1993. p. 393-404. Publicado originalmente em 1926.

Freud, S. *Além do princípio de prazer*. Seguido do dossiê: "Para ler *Além do princípio de prazer*". Edição crítica Bilingue. Tradução de Maria Rita Salzano Moraes. Belo Horizonte: Autêntica, 2020.

Spielrein, S. *A destruição como origem do devir*. Porto Alegre: Artes e Ecos, 2021. Publicado originalmente em 1912.

Spielrein, S. *Sabina Spielrein: uma pioneira da psicanálise.* Organização, textos e notas de Renata Udler Cromberg. São Paulo: Blucher, 2021. (Obras Completas, v. 1).

Spielrein, S. *Sabina Spielrein: uma pioneira da psicanálise.* Organização, textos e notas de Renata Udler Cromberg. São Paulo: Blucher, 2021. (Obras Completas, v. 2).

A destruição como origem do devir (1912)[1]

Sabina Spielrein

Tradução: Renata Dias Mundt

Ao lidar com problemas sexuais, uma questão me interessou especialmente: por que essa tão poderosa pulsão, a pulsão de procriação, esconde, ao lado dos sentimentos positivos que são esperados *a priori*, também outros negativos como angústia, aversão, os quais na verdade precisam ser superados para que possamos chegar ao ato positivo? Naturalmente, a postura negativa do indivíduo em relação ao ato sexual nos neuróticos é especialmente perceptível. Pelo que sei, alguns pesquisadores buscaram a explicação para essa resistência em nossos costumes, na educação, que deseja manter a pulsão sob controle e, portanto, ensina toda criança a ver a realização do desejo sexual como algo ruim, proibido. Alguns notaram as frequentes representações de morte associadas aos desejos sexuais, no entanto, a morte foi compreendida como símbolo da decadência moral (Stekel),[2] e Gross associa o sentimento de aversão diante dos produtos se-

---

[1] Tradução feita a partir do original, *Die Destruktion als Ursache des Werdens. In*: Spielrein, S. *Sämtliche Schriften*. Vorwort von Ludger Lütkehaus. Giessen: Psychosozial Verlag, 2002. p. 98-143. Originalmente publicado no n. IV do *Jahrbuch für Psychoanalytische und Psychopathologische Forschungen*, de 1912, p. 465-503. Esta tradução compõe o livro *Sabina Spielrein: uma pioneira da psicanálise*, Obras Completas, v. 1, organizado por Renata Udler Cromberg e publicado pela Editora Blucher, em 2021. Agradecemos à Editora Blucher pela cessão da tradução. (N.E.)

[2] Na época em que escrevi este trabalho, *Die Sprache des Traumes* [*A linguagem do sonho*], do Dr. Stekel, ainda não havia sido publicado. Em sua obra, o autor comprova, por meio de inúmeros sonhos, que nós temos, paralelamente ao desejo de viver, também o desejo de morrer. Esse último ele compreende como oposição ao desejo de viver existente na essência da pulsão sexual.

xuais à sua coexistência espacial com as excreções mortas. Freud atribui as resistências, a angústia, ao recalque dos desejos normalmente associados a afetos positivos. Bleuler vê na rejeição o negativo necessário que precisa estar presente também na representação carregada de afetos positivos. Em Jung, encontrei o seguinte trecho:

> O anseio passional, ou seja, a libido tem dois lados: ele é a força que embeleza tudo e, em certas circunstâncias, destrói tudo. Frequentemente, as pessoas dão a impressão de que não podem compreender bem em que poderia consistir a característica destruidora da força criadora. Uma mulher que, particularmente na conjunção cultural atual, entrega-se à paixão logo experimenta o elemento destruidor. Nós precisamos apenas nos distanciar um pouco da conjunção dos costumes burgueses para compreender o sentimento de insegurança sem limites que se apossa da pessoa que se entrega ao destino. O fato de nós mesmos sermos fecundos significa que destruímos a nós mesmos, pois, com o surgimento da geração seguinte, a anterior ultrapassa o seu ápice: assim, nossos descendentes se tornam nossos mais perigosos inimigos, com os quais não conseguimos lidar, pois eles vão sobreviver e tirar o poder de nossas mãos debilitadas. O medo diante do destino erótico é totalmente compreensível, pois há nele algo imprevisível. Pois o destino esconde perigos desconhecidos, e o fato de o neurótico hesitar constantemente em se atrever a viver explica-se pelo desejo de poder ficar do lado de fora, a fim de não precisar participar da perigosa batalha da vida. Quem se esquiva da ousadia de viver precisa sufocar dentro de si o desejo de viver, realizar uma espécie de suicídio. A partir daí explicam-se as fantasias de morte que costumam acompanhar a renúncia ao desejo erótico.[3]

Eu apresento as palavras de Jung propositalmente de forma tão detalhada, pois seu comentário é o que mais corresponde aos resultados obtidos por mim, na medida em que alude a um perigo desconhecido presente no ato erótico. Além disso, é muito importante para mim que um indivíduo

---

[3] "Wandlungen und Symbole der Libido" [Transformações e símbolos da libido]. Neste anuário [*Jahrbuch für Psychoanalytische und Pychopathologische Forschungen*, 1912], v. III, p. 120-227.

do sexo masculino também tenha consciência do perigo não apenas social. Jung certamente não apresenta as representações de morte em harmonia com as representações sexuais, mas em oposição a elas. A partir de minhas experiências com moças, posso dizer que o afeto de angústia é normal, o qual passa ao primeiro plano dos afetos de recalcamento quando a possibilidade da realização do desejo surge pela primeira vez. E é uma forma muito específica de angústia: a pessoa sente o inimigo em si mesmo, é o próprio fogo da paixão que a obriga, com férrea inexorabilidade, àquilo que ela não quer. A pessoa sente o fim, o transitório do qual quer fugir em vão para distâncias desconhecidas. Mas fica a dúvida: isso é tudo? Isso é o ápice e nada mais além disso? O que acontece com o indivíduo durante o ato sexual que justifique esse estado de espírito?

Fatos biológicos

Na procriação, ocorre uma unificação das células feminina e masculina. Cada célula é aniquilada como unidade, e, a partir do produto dessa aniquilação, surge a nova vida. Alguns seres vivos inferiores, por exemplo, a *Ephemeroptera*,[4] dão a vida para a produção da nova geração e morrem. A criação é, para esses seres vivos, ao mesmo tempo a ruína, e esta, considerada em si mesma, é o que há de mais terrível para aqueles que vivem. Se essa própria ruína coloca-se a serviço da nova procriação, então ela é desejada pelo indivíduo. Em um indivíduo de organização mais elevada, o qual não é mais composto de apenas uma única célula, naturalmente o indivíduo inteiro não é aniquilado durante o ato sexual, mas as células sexuais evanescentes como unidades não são elementos indiferentes para o organismo e estão intimamente ligadas a toda a vida do indivíduo. Elas incluem, de forma concentrada, o procriador inteiro, pelo qual são constantemente influenciadas em seu desenvolvimento e o qual elas também influenciam constantemente em seu desenvolvimento. Esses importantes extratos do indivíduo são aniquilados na fecundação. De forma similar à unificação das células sexuais, durante a cópula ocorre a mais íntima unificação de dois indivíduos: um entra no outro. A diferença é apenas quantitativa: o

---

[4] Insetos com adultos de asas membranosas e hábitos terrestres e imaturos aquáticos. Os adultos possuem aparelho bucal e trato intestinal atrofiado e vivem um curto período de vida (de poucas horas até dois dias), que se restringe basicamente à reprodução. São conhecidos também pelo nome de "efêmeras". (N.T.)

indivíduo não é sorvido[5] em sua totalidade, mas apenas parte dele, a qual, porém, nesse momento representa o valor do organismo inteiro. A parte masculina se dilui na feminina, a feminina se torna inquieta, passa a ter uma nova forma devido ao invasor estranho. A transformação afeta todo o organismo; destruição e reconstrução, as quais sempre ocorrem mesmo em circunstâncias normais, ocorrem bruscamente. O organismo descarrega os produtos sexuais como qualquer uma de suas excreções. É improvável que o indivíduo não tenha no mínimo uma suspeita, traduzida em afetos correspondentes, sobre a existência desses processos de destruição e reconstrução em seu organismo. Assim como os próprios afetos de bem-estar associados ao devir estão presentes na pulsão de procriação, os afetos de defesa, como angústia e aversão, tampouco são as consequências de uma ligação errônea com as excreções espacialmente coexistentes nem são o negativo, que significa a renúncia à atividade sexual, mas são afetos que correspondem aos componentes destrutivos do instinto sexual.

Considerações psicológico-individuais

A afirmação de que, psiquicamente, nós não vivemos nada no presente parece bastante paradoxal, mas está correta. Um evento é para nós apenas carregado de afetos na medida em que puder estimular conteúdos (vivências) carregados de afetos experimentados anteriormente, os quais se encontram guardados no inconsciente. Isso se pode perceber melhor por meio de um exemplo: uma moça lê histórias de bruxas com grande alegria. Descobre-se que ela gostava de imitar uma bruxa quando criança, e a análise demonstra que a bruxa na fantasia da moça representa a mãe, com a qual essa primeira se identifica. Portanto, as histórias de bruxas são carregadas de prazer para a moça apenas na medida em que a vida da mãe, a qual a moça também quer experimentar, é também para ela carregada de prazer. As histórias de bruxas são simples alegorias que ocupam a posição do desejado, da história de vida já vivida da mãe, para a qual simplesmente foram transferidas alegorias das qualidades do afeto. Sem a vivência materna, as histórias de bruxa não seriam carregadas de prazer para a moça. Nesse sentido, "todo transitório" é apenas uma alegoria de algum acontecimento original desconhecido por nós que busca análogos no presente. Assim,

---

[5] Interessante é notar que ela usa aqui o verbo "*einsaugen*", que também é utilizado para se referir ao ato de mamar do bebê. (N.T.)

nós não vivemos nada no presente, apesar de projetarmos a qualidade do afeto sobre a representação presente. Em meu exemplo, a representação presente da bruxa era consciente, no inconsciente ocorria a assimilação com o passado (vivência da bruxa = vivência materna), a partir da qual o presente se diferencia. Cada pensamento ou representação consciente é acompanhado pelo mesmo conteúdo inconsciente, o qual transforma os resultados do pensamento consciente nos resultados da linguagem própria do inconsciente. Esse curso de pensamento paralelo pode ser mais facilmente comprovado no estado de exaustão descrito por Silberer. Dois exemplos de Silberer podem deixar isso claro.

> *Exemplo nº 1*: "Eu acho que quero melhorar um trecho tosco".
> *Símbolo*: "Eu me vejo aplainando um pedaço de madeira".
> *Exemplo nº 2*: "Eu penso no avanço do espírito humano para dentro da complexa e sombria região do problema da mãe" (*Fausto*, 2ª parte).
> *Símbolo*: "Estou em uma tribuna de pedra solitária colocada bem no centro de um mar sombrio. A água do mar quase se funde no horizonte com o ar também profundamente matizado e misteriosamente negro".

Interpretação: ser levado para dentro do mar sombrio corresponde à penetração no problema sombrio. A fusão do ar com a água, o amálgama da parte superior com a inferior pode simbolizar que nas mães (como Mefistófeles descreve) todos os tempos e todos os lugares se fundem, que ali não há fronteiras entre "em cima" e "embaixo" e que, portanto, Mefistófeles pode dizer ao Fausto pronto para partir em viagem: "Afunda então – mas eu poderia também dizer: sobe!".

Os exemplos são muito instrutivos: nós vemos como a linha de pensamentos adaptada ao presente é assimilada no inconsciente às "vivências" anteriores de várias gerações. A expressão "trecho tosco"[6] do trabalho (exemplo I) é extraída, como analogia, de outro conteúdo representacional: o de aplainar madeiras. No consciente, a expressão é adequada em seu sentido ao presente, portanto, ela é diferenciada em relação à sua origem. O inconsciente, por sua vez, volta a emprestar às palavras o seu significado original do pedaço áspero/tosco de madeira que é aplainado. Dessa forma,

---

[6] O termo usado em alemão, "*holprig*", significa "desigual", "grosseiro". (N.T.)

ele transforma o ato presente de melhora do trabalho no ato já realizado muitas vezes de aplainar a madeira.

O segundo exemplo é interessante na medida em que, como os antigos povos, vê no mar a mãe (a água maternal criadora, da qual tudo surgiu). O mar ("a mãe"), no qual se penetra, é o problema sombrio, o estado no qual não existem tempo, lugar nem opostos (em cima e embaixo), pois ele ainda é o não diferenciado, não é nada que crie o novo, sendo, portanto, algo eternamente sendo. A imagem do mar (mãe) é ao mesmo tempo a imagem das profundezas do inconsciente, o qual vive concomitantemente no presente, no passado e no futuro, ou seja, fora do tempo,[7] para o qual todos os lugares se fundem (transformando-se no lugar da origem) e para o qual os opostos têm o mesmo significado.[8] Nessa mãe primeva (o inconsciente), toda representação diferenciada dela quer se desvanecer, ou seja, ela quer retornar ao seu estado não diferenciado. Quando a doente analisada por mim,[9] por exemplo, diz "A terra foi perfurada" em vez de dizer "Eu fui fecundada", então a terra é a mãe primeva na representação consciente e no inconsciente de uma população. A mãe diferenciada = paciente se transforma nessa mãe primeva. Não foi por acaso que os filósofos gregos, como Anaxágoras, buscavam a origem da *Weltschmerz*[10] na diferenciação do "existente" dos elementos originais. Essa dor consiste justamente em que cada partícula de nosso ser deseja voltar a se transformar em sua fonte original, a partir da qual então o novo devir volta a emergir.

Freud remonta nossos impulsos amorosos posteriores, diretos ou sublimados, à idade infantil, na qual experimentamos as primeiras sensações de prazer por meio das pessoas que cuidaram de nós. Nós sempre buscamos voltar a experimentar essas sensações de prazer, e, quando o consciente já concebeu há muito um objetivo sexual normal, o inconsciente se ocupa de representações que eram carregadas de prazer em nossa primeira infância. Os antagonistas de Freud quase sempre se opõem, indignados, à sexualização das inocentes sensações de prazer infantis. Quem já fez análise não duvida

---

[7] Segundo Freud, o inconsciente é atemporal na medida em que consiste apenas de desejos, os quais ele representa como realizados para o presente. Freud. *A interpretação do sonho*.

[8] Freud, S. Sobre o sentido antitético das palavras primitivas [1910]. In: *Neurose, psicose, perversão*. Tradução de Maria Rita Salzano Moraes. Belo Horizonte: Autêntica, 2016.

[9] *Sobre o conteúdo psicológico de um caso de esquizofrenia (*dementia praecox*)*, p. [137].

[10] "Dor do mundo". (N.T.)

de que as zonas erógenas da criança inocente se transformam no adulto, consciente ou inconscientemente, em fonte de obtenção de prazer sexual. Pode ser que a constituição do indivíduo justifique por que ele dá preferência a esta ou àquela zona, porém nós vemos de forma bastante clara nos neuróticos que a zona carregada de prazer na infância torna-se fonte de excitação sexual em relação às pessoas cuidadoras junto com a respectiva simbólica inconsciente. Isso nos dá o direito de afirmar com Freud que encontramos nas fontes de prazer infantis o cerne do prazer sexual nos adultos. A respeito do debate sobre o papel da sexualidade, surgiu o comentário de que também poderíamos simplesmente atribuir tudo à pulsão de nutrição se quisermos. Aqui, eu não quero deixar de mencionar a visão de um autor francês que deriva todas as moções psíquicas da pulsão de autoconservação. Ele é da opinião de que a mãe ama o filho porque ele alivia as glândulas mamárias ao mamar, e nós amamos um homem ou uma mulher porque durante o coito os excretos que incomodam o organismo são eliminados ou se tornam inócuos. A sensação de prazer é então transferida para o objeto que traz o alívio. Essas objeções não se contrapõem às teorias freudianas: Freud não estuda como é o sentimento de prazer ou como ele surge. Ele começa no estágio em que o sentimento de prazer já está presente, e então nós realmente vemos que sensações de prazer são estágios prévios das sensações futuras de prazer sexual. É exatamente como quando passamos a gostar da benfazeja mão da enfermeira que sacia em nós a necessidade de nutrição. A relação da pulsão de nutrição, respectivamente, da pulsão de autoconservação, com a pulsão de conservação da espécie (ou seja, também com o instinto sexual) é sem dúvida muito íntima. Já se sabe por experiência que o ato de comer às vezes pode substituir o coito. Nesse caso, há dois fatores influentes: de um lado, o prazer pelo ato de comer e, de outro, o apetite muitas vezes aumentado como consequência da excitação generalizada. O inverso também é observado: realmente, a necessidade de nos alimentarmos não pode ser totalmente substituída pelo coito, mas nós frequentemente observamos uma pulsão sexual exagerada justamente em pessoas fisicamente debilitadas.

Na medida em que estamos pesquisando a *causa movens* de nosso Eu consciente e inconsciente, penso que Freud tenha razão quando supõe o anseio pela obtenção do prazer e pela supressão do desprazer como base de todas as produções psíquicas. O prazer remonta a fontes infantis. Resta, contudo, a questão se toda a nossa vida psíquica consiste nessa vida do Eu. Afinal, não existem forças pulsionais em nós que colocam nosso conteúdo psíquico em movimento sem se preocuparem com o bem-estar e o sofrimento do Eu?

Será que as pulsões básicas conhecidas, a pulsão de autoconservação e de conservação da espécie, também significam para toda a vida psíquica aquilo que significam para a vida do Eu, ou seja, a fonte do prazer e do desprazer? Decididamente tenho de defender a visão de que a psique do Eu, inclusive a inconsciente, é guiada por moções que se encontram ainda mais profundas e não se ocupam nem um pouco com nossas reações emocionais às demandas impostas por elas. O prazer é simplesmente a reação afirmativa do Eu a essas demandas originárias do âmago, e nós podemos ter prazer diretamente a partir do desprazer e prazer pela dor, a qual, tomada em si mesma, é fortemente carregada de desprazer, pois a dor corresponde a um prejuízo do indivíduo, contra o qual o nosso instinto de autoconservação se opõe. Portanto, em nosso âmago há algo que, por mais paradoxal que isso possa soar *a priori*, busca esse autoprejuízo, uma vez que o Eu reage a ele com prazer. O desejo do autoprejuízo, o regozijo pela dor é, no entanto, completamente incompreensível se considerarmos apenas a vida do Eu, a qual só quer ter prazer. A ideia de que o Eu é algo completamente não essencial constantemente cambiante, que é apenas um agrupamento momentâneo das sensações dos elementos eternamente existentes, é defendida por Mach. Como filósofo, ele se contenta com esse esquema. Dentro de mim, o nome de Mach está intimamente associado ao de Jung, pois esse último pesquisador também considera que a psique é composta de vários entes singulares. É Jung quem fala na autonomia dos complexos, de forma que nós, segundo ele, não temos dentro de nós um Eu não dividido, mas diversos complexos que disputam a prioridade entre si. A mais bela comprovação de suas visões nos é fornecida pelos doentes com *dementia praecox*, que sentem o poder dos complexos individuais divididos do Eu sobre si mesmos com tamanha intensidade que consideram seus próprios desejos inconscientes (minha paciente chama os desejos de "suposições") como seres inimigos capazes de viver. "A suposição poderia se tornar realidade a fim de substanciar seu direito à existência", diz a doente analisada por mim.

Compreendi então que a principal característica do indivíduo consiste no fato de ele ser um divíduo. Quanto mais nos aproximamos do pensamento consciente, mais diferenciadas se tornam nossas representações, quanto mais profundamente conseguimos chegar ao inconsciente, mais generalizadas e típicas se tornam as representações. O âmago de nossa psique não conhece o "Eu", mas apenas seu somatório, o "nós",[11] ou o Eu presente, visto como

---

[11] Cf. Spielrein, S. Schizophrenie. *Jahrbuch*, v. III, t. I, considerações finais.

objeto, é subordinado a outros objetos semelhantes. Um doente foi trepanado durante a anestesia, a sua consciência do Eu esvaneceu-se pouco a pouco e, com ela, também a dor, mas nesse momento ele percebeu tão amplamente as impressões do mundo exterior que, durante a perfuração de seu crânio, exclamou: "Entre". Isso mostra que ele percebia o crânio, mas na forma de um objeto separado do Eu, aparentemente, na forma de um aposento. Assim cada uma das partes da personalidade é objetivada. No próximo exemplo, nós vemos a objetivação de toda a personalidade. Minha paciente[12] relata sobre seu estado durante a anestesia, no qual ela não sentia mais a dor que lhe era imputada pela operação. Nesse momento, ela viu, em vez de si mesma, soldados feridos, dos quais se compadeceu. Nisso se baseia também o efeito calmante da parlenda infantil, que transfere a dor para o cachorro, o gato etc., exilando-a da criança. Em vez de ver o dedo machucado em si mesma, a criança o vê nos outros, em vez de "meu dedinho" usamos a representação mais generalizada de um dedo qualquer. Quantas vezes, quando vivemos uma infelicidade pessoal, consolamo-nos com o pensamento de que várias pessoas ou mesmo todas também estão passando pela mesma coisa, como se a dor fosse aliviada pela ideia de sua existência ser algo natural, pela eliminação do acaso pessoal. Aquilo que ocorreu e ocorre de forma generalizada não é mais uma infelicidade, mas um fato objetivo. A dor se fundamenta na diferenciação da representação isolada do Eu. Esta eu entendo como uma representação ligada à consciência do "Eu". Sabidamente o compadecimento surge quando nos colocamos no estado de padecimento do outro. Em pessoas que sofrem de *dementia praecox*, as quais transformam as representações do Eu em representações objetivas ou da espécie, destacam-se o afeto inadequado, a indiferença. Estes desaparecem assim que conseguimos criar uma relação com o Eu, quando, por exemplo, a paciente diz, em vez de "A terra foi conspurcada com urina", "Eu fui conspurcada pelo ato sexual".[13] Em minha opinião, aí está o sentido da expressão simbólica. O símbolo significa o mesmo que a representação penosa, mas ele é menos diferenciado como representação do Eu: nós podemos certamente pensar em diversos conteúdos quando se fala em uma "mulher", já que eles só precisam se assemelhar entre si na essência, do que quando se fala na representação do Eu muito mais definida de uma Martha N. Nós poderíamos retrucar: quando o sonhador

---

[12] Cf. Spielrein, S. Schizophrenie.

[13] Ela também pode sentir um forte afeto negativo com a representação da terra impura se tiver o sentimento nesse momento, ou seja, a ligação terra = eu.

toma outra pessoa em vez de si mesmo, então a outra pessoa não é menos acuradamente diferenciada do que a própria pessoa do sonhador. Isso está correto apenas objetivamente: para qualquer ser humano, as outras pessoas só existem na medida em que são acessíveis à sua psique, para nós, apenas as características dos outros que correspondem a nós mesmos existem. Se o sonhador se substitui por outra pessoa, então ele não está de forma alguma procurando apresentar a pessoa em questão da forma mais clara possível, pois ocorre justamente a agregação de diversas pessoas em uma. Para o sonhador interessa apenas apresentar na pessoa substituta a característica que corresponde à realização de seu desejo: se o sonhador, por exemplo, quer ser invejado por ter belos olhos, então ele agrega, para tanto, diversas pessoas com belos olhos em uma pessoa mista, de forma que aqui também resulta um tipo em vez de um indivíduo, um tipo que, conforme mostram estudos de sonhos de pacientes com *dementia praecox*, corresponde a formas de pensamento arcaicas.

Na histeria, a qual apresenta uma "hipertrofia do Eu", há também uma consequente sensibilidade elevada. No entanto, não seria correto afirmar que a vida psíquica da histeria é mais rica que a da *dementia praecox*: os pensamentos mais significativos nós encontramos em doentes com *dementia praecox*. A falta de atividade do Eu apenas faz com que nós aqui lidemos com as formas de pensamento típicas, as arcaicas e análogas. Freud é da opinião de que, no caso da *dementia praecox*, trata-se de retração da libido, retorno da libido e, em seguida, do conflito entre a retração da libido e o seu investimento. A meu ver, é um conflito entre os dois fluxos antagônicos da psique da espécie e da psique do Eu. A psique da espécie quer transformar a representação do Eu em uma representação tipicamente impessoal; a psique do Eu defende-se dessa diluição na medida em que os doentes transferem temerosamente a qualidade do afeto do complexo desvanecente para qualquer associação adjacente, fixando nesta o "Eu" (afeto inadequado). No entanto, os próprios doentes reconhecem que essa qualidade do afeto não corresponde à representação para qual ele é transferido, percebem que eles "fazem" o afeto anteriormente existente. Assim se esclarece o fato de eles frequentemente rirem de seu próprio *páthos* e, ao mesmo tempo, considerarem tudo uma comédia. No início da doença, nós frequentemente vemos graves estados de angústia e depressão, pois o doente sente a tendência ao nivelamento das partes do Eu carregadas de afeto como um fluxo antagônico à necessidade de relação com o Eu, de adequação ao presente. É como se a qualidade do afeto anteriormente excitada ainda não houvesse sido dissipada enquanto os objetos já não têm mais relação com o Eu. O sentimento dominante nesse caso é: o mundo está diferente, assustadoramente estranho, ele é como uma peça teatral. Concomitante a isso, impõe-se o reconhecimento: "Sou um total estranho para mim". Os pensamentos são despersonalizados, eles são "feitos" para o doente, pois vêm justamente do âmago que é alheio ao Eu, de âmagos que já fizeram do "Eu" um "nós" ou mesmo um "eles". O afeto ainda existente é expresso de forma patética, porque não encontra mais objetos, assim como um orador é exageradamente patético quando apresenta, em vez das representações correspondentes, o próprio afeto. A angústia persiste enquanto o afeto ainda existente, ou seja, a necessidade da relação com o Eu, fizer com que o paciente perceba a desintegração do Eu (poder alheio); com o desenvolvimento da doença, instala-se a conhecida indiferença: os doentes não consideram mais nada pessoal; mesmo quando dizem "eu", eles mesmos são objetos que não significam Eu e tampouco obedecem à vontade do Eu. Assim, uma mulher que deseja ter muitos filhos consegue falar sobre seus 22 mil garotos com um sorriso no rosto, como se esse não fosse seu verdadeiro desejo. Mas os doentes podem ter ocasionalmente também afetos reais adequados, eu vi isso no estabelecimento da relação não simbólica e direta com o Eu. Em casos que vêm para a instituição, o distúrbio já está claramente em estágio tão avançado que o doente logo volta a recair em sua atitude inadequada. Apenas no futuro será possível sabermos se a análise conseguirá realizar grandes melhoras nesse caso.

Assim, a vida psíquica não se extingue de forma proporcional à degradação dos sentimentos de prazer e desprazer. Certamente a necessidade de diferenciação e de realização de desejos pessoais se extingue, mas, por outro lado, há também a assimilação (ou seja, a diluição) das representações diferenciadas do Eu pelas representações que influenciaram a formação de culturas inteiras, ou seja, a transformação em representações típicas e imemoriais da espécie. Essas representações desprovidas de afeto, que formaram culturas inteiras, revelam-nos o conteúdo que acompanha nossas pulsões. A psique do Eu só pode desejar sentimentos de prazer, mas a psique da espécie nos revela o que desejamos nesse momento, o que é carregado de afetos positivos ou negativos para nós, e então vemos que os desejos da espécie que vivem dentro de nós não correspondem nem um pouco aos desejos do Eu, que a psique da espécie quer assimilar em si a psique do Eu recente, enquanto o Eu, sim, cada partícula do Eu possui a ambição de se autoconservar na forma presente (capacidade de perseveração). Mas a psique da espécie, a qual, portanto, nega o Eu atual, consegue fazê-lo de novo justamente por meio da negação, pois a partícula do Eu submersa volta a emergir travestida de novas representações, mais rica do que nunca. Isso nós vemos de forma belíssima nas produções artísticas. Certamente a regressão no âmbito do Eu consiste no fato de a pessoa querer reviver experiências infantis carregadas de prazer, mas por que as experiências infantis são para nós tão carregadas de prazer? Por que experimentamos "alegria ao reconhecer o conhecido"?[14] Por que a severa censura que procura modificar nossas experiências continua existindo ainda por muito tempo, mesmo quando não sentimos mais o poder dos pais sobre nós? Por que não experimentamos tendencialmente sempre a mesma coisa e reproduzimos a mesma coisa?[15] Portanto, há dentro de nós, paralelamente ao desejo de perseverar, um desejo de transformação, que significa que um conteúdo representacional individual é diluído em um material semelhante a ele, proveniente de tempos passados e que, portanto, deve se transformar à custa do indivíduo em um desejo típico, ou seja, um desejo da espécie, o qual é projetado para fora pelo indivíduo como obra de arte. A pessoa busca aquilo que é semelhante a si mesma (os pais, ancestrais) no qual a própria partícula do Eu possa se diluir, pois a diluição no semelhante não é bruscamente destruidora, mas imperceptível. Porém, por outro lado, o que significa essa diluição para a partícula do Eu senão a morte? Realmente, ela volta a aparecer em uma nova forma, talvez mais bela, mas ela não é a mesma partícula do Eu, e sim um Outro surgido à custa dessa partícula, assim como uma árvore que cresce a partir de uma semente é a mesma no que diz respeito à espécie, mas não a mesma no que diz respeito ao indivíduo, e, na verdade, é mais uma questão de gosto se queremos ver marcado nos novos produtos surgidos à custa dos antigos a existência ou o desvanecer da antiga vida. Isso corresponde ao prazer ou desprazer experimentado ao pensarmos na diluição de todo o complexo do Eu. Pois há exemplos de neuróticos que dizem sem rodeios que têm medo da relação sexual, pois, com o esvaziamento do esperma, uma parte do indivíduo também se perde.

---

[14] Cf. Freud, S. *Der Witz und seine Beziehung zum Unbewussten* [*Os chistes e a sua relação com o inconsciente (1905)*. Rio de Janeiro: Imago, 1996. (Edição Standard Brasileira das Obras Psicológicas Completas de Sigmund Freud, v. VIII)].

[15] Por que o artista, por exemplo, não pinta sempre a imagem de sua amada mãe, mas cria eventualmente um quadro renascentista? Pois a "censura" não nos proíbe de amar a mãe de forma "sublimada".

Tudo o que nos comove quer ser comunicado, compreendido e igualmente sentido: cada representação que transmitimos aos nossos semelhantes diretamente ou na forma de uma obra de arte é produto da diferenciação das vivências primevas que compõem nossa psique. Tomemos como exemplo uma vivência já diferenciada, como um dia ensolarado de primavera que alegrou muitas vezes infinitas gerações antes de nós. Ao reproduzirmos essa vivência, precisamos diferenciar, dando forma às árvores, à grama e ao céu também de acordo com o conteúdo atual de nosso consciente. Nós não estamos mais lidando com um dia de primavera, mas com o dia de primavera especial, que tem um tom pessoal. E vice-versa: se esse produto da diferenciação chega à psique de outro indivíduo, ocorre a transformação inversa: durante o processamento consciente por parte do outro indivíduo, o dia de primavera adquire outra estampa individual. Paralelamente ao processamento consciente, a representação passa pelo processamento inconsciente que elimina sua estampa individual atual, leva-a de volta até as "mães" e a dilui. No inconsciente, nós talvez encontremos o dia de primavera desmantelado em seus componentes, o Sol, o céu, as plantas, e transformado nas imagens mitológicas conhecidas por nós da psicologia dos povos ou talvez, mais corretamente, "restaurado à sua forma original". Ao expressarmos com palavras um pensamento referente à descrição de uma representação, nós já realizamos uma generalização, pois as palavras são símbolos que servem justamente para formatar o que é pessoal de forma humana e compreensível de maneira geral, ou seja, para eliminar a estampa pessoal. Aquilo que é puramente pessoal nunca pode ser compreendido por outros, e não nos espanta quando Nietzsche, um homem com uma poderosa consciência do Eu, chega à conclusão de que a língua existe para confundir a nós e aos outros. Mas, mesmo assim, sentimos alívio ao nos pronunciarmos, quando criamos uma representação da espécie à custa de nossa representação do Eu, e o artista também se alegra com seus "produtos de sublimação", quando cria, em vez do individual, o típico. Toda representação busca também um material não idêntico, mas semelhante, no qual ela possa ser diluída e transformada. Esse material semelhante é a compreensão baseada nos mesmos conteúdos de representação com a qual a outra pessoa recebe nossa representação. Essa compreensão desperta em nós um sentimento de simpatia que não significa nada além do fato de que a pessoa gostaria de dar mais de si, até que a afeição, principalmente quando a pessoa está lidando com indivíduos de outro sexo, aumenta a ponto de ela querer se entregar completamente (o Eu como um todo). Essa fase mais perigosa para o Eu da pulsão de procriação (de transformação), no entanto, vem acompanhada de um sentimento de euforia, pois ocorre uma diluição no ser semelhante amado (= no amor).

Como amamos no ser amado o pai ou a mãe que se nos assemelha, então é compreensível que busquemos vivenciar também na realidade o destino dos ascendentes, especialmente dos pais[16] (cf. Jung, "A importância do pai para o destino do indivíduo"). O acaso desempenha um papel na vida apenas na medida em que a vivência sexual já predestinada na psique é ativada ou continua existindo nesta como possibilidade de vivência. No primeiro caso, o complexo é satisfeito, no outro caso, inversamente, o elemento que gera tensão não é superado e precisa se libertar constantemente ao deixar fluírem os conteúdos representacionais análogos que sempre voltam a ser complementados. Portanto, para a vida psíquica, a ativação da vivência tem apenas um significado negativo que elimina o conteúdo representacional com a tensão que o acompanha. Vamos supor, por exemplo, que uma pessoa tivesse conseguido a ansiada união com o objeto do amor. Assim que a realidade reclama seus direitos, assim que a palavra se transforma em ação, o grupo representacional correspondente se dilui, gerando um sentimento de relaxamento e felicidade. Nesses momentos, a pessoa é totalmente improdutiva psiquicamente. Cada representação atinge o ápice de sua vida quando espera mais intensamente pela sua transformação em realidade. Com a realização, ela é ao mesmo tempo aniquilada. Isso não quer dizer que com a realização de um poderoso complexo toda a vida psíquica fique paralisada, pois um complexo, afinal, é apenas uma pequena partícula evanescente que se transforma, diferenciando-se da vivência original. Esse evento concreto sempre volta a criar novos produtos de diferenciação, os quais algumas vezes são psiquicamente transformados na forma de ab-reação, outras, em obras de arte.

É muito importante reforçar que "nenhum produto da sublimação, segundo seus conteúdos, é contrário" aos desejos de procriação adequados à realidade. Eles apenas parecem contrários por serem menos adequados ao presente, menos diferenciados. Eles são mais tipificados na forma, como as representações do amor "mais elevado" pela natureza ou por Cristo. Jung mostra que se venera no Sol a própria libido, o pai que mora dentro de cada um.[17] Como essas representações não são eliminadas pela ativação,

---

[16] Nós vivemos, ou melhor, nós atentamos apenas para e só chamamos de vivenciar aquilo que vivemos em nossos ancestrais.

[17] Jung, C. G. Symbole und Wandlungen der Libido [Transformações e símbolos da libido]. *Jahrbuch*, v. III, 1ª metade.

elas continuam existindo na psique como anseio extremamente tenso pelo retorno às origens, especialmente pela diluição nos genitores (o que será comprovado a seguir). Assim, fica explicado por que a religião, como o objeto mais elevado, torna-se símbolo do mais baixo, ou seja, do ato sexual, como no caso do conde Von Zinzendorf, analisado por Pfister, ou da Sra. M., analisada por mim. Por meio da negação completa do objeto de amor alheio ao Eu, a pessoa apenas consegue se tornar ela mesma objeto da própria libido, com a autodestruição consequente.

Stekel diz, em suas "Contribuições" para a interpretação dos sonhos:

> Exatamente como o sonho desconhece uma negação de maneira geral, ele também desconhece uma negação da vida. Morrer significa no sonho o mesmo que viver, e justamente o mais intenso desejo de viver se expressa frequentemente na forma de um desejo de morte. Pontos de vista psicológicos semelhantes, aliás, também se aplicam ao suicídio, e a escolha do tipo de morte também é influenciada por determinadas fantasias eróticas. Esses pensamentos foram várias vezes expressos por poetas, e filósofos também estudaram com frequência essas ligações entre Eros e Tântalos.[18] Mesmo o assassinato em sonho é, assim como ocorre muitas vezes na vida, apenas um assassinato por prazer e, com frequência, representa nada mais do que um ato sexual com fortes tendências sádicas.

Até esse ponto, eu posso concordar com Stekel. Mas ele continua:

> Um típico sonho de jovens moças as mostra nuas no meio da rua quando um homem grande se lança sobre elas e enfia uma faca em sua barriga. Nesse caso, o assassinato serve para ilustrar uma defloração pela violência, é a honra que é morta de forma irrecuperável; é a morte da virgindade, a qual significa, de novo, a vida da mulher.

Aqui eu não vejo absolutamente nenhuma referência que nos permita compreender a morte nesses sonhos como uma morte moral. Pois o próprio Stekel viu também na morte real um simples ato sexual com fortes toques sádicos. Como a mulher, de fato, é perfurada durante o ato sexual, a menina, assim como a mulher, vê-se em sonho como vítima de

---

[18] "Tântalos" no original. Possivelmente se refere, na verdade, a Tânatos. (N.T.)

um ato sexual com toques sádicos. Por isso, acontecimentos de guerra são tão adequados para a eclosão da neurose, a qual, afinal, tem como base os distúrbios da vida sexual. A guerra remete a representações da destruição. Mas, como uma representação evoca outras que lhes são semelhantes, então as representações da destruição da guerra estimulam aquelas representações associadas aos componentes destruidores do instinto de procriação. Essas últimas representações também podem roubar a uma pessoa normal a alegria da existência, mostrando-a como algo completamente passageiro e sem sentido, e mais ainda ao neurótico, para o qual as representações da destruição já superam normalmente as do devir, e o qual apenas espera por símbolos adequados para a apresentação dessa fantasia da destruição. Jovens indivíduos e principalmente moças frequentemente têm em sonhos fantasias nas quais estão deitados em um ataúde. Freud ensina que estar em um ataúde seria simbolicamente o mesmo que estar no ventre materno (ataúde = ventre materno). Stekel complementa a teoria muito acertadamente, afirmando que a sepultura[19] também tem o mesmo significado que o ataúde, "e 'cavar' tem um significado inconfundível, semelhante a furar e nascer[20] (cavar e enterrar).[21] Assim, a sepultura se transforma em céu, assim como o pensamento dos seres humanos sugere que as pessoas vão para o céu a partir da sepultura (pela morte)".

A doente Sra. M.[22] tem uma ampla simbólica: ela obtém nova vida na medida em que, conforme a fé cristã, morre em Cristo. Se a morte é pensada como unificação sexual, o que a paciente, aliás, prova por meio de inúmeras fantasias relacionadas a Cristo, então ela deveria, como anteriormente esclarecido, identificar-se com Cristo (o amado), transformar-se em Cristo. Pois ela também se transforma em Cristo, deita-se no chão com braços e pernas esticados e afirma estar crucificada, quer redimir todos os doentes, afinal ela é, como Cristo, a sepultura que dá vida. O Prof. Forel = Dr. J., o qual se tornou "objeto de transferência" para ela, vem como Cristo ter com ela em sua câmara mortuária (seu quarto). Ele é "enterrado vivo" e

---

[19] Em alemão, "*Grab*", associado ao verbo "*graben*" ("cavar", "perfurar"). (N.T.)

[20] Em alemão "furar" = "*bohren*" e "nascer" = "*geboren sein*"; além das pronúncias semelhantes, a segunda expressão poderia ser confundida com o particípio do primeiro verbo, por isso a associação evidente para o psicólogo. (N.T.)

[21] Nesse caso, "*graben*" ("cavar") e "*begraben*" ("enterrar"). (N.T.)

[22] Cf. meu trabalho citado anteriormente.

retorna ao mundo na forma de vinha. Essa vinha, que significa a nova vida, é, segundo seu sentido, o filho. Vez por outra, a paciente também diz que se transformou em um pequeno Forel. Ela conta que se torna um pequeno Forel quando é tratada de forma rude, quando é espancada, ou seja, por meio da destruição. Em outra ocasião, o seu organismo produtor de filhos (órgão) é um túmulo de vidro ou uma vasilha de porcelana quebrada. Ali estariam os ossos de seu filho natimorto; os pedacinhos de porcelana devem ser finamente triturados, cozinhados etc. com os ossos da criança e outras substâncias fertilizadoras para que surja um filho. Relevante é o fato de que, para o surgimento da vida, a morte é necessária, e, de acordo com a fé cristã, o morto se torna vivo pela morte. Enterrar é = fecundação, na representação mitológica. Essa afirmação se nos mostra realmente correta quando estudamos mitologia.

> "Para a criação da nova geração", diz a paciente, "todo o corpo precisa ser preparado, a partir da cabeça (psique) e a partir do desenvolvimento espermático no animal surge a nova geração." "Novozoon (= esperma) é uma substância de mortos."

Essa última sentença também mostra que o esperma é compreendido como uma excreção morta. Irma, analisada por Binswanger, sente repulsa diante do coito e da ingestão de cadáveres. Se comer, para ela, é o mesmo que praticar o coito, então cadáver = esperma, o qual é absorvido durante o ato sexual. Irma também tem uma ampla simbólica para o ataúde, mas, diferentemente de um indivíduo normal, ela fica constantemente aterrorizada diante dessa representação: para uma moça normal, a representação do enterro se torna um prazer assim que pensa em desaparecer no ser amado. Uma jovem disse a Binswanger que "a mais intensa felicidade seria para ela ficar sempre no corpo do amado". Irma também pensa às vezes que "a morte[23] é um homem belo", mas apenas por curtos momentos, pois logo se sobrepõem as representações da destruição pura, associadas, compreensivelmente, ao medo. Irma descreve esse sentimento como "um sentimento de selvageria, de extravasamento, de se entregar e de ser tomada, no qual nós não sabemos o que fazemos e o que será de nós".

A pessoa é envenenada (por isso a cobra, de formato alongado, adéqua-se tão bem como animal sexual), torna-se perigosamente doente, como

---

[23] Em alemão, a palavra "morte" é masculina: "*der Tod*". (N.T.)

indicam a simbólica da Sra. M. e de outros doentes. Então ela é destruída na gravidez pelo filho, o qual se desenvolve à custa da mãe, como um tumor maligno. O material sobre essa formação do símbolo esteve fartamente à disposição de minhas colegas médicas, e seu inconsciente soube também utilizá-lo. Assim, uma delas sonhou que seu irmãozinho (personalidade desejada) tinha um "tumor de pomba" no estômago (pomba como símbolo de inocência); depois uma pomba saiu pela sua boca. A outra colega teve bolhas de pus no pescoço, como a Sra. M. Outra ainda teve, em sonhos, tumores cancerígenos nos dedos, ou um docente que foi "objeto de transferência" para ela perguntou-lhe em sonho sobre tumores cancerígenos (sonho de exibição), outras, por sua vez, sofreram de escarlatina etc. Todo símbolo sexual tem no sonho, assim como na mitologia, o significado do deus doador de vida e de morte. Um exemplo para todos: o cavalo, um dos conhecidos animais sexuais, é o animal doador da vida do deus Sol, mas o cavalo é também o animal dos mortos, símbolo da morte.[24]

Muito instrutivas são as representações de destruição nas diversas formas de masturbação. O autoerotismo psíquico pode ser muito bem estudado em Nietzsche. Nesse autor, que permaneceu sozinho toda sua vida, toda a libido voltou-se para sua própria pessoa. Como Nietzsche via o amor, ou, mais corretamente, como ele sentia o amor? A solidão fazia o escritor sofrer tanto que ele criou um amigo ideal, Zaratustra, com o qual se identificava. O anseio por um objeto de amor fez com que Nietzsche se tornasse homem e mulher ao mesmo tempo em si mesmo, ambos representados na figura de Zaratustra.

> Pois logo ele surge, o incandescente, seu amor pela terra surge. Todo amor do Sol[25] é inocência e desejo criador! Olhai como ele surge impaciente sobre o mar! Não sentis a sede e o hálito quente de seu amor? Ele quer sorver o mar e sugar sua profundeza até que ela suba até ele: então o desejo do mar se ergue com mil seios. Ele quer ser beijado e sorvido pela sede do Sol. Quer se tornar desejo e elevação, e o caminho da luz e a própria luz. Verdadeiramente, assim como o Sol, eu amo a vida e todo mar profundo. E isso para

---

[24] Cf. Negelein. *Das Pferd im Seelenglauben und Totenkult* [O cavalo na fé espiritual e nos cultos aos mortos].

[25] Note-se que, em alemão, a palavra "Sol" é do gênero feminino, e "mar", do gênero neutro. (N.T.)

mim significa conhecimento: toda profundeza deve ser elevada à minha altura. Assim falava Zaratustra.

Assim como o amor para Nietzsche consiste em que ele, como o Sol, sorva o mar profundo para dentro de si, o mesmo se dá com o conhecimento. Sendo assim, o conhecimento para Nietzsche não é nada além do anseio por amor, pela criação. O Sol abrasante suga o mar como um amante, e o mar agitado e selvagem ergue seus mil seios na direção do Sol, sedento de beijos como uma fêmea embriagada de amor. A fantasia de sugar o seio indica que o Sol se comporta ao mesmo tempo como filho do mar. Gostaria de lembrar como Silberer, em seu segundo exemplo do fenômeno hipnagógico, também apresenta o país das mães como um mar. Assim como o Sol sorve o mar para dentro de si, também Zaratustra conhecedor sorve a profundidade (o mar profundo) para dentro de si. Para o autor, portanto, o desejo pelo conhecimento não é nada mais que o desejo pela mãe que vive em suas profundezas. Se a mãe é a sua própria profundeza, então a união com a mãe deve ser também compreendida como autoerótica, ou seja, uma união consigo mesmo. Em outra passagem, Nietzsche zomba daqueles que pregam o chamado "amor puro", o conhecimento imaculado, sem desejo, e que enganam a si mesmos travestindo a serpente na larva de um deus (cf. Jung: *Gottheit – eigene Libido – Schlange* – Divindade – libido própria – serpente).

"Na verdade, não amais a terra como criadores, procriadores, como devindores", ele próprio exclama. "Onde está inocência? – Onde há o desejo de procriar, e aquele que quiser criar algo além de si, este tem apenas o mais puro querer. Onde está beleza? Onde devo querer com toda vontade; onde quero amar e perecer, de forma que uma imagem não seja apenas uma imagem." (Cf. a consideração anterior: com a ativação, um conteúdo psíquico, a "imagem", é aniquilada ou, pelo aniquilamento, ela é ativada.) "Amar e perecer, uma rima eterna. Vontade de amar: isso é também ter vontade da morte."

Pela união amorosa com a mãe, o próprio Nietzsche se transforma em mãe procriadora, criadora, devindora. Essa existência como mãe se torna ainda mais explícita no seguinte discurso: "Vós, criadores, homens superiores! Quem deve parir está enfermo; mas quem foi parido é impuro. Perguntai às fêmeas: não se pare por prazer: a dor faz cacarejar galinhas e poetas. Vós, criadores, há muita impureza em vós! Por isso teríeis de ser mães".

Com isso, ao que parece, aprendemos a compreender muitas coisas em Nietzsche, e acredito que esse processo possa esclarecer um pouco por que encontramos com tanta frequência, se não continuamente, o componente homossexual em doentes com *dementia praecox* que vivem em isolamento autoerótico.[26] Nietzsche se torna uma mulher ao se identificar com a mãe, sorvendo-a para dentro de si. Para tanto contribui o fato de Nietzsche, como consequência de seu isolamento autoerótico, não viver no presente no consciente, mas em sua própria profundeza, a qual ainda está no período em que a criança, em sua vida sexual insuficientemente diferenciada, comporta-se passivamente de forma feminina ao sorver o leite no seio materno. Se Nietzsche é feminino, então sua mãe, em relação a ele, é como um homem, assim como a profundeza que mais tarde ocupa o lugar da mãe, ou o seu "pensamento abissal", do qual trataremos em breve, por meio do qual ele lutava consigo mesmo. A mãe é para Nietzsche ele próprio, e ele próprio é sua mãe.

Em todo amor, é preciso diferenciar as duas direções de representação: uma, como amamos, e a outra, como somos amados. Na primeira direção, nós mesmos somos sujeitos e amamos o objeto projetado externamente, na segunda, transformamo-nos no ser amado e nos amamos como seu objeto. No homem, o qual tem a função ativa de conquistar a fêmea, as representações do sujeito dominam, na mulher, por outro lado, a qual deve atrair o homem, as representações no sentido inverso normalmente passam a predominar. A isso está associado o conhecido coquetismo feminino: a mulher imagina como pode "agradá-lo", mas a isso também está associado o mais intenso homossexualismo e autoerotismo da mulher.[27] Transformada em seu amado, a mulher pode sentir-se, até certo grau, masculina. Como objeto do homem, ela pode amar a si mesma ou a outra moça que seja sua "personalidade desejada", isto é, que seja como a amante gostaria de se ver, sempre bela, naturalmente.

Certa vez, encontrei uma colega extremamente indignada com uma série de envelopes manuscritos por ela: em nenhum ela conseguira executar a bela caligrafia obtida no primeiro envelope. Eu conhecia aquela caligrafia. Quando perguntei o que a caligrafia desejada significava para ela, ela percebeu, repentina e corretamente, que seu amado escrevia assim. A necessidade de identificação com o amado, portanto, era tão grande que ela só tolerava

---

[26] Cf. Rank, Otto. Beiträge zum Narzissismus [Contribuições para o narcisismo]. *Jahrbuch*, v. III, 1ª metade.

[27] As pessoas pensam em beijos e abraços apaixonados apenas entre jovens moças. Essa forma de amizade comum entre mulheres pareceria bastante excêntrica entre homens.

a si mesma sendo ele. Em *Tristão e Isolda* nós vemos o mesmo. Tristão: "Tu não és mais Tristão, e sim Tristão Eu-Isolda". Isolda: "Tu não és mais Isolda, mas sim Isolda Eu-Tristão".

A criança também é autoerótica, pois desempenha um papel passivo em relação aos pais. Ela precisa lutar pelo amor dos pais e procurar agradá-los: ela precisa imaginar como pode ser amada e, para tanto, precisa se colocar no lugar dos pais. Com um pouco mais de idade, a menina vê na mãe sua rival, mas também a sua "personalidade desejada", que ela ama como tal, assim como ocorre com o menino em relação ao pai. Se a criança se irrita com os pais, a reação normal seria um ato de vingança, mas isso a criança não ousa, por isso a sua raiva é externada sobre um objeto qualquer, ou a criança, em sua fúria inicial, não consegue fazer algo mais sábio do que, por exemplo, puxar os próprios cabelos enquanto se coloca no lugar dos pais, que a deixaram nervosa. Em *O inspetor geral*, de Gogol, por exemplo, há um governante extremamente presunçoso que explora seus súditos sem constrangimento. Por fim, ele próprio é ludibriado por um jovem impostor, o qual ele acredita ser o esperado inspetor geral. Quando o impostor zomba de todos, inclusive do governante, em uma carta pública, a cólera do governante se volta contra si mesmo: "Vede o velho bufão" etc., ele exclama. Nesse caso, a agressão malograda também evoca uma série de representações no sentido inverso, a transformação no sujeito que zomba de si mesmo como objeto. Segundo o componente destrutivo contido no instinto sexual, o homem que tende a ser mais ativo também tem mais desejos sádicos: ele quer destruir a amada. A mulher, que se representa mais como objeto do amor, quer ser destruída. Naturalmente, esse limiar não pode ser determinado com muita precisão, pois todo ser humano é bissexual, além do que, na mulher, também há representações do sujeito e, no homem, representações do objeto. Por isso a mulher também é sádica, e o homem, também masoquista. Se as representações de objeto se tornam mais intensas quando o sujeito se coloca no lugar do indivíduo amado, então o amor voltado a si mesmo leva à autodestruição, como ao autoflagelo, ao martírio, sim, à aniquilação total da própria sexualidade, como na castração. Essas são apenas diferentes formas e graus da autodestruição.

O próprio ato de procriação consiste na autodestruição. As palavras de Nietzsche o mostram: "O homem é algo que deve ser superado", ensina Zaratustra, "para que surja o *Übermensch* [homem superior]".

O sentido dessa frase é: Tu deves saber como superar (destruir) a ti mesmo. Como, senão, poderias criar o mais elevado, o filho? No capítulo

"Da beatitude involuntária", Zaratustra se queixa: "Eu, contudo, estava acorrentado ao amor por meus filhos: o anseio colocou-me este laço, o anseio por me tornar presa e por me perder em meus filhos".

O filho de Zaratustra, o "pensamento abissal" do eterno retorno das coisas, está ameaçado de morrer em Zaratustra antes de nascer. No entanto, ele o chama à vida.

> Tu te moves, te espreguiças, ofegas? Levanta! Não ofenda, tu deves falar a mim! Zaratustra te chama, Zaratustra, o ímpio! Zaratustra, o intercessor da vida, intercessor da dor, intercessor do círculo! Liberta-me! Tu te aproximas, eu te ouço! Meu abismo fala, puxei minha última profundidade à luz! Liberta-me! Vem! Dá-me a mão! Ah! Deixa! Ah, ah! Asco, asco, asco... pobre de mim!

Assim como Zaratustra no papel de Sol (o mais elevado) sorve o mar profundo para dentro de si, ele agora traz a profundidade de dentro de si para a luz (análogo ao Sol = o amor). Nós sabemos que o próprio Nietzsche é a luz (o elevado) que sorve sua mãe = o mar profundo para dentro de si. Por meio dessa unificação com a mãe, Nietzsche se transforma na mãe que pare. Aqui também ele leva sua profundidade para sua luz e a põe no mundo, como seu filho. Isso lembra a fonte de crianças da mitologia: ali, os mortos são transformados em crianças de novo e renascem como tais.[28] Wünsche,[29] que fornece inúmeras comprovações para tanto, comenta expressamente em uma passagem: "As almas dos mortos que sobem ao céu do reinado de Holda, porém, não podem simplesmente voltar, mas precisam primeiro ser renovadas em seu poço". Wünsche é da opinião de que a representação de tirar os recém-nascidos de fontes e lagos fundamenta-se na ideia de que a vida vegetativa e animal brota do submundo. Isso está muito correto, mas, se o inconsciente utiliza a simbólica oriunda do mundo vegetal para descrever o nascimento dos homens, então algo bastante análogo deve ocorrer com o parto dos homens: as crianças surgem a partir de lagos, pois elas na verdade também ficam em lagos (= líquido amniótico)

---

[28] Cf. Rank, Otto. *Lohengrinsage. Schriften zur angewandten Seelenkunde* [*Saga de Lohengrin. Escritos sobre psicologia aplicada*], publicado por Freud.

[29] *Ex oriente lux: die Sagen vom Lebensbaum und Lebenswasser, altorietalische Mythen von A. Wünsche* [*Ex oriente lux: as sagas da árvore da vida e da água da vida, mitos do antigo Oriente por A. Wünsche*]. Leipzig, 1905.

no ventre da mãe, a partir do qual elas devem vir para o mundo exterior. Assim, Jung mostra, em seu trabalho *Über Konflikte der kindlichen Seele* [*Sobre conflitos da alma infantil*], como a pequena Anna, a qual tem lidado vivamente com a questão do surgimento das crianças, busca a solução no reino vegetal. Ela se interessa em saber como seus olhos, sua boca e seus cabelos brotaram nela, por fim, como seu irmãozinho Fritzchen brotou na mãe (mãe = terra), e pergunta ao pai: "Mas como o Fritzchen foi parar dentro da mamãe? Alguém o colocou (plantou) lá, alguém colocou sementinhas?". Ela também vê outros processos análogos ao mundo vegetal, para os quais o seu inconsciente volta sua atenção, pois são adequados para simbolizar o mistério que a preocupa. Aos 3 anos de idade, Anna ouviu dizer que as crianças são anjinhos que moram no céu e são trazidos para a Terra pelas cegonhas. Um dia, ela perguntou à sua avó:

Anna: "Vovó, por que a senhora tem olhos tão enrugados?"
Avó: "Porque eu já sou velha."
Anna: "Mas não é verdade que você vai ficar jovem de novo?"
Avó: "Não, sabe, eu vou ficar cada vez mais velha e depois vou morrer."
Anna: "E você vai virar de novo uma criancinha?"

É muito interessante o fato de parecer muito natural à pequena Anna a ideia de que sua avó pudesse voltar a se transformar em uma criancinha. Antes ainda de a avó falar sobre a morte e sobre os anjinhos (os quais, como Anna ouviu dizer, vêm para a Terra), ela pergunta espontaneamente à avó se ela também vai voltar a ficar jovem. Por isso não se espanta com o fato de que a avó vai se tornar um anjo, mas complementa imediatamente sua resposta, ao interpretar que isso significa que ela vai se transformar em criança. Existem suficientes exemplos conhecidos de doentes que desejam ter filhos e se veem transformados em crianças. Um belo exemplo é a freira do templo de Amida,[30] em Riklin. A senhora M. se transforma em um pequeno Forel devido ao ato sexual com o Prof. Forel. Rank chama a atenção para sonhos nos quais a simbólica do nascimento é representada inversamente; em vez de a pessoa tirar uma criança da água, ela, por exemplo, coloca-a dentro da água. Esse símbolo surge durante o processo de identificação. Certa noite, uma colega

---

[30] Riklin. *Wunscherfüllung und Symbolik im Märchen. Schriften zur angewandten Seelenkunde* [*Realização de desejos e simbólica em contos de fadas. Escritos sobre psicologia aplicada*].

(médica) contou-me que gostaria muito de ter um filho. Na noite seguinte, ela sonhou que tinha de se arrastar para dentro de um estreito corredor sem nenhuma passagem intermediária, e que terminava em um edifício (assim como o canal de nascimento termina no útero). Eu pedi que me mostrasse como havia se arrastado, e ela percebeu que reproduzia exatamente os movimentos de um bebê durante o nascimento na primeira ou segunda posição cefálica. No sonho, ela tinha medo de não conseguir mais entrar, pois o corredor já era muito estreito e se tornava cada vez mais estreito, de forma que ela era quase esmagada. A paciente senhora M. (*dementia praecox*) se vê jogada na água com seus filhos, e suas almas são salvas por Cristo, *i.e.*, elas retornam ao mundo como crianças (já que, afinal, a destruição leva ao devir).

Nietzsche também apresenta uma simbólica da destruição semelhante, referente ao nascimento de seu pensamento que, para ele, representa o filho. Zaratustra resiste ao ato de criação com expressões de asco, como se a criação fosse algo impuro. Lembremo-nos de suas palavras: "Quem deve parir está enfermo; mas quem foi parido é impuro". Naturalmente o pensamento que toma o lugar do filho deve ter tal formato que inclua, ao lado do mais desejável, também o mais atroz, a fim de fazer jus à ânsia de Zaratustra de se perder em seus filhos. Esse também é o caso aqui: o pensamento diz o mais elevado: que o Homem Superior sempre vai retornar, e o mais baixo: que o Homem Inferior sempre vai retornar. Como Nietzsche se ocupa constantemente da mais elevada aceitação da vida, então seu pensamento desejante lhe diz ao mesmo tempo que essa aceitação não pode existir sem negação, que no mais elevado também está contido o mais baixo. Esse componente terrível realmente é capaz de subjugar Zaratustra: ele fica caído, inerte, como morto, durante sete dias; luta com um animal terrível, o qual é sua própria profundidade, ou seja, sua própria personalidade sexual. Ele arranca com uma mordida a cabeça dele, portanto, assassina sua própria sexualidade, e, ao assassinar a si próprio, seu pensamento abissal obtém a mais intensa força vital e, com ele, também o Nietzsche ressuscitado.

Interessante é a saga do príncipe russo Oleg. A ele é profetizado que será morto pelo seu cavalo preferido. Para escapar da profecia, ele entrega o cavalo aos serviçais, ordenando que seja muito bem tratado. Depois de um tempo, fica sabendo que seu cavalo morrera. Ele se lamenta ao lado de sua cova e maldiz o vidente charlatão. Enquanto se lamenta, do crânio do cavalo sai uma serpente, e o herói recebe dela a picada mortal. O cavalo é a sexualidade de Oleg. Esta morre e, com ela, Oleg, pois a serpente = o desejo sexual volta-se contra ele.

Aqui, da destruição não surge, como em Nietzsche, por exemplo, a criação. Pelo contrário, mostra-se que o mais amado, o animal sexual que traz a vida, pode se transformar em fonte da morte. É notável como os poetas apaixonados gostam de morrer em suas obras. Tomemos, por exemplo, *Romeu e Julieta*, de Shakespeare. O motivo do surgimento do amor entre os descendentes dos pais que se odeiam já é instrutivo. Em certo sentido psicológico, o ódio é o mesmo que o amor; os mesmos atos são praticados tanto por ódio quanto por amor tempestuoso. O ódio, em relação ao presente consciente, em relação à ativação, é um amor negativo. Mas, como o ódio resiste mais intensamente à aniquilação do conteúdo representativo pela ativação, as representações do amor são excepcionalmente vivazes no inconsciente daquele que odeia. Se a libido normal e domada está associada a fracas representações de aniquilamento, como provocar e machucar o outro, o que inspirou o provérbio alemão "*Was sich liebt, das neckt sich*" [Aqueles que se amam se provocam], então, a louca paixão de um sádico eclode em cenas terríveis que podem chegar ao assassinato por prazer. Se, com a eliminação das causas inibidoras do acento positivo das representações da libido, surge uma leve simpatia a partir da leve aversão, então, no caso da libertação das representações que eram impedidas de ser ativadas por causa do ódio, surge uma ardente paixão. Essa paixão precisa destruir, pois é forte demais para conseguir ser contida por qualquer barreira de autoconservação. Shakespeare descreve isso: seus heróis violentamente apaixonados não conseguem se satisfazer com a ativação de uma pequena parte da libido que seria necessária para uma união amorosa normal. Eles precisam ter cada vez mais obstáculos nos quais descarregam seu anseio pelo arruinamento, mas nenhum obstáculo é suficientemente grande para satisfazer a paixão, a qual só se acalma com a destruição total, com a morte da personalidade. Assim como, de um lado, a fixação muito intensa da libido nos pais torna impossível uma transferência para o mundo exterior, pois nenhum objeto é exatamente como os pais,[31] também a libido não satisfeita volta a se fixar nos pais. Surgem fantasias de incesto direcionadas para a realidade ou sintomas mais sublimados de fantasia, por exemplo, na forma de culto à natureza ou de sintomas religiosos. Concomitantemente, a ânsia pela destruição insatisfeita contida na pulsão de procriação torna-se mais intensa, criando também fantasias de morte mais concretas ou mais

---

[31] Cf. *Imago*, de Spitteler [novela autobiográfica publicada em 1906 pelo suíço Carl Friedrich Georg Spitteler].

sublimadas. A representação da morte associada aos desejos de incesto, porém, não significa: "Eu morro porque não quero cometer o pecado", mas "Estou morto" significa "Consegui o ansiado retorno para dentro do genitor, eu me extingo nele". O desejo de destruição mais evidente corresponde a um desejo mais intenso de devir associado ao amor incestuoso menos diferenciado. Há suficientes sonhos e mitos nos quais uma pessoa tem filhos com os pais ou irmãos, os quais, portanto, são fantasias de devir, que comprovam que os pensamentos incestuosos não são fonte das representações de morte. Freud mostrou que cada imagem onírica significa, ao mesmo tempo, o seu negativo. Freud também mostra que a linguística conhece uma "significação antitética das palavras primitivas". Bleuler, com o conceito de ambivalência, e Stekel, com seu conceito de bipolaridade, dizem que, ao lado do impulso positivo, sempre há presente em nós outro negativo. Jung acha que ambos os impulsos têm a mesma força se não os notarmos. Basta, no entanto, a leve predominância de um impulso, de um desejo, para que tenhamos a sensação de que isso é tudo o que desejamos. Essa teoria é muito adequada para explicar por que não enxergamos o instinto de morte no instinto sexual. Sob circunstâncias normais, as representações do devir devem predominar um pouco, mesmo porque o devir é resultado da destruição, é determinado pela destruição. No entanto, é muito mais fácil pensar nos resultados finais do que sempre buscar a causa. Mas não é preciso muito para que as representações de destruição predominem, principalmente em crianças ou em pessoas emotivas. Na neurose, o componente da destruição predomina e se expressa em todos os sintomas de resistência à vida e ao destino natural.

Resumo

Cada conteúdo que aparece no consciente é um produto da diferenciação surgido a partir de outros conteúdos psicologicamente mais antigos. Esse conteúdo é adequado ao presente e assume uma coloração específica direta, a qual lhe confere o caráter de relação do Eu. Sendo assim, existe em nós uma tendência à diferenciação. Se quisermos tornar compreensível esse conteúdo, acessível apenas para nós, ou seja, torná-lo acessível aos outros, então fazemos uma diferenciação inversa: despimos o conteúdo de seu teor pessoal específico e o expressamos na forma válida para a espécie de maneira geral, na forma simbólica. Com isso, seguimos a segunda tendência em nós, a qual se opõe à primeira, a tendência à assimilação ou à dissolução. A assimilação faz com que, a partir de uma unidade válida para o "eu", forme-se uma unidade que se aplica ao "nós". A dissolução e a assimilação de uma vivência pessoal na forma de uma obra de arte, de um sonho ou de uma simbólica patológica a transformam em uma vivência da espécie e converte o "eu" em "nós".[32] O surgimento do prazer ou do desprazer está associado à criação ou ao desaparecimento da relação do Eu. Se a vivência pessoal já tiver sido transformada em uma vivência da espécie, então nos comportamos em relação a ela como espectadores que só têm sentimentos solidários se conseguirem se incluir na representação teatral. As pessoas que sofrem de *dementia praecox* são esses espectadores, assim como nós, em nossos sonhos. A pulsão de autoconservação em nós corresponde à tendência de diferenciação e à capacidade de perseveração de uma partícula do Eu cristalizada externamente ou de toda a personalidade do Eu. A pulsão de conservação da espécie é uma pulsão de procriação, e ela se expressa também psiquicamente na dissolução e na tendência à assimilação (transformação do eu em um nós) com a consequente nova diferenciação a partir da "matéria original". "Onde o amor reina, o Eu morre, esse déspota tenebroso." No amor, a dissolução do Eu no ser amado é, ao mesmo tempo, a autoafirmação, uma nova vida na pessoa do ser amado. Se o amor falta, então a representação de uma alteração do indivíduo psíquico ou físico sob a influência de um poder estranho é, assim como no ato sexual, uma representação de aniquilamento ou de morte.

A pulsão de autoconservação é uma pulsão simples, composta apenas de um lado positivo; a pulsão de conservação da espécie, que precisa dissolver o antigo para que o novo surja, é composta de um componente positivo e um negativo. A pulsão de conservação da espécie é, por essência, ambivalente; por isso, o estímulo dos componentes positivos provoca, ao mesmo tempo, o estímulo dos componentes negativos, e vice-versa. A pulsão de autoconservação é uma pulsão "estática", na medida em que deve proteger o indivíduo que já existe contra influências externas. A pulsão de conservação da espécie é uma pulsão "dinâmica" que anseia pela alteração, pela "ressurreição" do indivíduo em uma nova forma. Nenhuma alteração pode acontecer sem o aniquilamento do estado antigo.

Vida e morte na mitologia

As experiências com sonhos e com pessoas que sofrem de *dementia praecox* nos ensinam que nossa psique esconde em suas profundezas ideias

---

[32] *Sobre o conteúdo psicológico de um caso de esquizofrenia.*

em uma forma que não corresponde mais ao nosso trabalho reflexivo atual consciente e que não podemos compreender diretamente. Mas encontramos essas representações no consciente de nossos ancestrais, o que podemos concluir a partir de suas mitologias e outras criações do espírito. Segundo essa observação, o modo de pensar de nosso inconsciente corresponde ao pensamento consciente de nossos ancestrais. Em vez de falar em "modos de pensar herdados que levam à formação de representações semelhantes", falo, por ser mais curto, em "representações" herdadas.

A representação do surgimento da vida a partir dos quatro elementos (terra, água, fogo, ar) já aparece na simbólica oriental. Para meus fins, quero acompanhar a questão da vida e da morte na simbólica da terra e da água. Para tanto, sirvo-me principalmente do material histórico reunido por Wünsche e Kohler.

São conhecidas as duas árvores (do conhecimento e da vida) que, segundo a Bíblia, crescem no Paraíso. Em cultos mais antigos, porém, há apenas uma árvore da vida.[33] A árvore da vida desempenha um duplo papel: a árvore, ou seu fruto, dá vida aos mortos ou aos doentes graves. Aos saudáveis e fortes, por outro lado, a árvore traz a morte. Se a pessoa quiser gozar do fruto proibido, ou seja, se a pessoa quiser se entregar ao ato de procriação, então ela está condenada à morte, da qual, no entanto, ela vai ressuscitar para a nova vida. Adão e Eva, que foram vítimas do pecado, devem ser redimidos da morte quando o filho de Deus, Cristo, sofrer a morte por eles. Cristo assume os pecados da humanidade, sofre como a humanidade deveria sofrer e retorna à nova vida, como também foi ordenado aos mortos. Assim, Cristo é um símbolo da humanidade. Assim como para os homens, para Cristo a árvore da vida também se transforma em fonte da morte. Wünsche apresenta material suficiente do qual se pode depreender que a madeira da árvore da vida foi utilizada para fazer a cruz de Jesus. Entre outras coisas, ele apresenta uma adivinha do alto-alemão médio. Ela é a seguinte:

> Uma nobre árvore cresceu no jardim, a qual foi plantada com grande maestria. Sua raiz se estende até o solo da caverna (no poema anglo-saxônico, a caverna é um salão de vermes repleto de

---

[33] Wünsche nota que a morte, na verdade, não se origina da árvore da vida, mas da árvore do conhecimento, mas várias lendas não diferenciam entre a árvore do conhecimento e a da vida. Originalmente há apenas uma árvore da vida.

cobras e dragões), seu cume toca o trono de Deus, seus amplos galhos abraçam o mundo todo. A árvore ali fica com sua folhagem magnífica e esplendorosa.

Essa é a descrição da árvore do conhecimento (= árvore da vida). Pela sua forma, a árvore é descrita como uma cruz.

Quando Adão fica gravemente doente, ele manda seu filho Set para o Paraíso para lhe buscar o óleo da misericórdia. Em vez disso, o anjo lhe dá três galhos, segundo outras lendas, três sementes de maçã. Ele deve plantá-los na boca de Adão, sob a língua. Adão vai morrer, mas a partir dos galhos se desenvolverão árvores, dentre as quais uma (em alguns casos apenas um galho é plantado, a triplicação indica uma relação da árvore com a criação) vai redimir a humanidade mais tarde, redimindo, portanto, também Adão. Quando este toma conhecimento de sua morte iminente, ri pela primeira vez na vida.[34] Agora, como está morto, não precisa mais morrer, mas vem ao mundo como um novo ser ao dar frutos. O galho é plantado na boca (deslocamento para cima, segundo Freud). O galho tem, conforme Riklin[35] demonstra nos contos de fadas, o significado do falo e, como tal, é símbolo do mais alto poder.[36] Nas mãos de Moisés, ele realiza milagres. O galho é plantado no jardim do senhor que é o pai da futura noiva de Moisés. Apenas aquele que souber dominar a árvore na qual o galho se transformou poderá desposar a filha. Ela é ao mesmo tempo uma prova de potência sexual: Moisés, que recebe a árvore do pai da moça, assume a partir de então, como marido, o papel do pai para ela. O cetro real também é originário, segundo Wünsche, da árvore da vida. Sendo assim, o poder real é, na verdade, símbolo do poder sexual. A árvore que dá vida (que cresceu a partir do galho) é utilizada, segundo a maioria das lendas, como ponte sobre águas. Lembremo-nos de Nietzsche, segundo quem o

---

[34] Segundo uma lenda, Adão exclama depois de receber a mensagem de Deus: "Ali brota ao lado de minha sepultura uma árvore. Isso significava ai de ti que vistes a árvore da morte. Porém, se assim quiser a benevolência celestial, então ela vai brotar de minhas cinzas como árvore da vida".

[35] Riklin. *Wünscherfüllung*.

[36] O galho ou a árvore surge aqui como símbolo sexual masculino; na saga de Lohengrin, de Otto Rank, há reunidos inúmeros exemplos nos quais a árvore [em alemão, a palavra é masculina: "*der Baum*"] é concebida como feminina. Isso reforça a suposição de Stekel da bissexualidade dos símbolos.

homem deve servir de ponte para o Homem Superior; "o homem é algo que deve ser superado", diz Nietzsche. Portanto, também a velha árvore, como ponte sobre a qual a nova geração caminha, deve ser superada. Mas, como a árvore[37] é símbolo da sexualidade, do falo que dá vida, então superamos a nós mesmos quando caminhamos sobre a árvore. Depois de ter servido por um período, a árvore é levada por Deus para ser afundada na água. A água também é uma força geradora primeva, como Adão, em quem o galho quebrado foi inserido. Dessa reinserção surge o novo nascimento. A árvore afundada foi esquecida por todos, e, somente quando chegou o momento da crucificação de Cristo, um de seus inimigos lembrou-se da árvore.

Ei, dacht er sich, dieser Baustamm passt
Zum Kreuzstamm Jesu als beste Last.
So vollgesogen, schon halb wie Stein,
So mag er als Bürde recht drückend sein.
Es wuchs auf des ersten Menschen Grab
Der Stamm, der der Menschheit das Leben gab
Und so wie der Tod, so ward auch das Heil
Uns wieder vom Baume des Lebens zuteil.[38]

[Ei, ele pensou consigo, esse tronco de árvore serve
muito bem como carga para a cruz de Jesus.
Assim encharcado de água, quase como pedra,
assim ele será um fardo bastante opressivo.
Ele cresceu sobre a sepultura do primeiro Homem
o tronco que deu vida à humanidade
e assim como a morte, também a salvação
nos coube através da árvore da vida.]

Que papel desempenha Cristo, o filho de Deus, nesse processo? Como ele redime a humanidade? Wünsche menciona diversos contos de fadas germânicos nos quais um pai ou uma mãe doentes são salvos da morte pela água santa ou pelos frutos do Paraíso. Depois falaremos sobre a água. Os frutos são descendentes da árvore da vida. Wünsche vê nesses contos de

---

[37] Em alemão, "*der Baum*", substantivo masculino. (N.T.)

[38] Wünsche, A. *Die Sagen vom Lebensbaum und Lebenswasser, altorientalische Mythen.* (N.T.)

fadas mitos da primavera: os frutos da árvore da vida ou da água da vida são alegorias da força vital pela qual a natureza se rejuvenesce todo ano. O pai ou a mãe doentes, segundo ele, representam a natureza que sofre sob o poder do inverno. Nas sagas nórdicas, há vários mitos primaveris nos quais o deus Sol salva a Terra ao fertilizá-la com seus raios. Em vez do Sol e da Terra, figuram nas canções dos nibelungos Siegfried e Brunhilde.[39] Brunhilde, que está hibernando (Terra), é salva pela luz vitoriosa (Sol) de Siegfried quando ele corta sua couraça (crosta terrestre) com sua espada, fecundando-a assim. Aqui, o processo não é chamado fertilização, como no caso do sol e da terra, ao invés disso, o ato de fertilização é apresentado de forma mais realista, como um corte, e seu significado erótico é ressaltado por um beijo. O importante é que Siegfried fecunda sua própria mãe em Brunhilde. A mãe de Siegfried é Sieglinde, mas Brunhilde é irmã dela. Ela ama aquilo que Sieglinde ama, ou seja, Siegmund. Sendo assim, ela se sente como se estivesse representando Sieglinde, de forma que Sieglinde se torna sua "personalidade desejada", a qual corresponde à sua personalidade sexual. Ao salvar Siegfried, ela salva seu próprio desejo, seu filho. Essa afirmação, de que Brunhilde seria mãe de Siegfried, é corroborada pelo trabalho do Dr. Graf. Assim como Eva, Brunhilde desobedece aos mandamentos de seu pai e, assim como Eva é expulsa do Paraíso, ela também é expulsa do reino dos deuses. O desrespeito ao mandamento (defesa de sua personalidade desejada cujos pecados ela também assume) também condena Brunhilde ao sono mortal, do qual ela é redimida por Siegfried, o sol de primavera.[40] A ânsia pela morte frequentemente é um desejo de morrer no amor, e assim é também em Wagner. Brunhilde morre no fogo (fogo do amor) junto com seu cavalo e exclama ao morrer:

> Nenhum bem, nenhum ouro,
> Nem pompa divina,
> Nenhuma casa, nenhuma corte,
> Nem fausto imperioso,
> Nenhum acordo turvo
> União ilusória,
> Nem costumes hipócritas ou rígida lei:

---

[39] Cf. *Das Nibelungenlied* [*A canção dos nibelungos*], Max Bruckhard, editado por Brandis.
[40] *Schriften zur angewandten Seelenkunde*.

Bem-aventurada no desejo e sofrimento
Deixe vir o amor! Grane, meu cavalo
Eu te saúdo
Sabes, amigo,
Para onde te levo?
Cintilando no fogo
Ali está teu coração
Siegfried, meu herói bem-aventurado,
Por seguir teu amigo
Relinchas feliz? Atrai-te até ele
A flama risonha?
Sente meu peito também
Como ele se inflama;
O fogo claro
Toma meu coração
Para envolvê-lo,
Envolvida por ele
No mais abundante amor
Estar casada com ele
Aiô, Grane!
Siegfried, Siegfried!
Eu te saúdo alegre![41]

A morte aqui é uma canção triunfal de amor! Brunhilde como que se desvanece em Siegfried: ele é o fogo, o calor redentor do Sol. Nesse criador primevo, Brunhilde se dissolve, transformando-se ela própria em fogo. Em Wagner, a morte frequentemente não é nada além dos componentes destruidores do instinto do devir. Nós vemos isso claramente representado no Holandês Voador. Este só poderá ser salvo quando encontrar uma mulher que consiga ser fiel a ele. E Senta consegue; o mais alto grau de sua fidelidade se evidencia pelo fato de ela concordar em ser completamente destruída em seu amor pelo Holandês, ou seja, morrer com ele. Seu amor é do "tipo redentor", mencionado por Freud. Ele destaca a existência de uma típica fantasia de salvar alguém que está na água, e, para o homem, isso significa que ele transforma a mulher que salva em mãe. "Se a mulher salva um outro (um filho), então ela se converte, como a filha do rei na

---

[41] Tradução livre. (N.T.)

saga de Meses (Rank), em sua mãe, naquela que o pariu." Nós já vimos em Nietzsche como ele se transforma em mãe ao sorver o mar (mãe). Nós também conhecemos o mesmo processo em sonhos de nascimento. Da mesma forma, Senta pode se tornar mãe quando se dilui na mãe (mar), e o Holandês também se torna criador pela desconstrução (morte) no criador. Como renascidos, Senta e o Holandês se elevam da água entrelaçados.[42]

O que há de comum nos heróis wagnerianos é o fato de eles, como Siegfried e Brunhilde, amarem-se segundo o modelo redentor, de se sacrificarem e morrerem pelo seu amor. A semelhança entre o Siegfried nórdico e o Cristo oriental [sic] é evidente. Cristo também é um tipo redentor que se sacrifica pela humanidade. Siegfried é o deus Sol, e sua amada, a mãe Terra. Cristo também é um deus Sol. Ele morre na árvore da vida, é atado a ela e pende como seus frutos. Assim como esse fruto, Cristo morre e chega à mãe Terra como semente. Essa fertilização leva à formação da nova vida, ao ressuscitamento dos mortos. Pela morte e pelo ressuscitamento de Cristo, a culpa de Adão é compensada. Vamos nos ocupar da questão da punição de Adão e Eva. Eles queriam ter o fruto proibido do Paraíso, mas este lhes foi interditado, pois o fruto só podia ser provado após a morte. Se Deus, então, abandonou Adão e Eva à morte, então Ele, com isso, concedeu-lhes o prazer proibido. O mesmo significa a outra punição, a qual consiste em que Adão é condenado a lavrar a terra (mãe) com o suor de seu rosto, e Eva, a parir seus filhos com dor. O que é a punição em sua essência? Ela é um dano ao indivíduo, pois a pulsão de procriação leva à destruição do indivíduo. Assim, é muito natural que as representações da punição assumam uma coloração sexual.

Para fugir à punição de Deus, nós lhe oferecemos um sacrifício, ou seja, oferecemos a Ele, em vez de nós mesmos, um outro para ser destruído, para que nós mesmos possamos devir. Aquilo que na origem era extremamente valioso é substituído por símbolos cada vez menos significativos, os quais servem ao inconsciente da mesma forma, porque o símbolo tem valor de realidade para o inconsciente. O sacrifício mais valioso foi o próprio Cristo, que assumiu os pecados da humanidade e redimiu os homens com sua morte. Porém, Cristo não precisa voltar a morrer a cada vez para a humanidade: basta as pessoas reviverem seus atos na memória: as pessoas se identificam com Cristo ao incorporarem em si seu corpo e seu sangue na forma do pão e do vinho. Com isso, as pessoas querem dizer: eu, que agora estou unido a

---

[42] Cf. Rank. *Lohengrinsage, Schriften zur Angewandten Seelenkunde*. Editado por Freud.

Cristo, fiz o sacrifício mortal necessário que agora vai me ressuscitar. A forma como as pessoas se identificam com a vítima sacrificada (aqui, Cristo, cuja carne e cujo sangue as pessoas incorporam) fica clara a partir das interessantes informações fornecidas por Eysen,[43] as quais quero apresentar aqui. Nas lousas votivas da igreja Marienkirche em Großgmain, há muitas descrições de casos infelizes com indicação do motivo daquele que se sacrifica, da ação desejada e da vítima amada. Uma delas é assim: "Uma criança se afogou em um banho, como a mãe recebeu a notícia com o coração pesaroso, ela prometeu a criança a uma vítima viva a ser sacrificada, e ela voltou a viver" ou "Uma porca mijou e rasgou a cabeça de uma criança, e então ela foi prometida a uma vítima viva a ser sacrificada e ficou sã".

Assim, os animais sacrificados recebem o aniquilamento, e as pessoas acidentadas, o devir. O mesmo ocorre no próximo exemplo: "Uma criança nascida de uma mãe morta veio para o batismo assim que o pai se comprometeu com uma vítima viva a ser sacrificada". A seguir, por outro lado, nasce uma vítima viva em vez do filho. Cristo, o filho que morre pelo pai, é "*pars pro toto*", e, para tanto, o pai se transformará no momento da geração segundo sua crença: sempre é o pai que morre no filho, mas, por outro lado, é também o pai que é renovado no filho. Os animais vivos sacrificados, afinal, são substituídos por símbolos inanimados. Eysen relata na mesma obra sobre jarros semelhantes a cabeças humanas. Os jarros são preenchidos com grãos e usados contra dores de cabeça. Com esses vasos (chamados "*Köpfl*" [cabecinhas]), as pessoas são benzidas, eles são tirados do altar e colocados sobre a cabeça do sofredor, assim como normalmente a benção é dada pousando-se a mão sobre a cabeça. O significado das "*Köpfl*" fica mais claro quando tomamos conhecimento de cabeças moldadas conforme os santos, os quais, como Cristo, morreram por amor, ou seja, morreram em sacrifício como Cristo. Essas cabeças de sacrifícios moldadas como a cabeça de São João podem ser encontradas no Museu de Reichenhall (Eysen). Segundo o seu significado, elas são frutos cheios de sementes, e, conforme suposto anteriormente, Cristo foi considerado um deles. Eles devem curar pela frutificação, e esse também é o caso aqui: uma descoberta de J. Arnold relata sobre cabeças de madeira, as quais, segundo ele esclareceu, eram sacrifícios contra dores de cabeça e para casamentos. A equiparação de dois males, dores de cabeça e não ser casado, mostra que a dor de cabeça deve

---

[43] *Zeitschr. des Vereins für Volkskunde*, 1901. "Über einige Votivgaben im Salzburger Flachgau" [Sobre alguns presentes votivos em Flachgau, Salzburg].

ser compreendida no sentido freudiano de "deslocamento para cima", assim como a escolha da forma da cabeça como depósito de sementes. Em outras regiões, cabeças de cerâmica eram utilizadas como recurso contra a falta de filhos. Essas cabeças carregam três tipos de cereais – e "3" é o símbolo da procriação! Em vez da forma de cabeça, outros símbolos de sacrifício têm formato de vísceras. Na figura das vísceras, o órgão doente é representado em formato especialmente grande: a destruição exigida pela divindade para a vida é desviada aqui para outra destruição menos valiosa. Um pequeno verso infantil o mostra muito bem: seguramos o dedinho machucado da criança que chora e sussurramos: "Pode doer no gato, no cachorro, no coelho etc., mas a dor do XX tem de ir embora". Também se cospe três vezes para o lado por medo do mal. Três é símbolo da procriação, e cuspir é um equivalente da aspersão com água benta, a qual espanta o demônio. Pedidos reverenciosos de perdão e cumprimentos; se a pessoa cai de joelhos ou se joga no chão diante do Senhor, isso significa: "Veja, minha vida está em Tuas mãos, eu já estou caído destruído diante de Ti (representação da morte), então agora me dá a vida (renascimento)". Quando Set chega ao Paraíso para implorar misericórdia para seu pai, Adão, ele espalha terra sobre sua cabeça. "Tu és pó e ao pó retornarás", disse Deus ao homem. Ao espalhar terra sobre a cabeça, Set mostra que já retornou ao pó (foi para dentro da terra, pois a terra está sobre sua cabeça). Do retorno às origens (terra), porém, surge a nova vida.

Uma simbólica interessante do surgimento do homem a partir da terra nos é fornecida pela obra de K. Kohler,[44] a qual quero abordar agora. Os escritos rabínicos trazem pessoas do campo e da floresta que ficam enfiados na terra até o umbigo, recebendo através dele sua alimentação da terra. Esses seres humanoides possuem também, como diz Maimônides em seu comentário posterior, uma voz semelhante à humana. Em árabe, eles são chamados "homenzinhos" ou "homens anões". "Segundo Salomon Buber, esse ser quimérico é uma planta com forma de homem, cuja cabeça, semelhante à de um ser humano, só se revela depois de arrancada da terra." Simeon de Sims[45] acha que o animal é idêntico a Jadua, que tem a forma

---

[44] Uma palestra sobre a ciência comparada das sagas por K. Kohler em Cincinnati. "Seltsame Vorstellungen und Gebräuche in der biblischen und rabbinischen Literatur" [Representações e costumes extraordinários na literatura bíblica e rabínica]. *Archiv f. Religionwissenschaft*, v. XIII, caderno I.

[45] Kohler, *op. cit.*

de uma abóbora e está ligado à terra por um longo cordão que sai da raiz. Ninguém pode se aproximar do animal ao longo do cordão, senão é estraçalhado. É possível matar o animal cortando-se o cordão: ele dá um berro e morre. Está claro que esse homenzinho-planta está enfiado na terra como um filho no ventre da mãe, unido ao local de sua origem por um cordão umbilical. Assim como na álgebra a essência não se altera se sinalizamos uma magnitude com α ou β, também não importa ao inconsciente se ele representa a essência, nesse caso, o surgimento do filho, pela simbólica das plantas ou do homem. Assim como nós, por exemplo, denominamos as ondas que se assemelham à frequência respiratória "ondas de Traube-Hering", destacando igualmente a participação dos dois pesquisadores em sua descoberta, o inconsciente também o faz com seus humanos-plantas-animais e suas imagens formadas de forma semelhante (cf. Freud, *Interpretação do sonho*). A planta grita como uma criança ao nascer. Esse grito é um grito de morte. Enquanto a criança permanece dentro da mãe, ela não tem uma vida autônoma. Esse estado frequentemente é denominado na mitologia "morte aparente" ou "existência na sombra", como no reino de Proserpina, onde as pessoas têm um vislumbre ou uma noção da vida, onde tudo se insinua apenas como uma sombra. Nas "mães" não há claro ou escuro, nem em cima ou embaixo, não há opostos, pois ainda não nos diferenciamos da substância original, da mãe original. Somente com a diferenciação e a transformação em organismos autônomos somos abandonados à vida e à morte (a diferenciação inversa). Na própria vida está a fonte da morte, assim como na morte está a da vida. O desenvolvimento e o surgimento do filho se dão às custas da mãe, a mãe é quem corre maior risco durante o parto. A mãe é prejudicada. Para que ela não seja totalmente aniquilada, precisamos substituir os componentes mortais: é preciso haver um sacrifício. A excrescência é arrancada (parida) enquanto é regada com sangue de animais sacrificados ou com urina. Todos estes são produtos da morte (urina-excreto). Na antiguidade judaica, há uma planta, *baarah*, de brilho flamejante, cuja raiz tem o poder de afugentar demônios e os espíritos dos mortos. Quem arrancar a raiz morre instantaneamente. Portanto, ela é arrancada de noite por um cão enquanto é regada com urina ou sangue menstrual. A equiparação da urina com o sangue menstrual mostra que ambos os produtos, digamos, são produtos dos órgãos sexuais[46] que escondem em si a força curativa e frutífera. A planta persa análoga, haoma

---

[46] Eles se originam, aparentemente, do mesmo órgão.

(segundo Kohler, um homem-planta ou árvore, louvado como um deus com poderes mágicos divinos, uma espécie de árvore da vida, ervas da vida que frequentemente aparecem no lugar dela), é macerada de noite em um pilão sob invocação de Hades e da escuridão, e regada com o sangue de um lobo abatido. A planta haoma servia para matar os demônios. A bebida preparada com haoma leva à imortalidade e à fertilidade. Assim como Jesus, fruto da árvore da vida, teve de morrer para que ele próprio pudesse ressuscitar e dar vida a outros que se identificam com ele, a planta divina haoma, também um "homem-árvore", deve ser igualmente eliminada para que, assim como Jesus se torna semente frutífera, ela se torne uma bebida frutífera. Assim como essa planta representa perigo, o cultivo de plantas também é considerado perigoso pelos árabes.[47] Segundo a crença árabe, todo ano um dos trabalhadores deve morrer no período da colheita. Essa característica mortal também é atribuída às "pessoas da terra". Por isso, as pessoas costumam regar o campo com o sangue de um animal sacrificado pela paz. De um lado, a terra desempenha o papel da mãe que alimenta o homenzinho pelo cordão umbilical, de forma que o arrancar da criança é um nascimento. De outro lado, a terra traz frutos (filhos) como a árvore, muitas vezes considerada masculina. Na simbólica da árvore, já discuti como o filho e o genital se correspondem,[48] e, por isso, o parto pode ser também um coito.

Agradeço ao Prof. Freud a informação de que a circuncisão seria um símbolo da castração. Certos negros austrais realizam a cerimônia da castração, enquanto clãs próximos realizam uma cerimônia para arrancar dois incisivos. São cerimônias de sacrifício: a pessoa se desmasculiniza, ou seja, mata simbolicamente a sexualidade que há em si, para não ser destruída na realidade, pois sem destruição o devir é impossível! Uma mulher me contou que sonhou com seu nascimento enquanto seu dente foi arrancado sob anestesia. Não admira que nos sonhos o ato de arrancar dentes surja como símbolo do nascimento. Portanto, o nascimento = arrancar dente = castração, ou seja, a procriação é compreendida como castração. Tausk me contou sobre um caso no qual o doente via o coito diretamente como

---

[47] Curtis. Ursemit: Religion im Volksleben des heutigen Orients [Semita primevo: religião na vida popular do Oriente atual]. *Deutsche Ausgabe*, 1903. Citado em Kohler, *op. cit.*

[48] De acordo com as afirmações de Stekel. O povo certamente busca explicar o processo de formação da criança após o coito afirmando que o homem coloca a criança dentro da mulher.

castração: durante ele, o pênis seria cortado na vagina. Particularmente a masturbação (em sonhos) é representada como o arrancar de um dente = castração. Portanto, podemos montar a seguinte equação

$$\text{Procriação} \left\langle \begin{array}{c} \text{Coito} \\ \text{Nascimento} \end{array} \right\rangle = \text{Castração}$$

A autodestruição pode ser substituída pela destruição de um ser oferecido em sacrifício. Na visão de mundo cristã, Cristo sofre o martírio e morre no lugar dos homens que, na visão religiosa, sofrem figurativamente com Ele a morte. Por meio dessa autodestruição figurativa, obtém-se o mesmo que Cristo atingiu com sua autodestruição, a saber, o ressuscitamento. A autodestruição ocorre na visão de mundo cristã pela imagem do sepultamento, um retorno à mãe Terra. O ressuscitamento é um renascimento.

Plinius fala sobre um costume grego: "aquele considerado morto era considerado impuro até ter passado por um renascimento simbólico" (Kohler). Como Liebrecht comprova, o ato do renascimento ocorre por uma abertura redonda no teto, semelhante ao colo materno. Na Índia, o instrumento do renascimento é uma vaca dourada. As pessoas colocam aquele que deve renascer dentro dessa vaca e o puxam de volta através das partes da vaca destinadas ao nascimento. Em Jerusalém e em Meca, aquele que retorna pode entrar, mas, em vez de lhe ser concedido o retorno para dentro da mãe, sacrifica-se por ele uma ovelha ou uma cabra. Isso prova que o sacrifício é visto como análogo à reinserção no ventre materno. O procedimento do sacrifício ocorre da seguinte forma, conforme descrito por Kohler:

> Antes que ele entre na casa, ele fica em pé na porta com as pernas abertas de forma que o animal a ser sacrificado possa ficar deitado entre elas. Então o animal é deitado sobre o lado esquerdo, o muçulmano o coloca com a cabeça apontando para o sul, ou seja, para Meca, e o cristão, por sua vez, com a cabeça voltada para o ocidente, ou seja, para Jerusalém, e sua garganta é cortada imediatamente em frente à soleira ou sobre a mesma. Se aquele que deve retornar for cristão, será feito o sinal da cruz em sua testa com o sangue. Então ele passa sobre o sacrificado e o sangue, entra na casa e leva as roupas que deve usar para a igreja, onde o pastor as abençoa.

A posição do animal sacrificado entre as pernas abertas daquele que retorna à casa corresponde à posição do filho no nascimento. A cruz de sangue desenhada na testa daquele que retorna indica a relação com a morte de Cristo. Ele morre e renasce como Cristo.

Este capítulo também nos mostrou que o devir surge a partir da destruição. Aqui o criador = o Deus que dá vida também se transforma em uma criança que é reinserida no ventre da mãe. A morte em si é terrível, a morte a serviço do instinto sexual, ou seja, como seu componente destruidor que leva ao devir, é redentora. A vida eterna, porém, não traz a redenção. Isso também vemos na lenda da fonte da vida a qual apresento aqui em um trecho da saga de Alexandre (segundo Friedländer): o cozinheiro de Alexandre chegou por acaso à fonte tão procurada. Ele queria enxaguar um peixe salgado na água, quando este reviveu repentinamente e fugiu. O cozinheiro então se banha nessa água, tornando-se, assim, imortal. Mas essa imortalidade não lhe traz nada de bom: o rei, ao qual ele conta sobre o milagre, fica furioso por não ter sabido disso antes e manda jogar o cozinheiro, que não pode ser morto, no mar. O cozinheiro se transforma em um perigoso demônio marinho para o qual as pessoas (segundo outras lendas) trazem vítimas em sacrifício. O cozinheiro que queria atingir a imortalidade é punido, e sua punição consiste em que ele é levado de volta para a água, ou seja, para o elemento original (ventre materno),[49] e sua força vital, que não pode ser destruída, tem um efeito perigosamente destruidor. Nós vimos os análogos ao cozinheiro na planta mandrágora ou no perigoso homenzinho da terra, os quais ainda não nasceram. Ao matar a perigosa erva, ela se torna redentora (matar = nascimento). Outro análogo ao cozinheiro inquieto e furioso na água é o Holandês Voador. Friedländer também percebeu essa analogia. Segundo Graf, esse velejar sem descanso do Holandês exprime o seu estado de espírito, no qual ele anseia em vão por um objeto semelhante. O cozinheiro anseia pela morte, e o Holandês Voador nos mostra que a morte pela qual ansiamos é uma morte erótica, ou seja, uma morte que leva a um novo devir, pois Senta e o Holandês emergem das ondas entrelaçados.

> Segundo uma antiga tradição, Adão recebeu ao sair do Paraíso não um cajado (= árvore da vida, segundo Wünsche), mas um anel geomântico com a cruz (Åp), o qual transmitiu a seus descendentes.

---

[49] Cf. Rank. *Der Mythus von der Geburt des Helden* [*O mito do nascimento do herói*]. *Schriften zur angewandten Seelenkunde*.

Por meio deles, o anel chegou ao Egito e foi considerado o mistério de toda ciência.[50]

No lugar da árvore da vida, surge, segundo Wünsche, o anel. Este, portanto, é, como a árvore, um símbolo da Gênese. Aqui, Wünsche chama a atenção para o trecho do *Raineke-Raposo*, de Goethe (canto 10, v. 7 e ss.), em que se fala sobre o anel de ouro com três palavras hebraicas gravadas que o Raposo diz ter dedicado ao rei: os três nomes gravados foram trazidos do Paraíso por Set, o devoto, quando procurava o óleo da misericórdia. Como sabemos, Set trouxe três sementes de maçã ou três ramos a partir dos quais então a árvore da vida se desenvolve, sendo assim, as três palavras gravadas no anel são emblemas da força vital do anel. Assim, o anel da canção dos nibelungos fica mais claro para nós como símbolo da procriação e da re-criação, da força vital que traz o declínio.

O mundo então só pode ser redimido se a vida voltar às suas origens, o que é simbolicamente representado pelo fato de o anel (vida) ser levado de volta ao seu local originário, de onde foi tirado.

Nesta segunda parte, eu me limitei a algumas amostras com a intenção de ilustrar com exemplos bastante heterogêneos a aplicação dos pontos de vista desenvolvidos na primeira parte para a mitologia. Uma pesquisa mais ampla e mais aprofundada deve ser ainda realizada para comprovar a existência dos componentes destrutivos da sexualidade também em composições psicológicas individuais recentes ou mitológicas. Eu acredito, no entanto, que meus exemplos mostrem de forma suficientemente clara que, assim como os fatos biológicos, a pulsão de procriação também é formada psicologicamente de dois componentes antagônicos e, portanto, é igualmente uma pulsão de devir e de destruição.

---

[50] Wünsche. *Vom Lebensbaum und Lebenswasser*. Segundo Wünsche, em algumas lendas, a árvore da vida = árvore do conhecimento. Cf. Nietzsche, para o qual o conhecimento = amor, e outros.

EUGENIA SOKOLNICKA (1884-1934)

Pioneira do movimento psicanalítico francês

Richard Theisen Simanke

Eugenia Sokolnicka (nascida Kutner) foi, com certeza, uma personagem central no processo de desenvolvimento inicial da psicanálise. Eclética em suas influências teóricas – que incluíam Ferenczi, Jung e Bleuler, além de Freud –, foi uma pioneira da psicanálise infantil e teve uma carreira nômade, que passou por Varsóvia, Berlim, Viena, Zurique, Munique, Budapeste e Paris, onde acabou por se fixar e desempenhar protagonismo na construção do movimento psicanalítico francês. Seus interesses intelectuais iam da biologia à literatura, em meio aos quais a psicanálise ganhou relevo e se constituiu como foco principal de suas inquietações e atividades.

Nascida em Varsóvia, em 14 de julho de 1884, provinha de uma família burguesa judaica com ligações históricas com o movimento nacionalista polonês. A forte presença da cultura francesa em sua educação a levou, na virada do século, a Paris, onde estudou biologia e se licenciou em Ciências pela Sorbonne, tendo trabalhado em bacteriologia no Instituto Pasteur. Essa sua primeira estadia parisiense lhe permitiu, ainda, assistir às aulas de Pierre Janet no Collège de France, dando assim os primeiros passos no caminho que a conduziria à psicanálise.

De volta à Polônia, após uma passagem por Berlim, em 1904, Sokolnicka dedicou-se ao casamento e à vida familiar até 1910, quando vai então a Zurique estudar com Bleuler na Clínica Burghölzli e onde mantém contato com Jung, aproximando-se definitivamente assim da psicanálise. Após a ruptura Freud-Jung, ela se dirige a Viena, onde frequenta a Sociedade Psicanalítica e empreende uma conflituosa análise com Freud. Os azares da Primeira Guerra Mundial a conduzem a Munique, Zurique e Varsóvia, onde se empenha sem sucesso na criação de uma sociedade psicanalítica local. Em Varsóvia também realiza uma análise de curta duração de um menino de Minsk que sofria de transtornos obsessivos, na qual se mesclam intervenções analíticas e pedagógicas e elementos da técnica ativa de Ferenczi. Essa análise resultaria em seu trabalho mais conhecido, "Análise de uma neurose obsessiva numa criança", publicado em 1920 no *Internationale Zeitschrift für Psychoanalyse*, cuja tradução está incluída nesta coletânea – um dos primeiros estudos de caso de uma análise infantil da história da psicanálise. Após uma estadia em Budapeste para uma análise com Ferenczi, Sokolnicka se estabelece definitivamente em Paris no início dos anos 1920.

Além de participar dos primórdios do movimento psicanalítico francês e do processo de institucionalização da psicanálise na França, Sokolnicka circula nos meios literários de vanguarda que se organizavam em torno da *Nouvelle Revue Française*, nos quais a psicanálise se tornava popular. André Gide parece ter tido uma breve experiência analítica com ela, que, possivelmente, forneceu a inspiração para a personagem da Doutora Sophroniska em *Os moedeiros falsos*. Sokolnicka profere conferências, ainda, na École des Hautes Études en Sciences Sociales e frequenta a clínica psiquiátrica do Hospital Sainte-Anne, onde a psicanálise começava a criar raízes, com Henri Claude, René Laforgue e Édouard Pichon (ela se tornaria a analista-didata desses dois últimos).

Apesar das dificuldades criadas por aqueles que defendiam a necessidade de uma formação médica para a prática da psicanálise e da proeminência cada vez maior que Marie Bonaparte adquiria na psicanálise francesa, Sokolnicka foi escolhida como vice-presidente da Sociedade Psicanalítica de Paris quando de sua fundação, em 1926. Ela ensina e clinica intensivamente em sua atuação na nova sociedade, e, no IV Congresso dos Psicanalistas de Língua Francesa, em 1929, apresenta um longo e importante relatório sobre questões relativas à técnica psicanalítica, em continuidade a um debate iniciado por Laforgue e Loewenstein no congresso do ano anterior. O texto é publicado no terceiro número da *Revue Française de Psychanalyse*, no mesmo ano.

O agravamento de sua saúde mental, com as tendências depressivas e suicidas que se tinham manifestado já em sua análise com Ferenczi, leva à diminuição de sua atuação clínica e a consequentes dificuldades financeiras, culminando em sua morte por suicídio, em 19 de maio de 1934. O esquecimento de sua atuação pioneira que se seguiu à sua morte prematura apenas recentemente começou a ser revertido.

Referências

Geissman, P.; Geissman, C. *A History of Child Psychoanalysis*. London: Routledge, 1997. Chapter 7.

Groth, J. Eugenia Sokolnicka: A Contribution to the History of Psychoanalysis in Poland and France. *Psychoanalysis and History*, v. 17, n. 1, p. 59-86, 2015.

Prameshuber, U. Eugenia Sokolnicka and Sophie Morgenstern: The Intertwining of Life, Work, and Death. *In*: Naszkowska, K. (ed.). *Early Women Psychoanalysts: History, Biography, and Contemporary Relevance*. London; New York: Routledge, 2024. p. 249-269.

Ricaud, M. M. Eugénia Sokolnicka et Marie Bonaparte. *Topique*, v. 115, p. 83-92, 2011.

Sokolnicka, E. Analyse einer infantilen Zwangsneurose. *Internationale Zeitschrift für Psychoanalyse*, v. 6, n. 3, p. 228-241, 1920.

Sokolnicka, E. Quelques problèmes de la technique psychanalytique. *Revue Française de Psychanalyse*, v. 3, n. 1, p. 1-49, 1929.

Análise de uma neurose obsessiva numa criança (1920)[1]

Eugenia Sokolnicka

Tradução: Richard Theisen Simanke

Em abril de 1919, um médico me encaminhou um menino de 10 anos e meio de idade para análise. Era uma criança pequena para sua idade e muito magra; sofria de uma variedade de estados obsessivos. Não podia tocar em nada, de modo que sua mãe tinha de vesti-lo e alimentá-lo. Se alguém, principalmente sua mãe, tocasse em algo com uma das mãos, o objeto em questão tinha de ser posto de volta no mesmo lugar; a mesma ação tinha, então, de ser executada com a outra mão e, por fim, com ambas as mãos. Ele era particularmente sensível a que um objeto fosse colocado *ao lado* de outro. Ele mesmo não queria tocar em absolutamente nada; se isso acontecesse por acaso, a mãe tinha de realizar a cerimônia. Por isso, cada ação estava atrelada a tantas cerimônias que, frequentemente, requeria muitas horas. A mãe pediu-me para lhe reservar um horário à tarde, pois ela não conseguia terminar de vestir o menino até 12h30, o horário que tínhamos combinado de início. A criança vivia literalmente esfomeada, pois, ao comer, cuspia cada bocado várias vezes – ou, mesmo, muitas vezes – na mão da mãe, porque não tinha sido posto na boca "corretamente". Antes de comer, tanto ele quanto a mãe tinham de assumir determinada posição; se um pé se movesse um pouco à frente do outro, uma cerimônia tinha de ocorrer até que os dois estivessem completamente alinhados, e assim por diante. Se algo contrário à compulsão acontecesse, ele literalmente se contorcia de dor. Muito frequentemente, tinha então estados de ausência, lançava-se em fúria contra a mãe, rasgava-lhe as roupas, torcia-lhe as mãos com todas as suas forças e muitas

---

[1] Originalmente publicado no periódico *Internationale Zeitschrift für Psychoanalyse*, v. 6, n. 3, p. 228-241, 1920, sob o título "Analyse einer infantilen Zwangsneurose". (N.T.)

vezes a mordia (quando ela me procurou pela primeira vez, mostrou-me uma cicatriz de mordida no rosto); por fim, vinha-lhe uma crise de choro e desabava exausto numa poltrona. Com base nesses estados de ausência, um dos mais conhecidos neurologistas de Varsóvia diagnosticou seu caso como epilepsia. Se mais tarde lhe contassem o que tinha feito à mãe enquanto se encontrava naquela condição, o pequeno chorava e pedia perdão. Num estado normal de consciência, era sempre uma criança dócil e bem-comportada, até mesmo bem-comportada demais. Além dos sintomas compulsivos, sofria constantemente de fortes dores de cabeça e se queixava de que "tinha uma pedra que se esfregava em seu peito". Ele se agitava o tempo todo, porque a pedra o incomodava, e nunca tinha sequer um momento de descanso. Antes da doença, a criança tinha frequentado uma escola pública em Minsk, onde aprendera muito bem e se mostrara talentoso. É muito difícil, para mim, descrever o grau de sua inibição de pensamento; na maior parte do tempo, ele simplesmente não conseguia pensar, porque as dores de cabeça o impediam.

A sua doença se manifestou quando ele morava em Minsk sob o governo bolchevique, quando a população – particularmente, a população judaica (incluindo sua família) – vivenciou terríveis experiências. Seu avô tinha se evadido antes da chegada dos bolcheviques e fora multado em 100 mil rublos por sua ausência, de modo que o pai do menino também teve de fugir da cidade bolchevique para escapar às perseguições. Sua avó chegou a ser presa, mas foi libertada em seguida. A casa da família foi várias vezes impiedosamente revistada. Em suma, todos temiam constantemente por suas vidas, o que tinha abalado intensamente aquela criança sensível.

Sua mãe me contou que a doença primeiramente se manifestou pelo fato de ele constantemente levantar os dois pés na rua, um após o outro, e olhar para as solas. (No decorrer da análise, surgiam sempre novos atos compulsivos. Não sei dizer se todos eles ocorreram como "sintomas passageiros" ou se a mãe tinha esquecido de me falar deles no início.) Ele e a mãe eram atormentados pela doença. A mãe tinha de passar por todos os cerimoniais compulsivos – na verdade, pela própria doença – com ele, que, assim, tomou posse dela quase que exclusivamente. Chamou muito a atenção dos pais que ele antes gostasse muito do pai e fosse amado por este, mas desde que ficara doente não deixava seu pai beijá-lo, não saía em sua companhia nem sequer ficava sozinho em casa com ele. Em contrapartida, não deixava que a mãe se afastasse.

O tratamento, que durou seis semanas no total, não foi uma psicanálise no sentido estrito do termo. O paciente sonhava muito pouco: quase nada nas primeiras semanas e, depois, raramente ou apenas de forma fragmentária. Durante essas seis semanas, forneceu-me apenas alguns sonhos bem formados, do tipo que escutamos regularmente em outros casos. No início, empenhei-me exclusivamente em superar o caráter extremamente difícil e retraído do menino, assim como sua inibição do pensamento, a fim de estabelecer algum tipo de contato com ele. Minha intervenção foi, assim, em parte analítica e em parte pedagógica, embora baseada numa compreensão psicanalítica.

Dois detalhes em particular me chamaram a atenção em suas ações compulsivas. Em primeiro lugar, por que o afetava mais do que tudo que um objeto fosse colocado sobre outro e por que o caminho diante de qualquer objeto que precisasse ser empurrado tinha de estar livre? E, em segundo lugar, por que tudo tinha de ser tocado com as duas mãos simultaneamente, ou então, caso fosse tocado por engano com apenas uma mão, o movimento tinha de ser corrigido com todo um cerimonial? Pedi-lhe que me dissesse tudo que lhe ocorresse sobre isso e lhe perguntei se sabia algo sobre a origem dessa compulsão peculiar. Ele me contou que, certa vez, antes de adoecer, quisera pular a janela para a varanda que circundava a casa; a babá de sua irmã, que era quatro anos mais nova que ele, dissera-lhe que não podia fazer isso; caso o fizesse, o bom Deus o puniria, fazendo-o parar de crescer. E ele o fez mesmo assim. "Mas e quanto a mover objetos perto de um obstáculo?" "Se você fizer isso, o objeto em questão não crescerá, e a mão que o fizer ficará mais curta. Por isso, você tem de colocar o objeto de volta com a mesma mão, movê-lo e colocá-lo de volta com a outra mão e, por fim, realizar a ação com as duas mãos; então, tudo ficará bem outra vez." "Você acredita então que os objetos crescem?" "Não, agora não acredito mais, mas antes eu acreditava."

(Disso ficou claro para mim que se tratava da quebra de uma proibição e da prevenção do castigo do bom Deus. Logo me dei conta de quão inabalável era a crença do menino em sua onipotência e de como a doença como um todo e também sua recuperação dependiam dele, e não de mim.)

"Muito bem, mas como então você obriga sua mãe a fazer a mesma coisa? Ela não cresce mais?" Não lembro exatamente qual foi sua resposta, mas sei que se tratava de evitar que a mãe contraísse uma doença.

Logo no início da cura, depois de uma semana mais ou menos, deparei-me com um obstáculo inesperado, a saber, um segredo que era impossível ao garoto revelar, um típico tabu. Era interessante como ele enfatizava que, se qualquer um soubesse, não seria mais de modo algum um segredo, e *todos* então poderiam sabê-lo. Nem mesmo a mamãe, a quem ele normalmente contava tudo, podia saber. Ele não podia falar sobre esse assunto de jeito nenhum, tampouco sobre por que não podia contar a ninguém, mesmo que sua saúde dependesse disso. Todos os meus esforços diretos e indiretos permaneceram infrutíferos durante dias. Deixei isso ficar assim, então, e voltei minha atenção para outra direção. Até aquele momento, não tínhamos falado nem uma palavra sobre questões sexuais; minha garantia de que ele podia perguntar sobre tudo e obteria respostas sobre tudo não resultou em nenhuma pergunta nesse sentido. Pensei, então, comigo mesma: talvez por essa via eu chegue, de alguma maneira, ao segredo. Logo depois disso, o menino mencionou numa conversa que a criada tinha se casado e, por causa disso, deixara a casa. "O que significa 'se casar'? Você compreende isso?" "Não posso saber, sou muito pequeno." "Alguém lhe falou isso?" "Eu mesmo sei." Eu lhe expliquei então como essa ideia era errada; que ele já tinha algum conhecimento, mas certamente um conhecimento falso. Só que as pessoas tornam algumas coisas feias justamente por esse falso conhecimento, coisas que não são nem podem ser feias em si mesmas, porque nada na natureza é feio. Essas restrições, que ele mesmo opunha a seu próprio conhecimento, eram então transpostas para o mundo todo, para o seu conhecimento em geral; por isso, ele não conseguia aprender, e do esforço de não pensar resultavam suas dores de cabeça. Sugeri-lhe que tornássemos esse assunto feio objeto de conversas científicas, e, com isso, ele poderia também aprender o que as outras crianças de sua idade já sabiam. Esse esclarecimento sexual durou vários dias, em que eu comecei com a fecundação das flores e, a partir daí, incentivei-o a tirar suas próprias conclusões. Retornei aos poucos, então, ao assunto do segredo e disse que o ajudara tanto quanto podia, mas agora já não sabia mais o que ainda podia atormentá-lo; tinha a ver com o segredo, com certeza, e devia haver motivo para este permanecer tão oculto; agora ele tinha de me ajudar para que eu pudesse ajudá-lo ainda mais (ele já se sentiu aliviado nessa hora); ele precisava, então, confiar-me "*o segredo*". Ele não quis prometer que me contaria no dia seguinte; a honestidade e o amor à verdade desse menino eram tão grandes que ele nunca prometia nada sem certeza absoluta de poder manter a palavra. Ele afirmou que pensaria no assunto até amanhã. Por fim, consegui me inteirar do seguinte segredo: seu amigo de Minsk chamado Monja lhe contara que possuía um veículo blindado para usar contra os bolcheviques. Nele estava tudo que pudesse ser preciso para derrotar o inimigo e escapar. O carro estava eletricamente conectado à casa de Monja e se aproximaria assim que houvesse perigo. Era uma verdadeira "Mesinha, ponha-se!"[2] dos contos de fadas, só que equipada com as mais modernas invenções. Com o carro, Monja queria salvar sua própria família e a do pequeno paciente dos bolcheviques.

Nada de sexual, então, mas sim um encantamento em que ninguém poderia ser iniciado, caso contrário ele perderia seu poder. O amigo é, assim, o poderoso, o grande feiticeiro. Devo dizer que a palavra "feiticeiro" exerceu um efeito mágico sobre meu paciente. Ele ficou fascinado por ela, como se já tivesse esperado longamente por essa palavra. Na interpretação de sonhos, da qual mais tarde participou avidamente comigo, afirmava com alegria, sempre que a oportunidade se apresentasse, que ele era mais uma vez o feiticeiro.

A partir de então, Monja aparecia espontaneamente em nossas conversas a todo momento. Monja sabia muitas coisas que permaneciam desconhecidas para ele, *iniciando-o (a seu modo) nos segredos sexuais*: o paciente aprendeu, assim, que, para que as crianças venham ao mundo, "o homem se deita sobre a mulher". Monja era fisicamente mais forte, atrevido e malcriado com os pais e, com frequência, era repreendido e castigado por eles; também com relação a isso, era superior ao garoto tímido e sempre obediente, extremamente mimado pelos pais, até o momento em que o paciente sentiu vontade de ser também atrevido e malcriado, o que ele só conseguia em seus estados de ausência. Desse modo, Monja inflamava a imaginação do pequeno numa direção sádica: ele lhe falava sobre as histórias de detetive mais conhecidas – tinha lido bastante sobre disso – e também sobre operações cirúrgicas assustadoras, realizadas com grandes facas dotadas de molas. Depois do esclarecimento sexual, o pequeno frequentemente me questionava sobre operações ligadas ao parto, sobre o fórceps e assim por diante. Certa vez, ele disse: "Eu conheço um senhor que tem sempre de manter a cabeça virada para cima, a 'olhar para o céu'. Será que é porque ele foi tirado do útero com fórceps?".

Vou tentar descrever agora como os sintomas desapareceram gradualmente durante as seis semanas de cura. Um sintoma substituía o outro, e novos sintomas sempre se apresentavam. Muitos eram uma simplificação daqueles que desapareciam; por exemplo, caso alguém esbarrasse com o corpo

---

[2] Referência ao conto dos irmãos Grimm "Tischlein deck dich, Goldesel und Knüppel aus dem Sack", isto é, "Mesinha, ponha-se, o asno de ouro e o porrete que sai do saco", ou, mais simplesmente, "A mesa, o burro e o porrete", na tradução de Monteiro Lobato. A autora compara a fantasia do menino com a mesa mágica do conto que se põe sozinha quando ordenada. (N.T.)

numa peça de mobília, era preciso tocá-la com o outro lado do corpo. Ou então: ao ir para a rua, roçava com o pé o sapato da mãe e, imediatamente, ia para o outro lado dela para lá fazer o mesmo. Durante algum tempo, fez movimentos com ambas as mãos na região do nariz; como sua mãe me contou, assim fazia um homem insano em Minsk, que aparece também num dos sonhos do garoto.

Por certo tempo, ele não permitia que ninguém se aproximasse da cama da mãe, com quem dormia, já que um lado da cama ficava contra a parede; se alguém o fizesse, ele subia e se atravessava na cama. Por fim, ele acrescentava a cada declaração afirmativa uma negação, por exemplo: dê-me chá, não me dê chá; quero, não quero; compreendo, não compreendo, e assim por diante.

Infelizmente, possuo pouquíssimas anotações sobre esse caso, a primeira das quais se refere a um sonho ocorrido um mês depois do início da cura. Até onde me recordo, ele tinha sonhado pouco até então, e a análise dos sonhos procedia com muita dificuldade. No total, anotei apenas três sonhos. Assim, tenho de me basear mais nas impressões e nas lembranças gerais, nos meios pedagógicos que empreguei, do que no material psicanalítico. Logo depois da conversa mencionada, em que ele me revelou a origem do sintoma do deslocamento de objetos, esse último desapareceu. Na mesma ocasião, tentei explicar-lhe o que significava a pedra em seu peito que nele se esfregava: era um peso na consciência, uma representação figurada da expressão "um aperto no coração".[3] Esse sintoma também desapareceu muito rapidamente. Apenas no decurso posterior da cura consegui livrá-lo dos estados de ausência, da seguinte maneira: logo percebi que esses estados eram somente superficiais e representavam a única via além dos sintomas – mas uma via mais simples – para transgredir as proibições parentais. Era simplesmente mau comportamento encoberto pela perda de consciência, sua retaliação contra a mãe, que fora tão "malcomportada" ao gerar crianças com o pai. Eu lhe chamei a atenção para como era notável que nele – um menino sempre tão bem-comportado – os estados de perda de consciência se manifestassem simplesmente por ele fazer o que as outras crianças habitualmente fazem quando se comportam mal: ele rangia os dentes, mordia a mãe, rasgava as roupas e assim por diante. Então pedi à mãe que contasse, na sua frente e apesar de suas lágrimas, tudo que ele fazia enquanto estava em seus estados de ausência. "É melhor você ficar

---

[3] A expressão germânica diz, literalmente, "uma pedra me pressiona o coração". (N.T.)

conscientemente malcomportado e bravo com a mamãe" – disse brincando. "Eu prometo que, depois da sua recuperação, você vai ficar bem-comportado de novo." A seguir, esforcei-me por provar-lhe que esses estados eram quase que pura simulação. Certa vez, provoquei, de propósito, precisamente um desses estados e, como ele quis se lançar sobre a mãe, segurei-o com força pelas duas mãos e o reclinei numa poltrona. Ele gritou, então, como um possesso – "Mamãe, mamãe!" –, mas eu não soltei suas mãos e repliquei: "Você está fora de si e chamando a mamãe. Como você sabe que a mamãe não está com você?". Quando eu fiz cócegas no seu nariz de brincadeira, ele se defendeu. Como tínhamos ficado bons amigos e ele realmente se convencera de que eu me esforçava sinceramente por sua saúde e já o tinha livrado de muitas coisas, exigi que ele fizesse um sacrifício. Expliquei-lhe que, na verdade, ele tinha duas doenças: uma autêntica, que precisava de tratamento médico, e outra fictícia, que surgira de seus pais fazerem de tudo pelo bem de uma criança doente, porque eles tinham medo de suas lágrimas e de seus acessos e satisfaziam todos os seus desejos descabidos para prevenir aqueles estados. Esse caminho, contudo, é prejudicial para a criança: ela aprende a obter benefícios e privilégios com a doença. Essa segunda doença inautêntica é perigosa, na medida em que não se pode dominar a primeira enquanto o doente não renunciar às vantagens de estar doente. É possível conseguir maiores alegrias com base na saúde do que aquelas em que se paga um pequeno deleite com tanto tormento. A esperta criança compreendeu e acreditou em mim. Sugeri-lhe que fôssemos imediatamente até a mamãe (que sempre esperava na sala ao lado) e ele mesmo pedisse para ela não satisfazer nenhum de seus desejos se, com a recusa, ele ficasse ausente e enfurecido; ele renunciaria, assim, ao privilégio da doença. Foi tocante presenciar como ele lutou consigo mesmo e, finalmente, aceitou. Logo depois disso, os estados de ausência desapareceram.

De modo semelhante, consegui que se desabituasse dos duetos compulsivos com a mãe. No começo da doença, a mãe apenas raramente era compelida aos cerimoniais obsessivos, mas isso foi aumentando gradualmente. Pouco antes do fim da cura, eu simplesmente proibi que a mãe cedesse nesse aspecto. Ela o fazia por medo de contrariá-lo e, com isso – como ele já sabia –, apenas estimulava muitas coisas em sua doença. Só ele podia realizar seus atos obsessivos, e estes nós saberíamos curar; mas eu não queria tratar a mãe, e, por isso, ele devia deixá-la em paz. Minha firmeza, junto ao interesse e à simpatia que essa firmeza revelava, também dessa vez triunfou sobre a complacência dos pais.

Vou citar os três sonhos que anotei, pois são característicos da doença.

O primeiro sonho prova, mais uma vez, como se apresenta a famosa inocência das crianças e como, afinal, elas absorvem tudo, apesar das mais rígidas proibições. Eis o sonho: "Num carrinho de bebê, estavam sentadas três meninas com véus brancos na cabeça. Um homem enxotava alguns garotos dali". Durante a análise do sonho, ele acrescentou: "O carrinho andava sozinho".

Associações:

Uma das *garotas* era parecida com a garçonete de um restaurante pelo qual ele passa para vir à consulta. As garçonetes fazem "coisas feias" [*Lumpereien*].

Certa vez, sua mãe contou ao pai que encontrara na rua um jovem – filho de uma de suas amigas e um grande imprestável – passeando com três garotas. O pai disse: "Que patife!" [*Lump*]. Ele sabe que o pai pensou que o jovem fazia "aquilo" com as três garotas.

O *véu* é usado em casamentos. Vindo para a consulta, no dia da Festa da Ascensão, ele viu uma menininha (indo para a procissão) vestida de branco e com um véu branco. O homem que a acompanhava se parecia com aquele que afugentava os meninos no sonho.

Um dia antes, ele sonhara também com o carrinho e disse que chegara mesmo a pedir para a mãe que comprasse um, no qual pudesse levar a irmãzinha quatro anos mais nova para passear nas férias de verão.

Ele afirmou também que o carrinho no sonho tinha apenas três rodas e que existem alguns assim, com uma roda na frente e duas atrás.

O sonho é bastante claro. Da tríade no carrinho de bebê podemos abstrair duas características: 1) Essas são as três meninas com quem o jovem "patife" se relaciona. 2) Todas as três estão vestidas de branco, como a menininha na procissão e, também, como a noiva no casamento, o que simboliza a inocência. Sabemos, com isso, que se trata de escarnecer da "inocência". O ponto central da condensação é o carrinho de bebê, que lhe recorda a irmãzinha que nasceu da mãe; ela é a "grande patife" – a garçonete – que ele vê a caminho da consulta. Assim, sabemos que o escárnio se refere à inocência da mãe, ao segredo do vestido de noiva. O homem, que se parece com aquele que conduzia a menina na procissão, não é outro senão aquele que se relacionava com as "inocentes" moças desonestas, isto é, *seu pai*, que impede a relação sexual com a mãe, que "*afugenta os garotos*". Trata-se, no sonho, da raiva contra os pais que geraram a irmãzinha.

Os detalhes das três rodas e do carrinho que "anda sozinho" (onanismo?) não foram esclarecidos.

O segundo sonho, que foi sonhado aproximadamente 10 dias antes do fim da cura, é o seguinte:

"Alguém tocou na mão de papai, e ela murchou e ficou aleijada. Não, não era do papai, era de alguém; sim, era o papai; não sei se era o papai ou outra pessoa. Então, eu, a mamãe e a irmãzinha estávamos nessa posição (descreve exatamente como), e um homem tocou minhas duas mãos, e elas iam murchar e ficar aleijadas do mesmo jeito. Papai disse a esse homem em hebraico: 'Aí está ele de novo'. Com muita dor, eu gritei: 'Como sou infeliz' e caí numa poltrona". Ele despertou com tanto medo que acordou a mãe e não a deixou dormir mais. Ele acrescentou então: "Acho que eu estava pensando em mais uma coisa. Alguém, talvez o vovô, queria roubar algum poder de um homem; o gás, o telefone, 100 mil, o poder era esse".

Já durante a análise, ele disse enigmaticamente: no sonho, o papai também se curava pelo toque.

Associações: Ele começa dizendo que já sabia ter sido mais uma vez um feiticeiro no sonho.

O homem que tocou suas mãos vestia um casaco de pele – um do tipo que ele queria para o inverno que se aproximava – e seu boné tinha o mesmo formato de um boné escolar. O homem devia ser ele mesmo, pois certa vez o vovô tinha dito de brincadeira: "Um garoto tão crescido como ele já podia ajudar seus pais". Assim, no sonho, ele se representava seriamente como um adulto. O homem se parecia também com um funcionário contratado pelos pais de seu colega; ele fora aprisionado pelos bolcheviques e condenado a um ano de prisão, mas se libertara antes desse prazo. Os bolcheviques tinham condenado o vovô a uma multa de 100 mil rublos por sua ausência. Daí tinham prendido a vovó, mas a puseram em liberdade em seguida. O papai tivera de fugir, pois seria perseguido no lugar de seu pai. Certa vez, o papai tinha dito à mamãe, referindo-se a ele, *essas mesmas palavras* em hebraico do sonho, pois ele continuamente ficava numa posição que tornava impossível ao papai escrever.

Uma *mulher louca* perambulava por Minsk. Diziam lá que, se ela tocasse ou cuspisse nas mãos de alguém, a pessoa ficava doente, tal como ele e o papai no sonho. Ela sempre o amedrontou muito, mas as outras crianças caçoavam dela.

"*Sou tão infeliz*", repetia ele com frequência, quando se afligia muito durante a doença. Além disso, ele nem mesmo conseguia pronunciar as palavras no sonho, como um homem mudo que havia em Minsk, que gritava, mas não conseguia dizer nada.

Ele nem sequer viu *a pessoa que tocou no papai*. Por outro lado, ele sabe como o papai foi curado também pelo toque. Quando as crianças retornaram de Minsk com a mamãe, papai tinha ficado muito entristecido com a notícia de sua doença e, agora que ele estava melhorando, o papai estava mais contente de novo.

Eu interpretei o sonho para o paciente apenas de modo bastante geral. Como logo adivinhou corretamente, é ele mesmo quem executa o feitiço. Mas qual feitiço e como? O "alguém" e o "homem", como ele mesmo percebeu claramente a partir de suas associações, são ele próprio. Como tal, ele realiza duas ações. Primeiro, ele enfeitiça o pai e ao mesmo tempo o faz ficar doente; nesse papel, ele se apresenta como um adulto. Ele identifica também o pai com o avô, já que ambos foram ameaçados pelos bolcheviques (o funcionário que foi preso). Em segundo lugar, ele enfeitiça a si mesmo: já com pouquíssima desfiguração, ele é o garoto malcriado que irrita o pai de propósito quando o impede de escrever. Em seu papel, ele é superior ao pai; também na realidade, como ele me explicou, a saúde do pai depende dele. E ele pode, então, praticar cerimônias mágicas, tal como fazia em sua doença, algo que o pai não pode fazer. É como se ele estivesse com raiva do pai, como se, entre outras coisas, estivesse doente para atormentar o pai. Mas de onde vem a raiva, por que ele está tão enraivecido, já que é ele quem tem o poder? Ele chegou a inverter a ordem das coisas no sonho: antes, o pai era o poderoso, o grande feiticeiro que possuía um poder sexual misterioso que já conhecemos (no pênis). Com isso, como também já sabemos, ele deixava o filho furioso. Nas minhas parcas anotações, não consta se, nesse ponto, falei sobre masturbação, o que é bem provável, no entanto, pois já tinha ficado claro, durante a cura, que ele se masturbara por um curto período em Minsk antes da doença, mas desistira por causa da ameaça da mãe de que isso iria deixá-lo doente. Se bem me lembro, esse era já o segundo período de masturbação; o primeiro transcorrera quando ele era pequeno, com cerca de 4 anos, quando então a mãe lhe dissera que ele devia manter as mãos sempre sobre a roupa de cama. Não lembro o quanto eu lhe expliquei claramente sobre a angústia de castração ou se cheguei a fazê-lo e relacioná-la ao sonho; teria sido uma excelente oportunidade para isso, mas o fato de eu não lembrar prova que pouco se falou a respeito. Ele repetiu a mesma inversão com o vovô, que quer roubar o grande poder (gás, telefone, 100 mil) de "alguém"; antes, *ele* queria roubá-lo do adulto poderoso. Não era ele, mas, sim, o vovô, quem possuía os 100 mil rublos. Mas isso que ele roubou é muito suspeito. Apenas os adultos, contudo, possuem real poder sexual; seu feitiço (a masturbação) – que surgiu de sua sede de vingança, de seus maus desejos contra o papai e o vovô – tornara-o infeliz, inibido como o louco, e, simplesmente, fizera-o ficar doente, tal como acontecera com o homem mudo.

Durante a interpretação do sonho, especialmente na segunda parte, ele ficou cada vez mais inquieto, quase que continuamente em seus estados de ausência ou dizendo repetidamente "sim – não" e também que ele queria ir para o campo – quando eu o deixaria ir? – e assim por diante.

Como o sonho é muito característico das ações compulsivas do paciente, acrescento algumas observações. Trata-se, antes de tudo, da angústia de castração. Ele talvez tenha ouvido ameaças de castração do papai e do vovô, pois eles moravam juntos em Minsk e também antes da guerra; ou então se trata apenas do pai, e o fragmento com o avô que quer tirar-lhe o poder é apenas uma alusão que era necessária no começo do sonho: por que, de fato, ele enfeitiça o pai, isto é, faz com que fique doente? Mas, com isso, ele faz um deslocamento: "talvez fosse o vovô". Ele faz tudo melhor que o pai: inventa o feitiço com o qual faz tudo sozinho (masturbação), inclusive o cerimonial que revela a paralisia das mãos. No entanto, ele obtém dois pênis novos em troca daquele possivelmente castrado. (No sonho, ele enfeitiça uma das mãos do pai, mas as duas mãos dele próprio. A mão é apenas um símbolo do pênis.)

E muitas dessas coisas – justamente as duas mãos, talvez os dois lados do corpo – ele utiliza em todos os cerimoniais compulsivos.[4] Isso, ao que parece, é apenas a repetição de detalhes do primeiro sonho: uma roda, duas rodas, o carro rodar sozinho.

Surge, ainda, a pergunta: de onde provém o grande terror no sonho, que o impede de dormir e o leva a manter a mãe acordada? Provém ele de um material dormente nas profundezas do inconsciente? Não, ele vem do reconhecimento iminente, que se endereça ao mecanismo da própria doença e abre caminho até o sonho. A coisa toda não foi propriamente um feitiço de sua parte, mas uma farsa malsucedida que o tornou infeliz.

Dois dias depois, ele sonha:

Papai se alistou em Minsk, mas recebeu quatro meses de licença. Ele e a mãe subiam e desciam correndo as escadas sem parar. Uma série de mulheres faziam fila na mesma sala em que os homens se reuniam para inspeção.

---

[4] Analogia com as ações compulsivas simétricas relatadas pelo Dr. Ferenczi.

Associações:

O pai se alistou em Minsk, mas foi dispensado por causa de uma constipação crônica.

Uma *licença* de mais de três meses era impossível no exército russo, mas ele pensou consigo mesmo: talvez um quarto mês lhe tivesse sido concedido afinal.

As mulheres em fila eram esposas e mães que esperavam por seus maridos e filhos convocados.

Interpretação:

Eu lhe expliquei o que a licença de quatro meses significava: como só se podia obter três meses de licença no máximo, no quarto mês o papai já estaria no *front*. E o que acontece no campo de batalha? Ele respondeu mais ou menos claramente que no campo de batalha a gente pode morrer. E a mamãe não estava entre as mulheres que esperavam por seus maridos, pois ela subia e descia correndo as escadas com ele. Expliquei-lhe, então, o símbolo "subir a escada". Ele não respondeu nada e, logo em seguida, contou-me todas as histórias de detetive que Monja – que era tão versado nessa área – lhe tinha contado: sobre Sherlock Holmes, Arsène Lupin e Pinkerton, e como tinha sido forte a impressão que esses relatos deixaram nele, como a mãe de Monja xingava o filho por causa delas, como Monja tinha costurado para eles máscaras de veludo do tipo que os bandidos usavam em uma das histórias.

No dia seguinte, a mãe me explicou que o garotinho tinha passado o dia terrivelmente nervoso e se queixara de que eu tentara persuadi-lo de que ele queria matar o pai ou que desejava que o pai fosse morto. Aí ele acrescentou energicamente (já comigo): "Ninguém nunca vai me convencer de que eu penso isso". Ele tirou, assim, conclusões que foram apenas sugeridas.

Como já foi dito, novas ações compulsivas sempre substituíam as que desapareciam durante o tratamento. Quer fossem criadas temporariamente, quer fossem apenas lembradas, elas eram certamente características das etapas da cura. Elas eram cada vez mais simples, e, em geral, os sintomas obsessivos eram apenas aparentemente complicados, mas, no fundo, eram uniformes. Seu ponto de partida era a transgressão [*Überschreitung*] de uma proibição (entrar pela janela em vez de pela porta)[5] – em última instância, masturbação. O elemento comum de todos os atos compulsivos era: 1) *O tocar*: um encantamento possibilitava a transgressão da proibição (= a masturbação

---

[5] O Dr. Géza Róheim chamou-me a atenção para o fato de que essa ação, assim como o passar por sobre [*Überschreiten*] um corpo, é um conhecido símbolo do coito no folclore.

como substituto da relação sexual). 2) *O cerimonial*: um desencantamento realizava a prevenção das consequências do tocar (= castração e doença como resultado da masturbação).

É interessante que a última compulsão se tenha manifestado na constante negação do que era dito (quero, não quero, mesa, não mesa, e assim por diante). Isso parece exprimir a mais extrema simplificação: o núcleo da própria ambivalência. Alguns dias antes do término da cura – isto é, logo antes de sua partida para as férias de verão –, pedi-lhe que me explicasse por que posteriormente acrescentava esse "não" a tudo que já tinha dito. Ele explicou: "Suponhamos que a mamãe se esqueça de me dar chá. Daí, eu peço: 'mamãe, dê-me chá'. E então eu acrescento: 'não me dê chá'". É como se eu não tivesse dito nada, e a mamãe sabe, porém, que ela deve me oferecer chá". Essa explicação não é uma bela contribuição à psicologia da origem de suas ações compulsivas?

Na véspera de sua partida, após uma despedida muito comovente, pedi-lhe que me prometesse que, no campo, ele mesmo ia se vestir e, assim, tocar em tudo. Ele não fez essa promessa – porque, para o homenzinho honrado, isso significava uma verdadeira palavra de honra – e disse apenas que se esforçaria para realizar o meu desejo. Algumas semanas depois, a mãe veio me visitar e me contou que seus esforços tinham sido um sucesso total. Ela me disse, além disso, que minha autoridade com ele era tão grande que se podia conseguir qualquer coisa invocando meu nome e que se podia atribuir esse sucesso ao desmascaramento de seu sistema; quanto a isso, esse desmascaramento transcorreu sem nenhum traço de constrangimento. Como a mãe também me disse, meu paciente estava indo muito bem. Podiam-se notar ainda alguns traços da doença superada, mas nada mais. No geral, ele estava muito feliz, ficando cada vez mais malandro e parecendo ótimo. Algumas semanas mais tarde, a mãe me visitou novamente, dessa vez com o garoto, mas, nessa ocasião, eu tinha acabado de partir para as férias de verão. Eles visitaram, então, também o médico que os tinha encaminhado a mim, que constatou que ele se encontrava em excelente estado. A cura deveria ter prosseguido depois das férias de verão; mesmo agora não tenho certeza de um restabelecimento completo e duradouro. Contudo, não o vi mais, o que atesta que ele sem dúvida vai muito bem, pois, de outro modo, os pais – judeus com pouca instrução – teriam temido que eu tivesse querido me aproveitar deles e, por isso, teriam insistido na continuação da análise.

Perguntei-me com frequência como se deve explicar o rápido desaparecimento da condição aparentemente tão grave do paciente. E cheguei às seguintes conclusões. Apesar da forte predisposição constitucional da criança, a neurose obsessiva não teve tempo suficiente para se desenvolver num sistema profundamente enraizado. Primeiro, porque o paciente era muito jovem; em segundo lugar, porque ele teve acesso a tratamento muito rapidamente, meio ano depois de adoecer. Tudo mais que compunha o quadro da doença, além da neurose obsessiva, era apenas um mau comportamento que se tinha refugiado covardemente por trás do componente histérico que quase sempre se associa, em maior ou menor grau, com a neurose obsessiva.

O sucesso terapêutico foi obtido mais graças à intervenção pedagógico-psicológica do que à análise metódica, embora, com certeza, um olhar psicanaliticamente aguçado tenha sido útil. Esse sucesso me permitiu compreender por quais meios outros psicoterapeutas fora da psicanálise atingem resultados semelhantes.

O principal meio de toda cura psíquica ou pedagógica bem-sucedida sempre foi a transferência, mesmo que ela também tenha sido aplicada por médicos e educadores de forma não sistemática ou inconsciente. A psicanálise possibilitou tornar consciente o reprimido com auxílio da sistematização da transferência e da associação livre. Se acrescentarmos a esses agentes terapêuticos o combate pedagógico contra o ganho secundário da doença, não apenas enriqueceremos o instrumental da terapia psicanalítica, mas provavelmente também aproveitaremos para nossos propósitos tudo que for utilizável em outros métodos de tratamento psíquico.

BARBARA LOW (1874-1955)

Uma pioneira da psicanálise britânica
Richard Theisen Simanke
Fátima Caropreso

A psicanalista britânica Barbara Low propôs a ideia de um princípio de Nirvana no seu livro introdutório aos pontos de vista de Freud, *Psychoanalysis: A Brief Account of Freudian Theory*, publicado em abril de 1920 (Low, [1920] 2023), apenas sete meses antes do aparecimento de *Além do princípio de prazer*. Ao se referir a Low em seu livro e adotar seu conceito, Freud vincula permanentemente o trabalho dessa autora às suas novas concepções metapsicológicas. Como resultado, no imaginário psicanalítico, seu nome ficou vinculado à noção de princípio de Nirvana, e pouco se sabe sobre qualquer outra coisa que ela pudesse ter realizado ao longo de sua carreira na psicanálise.

Com certeza, ela teria tido muito mais a incluir no seu currículo. Ela desempenhou um papel pioneiro na criação da British Psychoanalytical Society (BPS) e foi um membro ativo dessa instituição, atuando como bibliotecária do Instituto de Psicanálise, dando conferências, revisando e traduzindo obras psicanalíticas, defendendo enfaticamente as funções sociais da psicanálise e escrevendo sobre diferentes tópicos, especialmente sobre as contribuições psicanalíticas para a educação. Em contrapartida, ela menciona o princípio de Nirvana apenas uma vez em todos os seus trabalhos.

A carreira de Low é, em muitos aspectos, típica do desenvolvimento inicial da psicanálise britânica. Ela não era apenas uma mulher analista, mas também muito representativa do tipo de mulheres que foram atraídas pela psicanálise nos primeiros tempos da sua disseminação no mundo britânico: emancipadas e politicamente ativas, com formação acadêmica e intelectual, além de envolvidas com as vanguardas científicas e literárias da época.

Não é surpreendente, assim, que ela tenha estado longe de ser uma personagem secundária nos primeiros estágios do desenvolvimento institucional do movimento psicanalítico britânico.

Barbara Low nasceu em 29 de julho de 1874, tendo sido registrada inicialmente como Alice Leonora Low. Passou a ser chamada Barbara provavelmente a partir de 1877, uma vez que este foi considerado durante muito tempo como o seu ano de nascimento. Seus pais eram Maximilian Low (1830-1900) e Therese Low, nascida Schacherl (1836-1887). Maximilian era um empresário e negociante judeu de origem húngara nascido em Eisenstadt, que, na época, era parte do reino da Hungria. Após a Revolução Cívica Húngara (1848-1849), da qual participou, fixou-se em Londres, onde Therese se juntou a ele, em 1855.

Os Lows tiveram 11 filhos entre 1857 e 1876, sendo Barbara a segunda mais nova. Em 1878, quando Barbara tinha apenas 4 anos de idade, uma série de más decisões financeiras levou à perda da fortuna e das propriedades da família. As dificuldades financeiras, no entanto, não a impediram de receber uma educação progressista de primeira qualidade e atuar com destaque na área de língua e literatura inglesa e na formação de novos professores.

Os últimos anos da sua carreira docente coincidiram com o início do seu envolvimento com a psicanálise. Seu primeiro contato com as ideias de Freud foi através do seu cunhado, David Montague Eder, que desposou sua irmã Edith em 1909. Quando a BPS foi criada, em 1919, Barbara Low estava entre os seus membros fundadores – a única mulher e a única judia, algo que ela orgulhosamente recordaria em sua correspondência nos seus últimos meses de vida – e ficou encarregada da segunda comunicação científica da nova sociedade, um trabalho metodológico sobre "Anotações e relato de casos psicanalíticos" (12 de junho de 1919).

Low não permaneceria como a única mulher na BPS durante muito tempo. Em carta a Freud de 30 de setembro de 1927, Ernest Jones comenta que as questões relacionadas ao psiquismo infantil estão entre os principais interesses dos psicanalistas britânicos e que isso se deve ao grande número de mulheres na sociedade. Ele nomeia Barbara Low, Susan Isaacs, Ella Sharpe e Mary Chadwick, entre outras. Como outros membros da BPS, Low foi para o exterior no início da década de 1920 em busca de análise. A sua escolha foi Hans Sachs, em Berlim, e, mais tarde, ela faria uma análise didática com Jones. Depois de iniciar sua prática psicanalítica como membro pleno da BPS, o seu empenho se intensificou, tendo desempenhado múltiplos papéis e desenvolvido diferentes atividades, muitas vezes em posições de responsabilidade. Low atuou durante anos como bibliotecária do Instituto de Psicanálise – um papel de relevo, tendo em conta as funções editoriais, de arquivamento, científicas e formativas da instituição – e foi membro do primeiro conselho administrativo da Imago Publishing Company, criada em 1938. Ela também liderou o comitê de hospitalidade para os "Colegas da Áustria" que chegavam a Londres, criado em março de 1939.

Ao longo de toda a sua carreira, Low participou ativamente nas reuniões e nos debates da BPS e também atuou intensivamente como conferencista. De fato, as palestras e intervenções de Low estiveram longe de passar despercebidas e, em diversas ocasiões, tiveram consequências e repercussões significativas. Uma apresentação detalhada feita por ela em 4 de maio de 1927 do livro recentemente publicado por Anna Freud, *Introdução à técnica da análise se crianças* (1927), deu origem a uma série histórica de debates publicados depois no *International Journal of Psychoanalysis* sob o título geral de *Simpósio sobre Análise Infantil*, que assinalou a crescente influência das visões kleinianas na psicanálise britânica.

A participação de Low nas controvérsias Freud-Klein mereceria um trabalho à parte. Ela era, sob todos os aspectos, considerada uma veterana pelos seus pares e tomou o partido freudiano mais conservador contra o grupo kleiniano. Mais uma vez, foi um artigo de Low que desencadeou as controvérsias da década de 1940. Ela falou perante a sociedade, em 5 de novembro de 1941, sobre o tema "A Sociedade Psicanalítica e o público", e sua fala gerou debates acalorados que ocuparam mais duas reuniões científicas subsequentes e se prolongaram nas controvérsias propriamente ditas nos anos seguintes, nas quais ela intervém em momentos cruciais.

Também quanto às relações entre psicanálise e literatura, a carreira de Barbara Low é bastante típica da psicanálise britânica da época. Suas habilidades linguísticas a qualificaram como uma tradutora confiável. Além de suas traduções de dois livros de Anna Freud (1931, 1935) e de outros autores ligados ao campo psicanalítico, como Oskar Pfister, ela frequentemente revisava e corrigia outras traduções. Low colaborou decisivamente na tradução do estudo de caso que Freud dedicou a sua paciente Margarethe Csonka (a "jovem homossexual"), publicado no primeiro número do *International Journal of Psychoanalysis*, de 1920. Não se tratava apenas de um trabalho mecânico de tradução. Essas primeiras versões para o inglês de obras de Freud e de outros psicanalistas estavam, de fato, criando uma linguagem psicanalítica anglófona, em cujo trabalho estavam envolvidos principalmente Ernest Jones, James e Alix Strachey, Joan Riviere e Barbara Low.

O próprio Freud parece ter percebido em Barbara Low principalmente uma especialista em literatura inglesa, além de seu valor como uma divulgadora da psicanálise na Inglaterra. Ela se encontrou pessoalmente com Freud, pela primeira vez, no Congresso da Associação Psicanalítica Internacional de 1922, em Berlim. Segundo ela, eles conversavam quase que exclusivamente sobre livros e autores, e Freud estava interessado no fato de escritores consagrados como H. G. Wells e Bernard Shaw serem amigos pessoais seus e de sua família.

Embora Low não tenha escrito sobre literatura e psicanálise, a não ser sob a forma de resenhas, seus interesses nesses dois campos se apresentam claramente inter-relacionados. Essa relação deve ter sido explorada em suas palestras voltadas para um público amplo, às quais se dedicava com empenho (além da biblioteca, encarregou-se também do Comitê de Conferências Públicas do Instituto de Psicanálise). Pelo que se sabe de sua vida pessoal e profissional, pode-se especular que, para Barbara Low, a mente, a linguagem e a arte formavam um campo unificado de investigação sobre o qual a psicanálise sempre teria algo de original a dizer.

Suas obras publicadas se endereçam predominantemente a questões de psicanálise aplicada, com destaque para suas contribuições à educação. A mesma preocupação social está presente em sua dedicação à divulgação da psicanálise, na qual se insere seu trabalho constante como resenhista e o livro que viria a se tornar sua publicação mais conhecida, *Psychoanalysis: A Brief Account of the Freudian Theory*. Esse livro foi, sem dúvida, um dos mais bem-sucedidos do seu gênero na época e foi especialmente influente também nas aplicações da psicanálise à educação e à criminologia. Ele foi publicado em abril de 1920 e uma segunda tiragem apareceu já em outubro. Outra reimpressão chegou às livrarias em março de 1921, e uma edição revisada foi publicada em fevereiro de 1923. No entanto, a influência e a popularidade do livro não devem nada à ideia de princípio de Nirvana nele proposta e associada ao nome de Low, desde a adoção do conceito e o reconhecimento de sua autoria por Freud. Ao contrário, elas se deveram a seu caráter introdutório, claro e preciso, e a sua ênfase na psicanálise aplicada.

A presente antologia contém traduções do terceiro e do sexto capítulos do livro *Psychoanalysis: A Brief Account of the Freudian Theory*. O terceiro, intitulado "Repressões", foi escolhido por ser nele que Low menciona o princípio de Nirvana. Embora o livro seja caracterizado como uma apresentação das ideias fundamentais da teoria freudiana, ele apresenta ideias originais, e não apenas retoma concepções de Freud. Sua concepção de princípio de Nirvana é um exemplo disso. O sexto e último capítulo, intitulado "Prováveis resultados sociais e educacionais", foi escolhido porque nele ela discute as aplicações da psicanálise à educação e a outras áreas de interesse social, uma característica marcante de todo o seu pensamento psicanalítico.

A imagem de Low como um todo, enquanto psicanalista e autora, harmoniza-se bem com a de sua obra mais famosa, a saber, a de uma pessoa engajada na popularização da psicanálise e em suas aplicações sociais, bem como devotada à causa psicanalítica com inquebrantável "zelo missionário", como John Bowlby a caracterizou em uma de suas entrevistas.

Referências

Caropreso, F.; Simanke, R. T. Barbara Low and Sabina Spielrein: Misrepresentations of Their Work in the History of Psychoanalysis. *American Imago*, v. 79, n. 2, p. 169-195, 2022.

Franklin, M. Barbara Low. *International Journal of Psychoanalysis*, v. 37, p. 473-474, 1956.

Low, B. A Note on the Influence of Psychoanalysis upon English Education During the Last Eighteen Years. *International Journal of Psychoanalysis*, v. 10, p. 314-320, 1929.

Low, B. *Psychoanalysis and Education*. New York: Harcourt, Brace & Co., 1928.

Low, B. *Psychoanalysis: A Brief Account of the Freudian Theory*. 3rd ed. London: George Allen & Unwin, 1923. Publicado originalmente em 1920.

Low, B. The Bearing of Psychoanalysis upon Education. *In*: JONES, E. (ed.). *Social Aspects of Psychoanalysis: Lectures Delivered under the Auspices of the Sociological Society*. London: Williams & Norgate, 1924. p. 169-208.

Low, B. The Psychological Compensations of the Analyst. *International Journal of Psychoanalysis*, v. 16, p. 1-8, 1935.

Low, B. *The Unconscious in Action: Its Influence upon Education*. London: University of London Press, 1928.

Silva, M. V. N. Barbara Low e o princípio de Nirvana. *Lacuna*, n. 7, ago. 2019. Disponível em https://revistalacuna.com/2019/08/07/n-7-7/. Acesso em: 15 fev. 2025.

Simanke, R. T. Além do princípio de Nirvana: as contribuições psicanalíticas de Barbara Low (1874-1955). *Natureza Humana*, 2025. No prelo.

Simanke, R. T. Barbara Low: "The Little Bit of Pioneering" or the Beginnings of British Psychoanalysis. *In*: Naszkowska, K. (ed.). *Early Women Psychoanalysts: History, Biography, and Contemporary Relevance*. London; New York: Routledge, 2024. p. 204-222.

Psicanálise: uma breve apresentação da teoria freudiana (1923)[1]

Barbara Low

Tradução: Richard Theisen Simanke

Capítulo III – Repressões

O princípio de prazer e o princípio de realidade – Os impulsos[2] egocêntricos e o desenvolvimento dos impulsos sociais – Conflito entre os impulsos "primitivos" e as restrições impostas pela civilização – Criação de repressões – Necessidade da sublimação – O neurótico.

O princípio de prazer e o princípio de realidade.
Os impulsos egocêntricos e o desenvolvimento dos impulsos sociais

No capítulo anterior, observou-se que a psique foi percebida por Freud como o palco sobre o qual se encena o conflito intrapsíquico entre os impulsos humanos mais primitivos e os mais evoluídos. No curso desse conflito, e para servir ao seu propósito, são criadas as repressões.

É necessário retornar agora à discussão dos dois grandes princípios da vida psíquica (já mencionados no capítulo II) – a saber, o princípio de prazer e o princípio de realidade –, a fim de verificar como eles operam na determinação do conflito psíquico.

---

[1] Capítulos originalmente publicados em: *Psychoanalysis: A Brief Account of the Freudian Theory*. London: George Allen & Unwin, 1923. A edição de 1923 é uma edição revisada da publicação original, de 1920. (N.T.).

[2] Ao longo de todo o texto, Low usa o termo "*impulse*", em contextos em que parece traduzir o "*Trieb*" freudiano e também num sentido mais geral. Esse termo foi traduzido invariavelmente por "impulso". (N.T.).

Foi mostrado que o princípio de prazer é o impulso humano primitivo, tendo o sentimento como seu fator motivador predominante. Ele está presente no início da vida e se manifesta de forma marcante e evidente nos estágios infantis do indivíduo, nas esferas física, mental e afetiva. Está representado nos impulsos iniciais puramente egocêntricos que perpetuamente buscam o prazer: o prazer da nutrição, as sensações produzidas por muitas modalidades de funcionamento físico, e assim por diante. Fica claro que esses impulsos egocêntricos são essenciais para a autopreservação e o autodesenvolvimento e que eles devem resistir a qualquer custo àquilo que não atende aos objetivos do eu, àquilo que traz dor e perda – falta de prazer. Mas é importante notar, com relação a isso, que o que se considera como dor pode estar a serviço do prazer e da paixão do indivíduo ao intensificar a sensação; por isso, podem-se encontrar os impulsos egocêntricos buscando a dor, a fim de transformá-la num prazer mais intenso, tal como o impulso observado no infante recém-nascido (e que prossegue na vida adulta) de segurar a respiração, a urina e as fezes por certo período, a fim de obter a quantidade máxima de prazer na descarga final da tensão. Aqui, o princípio de prazer está agindo pelo método de infligir dor a si mesmo, e dessa fonte obtemos o desenvolvimento posterior dos impulsos sádicos e masoquistas. É possível que, mais profundo que o princípio de prazer, esteja o princípio de Nirvana, como se pode chamá-lo – o desejo da criatura recém-nascida de retornar àquele estágio de onipotência em que não há desejos irrealizados e no qual ela existia dentro do útero da mãe. Freud apontou que o nascimento não é um novo começo na vida psíquica do indivíduo (como tampouco em sua vida física), mas antes um acontecimento que serve como uma interrupção de sua situação pré-natal. É uma interrupção aterrorizante e dolorosa em sua intensidade e em seu caráter repentino, mas que não pode obliterar o desejo do indivíduo por sua situação anterior, à qual ele procura retornar ao longo de toda a vida e, assim, reverter à sua amada onipotência, mais uma vez livre de todos os controles externos e internos. Esse desejo age como uma tendência regressiva na humanidade, dando origem ao conflito entre os ideais estáticos e dinâmicos, tipificados vez após outra no mito e no folclore, como a história de Atlas, o pomo de ouro das Hespérides, Polegarzinha e Alice no País das Maravilhas. Todos eles expressam o desejo pelos primeiros estágios da vida (e, mais ainda, pela vida pré-natal), quando éramos um ser onipotente e protegido, capaz de desfrutar de deliciosos prazeres egocêntricos, e, mais que isso, o desejo de jamais deixar esse estágio, jamais envelhecer nem encarar a mudança e a morte.

"Em nossa alma mais íntima, ainda somos crianças e assim permanecemos por toda a vida", diz Freud, ao que podemos acrescentar a frase citada por Ferenczi, "*Grattez l'adulte et vous y trouverez l'enfant*";[3] esses ditos resumem o que acabou de ser observado, a saber, nosso desejo de manter e conservar o estágio primordial e a *persistência* desses impulsos egocêntricos, dominados pelo princípio de prazer, que pertencem a essa situação primordial. No entanto, lado a lado com o princípio de prazer, vemos operar o segundo grande princípio – a saber, o princípio de realidade –, e é isso que precisa ser considerado a seguir. Como já foi dito, Freud sustenta que o princípio de realidade tenha por função a adaptação do organismo às exigências da realidade, "subordinar a imperiosa demanda de gratificação imediata e substituí-la por outra mais distante, porém mais satisfatória e permanente. Ele é assim influenciado por considerações sociais, éticas, religiosas, culturais e outras considerações externas que são ignoradas pelo princípio de prazer anterior".[4]

Porém, embora seja aparentemente a força motivadora de grande parte do nosso comportamento adulto e civilizado, embora guiando e controlando o princípio de prazer em seres humanos medianamente normais no que se refere às atividades conscientes, esse princípio de realidade nunca consegue abolir a atividade do princípio de prazer mais primitivo; daí resulta o conflito psíquico já mencionado no início deste capítulo.

"O destino do princípio de prazer primário e as modificações pelas quais ele tem de passar antes que lhe seja permitido se manifestar é um dos objetos centrais estudados pela psicanálise, a qual é, assim, o estudo da força impulsora fundamental por trás da maioria das atividades e dos interesses humanos".[5]

As modificações referidas na citação acima são essenciais, devendo-se à evolução desses outros impulsos no homem, frequentemente em oposição aos impulsos egocêntricos primários, muito embora, é claro, sejam, em última instância, subservientes a esses últimos, mas de uma forma indireta e mais sutil. Esses outros são impulsos sociais que levaram o homem a ultrapassar os estágios em que só se preocupava consigo mesmo.

O homem está destinado a desenvolver outros impulsos, além daqueles totalmente egocêntricos que o levam a se preocupar apenas consigo mesmo,

---

[3] "Raspem o adulto e aí encontrarão a criança", em francês no original. (N.T.).

[4] Jones, Ernest. *Papers on Psycho-Analysis* (Introdução, p. 3, edição revista e ampliada).

[5] Jones, Ernest. *Papers on Psycho-Analysis* (Introdução, p. 4, edição revista e ampliada).

e, em qualquer tipo de vida comunitária e sob qualquer forma de civilização, ele deve viver segundo o princípio de realidade (como vimos, a vida baseada apenas no princípio de prazer é impossível, a não ser num estado de total isolamento). Por tudo isso, é óbvio que ele deve adaptar e modificar muitos de seus desejos mais primitivos para se tornar apto a existir. Freud descobriu que é a partir desse processo de mudança e conflito que os traços fundamentais da psique se desenvolveram.

Esse processo de modificação e adaptação é difícil e doloroso; uma longa estrada tem de ser percorrida por todo ser humano antes que a mentalidade primitiva, dominada pelo princípio de prazer, possa alterar suficientemente impulsos, emoções e métodos de pensamento, de modo a alinhar todos eles com a civilização na qual o indivíduo nasceu. Ainda mais difícil que o sacrifício dos impulsos primitivos é se libertar das *emoções* e dos *modos de pensamento* primitivos, pois estes podem persistir – e, de fato, persistem – com os desejos modificados. O homem adulto não chora pelo impossível,[6] mas ele pode chorar por outros objetos, de maneira infantil, incapaz, assim como a criança pequena, de se ajustar à realidade; o homem civilizado pode ter superado, em grande parte, o impulso selvagem de matar a pessoa que oferece um obstáculo à sua própria satisfação egocêntrica, mas as *emoções* conectadas com tal pessoa (o pai, os mais velhos, o irmão, a governanta, o professor) podem ainda permanecer vivas de forma transferida e disfarçada. Igualmente, os *modos de pensamento* primitivos – que devem, a qualquer preço, manter a supremacia do eu – podem facilmente sobreviver, embora aplicados a experiências muito distintas daquelas mais antigas e primitivas. Para a criança, é como se a realidade externa não existisse; ela é algo a ser ignorado, por exemplo, quando a criança berra por aquela coisa brilhante e reluzente no céu, incapaz de reconhecer as realidades do espaço e da substância. É possível que tal padrão se mantenha – o padrão da valoração egocêntrica – e se aplique às situações da vida adulta. O fracasso, a humilhação e o sentimento de inferioridade aos quais a maioria dos indivíduos está sujeita – pelo menos às vezes e em certa medida – devido ao contato com o mundo externo podem levar a uma reação através do método primitivo, isto é, ignorando a situação verdadeira e perpetuamente mantendo o eu como o "maioral", em vez de empregar um método mais adulto, a saber, descobrindo o papel real desempenhado pelo eu.

---

[6] No original, "*cry for the moon*" ("chorar pela Lua"), expressão idiomática com o sentido de "querer o impossível". (N.T.)

Todos os impulsos, sentimentos e modos de pensamento primitivos persistem, então, mas de forma muito alterada, transformada e enfraquecida; isso se deve ao que Freud denominou processo da *repressão*.

Sua teoria da repressão está na raiz de toda a sua concepção da mente e é, assim, fundamental para qualquer compreensão dessa concepção.

De acordo com esse ponto de vista, desde o nascimento, os impulsos, sentimentos e modos de pensamento primitivos são continuamente "reprimidos" (isto é, total ou parcialmente submergidos) em favor do novo conjunto de impulsos, emoções e modos de pensamento, que são os produtos do ambiente externo e interno da nova criatura. Reprimidos, deve-se notar, mas nunca completamente obliterados; a vida psíquica primitiva permanece intacta, mas normalmente incapaz de emergir na consciência, a não ser numa aparência transformada, tal como no sonho, no pesadelo, na fantasia e nos afetos corporais, ou em estados "anormais", como a "loucura" e o "delírio". Essa matéria mental primitiva é inaceitável para a consciência do indivíduo, moldada por influências culturais e éticas. Porém, como ela é imperecível (e, aqui, devemos indicar outro princípio básico da teoria freudiana, a saber, a indestrutibilidade do material psíquico), precisa encontrar um lugar fora da consciência (e assim se refugia no inconsciente e fica "esquecida"), ou, como alternativa, deve se transformar e se disfarçar para que se torne aceitável à consciência, pois esta não reconhecerá seu verdadeiro aspecto e sua verdadeira importância.

A evolução humana parece ter-se desenvolvido pelo caminho da sublimação, como resultado da criação de múltiplos tabus morais, religiosos e culturais, dando origem ao conflito com os impulsos primitivos que seguiam o princípio de prazer. Por isso, para cada indivíduo, a situação humana envolve um processo de ajustamento entre o primitivo e o mais evoluído, entre o princípio de prazer e o princípio de realidade, um processo da mais sutil complexidade, como se pode facilmente perceber, repleto de todo tipo de dificuldade e, até certo ponto, comparável com o processo da adaptação biológica. O fato de esse processo de ajustamento ser inevitável, em graus variáveis, para cada ser humano não suprime as dificuldades; para cada criança recém-nascida surgirão perigos e problemas ao aprender a sugar, a executar suas funções físicas e, mais tarde, a falar etc. Apenas na medida em que os impulsos para a sublimação prevaleçam, essas dificuldades serão superadas – é assim que as coisas se passam na esfera psíquica. Os impulsos primitivos foram modificados e adaptados pelo poder da tendência a sublimar, mas essa tendência não é sempre e necessariamente vitoriosa, nem mesmo na consciência. É por isso que a sublimação ocorre, tanto em povos quanto em indivíduos, num grau infinitamente variável. Há indivíduos nos quais o egocentrismo primitivo é sublimado de forma muito limitada, de tal modo que eles são incapazes de tomar parte nas atividades coletivas ou se adaptar a metas sociais, permanecendo isolados e voltados para dentro (tal como Jonathan Swift), com as perdas e os ganhos correspondentes. Igualmente, há nações que permanecem distante e retraídas, alheias e hostis aos povos estrangeiros – a nação galesa é um bom exemplo desse tipo. Sem a possibilidade de algum processo sublimatório, nenhuma evolução na psique humana teria lugar, e permaneceríamos no nível do homem primitivo ou da criança um pouco menos primitiva; através da sua influência, obtemos a civilização e seus melhores frutos. Freud argumenta que uma grande parte da arte é uma sublimação do impulso egocêntrico primitivo de "ver e ser visto" e do impulso sexual em geral.

Disso decorre que esses impulsos primitivos e egocêntricos devam sofrer mudanças tanto em sua natureza quanto com relação ao seu valor para a psique, e é esse processo de mudança que Freud denominou *repressão*.

Se o processo sublimatório pode proporcionar uma válvula de escape adequada para a energia psíquica que acompanha os desejos primitivos, atingimos um ajuste razoavelmente satisfatório. Tomemos como exemplo o instinto de luta do jovem do sexo masculino: se esse instinto pode ser suficientemente gratificado de uma maneira sublimada, tal como a organização de lutas de boxe, a luta livre, os jogos competitivos e assim por diante, o instinto pode continuar a operar numa roupagem modificada, sem demasiada insatisfação, possivelmente, para a psique primitiva. Se um poderoso instinto exibicionista pode obter satisfação através de um canal tal como a prática de falar em público, a arte dramática ou a proeminência em alguma esfera de ação, então, mais uma vez, o instinto original, na sua forma bruta, pode parar de se expressar na consciência, embora continue existindo no inconsciente. Aqui, o processo da repressão inconsciente está em ação, operando incessantemente em cada indivíduo ao longo de toda a vida, num processo de ajustes profundos e complicados que envolve tanto perdas quanto ganhos. Se considerarmos por um momento como é fácil – e tem de ser fácil – tais ajustes correrem mal, percebemos como o processo sublimatório que envolve a repressão é, muito provavelmente, complexo.

Em primeiro lugar, o processo civilizatório, tanto para o indivíduo quanto para a raça, transcorre com extrema rapidez. O ser humano individual, num espaço de tempo incrivelmente breve, tem de emergir de sua existência sensorial, centrada em seu próprio eu e alheia ao mundo exterior, para se tornar um ser social convocado a cumprir as obrigações impostas pelo mundo externo em inúmeras direções. Seus primeiros amores e ódios, impulsos e hábitos precisam, em grande medida, ser deixados de lado ou transformados até se tornarem irreconhecíveis, para se adequarem às novas exigências de sua própria psique e às demandas de seus semelhantes. Acrescente-se a isso a "aceleração" muito comumente imposta por pais, cuidadores e educadores rumo a seus próprios padrões culturais, e, como resultado, a repressão está destinada a ocorrer e, com muita frequência, num grau bastante excessivo.

"Essa criatura autocentrada" (isto é, a criança pequena), "instigada por uma compulsão interna e externa, deve, pelo menos ao atingir a idade escolar, adquirir uma grande medida de autonomia e autocontrole; deve abdicar à sua pretensão de cuidado materno exclusivo, abdicar à absorção em seu próprio corpo encantador; deve aprender a confrontar suas fantasias com a realidade e a se firmar como um indivíduo novo e distinto...

"Desse bebê – sempre, assim, numa condição de equilíbrio instável e, portanto, especialmente suscetível a danos, como todo tecido embrionário – exigimos, com excessiva frequência, um padrão rígido de conduta e sentimento que mal se aplica ao adulto relativamente estável."[7]

Eis aqui, então, um caminho óbvio pelo qual a repressão se produz.

Em segundo lugar, há aqueles seres humanos que, pelo seu temperamento inicial, são muito desajustados ao ambiente particular no qual nasceram e, portanto, têm de encarar dificuldades especiais. Personagens como Lear, Otelo e Becky Sharp[8] (na ficção) ou Richard Burton, Swift e muitos outros foram provavelmente pessoas situadas num ambiente inadequado – um ambiente que lhes ofereceu dificuldades peculiares –, e essa circunstância, acrescida à sua própria constituição psíquica, fracassou em propiciar uma via de escape adequada para a energia particularmente dinâmica que acompanhava seus desejos primitivos.

Aqui, mais uma vez, a repressão inconsciente provavelmente ocorre em grande medida, proporcionalmente à falta de satisfação obtida por sublimação.

Podemos ver, então, que, tanto no caso de tipos humanos "medianos" quanto no de excepcionais, o processo da repressão deve inevitavelmente agir, trazendo consigo as consequências que Freud nos revelou.

---

[7] Eder, M. D.; Eder, Edith. *The Conflicts in the Unconscious of the Child.*

[8] Personagem central do romance *Vanity Fair* (1848), do romancista vitoriano William Thackeray (1811-1863). (N.T.)

Na medida em que o processo sublimatório não satisfaz as necessidades da psique – isto é, não proporciona uma via de escape adequada para a energia psíquica que acompanha os desejos mais primitivos –, outros caminhos de descarga têm de ser criados. Os impulsos reprimidos precisam encontrar um caminho para fora, seja num comportamento que antagonize diretamente a vida consciente sublimada (tal como "maus hábitos", violência, criminalidade e ações antissociais), seja sob a forma de psiconeuroses (tais como histeria, colapso nervoso, ideias obsessivas, mazelas físicas, e assim por diante). Nesses dois conjuntos de circunstâncias, alguma parte da psique está sendo reprimida, e a repressão não é um processo suficientemente harmonioso.

Exemplos de repressões como essa podem ser encontrados nos acompanhando a cada passo do desenvolvimento psíquico. Shakespeare nos deu um exemplo esplêndido em *Macbeth*, no caso citado pelo Dr. Ernest Jones[9]: ele retrata Lady Macbeth, muito depois que assassinato de Duncan foi consumado, como marcada pelo hábito de esfregar uma mão na outra, como se as estivesse lavando. Aqui, o desejo reprimido vem à tona sob a forma de um sintoma neurótico, um hábito mecânico aparentemente sem sentido. Lady Macbeth deseja remover a mancha da culpa de sua consciência. O processo de sublimação não pode ser efetivamente realizado, nem a levando a considerar o assassinato como uma ação válida e justificável nem assumindo as consequências de seu ato. Por isso, ela permanece em conflito e atemorizada; ela sofreria se percebesse inteiramente o quanto deseja se ver livre da culpa por seu crime de sangue, portanto não o percebe, mas satisfaz esse desejo transferindo seu sentimento para um objeto "neutro". Assim, ela remove manchas imaginárias de suas mãos, uma mera "esquisitice" que não lança nenhuma suspeita sobre si mesma.

Com sua maravilhosa intuição, o gênio artístico avança de um salto para o conhecimento e as conclusões que o psicanalista pode alcançar apenas com árduo esforço; por isso, Shakespeare faz Lady Macbeth fornecer a chave para o enigma em seu sono, quando a censura psíquica relaxa e o desejo original, não reprimido pelas influências sublimatórias da vida consciente, pode se revelar. Em seu sonambulismo, ela grita: "O quê? Essas mãos nunca ficarão limpas? Eis *ainda aqui o cheiro de sangue*".[10]

---

[9] Jones, Ernest. *Papers on Psycho-Analysis* (p. 288, edição revista e ampliada).

[10] *Macbeth*, ato 5, cena 1. (N.T.)

Esse é um exemplo ilustrativo que provém da mão do artista, mas podemos com a mesma facilidade nos voltar para a vida real em busca de outros exemplos. O ataque de histeria, a ideia obsessiva, os "maus hábitos" e as mazelas corporais se desenvolvem sem nenhuma causa aparente – todos eles são canais pelos quais os impulsos reprimidos lutam para obter expressão. Aqueles que se interessam em saber mais sobre o tema devem recorrer à *Psicopatologia da vida cotidiana* e à *A interpretação do sonho*, de Freud.

Esses exemplos suplementares servem para mostrar que a maioria dos impulsos primitivos envolvidos aqui são os impulsos sexuais e os egoístas. Deve-se notar que estes são os dois impulsos mais dinâmicos e, além disso, são exatamente aqueles que, em qualquer vida comunitária, especialmente do tipo mais altamente civilizado, têm menos chance de serem gratificados em algo que se pareça à sua forma e à sua intensidade originais. Essa falta de gratificação (ou gratificação inadequada) dos impulsos sexuais egocêntricos e primitivos faz com que os complexos mais profundos se formem na psique humana; por isso, a teoria freudiana dos complexos está inevitavelmente ligada à da repressão. Em resumo, o "complexo" (um termo empregado pela primeira vez nesse sentido pelo Dr. C. G. Jung, de Zurique) resulta de um represamento da energia psíquica que acompanha os impulsos primitivos profundos, os quais permanecem não descarregados devido aos controles impostos pelas forças sublimatórias.

As emoções ligadas a esse fluxo psíquico bloqueado, incapazes de obter descarga, tornam-se fontes de dor para a psique, e, portanto, o impulso, assim como todos os sentimentos e todas as ideias associados a ele, tem de ser "desativado" ou dissociado da consciência; um "nó" nos filamentos do ser emocional é criado, por meio do qual novos emaranhados estão sempre sendo formados. Assim, a necessidade da repressão leva à criação dos complexos, e, por sua vez, os complexos constantemente originam novas repressões. O exemplo mais comum e mais simples é o "esquecimento" de um nome, porque esse nome se associa (no inconsciente) com alguma experiência psíquica dolorosa que deu origem a um complexo.

Um exemplo ilustrativo desse "esquecimento" é fornecido pelo Dr. Ernest Jones a propósito de um estudante de Medicina que conheceu uma enfermeira no hospital e a encontrou diariamente no trabalho por cerca de um ano. Mais tarde, tornaram-se íntimos, mas ele muitas vezes tinha grande dificuldade em recordar o sobrenome dela ao lhe enviar cartas, embora, é claro, tivesse inicialmente sempre se dirigido a ela pelo seu sobrenome. A investigação trouxe à tona o fato de que o nome de batismo dela era o mesmo de uma garota que ele havia abandonado no passado e, também, de outra garota que ele tinha amado apaixonadamente na infância. Esse nome ele não poderia esquecer, mas ele desejava esquecer seus dois fracassos amorosos. Ele, inconscientemente, identificou as três garotas sucessivas e, assim, em certo sentido, permaneceu fiel ao seu primeiro amor. Mas ele não queria ser lembrado de sua infidelidade (isto é, de que tinha agora transferido a outra seu afeto), a qual seria rememorada através do *sobrenome* diferente. Por isso, ele podia lembrar o primeiro nome, mas não o sobrenome. Nos três casos, os sobrenomes não se pareciam nem um pouco. Fica claro que, se a teoria freudiana do conflito entre os impulsos primitivos e sublimatórios se sustenta, com o processo da repressão que o acompanha, a capacidade de formar complexos deve ser inerente à psique humana, tendo início com a própria vida e continuando a agir, desconhecida pela consciência, como uma força inibitória pela vida afora.

Na medida em que uma sublimação seja efetuada com êxito, os complexos serão "resolvidos", mas apenas à custa do esquecimento de grande parte de nossa experiência psíquica; de fato, Freud considera que a amnésia quase completa de nossas primeiras experiências – digamos, do nascimento até os 3 ou 4 anos de idade – se deve à necessidade de sublimar e, por conseguinte, "esquecer" muitas ocorrências inadequadas ou dolorosas para a vida posterior.

O reconhecimento desse fato (a saber, do processo da repressão) é essencial para compreendermos o desenvolvimento psíquico e, dentro do alcance de nosso poder consciente, para guiarmos o processo sublimatório a fins harmoniosos. É a falta desse reconhecimento que leva a uma instrução insensata das crianças, a sistemas educacionais fúteis e mal direcionados e a condições sociais que impedem o desenvolvimento do indivíduo. É inconcebível que a humanidade possa subsistir e evoluir sem a repressão, já que a sublimação deve continuar como o caminho de uma vida egocêntrica para a vida social e como um meio de compensação para desejos não realizados. Em nenhuma ocasião, em todo o itinerário que o ser humano já percorreu, suas realizações acompanharam o ritmo de seus desejos, e parece que a psique, sempre impelida pelo princípio de prazer, desenvolve por si só esse processo, como um meio de usufruir, ao menos como alucinação, de seus desejos primitivos. O infante a quem se nega o fluxo de leite do seio materno persistirá nos movimentos de sucção com os lábios, deleitando-se na fantasia de sugar; a criança impedida de saciar sua curiosidade primitiva de ver e tocar seu próprio corpo e o corpo de outros compensa-o com interesse e prazer nas roupas que cobrem o corpo; o apaixonado que, assim como

Dante, é incapaz de conquistar sua amada compensa-o ao desfrutá-la de modo distinto – como inspiração e ideal. Sem essas possibilidades de prazer compensatório, a psique seria forçada a recair nos prazeres primitivos vez após outra, impedindo assim o progresso da evolução humana.

Sobretudo quando lembramos a fonte do mais dinâmico dos prazeres – a fonte sexual –, damo-nos conta de como é essencial o poder da sublimação. Pois os impulsos primitivos que brotam dessa fonte são, como já se observou, os menos gratificados na sociedade civilizada e, por isso, são aqueles que requerem o grau mais elevado de sublimação.

As influências religiosas, sociais e culturais impuseram uma interdição particularmente severa à gratificação dos impulsos primitivos narcisistas e sexuais – e, acima de tudo, desses últimos; ainda assim, eles permanecem como os impulsos mais dinâmicos em cada ser humano, demandando alguma forma de expressão e transbordando sobre todas as esferas da vida psíquica. Como resultado, é nessas esferas que a sublimação é mais difícil e mais essencial, tanto no intuito de transformar esses impulsos para que se adéquem às necessidades sociais quanto para compensar a psique por essa transformação.

Freud ressaltou que o processo sublimatório envolve perdas (esquecimento da vida psíquica, debilitação do impulso primitivo e a frequente substituição do mais dinâmico pelo menos dinâmico) tanto quanto ganhos, e essas perdas inevitavelmente acompanham os ganhos a cada passo. Essa é a situação que ocorre com tanta frequência nos mitos e nas lendas – o sacrifício necessário, ao nascer, da mãe ou da criança. Os dois não podem sobreviver. A mãe pode consentir em ser sacrificada em prol da nova criação que trará ao mundo um tipo superior (como acontece na *Saga dos volsungos*), e a perda é sobrepujada pelo ganho. Mas, se o novo indivíduo não está mais avançado na escala da humanidade e nada tem para oferecer ao mundo, então o sacrifício materno fez-se em vão. O mesmo acontece com a sublimação: o ganho que dela se obtém (tanto para o indivíduo quanto para a comunidade) pode sobrepujar a perda e o sofrimento que ela envolve ou vice-versa. Freud sustenta que cabe à sociedade e ao indivíduo se esforçarem para alcançar um equilíbrio satisfatório nesse processo.

Para certo número de seres humanos, esse processo se realiza de modo razoavelmente satisfatório no geral, com um saldo equilibrado de ganhos, e as tendências primitivas se desenvolvem em produtos mais ou menos úteis para o próprio indivíduo e para a sociedade. Mesmo nesses casos, percebemos que há espaço para um tremendo avanço em conhecimento, a fim de tornar o processo mais eficaz e menos perdulário. É difícil acreditar que, com esse acréscimo de conhecimento, os seres humanos precisem continuar a perder seu rumo com tanta frequência e de maneira tão desastrosa no processo de autodesenvolvimento, a deixar dons e poderes úteis serem desperdiçados e a sofrer muito mais do que desfrutam.

Além disso, há muitos que nunca atingem nem mesmo um nível mediano de sublimação com facilidade e adequação, tais como os neuróticos e os assim chamados "anormais". Nesses casos, o processo é acompanhado por excessivo esforço e dispêndio. Os impulsos primitivos não podem ser harmonizados com as exigências da civilização, frequentemente por causa de sua intensidade e de sua natureza excepcionalmente dinâmica. Como resultado, o conflito psíquico é intenso, criando manifestações diretamente antagônicas à sociedade (impulsos assassinos, impulsos incestuosos etc.) ou sintomas neuróticos que tendem a destruir o próprio indivíduo. Freud descobriu que, em certos tipos neuróticos, há frequentemente um sentimento moral, religioso, ético ou social altamente desenvolvido e uma forte tendência à idealização, daí um conflito maior do que num tipo menos desenvolvido. Nesse indivíduo, o desejo de sublimação é tão intenso que é proporcionalmente mais doloroso para ele perceber e dar vazão aos impulsos primitivos; a própria tentativa de reprimir esses últimos torna ainda mais inatingível a sublimação desejada. Tomemos como exemplo alguns dos grandes ascetas medievais que, voltando-se para uma vida religiosa com êxtase e júbilo, descobriram, para seu espanto e horror, que os impulsos primitivos continuam a emergir dentro deles. Incapazes de reconhecê-los pelo que são e tentando em vão reprimir tais instintos, descobriram ser cada vez mais difícil o caminho da sublimação (por exemplo, Santo Agostinho). Em outros neuróticos, pode-se encontrar uma capacidade inadequada para a sublimação, de modo que eles sejam incapazes de atingir o padrão imposto pela comunidade em que se movem; eles não conseguem se desenvolver o suficiente para se afastar de seus impulsos primitivos, que insistem em se expressar de uma maneira disfarçada, tal como a histeria. Aqui temos um processo em grande parte consciente; o processo é ainda mais difícil quando se trata da sublimação inconsciente. A criança na qual tenha sido severamente reprimido, desde os estágios iniciais, um interesse muito intenso por seus órgãos genitais pode desenvolver um nível anormal de repulsa inconsciente com relação a esses órgãos e às funções corporais que eles cumprem, encobrindo o interesse primitivo não gratificado. Contudo, sua atitude *consciente* concomitante, ética e moral, pode tender à idealização do corpo. Seu conflito será intenso, porque buscará um padrão elevado de sublimação que só pode ser alcançado mediante repressão ainda maior dos impulsos primitivos já parcialmente reprimidos (mas poderosamente dinâmicos). "Nossas repressões desconhecidas nos levam cada vez mais longe no caminho da repressão", diz Ferenczi, e a verdade desse dito parece inquestionavelmente provada. É um lugar-comum que os tipos humanos que mais se distinguem por idealismo e moralidade sejam também, com frequência, aqueles em quem o conflito psíquico é mais acentuado, e a explicação para isso reside nessa dificuldade de ajuste entre impulsos primitivos muito intensos e impulsos sublimatórios. Em acréscimo a essa dificuldade, Freud descobre outra que emerge do grau excessivamente elevado ao qual a civilização, por vezes, conduziu a sublimação. Ele acredita que esta só possa ser atingida dentro de certos parâmetros, em cada época da vida e em cada comunidade; se as exigências da sublimação requerem mais do que a quantidade possível e se essa quantidade tem de ser alcançada muito rapidamente, então, mais uma vez, um conflito psíquico excessivamente intenso se estabelece, resultando no tipo neurótico.

Freud sustenta, por exemplo, ser possível que a sublimação dos impulsos sexuais tenha ido longe demais e tenha produzido repressões intensas demais para que possam ser manejadas com êxito. Na Europa Ocidental, em particular, a repressão sexual começa muito cedo, seja pelo método de ignorar a sexualidade na criança, seja pelas pesadas restrições impostas ao exercício ou à manifestação da função sexual, exceto sob certas condições específicas; a essa atitude, explícita e implícita, Freud atribui muitas das neuroses que existem nas sociedades civilizadas modernas.

Para concluir aqui este capítulo, algumas palavras sobre a teoria sexual de Freud serão úteis. Essa teoria – a saber, de que todas as tendências primitivas da psique são originariamente sexuais – criou o maior de todos os antagonismos. Em parte, isso pode dever-se ao fato de que essa visão é nova; em parte, ao fato demonstrado por Freud de que as repressões mais poderosas estão associadas com os impulsos sexuais primitivos. Aquilo que não desejamos ver não existe para nós; lembremos os "esquecimentos" e os atos de "desatenção" familiares a todos nós. Se o homem civilizado tem sido incapaz de aceitar seus próprios impulsos sexuais, segue-se daí que ele também será incapaz de aceitar a teoria que lhe desvela esses mesmos impulsos. "Nossas repressões desconhecidas nos levam cada vez mais longe no caminho da repressão". Além disso, o repúdio da teoria é, em certa medida, influenciado por uma compreensão equivocada do uso que Freud faz do termo "sexual" (embora a razão dessa compreensão equivocada se encontre, mais uma vez, na necessidade de reprimir). Ele o emprega em seu sentido ordinário, mas também para cobrir um campo muito mais amplo do que o usual, incluindo funções e processos que não são, de modo geral, considerados como tendo uma natureza sexual, devido ao fato de esses processos e essas funções não terem sido, até agora, remontados às suas origens mais básicas. Se considerarmos a relação humana que Freud mantém ser de importância vital para o desenvolvimento do indivíduo – a saber, a relação entre os pais e a criança –, poderemos ilustrar com ela sua teoria sexual. As características especiais do relacionamento pais-criança se desenvolveram a partir dos impulsos sexuais. É evidente que os mesmos impulsos primitivos que existem em toda a humanidade devem se manifestar entre membros da mesma linhagem: temos prova disso nos tabus contra o incesto encontrados, de uma maneira ou outra, entre os povos primitivos. Freud revelou como o mito grego conhecido como o mito de Édipo encarna o horror e o medo que o incesto inspira ao ser humano e o que esse horror e esse medo servem para encobrir – isto é, o desejo humano, instintivo e primitivo, voltado para o incesto – um desejo que teve de ser reprimido e sublimado no interesse da sociedade.

O filho ama sua mãe, a filha ama seu pai com um amor que tem as características próprias e essenciais, sob muitos aspectos, do amor que se reconhece como amor sexual entre pessoas adultas de sexos opostos. Para a criança do sexo masculino começando a viver, a mãe é *a* mulher; ela representa tudo que o sexo feminino significa para o menino nessa fase da existência; e como, para Freud, toda a vida psíquica é uma unidade, ele é forçado a admitir que esse amor infantil é, potencialmente, do mesmo tipo que o amor de um estágio posterior que nós, unanimemente, reconhecemos como amor sexual. Isso se dá apenas na medida em que a criança tenha desenvolvido suas aspirações e tendências sexuais; essas últimas, porém, como Freud descobriu através de dados abundantes, existem de forma modificada desde os primórdios da vida. O desejo ainda pouco reprimido que a criança pequena tem de investigar o corpo materno, assim como seu próprio corpo, seu interesse pelas funções corporais da mãe, seu anseio de posse exclusiva, seu ciúme e sua excitação que se concentram em torno da mãe (ou de outro indivíduo que assuma o papel materno) – tudo isso são imagens – obscuras e apenas parcialmente desenvolvidas talvez, contudo reconhecíveis – das características do amor sexual adulto. Esse amor por um dos pais – pela mãe, por parte do filho, e pelo pai, por parte da filha – produz, no inconsciente (pois tal emoção deve necessariamente ser reprimida da consciência como inadequada), uma hostilidade direcionada ao outro e revolta contra a autoridade dele ou dela. Aqui, pois, estamos diante da situação do mito de Édipo ou de Electra, uma situação que Freud descobre existir no inconsciente desde os primeiros estágios de vida e por toda a sua duração e que se revela a nós na consciência apenas de maneira disfarçada. Uma dessas manifestações, muito pouco disfarçada, encontra-se no fato de que nossos amores e ódios posteriores resultem de nosso amor primordial por nossos pais. Em sentido literal, *nous revenons toujours à nos premières amours*,[11] seja pela via de buscar, mais tarde na vida, os homens e as mulheres que possam nos dar outra vez aquilo que mais amávamos em nossos pais, seja pela tentativa, que se deve ao que pode ser chamado de repressão mais profunda, de escapar a essa influência inicial.

Essa situação psíquica que provém dos impulsos sexuais (a situação edípica) exerce múltiplas influências sobre o desenvolvimento da psique em múltiplas direções, que podem ser detectadas em manifestações tais como uma repugnância extrema a toda autoridade (a partir da hostilidade ou de uma atitude desafiadora em relação ao pai), uma disposição excessivamente dócil e servil (a partir do desejo de aplacar o pai temido), o medo de outros homens (a partir do temor inspirado pelo pai) ou a incapacidade de encontrar um parceiro satisfatório (a partir da demasiada persistência da imagem paterna ou materna na vida psíquica dos filhos). Por isso, a situação edípica comum a todos nós pode ou não dar origem a complexos difíceis que se manifestam como sintomas neuróticos, conforme repressão e sublimação possam ou não ser efetuadas num ajuste razoavelmente equilibrado. É nesse contexto que Freud afirma a necessidade de uma instrução, de um ambiente e de um ideal ético e social mais tolerantes, para que tal ajuste possa ser alcançado.

As páginas anteriores indicaram que Freud descobriu, inquestionavelmente, uma base sexual na relação entre pais e filhos, um fato desconhecido e incognoscível a não ser através de suas pesquisas sobre o inconsciente; da mesma forma, ele descobriu essa mesma base em nossas características e em nossos estados psíquicos mais fundamentais, até então não reconhecidos como sexuais. Há espaço aqui apenas para um ou dois exemplos. A curiosidade – muitas vezes manifesta numa forma tão sublimada como interesse científico, sede de conhecimento em geral ou interesse pela exploração – se origina como um impulso sexual primitivo, ou seja, como o prazer que a criança vivencia ao investigar seu próprio corpo, a princípio, e o corpo dos outros, posteriormente. Esse desejo de olhar, tocar e saber, na medida

---

[11] "Nós retornamos sempre a nossos primeiros amores". Em francês no original. (N.T.)

em que se refira à esfera corporal, costuma ser severamente suprimido nas primeiras fases da vida (talvez inevitavelmente, no interesse da sublimação) e assume uma forma disfarçada, razoavelmente adaptada às conveniências da vida adulta civilizada, na maioria das pessoas ditas "normais". A curiosidade, dentro de certos limites, é admissível; ela não é considerada como um vício (se sua origem sexual está disfarçada), mas tampouco como uma qualidade admirável (pois sua origem sexual é percebida no inconsciente, e essa percepção produz uma atitude parcialmente condenatória na consciência). Mas, nos casos em que o impulso primitivo de curiosidade não se transforma desse modo, ele se torna exibicionismo, com as inclinações voyeuristas[12] que o acompanham, das quais muito mais permanece oculto e suprimido (num processo que frequentemente envolve angústia) do que a sociedade respeitável pode se permitir reconhecer.

Duas características são dignas de nota nas críticas com as quais essa teoria se confrontou. A primeira é que a repugnância dos críticos, em muitos casos, parece tê-los impedido de qualquer estudo imparcial da própria teoria de Freud ou dos fatos em que ele baseia essa teoria. A segunda é que essa mesma repugnância ante a sugestão de uma origem sexual para nossas atividades fundamentais pareceria implicar uma crença em que o impulso sexual é algo tabu, por natureza desagradável e inadequado para satisfazer as necessidades da psique. Nenhuma dessas atitudes parece digna de uma era que reivindica ter se libertado da maior parte de seus preconceitos. É conveniente, quanto a isso, ter em mente como um guia a esplêndida máxima de Bacon – "*Alienum me nihil humanum*"[13] –, assim como as palavras de Schopenhauer em sua carta endereçada a Goethe no ano 1815[14]:

"Quase todos os erros e impronunciáveis insanidades das quais doutrinas e filosofias estão repletas provêm da falta de probidade. A verdade não foi encontrada [...] porque a intenção sempre foi encontrar, em vez

---

[12] O original traz aqui "Peeping Tom", personagem da lenda de Lady Godiva, que teria sido o único habitante de Coventry a espiá-la cavalgando nua através da cidade. É frequentemente utilizado em língua inglesa como uma metáfora para o voyeurismo. (N.T.)

[13] Variante do adágio "*Homo sum humani nihil a me alienum puto*" (Sou homem; não considero que nada humano me seja alheio), originalmente da comédia *O atormentador de si mesmo*, do dramaturgo romano Públio Terêncio (século II AEC). Repetida e parafraseada, não só por Francis Bacon, mas também por inúmeros autores desde a Antiguidade, em diferentes sentidos e contextos. (N.T.)

[14] Citado por Ferenczi. *Contributions to Psycho-Analysis*, capítulo X, "Simbolismo".

dela, esta ou aquela opinião preconcebida ou, pelo menos, não machucar alguma ideia favorita, e, com esse objetivo em vista, subterfúgios tiveram de ser empregados. [...] A maioria de nós traz no coração a Jocasta que implora a Édipo para que, pelo amor de Deus, não continue investigando; nós cedemos a ela, e é por essa razão que a filosofia chegou onde está. É a coragem de enfrentar toda questão de peito aberto que faz o filósofo. Ele deve ser como o Édipo de Sófocles, que, em busca de esclarecimento, [...] prossegue em sua infatigável investigação, mesmo quando adivinha que um horror medonho espera por ele na resposta".[15]

Capítulo VI – Prováveis resultados sociais e educacionais

Uma reavaliação dos valores – Influência sobre a comunidade e sobre o sistema social – Modificação das relações familiares – Maior liberdade individual – Efeitos sobre os ideais e os métodos educacionais.

"O pragmatismo representa uma atitude perfeitamente familiar em filosofia – a atitude empirista. Um pragmatista volta as costas resolutamente e de uma vez por todas a muitos hábitos inveterados caros aos filósofos profissionais. Ele se afasta da abstração e da insuficiência, das soluções verbais, de más razões *a priori*, de princípios fixos, sistemas fechados e pretensos absolutos e origens [...]. Contra o racionalismo como uma pretensão e um método, o pragmatismo está completamente armado e militante [...]. Nenhum resultado, então, até agora, mas apenas uma atitude de orientação é o que significa o método pragmatista. *A atitude de desviar o olhar das primeiras coisas – princípios, 'categorias', supostas necessidades – e de olhar na direção das últimas coisas – frutos, consequências, fatos.*"[16]

A citação acima, se substituirmos "pragmatismo" pelo termo "psicanálise", poderia passar por uma descrição da teoria freudiana, pelo menos no que diz respeito à sua base e à sua atitude geral. A teoria psicanalítica, trabalhando empiricamente, está em busca de "frutos, consequências, fatos" e os encontrou em grande abundância; é por isso que sua validade se sustenta, deixando de lado, por ora, a questão da sua concordância com muitas outras teorias científicas já conhecidas.

---

[15] Carta de Schopenhauer a Goethe de 11 de novembro de 1815. *In*: Schemann, L. (ed.). *Schopenhauer-Briefe*. Leipzig: F. A. Brockhaus, 1893. p. 82. (N.T.)

[16] James, William. *What Pragmatism Means*.

Podemos contemplar a teoria psicanalítica de duas maneiras: como uma ideia instrumental que nos capacita a estabelecer relações mais satisfatórias com outras partes da nossa experiência (o teste para a "verdade" de qualquer teoria, de acordo com William James) ou como algo que revela novos conhecimentos e que produz muitos resultados para a humanidade em termos de sistema educacional, industrial e social, destino individual e relações familiares, os quais emergem de uma reavaliação dos valores atuais.

No espaço muito limitado de que ainda disponho, não posso fazer mais do que indicar alguns poucos dos resultados de longo alcance que parecem prováveis de ser obtidos da compreensão e da aplicação da teoria freudiana – resultados dos quais não se deve esperar que possam passar sem oposição e hostilidade, pois, como disse um filósofo, "de longe, a maneira mais comum de lidar com fenômenos tão novos que provocariam um considerável rearranjo de nossos preconceitos é ignorá-los completamente ou maltratar aqueles que falam a seu favor".[17]

Para começar com uma das consequências mais fundamentais, a aplicação da psicologia freudiana está fadada a produzir inevitavelmente, nas palavras de Nietzsche, "uma transvaloração dos valores".

Uma reavaliação dos valores

Os impulsos primitivos, admitidos e compreendidos como a base dinâmica de nossa vida psíquica, portadores de sua própria validade e de seu próprio esplendor e essenciais para qualquer consciência harmoniosa, receberão uma consideração muito maior. A vida consciente "racional" será percebida como apenas parte da psique total, não necessariamente e nem sempre como seu único condutor e guia. Será preciso forçosamente desenvolver um sistema social que permita algum grau satisfatório de liberdade aos instintos primitivos, lado a lado com a sublimação, e a exaltação indevida dos ideais ultracivilizados cessará. Esse novo ideal traz na sua esteira uma revolução em nossos métodos de instrução e educação das crianças,

---

[17] O filósofo é, de novo, William James. Trata-se de outra passagem do mesmo texto citado na abertura do capítulo – "What Pragmatism Means" –, a segunda de uma série de oito conferências sobre pragmatismo proferidas por James em homenagem a John Stuart Mill entre dezembro de 1906 e janeiro de 1907 e publicadas num volume intitulado *Pragmatism: A New Name for Some Old Ways of Thinking* (New York: Longmans, Green & Co., 1907). (N.T.)

que, até agora, ocuparam-se quase que exclusivamente da consciência. De um sistema educacional assim modificado podemos esperar indivíduos mais capazes de compreender e mais aptos a reconhecer intuitivamente os motivos humanos, de modo que possamos nos tornar menos perplexos e menos tolos diante de certas manifestações humanas tais como guerras, ódio de classe, movimentos religiosos e sociais, para as quais nossas soluções "racionais" são quase sempre fracassos completos.

"Metade dos filósofos ignora a grandeza do homem e a outra metade ignora sua baixeza", escreveu Pascal, e é essa ignorância, em ambas as direções, que a psicanálise ajudará a remediar.

Inibições externas e internas não serão consideradas como a totalidade do indivíduo, mas antes como uma máscara que encobre o que jaz mais profundamente. "Ninguém vive na verdade externa, entre sais e ácidos, mas na câmara fantasmagórica e aquecida de seu cérebro, com as janelas pintadas e a parede decorada", diz Robert Louis Stevenson;[18] e é necessário aprender sobre a natureza e a força da "câmara fantasmagórica" de nossa psique e alcançar algum grau de reconciliação entre ela e o nosso "self racional". Como Freud sintetizou: "Uma reação contra a superestimação da qualidade de consciência se torna a condição preliminar indispensável para qualquer *insight* correto do comportamento do psíquico. Nas palavras de Lipps, o inconsciente deve ser aceito como a base geral da vida psíquica".[19]

Influência na comunidade e no sistema social

Para o indivíduo, então, podemos esperar uma melhor autocompreensão (e, com isso, melhor harmonia interna), melhor oportunidade para viver baseando-se em seus impulsos mais profundos, em vez daqueles mais superficiais, e mais energia psíquica para ser posta a serviço de seus próprios propósitos e daqueles de sua comunidade, porque, com suas inibições sendo fortemente atenuadas, ele poderá liberar essa energia para outros fins. Além disso, ele pode adquirir maior liberdade externa através

---

[18] Essa passagem se encontra na narrativa "The Lantern-Bearers", incluída num dos volumes de literatura de viagem de Stevenson, intitulado *Across the Plains*, publicado em 1892. Ela também é citada por William James em seu ensaio "On a Certain Blindness in Human Beings" (1899). (N.T.)

[19] Passagem da seção F do capítulo VII de *A interpretação do sonho*. Low utiliza aqui a tradução de A. A. Brill (New York: Macmillan Company, 1913. p. 486). (N.T.)

da atitude modificada da comunidade e dos novos ideais sociais que ela passe a professar.

Parece que o novo conhecimento deve inevitavelmente atuar na direção de diminuir a força do "instinto de rebanho". O indivíduo, liberado do poder do complexo parental e do complexo de autoridade, tem muito menos probabilidade de seguir com obediência cega os ditames da comunidade como um todo ou dos "líderes" que nela surgem. Talvez nada tenha maiores consequências do que isso, pois nosso sistema social atual – sobretudo, nas esferas da moral, da política e da economia – está perdendo a vitalidade, esmagado entre as engrenagens dos assim chamados "líderes", por um lado, e das massas impelidas pelo impulso irracional por liderança, por outro. Quando o indivíduo pode confiar em seus próprios impulsos (o que pode ser alcançado em maior medida se ele os compreende e os enfrenta) e não é mais vítima de tabus e medos incompreendidos, ele estará muito menos disposto a se sujeitar aos impulsos da multidão ou à orientação da "autoridade". (Por exemplo, ele não apoiará, em pânico, uma legislação antialienígena nem será aterrorizado pela "ameaça alemã" ou levado pela "moda" a admirar uma forma de educação fútil e irrefletida.) Essa independência de pensamento avançará muito na construção de uma sociedade que tenha uma função real em exprimir e sintetizar os desejos e as opiniões dos membros individuais que a constituem.

Além disso, a comunidade alcançará maior flexibilidade nas leis e nos costumes, em parte, pelas razões mencionadas acima. Em seu inconsciente, o ser humano encara a lei e o costume como a voz de uma autoridade temida e reverenciada – o pai reencarnado – que não pode ser desafiada com impunidade, por mais incompreensíveis que sejam seus ditames. Ele não ousa valer-se de seus impulsos espontâneos para pressionar a autoridade; por isso, numa sociedade civilizada, o costume e a lei permanecem como um peso morto sobre a liberdade de pensamento e de ação. Essa situação se mantém em parte por outra razão. O impulso humano para realizar certas atividades é tão forte que apenas por medo da imposição de severas penalidades aqueles impulsos possuídos e temidos podem ser suprimidos. A verdade disso pode ser apreendida em exemplos tais como as nossas leis de matrimônio e propriedade, muitos de nossos costumes sexuais, a punição de certas ações (por exemplo, práticas homossexuais entre adultos), os nossos pretensos tabus concernentes a praticamente todas as funções corporais, e assim por diante. A pesquisa psicanalítica, ao mostrar a imensa variedade e complexidade dos impulsos e das necessidades humanas em todas as direções, prevenirá uma cristalização tão mortífera de ideias e nos ajudará a perceber que esses impulsos, por mais indesejados que sejam, não podem desaparecer por meio de leis e costumes repressivos.

Não haverá apenas resultados negativos – a remoção dos obstáculos à liberdade de desenvolvimento –, mas também positivos. A energia anteriormente esgotada – tanto pelo indivíduo, por conta de suas inibições, quanto pela comunidade, na preservação de seus tabus desnecessários – pode ser liberada para propósitos úteis para ambos. Vale lembrar que, no livro de William Morris *Notícias de lugar nenhum*,[20] os prédios antes ocupados como prisões tinham se tornado instituições educacionais, e os antigos carcereiros eram agora professores e conselheiros – um exemplo concreto do tipo de mudança que se pode esperar.

Caso se objete que a liberdade do impulso pode trazer consigo resultados desastrosos, a resposta deve ser, em primeiro lugar, que o impulso trabalha na direção da sublimação tanto quanto dos desejos primitivos e que o ser humano precisa expressar a primeira assim como os últimos, estes talvez até mesmo mais, desde que encontre alguma satisfação adequada para os impulsos primitivos; em segundo lugar, qualquer controle sobre esses impulsos só pode ser obtido conhecendo e compreendendo aonde eles podem conduzir e como isso se dá. A comunidade na qual esses impulsos estejam meramente suprimidos e reprimidos nada faz para educá-los e usá-los para seus propósitos finais.

A hipocrisia e a sentimentalidade que recobrem uma parte tão grande de nossa vida, obscurecendo e distorcendo o que está por baixo, podem ser remediadas em grande medida com mais conhecimento. Em toda comunidade, há pessoas cujas inibições são tão fortes que elas não conseguem sequer vislumbrar os fatos existentes (como aqueles famosos diretores de escolas mistas que sempre garantem confiantemente a seu público: "Não há *nenhum* problema sexual em *nossas* escolas"). Há outros que veem alguns fatos, mas lhes voltam as costas, normalmente argumentando que qualquer investigação do que eles chamam de "perigoso" ou "desagradável" está destinada a produzir um dano ainda pior, que esses assuntos são apenas para os especialistas ou alguma racionalização similar de seus próprios medos.

Poucas pessoas são tão sinceras e inteligentes, em perspectiva, quanto Robert Louis Stevenson, que, em 1894, escreveu de Vailima uma carta

---

[20] *News from Nowhere (or an Epoch of Rest)* é um romance utópico do artista e escritor socialista inglês William Morris (1834-1896), publicado em 1890. (N.T.)

para seu primo R. A. M. Stevenson: "À medida que minha vida avança, torno-me cada vez mais como uma criança desnorteada; não consigo me acostumar com este mundo, com a procriação, a hereditariedade, a visão e a audição [...]. A face impecável, obliterada e polida da vida e suas fundações largamente obscenas e orgiásticas – ou menádicas – formam um espetáculo com o qual nenhum hábito me reconcilia".[21]

Stevenson parece aqui ter percebido os fatos da existência e seu próprio problema com relação a eles. Através da psicanálise, é possível chegarmos a algum caminho de reconciliação entre os dois extremos vivenciados por ele, cessando de divorciar tão completamente esses dois aspectos, ao tornarmos o primeiro menos "impecável, obliterado e polido" e o segundo menos terrível (como é para muitos), pela remoção de medos e tabus desnecessários. Se essa reconciliação não puder ser alcançada, temos, então, pelo menos, de saber disso e nos reconciliar com a não reconciliação, concordando em parte, se não totalmente, com a máxima de Nietzsche: "O necessário não deve apenas ser suportado e, em hipótese alguma, ocultado – todo idealismo é falsidade diante da necessidade –, mas ele deve também ser *amado*" (*Ecce homo*).[22]

Ressaltemos aqui que a teoria freudiana não propõe "soluções" fáceis e absolutas para os problemas – nada, nas palavras de William James, em que "se deitar e descansar", nenhum objetivo determinado já atingido ou atingível. Contudo, ela com certeza nos proporciona, em primeiro lugar e acima de tudo, um *conhecimento* dos problemas da psique e os métodos para obtermos esse conhecimento, e, caso suas realizações não tivessem ido além disso, ela ainda assim teria avançado muito em revolucionar o pensamento e a atividade humana. Mas, como já foi apontado, ela pode também ajudar a *resolver* esses problemas, trazendo um esclarecimento extraordinário para todos os tipos de temas até então incompreendidos na vida pessoal e na vida em geral.

Em certas áreas, em especial, as descobertas de Freud têm um alcance muito amplo e podem exigir grandes mudanças em ideias e costumes atuais

---

[21] Trata-se de uma carta de setembro de 1894 (sem data precisa). Publicada em: Colvin, S. (ed.). *The Letters of Robert Louis Stevenson. Volume IV, 1891-1894*. New York: Charles Scribner's Sons, 1911. p. 353. Vailima é a aldeia em Samoa na qual Stevenson residiu em seus últimos anos. (N.T.)

[22] Conclusão do segundo capítulo ("Por que sou tão inteligente") de *Ecce homo*. Em: Nietzsche, Friedrich. *Ecce Homo (Nietzsche's Autobiography)*. Transl. Anthony M. Ludovici. London; Edinburgh: T. N. Foulis, 1911. p. 54. Essa é, provavelmente, a edição citada por Low. (N.T.)

– a saber, nas áreas da vida familiar, da instrução de crianças e do trabalho educacional sistemático.

"É como um esplêndido empreendimento exploratório que nós recomendamos a psicanálise no estudo da criança", dizem os dois autores do panfleto já citado,[23] e aqueles que embarcarem nesse empreendimento descobrirão que ele oferece resultados ainda inimagináveis. Nos primeiros estágios da criação e da instrução de crianças, talvez a psicanálise pareça ter mais a dizer sobre o importante lado *negativo* do problema educacional. Como tanto o trabalho da repressão quanto a capacidade de formar complexos operam no indivíduo desde o nascimento, fica claro que, nos primeiros anos, o ambiente e a educação (empregando esse último termo em seu sentido mais abrangente) devem exercer uma importantíssima influência (Freud defende que os três ou quatro primeiros anos de vida têm uma importância vital para as inclinações psíquicas futuras). Nesses poucos anos, o eu dá os primeiros passos no processo de adaptação ao mundo externo, no qual problemas complexos e delicados precisam ser ajustados, e desarmonias devem inevitavelmente se desenvolver. Pode-se resumir o trabalho do educador ou instrutor durante esse período como consistindo em descobrir o melhor método para *evitar a repressão indevida e ilegítima e a criação de complexos não resolvidos*. A concretização dessa meta – ou, na verdade, de qualquer coisa que dela se aproxime – necessita de um conhecimento amplo e profundo, muita compreensão psicológica e muita sinceridade; é espantosa a frequência e a leviandade com que pais e professores (especialmente esses últimos) afirmam possuir um conhecimento completo e preciso de seus filhos e alunos.

O alerta do Dr. Ernest Jones a esse respeito deve ser ressaltado: "Quando ouvimos uma mãe dedicada afirmar com confiança que seu filho lhe conta tudo que tem em mente, podemos ter completa certeza de que ela é vítima de uma evidente ilusão. Desde a mais tenra idade, a criança não apenas preserva seus pensamentos mais íntimos do conhecimento de qualquer adulto, por mais que este lhe seja caro, como também é tão incapaz quanto relutante em formular muitos deles sequer para si mesma, e estes, de forma alguma, são os menos importantes".[24]

O problema de *compreender* a situação descrita na citação acima é tão importante que precisamos dedicar-lhe mais algumas palavras. Segundo

---

[23] Eder, M. D.; Eder, Edith. *The Conflicts in the Unconscious of the Child*.

[24] Jones, Ernest. *The Unconscious Mental Life of the Child*.

as hipóteses de Freud sobre a mente, é inevitável que a resistência entre a mente infantil e a mente adulta deva existir, e, até que se perceba isso, o trabalho do educador prosseguirá por linhas ineficazes. A censura psíquica em ação na mente da criança trabalha para impedir que muitos de seus pensamentos e sentimentos se tornem manifestos; além disso, os tabus externos, que ela tão cedo precisa reconhecer, levam-na a perceber que muitos dos seus pensamentos e impulsos mais íntimos não se conformam aos padrões dos adultos à sua volta. Para dar apenas um exemplo disso: Freud e seus colaboradores descobriram como é comum que a criança de 4 ou 5 anos dê as costas aos pais e conduza especulações privadas sobre temas – o sexo é um dos principais – a respeito dos quais lhe foi negada informação ou sobre os quais ela pode ainda nem sequer ter questionado os mais velhos. Mais tarde, essas especulações são, na maioria das vezes, esquecidas, e "uma aparente inocência assim se produz, enganosa tanto para quem olha de fora quanto para a própria criança".

Quanto ao adulto, a dificuldade de penetrar na mente da criança resulta da barreira que existe entre sua própria consciência e seu inconsciente (isto é, entre a mente adulta e a mente infantil numa única e mesma personalidade); até que essa barreira seja ultrapassada, é impossível que o adulto tenha sequer as qualificações necessárias para ver a mente da criança como ela realmente é – ele não quer ver na criança aquilo que é incapaz de reconhecer em seu próprio inconsciente.

"Essa é a resposta final àqueles críticos da psicanálise que afirmam ter assiduamente estudado a mente da criança sem nela descobrir as diversas características e os diversos conteúdos descritos pelos psicanalistas. É claro que são incapazes de fazê-lo, pela simples razão de que são incapazes de ver o que está em sua própria mente. Até que uma pessoa tenha acesso aos recantos de sua própria mente, ela certamente falhará em penetrar nos recantos da mente de outro, principalmente nos de uma criança".[25]

Assim, o problema de evitar a repressão ilegítima e a criação de complexos insolúveis só pode ser enfrentado por quem tiver alguma compreensão da situação psíquica; mesmo então, as dificuldades são muitas, e há espaço aqui apenas para mencionar duas ou três das mais significativas.

Primeiro, há o problema da rapidez e do caráter abrupto do processo educacional – principalmente em seus aspectos iniciais – pelo qual a criatura recém-nascida se adapta ao ambiente civilizado em que ingressa. Já

---

[25] Jones, Ernest. *The Unconscious Mental Life of the Child*.

observamos aqui como o processo da sublimação é delicado e como ainda sabemos pouco sobre sua possível extensão e suas limitações. Não obstante, praticamente exigimos que cada indivíduo atinja, no mesmo período de tempo, mais ou menos o mesmo grau de sublimação – uma exigência evidentemente impossível, que produz sérias desarmonias em alguns dos indivíduos envolvidos.

Quando, portanto, tivermos conhecimento suficiente para perceber que precisamos parar de tentar encaixar cada ser humano num padrão estereotipado e conveniente para o tecido social existente, poderemos começar a instruir e educar de modo correto. É provável que nenhum método imaginável possa fazer com que o processo adaptativo não seja doloroso, complexo e repleto de dificuldades. O que pode ser feito é ajudar a tornar esse processo tão satisfatoriamente consumado quanto possível. Nós podemos evitar a *pressa* excessiva: por exemplo, somos propensos demais a ser excessivamente limpos, gentis ou corretos ao considerar o comportamento dos muito jovens, até mesmo a ponto de punirmos, em vez de compreendermos, o que consideramos lapsos de decência ou nas boas maneiras. Temos de permitir muito mais experimentação no campo psíquico, observando para onde os impulsos primitivos próprios da criança a conduzem e como o fazem, nem sempre tolerando necessariamente aqueles impulsos para dominar, mas procurando compreender sua significação e sua importância. (Podemos perguntar-nos quantas crianças pequenas pertencentes a famílias "respeitavelmente educadas" são, alguma vez, autorizadas a brincar livremente com terra de verdade, de qualquer tipo que espontaneamente encontrem, ou a expressar plenamente seu interesse pelas próprias funções corporais.) Pode ser que esse procedimento pareça retardar o desenvolvimento externo da criança, de modo que ela não seja capaz de assumir seu lugar na vida adulta tão cedo e tão prontamente, mas isso não é necessariamente uma desvantagem. Não sabemos ainda o bastante para estabelecer regras sobre essa questão. Sabemos, sim, que uma porcentagem surpreendentemente grande de pessoas civilizadas e cultas, que circulam na sociedade normal e bem-comportada, é incapacitada por algum tipo de distúrbio neurótico ou por alguma moléstia física (ou, pelo menos, pela falta de vitalidade física e mental), o que certamente prova o fracasso de nosso sistema de criação e educação.

Até agora, então, constatamos dois aspectos que devem ser especialmente evitados no processo inicial de instrução, a saber, excesso de pressa e uniformidade indevida. É verdade que, da boca para fora, enaltecemos o ideal de liberdade infantil, mas é duvidoso que possamos fazer mais do que isso; e, mesmo se fôssemos sinceros em nossas afirmações, seria impossível concretizar esse ideal sem conhecimento. A liberdade tão frequentemente discutida pelos aspirantes a reformadores (eugenistas, montessorianos e muitos outros) é sem valor, pois está baseada na ignorância da situação psíquica da criança com a qual eles alegam lidar e, acima de tudo, na ignorância de sua própria psique.

Um terceiro fator essencial nesse trabalho de instrução inicial é a disposição, por parte dos educadores, para enfrentar todas as implicações da situação. Aqueles que começam com pressuposições e preconceitos referentes à natureza infantil inevitavelmente fracassarão aqui; estarão pouco dispostos a reconhecer alguns dos impulsos na criança e terão medo de satisfazer sua curiosidade. A questão de um esclarecimento honesto e bem informado está totalmente envolvida aqui, em particular no campo da investigação e da educação sexuais. Freud crê que, nessa área, as repressões mais profundas e prejudiciais provavelmente se formam. Os pais e educadores são, assim, reticentes e incapazes de proporcionar esclarecimento; o assunto como um todo, naturalmente de grande interesse para toda criança pequena, torna-se vergonhoso – algo impróprio de conversar com adultos admirados e respeitados – e é conscientemente suprimido e inconscientemente reprimido. A disposição, por parte dos adultos, para responder sinceramente todas as questões, para enfrentar as referências e implicações que vão surgir, para tornar seu próprio conhecimento tão adequado quanto possível – tudo isso os ajudará a se livrarem da vergonha, da furtividade e das ilusões ligadas às ideias sexuais. Ao mesmo tempo, percebemos através da psicanálise que, nessa direção, acima de todas as outras, nenhuma solução fácil será encontrada. Incorre-se no maior dos erros (como fazem tantas pessoas bem-intencionadas, mas ignorantes) ao se supor que, contando à criança "tudo" sobre as questões sexuais, respondendo suas perguntas e agindo de modo sensível e inteligente quanto a assuntos sexuais, o problema estará com isso resolvido. É a mesma atitude errônea que defendeu que se oferecesse instrução sexual nas escolas, em turmas grandes, a crianças de várias idades e em diferentes estágios de desenvolvimento ("exatamente como se ensina história ou aritmética", como afirmou recentemente um bem conhecido e ingênuo educador). Essa ideia presume que haja apenas a mente consciente, racional e lógica a ser considerada, embora as profundezas do sexo e das emoções sexuais pertençam primariamente ao inconsciente. Mas o conhecimento pode fazer algo, talvez muito, em termos de prevenir a excitação sexual prematura, tornar as funções corporais um assunto ordinariamente reconhecido tanto quanto for possível, em vez de envolvido em mistério e vergonha, e diminuir a imposição de padrões fixos de conduta, sem levar em conta a natureza própria da criança.

Em relação ao primeiro ponto mencionado acima – prevenir a excitação sexual prematura –, a psicanálise tem muitas diretrizes a oferecer. A ideia popular de que a criança com menos de 5 ou 6 anos é incapaz de sentimentos sexuais foi invalidada pelas pesquisas de Freud, que deixou claro que a criança pode ser sexualmente excitada numa idade muito tenra, de maneiras nunca consideradas por pais e cuidadores. Como consequência, parece que um cuidado muito maior deve ser tomado para evitar que a criança pequena (mesmo ainda bebê) testemunhe ou ouça falar de incidentes sexuais, como está fadado a acontecer se ela dorme no quarto dos pais, divide a cama com alguém ou se banha, despe-se e se veste junto a outra criança do sexo oposto – uma prática bastante comum no caso de crianças com menos de 5 ou 6 anos.

Assim, aqueles que se orgulham de ter uma visão "avançada" do sexo e grande amplitude de perspectivas terão muito a aprender estudando Freud, ao lado daqueles outros que sustentam opiniões mais limitadas e convencionais.

Não foi possível fazer mais aqui do que apenas tocar em um ou dois dos temas mais significativos relacionados à influência das descobertas psicanalíticas sobre a formação e o ambiente iniciais. Grande parte do trabalho a ser realizado no futuro é difícil e delicado. Serão necessários anos de investigação paciente antes que os resultados possam ser amplamente obtidos; porém, em todo caso, nas palavras de um psicanalista bem conhecido, "a primeira coisa que temos de aprender é parar de fazer o mal; então, talvez, possamos aprender a fazer o bem".[26]

Se nos voltarmos para a esfera da vida familiar, descobriremos que aqui, mais uma vez, a psicanálise tem muitos esclarecimentos a dar. Na vida familiar, como Freud mostrou, os impulsos primitivos encontram algumas das suas primeiras e mais profundas satisfações, a partir das quais se originam as tendências psíquicas da vida posterior do indivíduo. O papel que cabe aos pais é, em parte, ajudar a conduzir o complexo parental da criança a um desenvolvimento harmonioso ou, pelo menos, abster-se, na

---

[26] O psicanalista em questão aqui é, mais uma vez, Ernest Jones (*Papers on Psychoanalysis*. London: Baillière, Tindall & Cox, 1913. Capítulo XIX, "Psychoanalysis and Education", p. 415). (N.T.)

medida do possível, de promover o conflito. Os laços familiares podem ser tão intensos – quer de forma positiva, quer de forma negativa – que o indivíduo mais uma vez não consiga se libertar, fato do qual emergem muitas de suas dificuldades psíquicas posteriores. A mãe que tem conhecimento não promove intimidades familiares excessivamente absorventes, sobretudo a devoção demasiadamente intensa do filho e uma atitude que se assemelhe à de um amante (frequentemente se considera como algo nobre amar a família com a exclusão virtual do restante do mundo!); longe disso, ela se esforçará para direcionar para fora as atividades emocionais da criança e para nela cultivar uma vida mais objetiva e impessoal. Tanto o pai quanto a mãe podem fazer muito para prevenir que a criança dependa demais deles. Eles podem evitar esbanjar amor e reconhecimento obtidos praticamente sem esforço por parte da criança – um perigo numa direção – ou privá-la de afeição e reconhecimento merecidos – um perigo na direção oposta, que leva à supressão e à introversão. Sobre essas duas atitudes prejudiciais, o pastor e psicanalista suíço Dr. Oskar Pfister (em *O método psicanalítico*) afirma que, provavelmente, o maior perigo está no apego excessivo e na superestimação dos pais, pelos quais o indivíduo permanece inferior e dependente por toda a vida, temendo e, contudo, exultando com a autoridade. Ele escreve: "Se a emancipação dos pais em favor de considerações mais elevadas (outrora comandada por Jesus) não ocorre, surgem a estagnação e a regressão. Mesmo os judeus e os chineses altamente talentosos permaneceram, por séculos, dependentes do pai e vivenciaram a ossificação de suas culturas".[27]

Para os pais (ou aqueles que atuem em seu lugar), tais esforços envolverão sacrifícios, tanto na direção de dar quanto na de receber amor e intimidade da criança. O amor possessivo e passional dos pais pela criança deve, em parte, ser reconhecido como a manifestação de um intenso desejo egocêntrico. A mãe busca a gratificação e a realização de seus próprios desejos emocionais através dessas relações com a criança, sem se preocupar com que a criança tenha um desenvolvimento harmonioso, e a psicanálise traz à luz a verdade de sua atitude, que não aparece mais somente como altruísmo. Da mesma maneira, as relações com irmãos e irmãs devem compreendidas e ajustadas, para que esses laços não possam servir como empecilhos no caminho para o desenvolvimento e a independência do adulto. Há caso de

---

[27] Cf. Pfister, Oskar. *The Psychoanalytic Method.* Transl. Charles R. Payne. London: Kegan Paul, Trench, Trübner & Co, 1917. p. 549 (numa formulação ligeiramente diferente dessa citada aqui). (N.T.)

irmãos cuja devoção à irmã (vista como algo louvável no círculo familiar) é tão intensa que nenhuma outra mulher, pela vida afora, consegue desalojar sua imagem, e formar novos laços (como o casamento, por exemplo) se torna difícil ou impossível. Algo similar ocorre com a fixação da irmã pelo irmão ou, mesmo, entre irmã e irmã ou irmão e irmão. Aqui também as relações dos pais entre si terão imensa influência em provocar uma reação da parte deles com relação à criança. Freud relatou o caso de uma paciente sua que era uma mulher dominada por uma neurose de angústia por conta de seu filho de 7 anos de idade, resultando num mimo absurdamente excessivo e numa preocupação com cada detalhe mínimo da existência da infeliz criança. Sua saúde, sua educação, suas roupas, seus jogos – tudo era da mais terrível e dolorosa importância para ela. A análise descobriu que essa mãe estava insatisfeita com sua vida sexual e emocional e cheia de autorrecriminações por sua atitude ingrata com o marido; ela compensava isso (conhecido apenas pelo seu inconsciente) com um zelo excessivo pelo bem-estar da criança, pela qual nutria, inconscientemente, uma aversão que se misturava com sua afeição consciente.

Nos estágios mais tardios do desenvolvimento infantil, quando se inicia a educação em seu sentido específico e formal, a psicanálise pode fornecer orientação e informação de natureza mais *positiva*. Podemos sintetizar sua função como sendo a de auxiliar-nos a descobrir *como melhor ajudar e guiar a capacidade sublimatória do indivíduo para canais mais desejáveis e úteis para ele próprio e para a sociedade.*

Nesse trabalho, o professor está claramente destinado a desempenhar um papel importante, mais positivo do que negativo, pois – desde a idade de 9 anos e, com frequência, até os 18 ou 20 anos – a educação formal, escolar e superior é uma das maiores influências na vida de um ser humano nos tempos modernos.

O melhor que posso fazer é citar as próprias palavras de Freud a esse respeito: "A educação pode ser descrita como a incitação ao domínio do princípio de prazer e sua substituição pelo princípio de realidade; ela auxilia, assim, o processo de desenvolvimento do ego, fazendo uso, para esse fim, de prêmios de amor por parte dos educadores e, por isso, fracassando quando a criança mimada acredita já possuir esse amor, independentemente de seus esforços".[28]

---

[28] A citação é do artigo de Freud "Formulações sobre os dois princípios dos acontecimentos psíquicos" (1911). Low cita-o indiretamente a partir do livro de Pfister, *O método psicanalítico*, p. 548. (N.T.)

Parece provável que um grande campo de atuação se abrirá, num futuro próximo, para o educador que tiver estudado as teorias de Freud e puder aplicá-las a sua própria linha de trabalho, talvez até mesmo mais possibilidades para ele do que para o médico, uma vez que seu campo é bem mais amplo.

Em sua introdução a *O método psicanalítico*, de Pfister, Freud expressa sua opinião de que, no futuro, podem-se esperar grandes resultados do trabalho do analista-educador, o qual ele considera, sob muitos aspectos, mais apto à aplicação dos princípios psicanalíticos de modo geral do que o próprio médico. Outro analista, Riklin,[29] de Zurique, afirma: "Obviamente, devemos saudar a colaboração de filologistas, pedagogos e outros com alegria. Precisamos deles e podemos deles esperar os maiores estímulos. Pois a psicanálise não pode jamais se limitar à patologia. É muito desejável que o mundo educado adquira conhecimento psicanalítico. Será, então, mais difícil para os conflitos se esconderem por trás da pobre máscara das neuroses. Muitos conflitos (os da puberdade, por exemplo) serão julgados de maneira muito diferente e serão conduzidos a soluções racionais".

O professor com esse conhecimento terá um objetivo diferente e buscará atingi-lo por métodos distintos daqueles empregados atualmente. Muito resumidamente, seu objetivo será oferecer uma via de escape adequada para a necessária sublimação, evitar "atalhos" para a sublimação (que tendem a criar complexos), auxiliar o aluno no autoconhecimento e liberar energia mental até onde for possível. Essas serão suas metas, em vez de estabelecer padrões (de vida, pensamento, moral etc.) ou impregnar os alunos com qualquer conjunto de ideias vindas de fora.

Quanto à mudança de métodos, a primeira ideia importante que devemos reter é que o analista-educador voltará sua atenção para o inconsciente e dele fará uso tanto quanto do consciente, uma mudança que, por si só, revolucionaria nosso sistema educacional atual.

Provavelmente, um dos mais comuns e piores efeitos desse sistema é a desintegração da psique que ele cria. O inconsciente permanece intocado pela educação direta do dia a dia, muitas vezes por toda a vida escolar; por isso, ele se separa do consciente e não pode ser a ele reunido outra vez.

Vemos esse processo transcorrer diante dos nossos olhos, em primeiro lugar, no resultado manifesto e evidente que divorcia a "vida escolar" do restante da vida da criança, criando dois compartimentos estanques em

---

[29] Referência ao psiquiatra e psicanalista suíço Franz Beda Riklin (1878-1938), colaborador próximo de Jung (N.T.)

que ela vive e se move em diferentes momentos e lugares, com um abismo intransponível entre eles. Ninguém expressou essa anomalia melhor que o Sr. Wells em vários de seus escritos – acima de tudo em *O novo Maquiavel* (cujo maravilhoso capítulo "Escolar" deveria ser lido por todos que se interessam pelo assunto) e em seu livro mais recente, *A chama imortal*.[30] Ele expressa esse ponto em poucas palavras: "Aqui, à minha volta, estava Londres, um vasto ser inexplicável, um vórtex de forças gigantescas, que me preenchia e inundava de impressões, que incitava minha imaginação a uma indagação vaga e perpétua; e minha escola não apenas deixava de oferecer qualquer chave para isso, mas também não tinha praticamente nenhum comentário a fazer, fosse ele qual fosse".[31]

Mas esse divórcio de interesses e ambientes – em grande parte, um processo consciente – é um aspecto muito menos prejudicial do que a desintegração psíquica que prossegue sob o nosso atual sistema. Essa última produz o fantasiar que cria um abismo permanente entre o consciente e o inconsciente, impedindo este de iluminar o primeiro. A criança, usando apenas sua consciência para o seu trabalho educacional, retira-se, em busca de prazer e gratificação, para o inconsciente, que não precisa desempenhar papel algum na vida intelectual consciente. Isso, de novo, perpetua o pensamento infantil (pois nenhuma relação precisa ser estabelecida entre o inconsciente primitivo e a consciência mais desenvolvida), o que, por sua vez, torna ainda mais difícil qualquer pensamento abstrato. Assim, somos nós que produzimos indivíduos – os produtos de um sistema educacional dos mais "avançados" e "intelectuais" – que ainda permanecem infantis e regressivos em seu íntimo, acima de tudo em seus métodos de pensar e sentir. Tenho um exemplo disso em mente que serve como ilustração. Uma mulher conhecida minha, aceita como altamente intelectual em seus círculos, contou-me a respeito de sua incapacidade para o pensamento abstrato e sua aversão a ele, mesmo se do tipo mais simples; contudo, em sua escola e

---

[30] H. G. Wells (1866-1946) era amigo pessoal de Barbara Low e de sua família. Seu romance *O novo Maquiavel* (1911) se preocupa particularmente com o moralismo sexual na educação britânica vitoriana. O romance *A chama imortal* (1919) é uma versão contemporânea da história bíblica de Jó, e seu personagem central é um professor. O livro é dedicado a "todos os diretores e diretoras de escola e a cada professor que existe no mundo". (N.T.)

[31] *The New Machiavelli*, capítulo 5. [A passagem citada se encontra, de fato, no capítulo 3 do livro I do romance – o capítulo mencionado acima, que narra a vida escolar infantil do personagem central.]

em sua faculdade, ela arrebatou todos os prêmios e distinções, devido a uma receptividade mental extraordinariamente rápida, uma excelente memória e uma agilidade geral de pensamento, num sentido superficial. Porém, ao longo de todos os anos de sua educação formal, como ela mesmo me contou com amargura, não houve nenhum cultivo dos conteúdos mentais mais profundos, seus professores nunca demonstraram saber o que se estava passando com ela, tampouco tomaram qualquer medida para resgatá-la do perpétuo fantasiar de caráter infantil, uma característica que, aos 50 anos de idade, ainda a mantém cativa.

Com essas considerações em mente, as questões relativas ao trabalho mnêmico, à escolha de temas, à relação entre os resultados assim chamados "intelectuais" e emocionais da educação, entre tantas outras, devem ser tratadas de pontos de vista muito diferentes dos adotados atualmente. Uma questão talvez ainda mais difícil e mais provável de ser influenciada pela psicanálise do que os problemas já citados são o professor e sua função.

O professor é o pai ou a mãe substituta; por isso, todas as dificuldades que emergem da relação parental têm de estar envolvidas em suas relações com seu aluno, além dos problemas de seu próprio relacionamento pessoal.

Assim, o professor precisa enfrentar todas as questões difíceis relacionadas a autoridade, indulgência, igualdade, liberdade e relações emocionais a partir de um novo ponto de vista – a perspectiva do inconsciente, tanto quanto do consciente. É impossível discutir isso em detalhe aqui, devido a limitações de espaço, mas umas poucas palavras podem indicar do que se trata. O professor que exerce, talvez com sucesso, grande autoridade sobre seus alunos precisa aprender a distinguir o que essa autoridade implica e quais resultados ela produz. Pode ser que um complexo paterno próprio (uma reação intensa contra o pai) tenha produzido seu apreço por exercer autoridade – o que é ruim na medida em que consista numa reação falsa e incompreendida. Além disso, seu exercício da autoridade, tão voluntária e reverentemente aceito pelos alunos, talvez esteja tão somente armazenando uma safra de malefícios para esses últimos, ao neles criar um complexo paterno excessivo que, ao fim e ao cabo, produzirá a *sua* própria reação. De modo semelhante, o desejo de igualdade com os alunos – ou, mesmo, de certa sujeição a eles (bastante comum entre pretensos reformadores educacionais) – é sintoma de um prazer masoquista, o deleite com a inferioridade e o sofrimento, o que, com certeza, não deve ser saudado como algo benéfico, nem para o professor nem para os alunos. Também a atitude com relação às punições, sejam quais forem, pode ser muito significativa e reveladora, se investigada psicanaliticamente. O professor que "acredita em punição" pode vir a descobrir que essa crença meramente expressa seus próprios impulsos sádicos, os quais é incapaz de reconhecer, e que infligir punições contribui a construir no aluno uma tendência sexual sádica semelhante (lembrando aqui as experiências de Rousseau com castigos corporais).

Em suma, sem uma compreensão minimamente razoável de seu próprio inconsciente, será impossível para o professor saber *por que* está agindo de certa maneira ou *quais efeitos* sua ação produz nesse domínio tão importante da vida psíquica inconsciente – e, com isso, em última instância, no domínio da consciência. E o resultado será o que presenciamos hoje em dia – confusão e futilidade ao longo de todo o nosso sistema educacional. Essa opinião é expressa elegantemente por Pfister: "Todas as vezes que tive o prazer de analisar colegas de profissão, vivenciei um profundo choque ao reconhecer os múltiplos erros educacionais que foram cometidos sob a influência dos complexos".

Um inventário assim tão rápido e superficial dos resultados do conhecimento psicanalítico no campo da educação não pode fazer justiça ao tema, do qual apenas as bordas foram aqui tocadas. Mas certamente ficou claro a qualquer um que saiba pensar que ele deve produzir resultados profundos e significativos na esfera educacional, assim como nos demais já apontados – no plano da vida individual, social e nacional.

Portanto, é como revelação de um novo conhecimento que prenuncia as mais auspiciosas possibilidades e como instrumento para sondar o mar ainda inexplorado da mente que a psicanálise reivindica o nosso interesse e o nosso estudo.

Mesmo para aqueles que se sintam desconfortáveis diante de suas revelações e contestem suas descobertas, a investigação pode se provar frutífera. Se oponentes convictos devem ainda continuar a existir, que eles sejam oponentes no espírito de Voltaire, que escreveu a seu arqui-inimigo Helvétius: "Desaprovo totalmente o que dizes – e defenderei até a morte teu direito de dizê-lo".[32]

---

[32] A frase, na verdade, é de Evelyn Beatrice Hall (1868-1956), escritora britânica e biógrafa de Voltaire (sob o pseudônimo de S. G. Tallentyre). Ela a emprega no capítulo sobre Helvétius na coletânea de ensaios *The Friends of Voltaire* (London: Smith, Elders & Co, 1906. p. 199) para exprimir a atitude do filósofo francês, mas a frase é frequentemente atribuída ao próprio Voltaire. (N.T.)

HERMINE HUG-HELLMUTH (1871-1924)

A psicanálise de crianças
Fátima Caropreso

A psicanalista austríaca Hermine Hug-Hellmuth (1871-1924) é uma pioneira da psicanálise cuja importância foi obscurecida devido a fatores biográficos e institucionais. Ela foi a primeira a aplicar a psicanálise ao tratamento de crianças, a usar e desenvolver o brincar na terapia e a fazer uso da observação sistemática de crianças do ponto de vista psicanalítico (Grinstein; Hills, 1994; Plastow, 2011; Soubrenie, 1991). Apesar de sua vida relativamente curta, Hug-Hellmuth construiu os pilares da análise infantil em uma obra composta por três livros e cerca de 30 artigos (Vallejo Orellana, 2004). No entanto, como comenta G. MacLean (1986), à medida que a psicanálise floresceu, sua memória e suas contribuições se apagaram na sombra dos gigantes que se tornaram proeminentes na história dessa disciplina. Seus trabalhos foram sempre marcados pela influência de Freud, que sempre lhe demonstrou grande estima e respeito.

Hermine Hug-Hellmuth foi o nome adotado, em 1910, por Hermine Hug von Hugenstein, nascida em 1871, em Viena. Pertencente a uma família aristocrática, ela se formou como professora no ensino secundário e ingressou na Universidade de Viena em 1897. Foi uma das primeiras mulheres a estudar nessa universidade e uma das primeiras mulheres a obter o título de doutora em Física, em 1909. Foi também uma das primeiras analistas leigas. Sua aproximação da psicanálise ocorreu a partir de leituras e palestras e de seu relacionamento com Isidor Sadger, um dos primeiros psicanalistas. Sadger era médico de sua família e, posteriormente, tornou-se seu analista. Já em 1912, Hug-Hellmuth publicou seis artigos psicanalíticos e, em 8 de outubro de 1913, tornou-se membro da Sociedade Psicanalítica de Viena (MacLean, 1986).

Muitas das observações relatadas em seus artigos iniciais são do seu sobrinho Rudolph Otto Hug, nascido em 1906 e filho de sua meia-irmã, Antoine Farmer. Hug-Hellmuth se envolveu na criação do sobrinho, contexto no qual observou seu desenvolvimento inicial, seu comportamento e seus sonhos. Em 1915, Antoine morreu de tuberculose, e Rudolph, com 9 anos de idade, foi viver com outra família (MacLean, 1986; Grinstein, 1994). De acordo com Grinstein (1994), ele se tornou delinquente e foi institucionalizado em 1922. Em 1924, logo após ser liberado, enforcou sua tia Hermine, em uma ocasião em que tentava obter dinheiro dela.

Vallejo Orellana (2004) comenta que o assassinato de Hug-Hellmuth pelo sobrinho foi utilizado por William Stern, Alfred Adler, Wilhelm Stekel e outros para atacar as aplicações terapêuticas da psicanálise com crianças. Havia rumores de que Rudolph havia sido analisado por sua tia e de que essa análise levou aos seus problemas mentais e ao infeliz desfecho de suas histórias. Esses psicanalistas usaram esse fato para defender que a psicanálise não era um procedimento adequado para crianças pequenas, o que favoreceu o ofuscamento e o desmerecimento do trabalho e do pioneirismo de Hug-Hellmuth. No entanto, a sua contribuição para o conhecimento psicanalítico foi reconhecida explicitamente por Freud e por outros psicanalistas.

De acordo com MacLean (1986), em 1911, Freud já conhecia Hug-Hellmuth, pois, em carta a Jung enviada nesse ano, ele recomendou para publicação um artigo de autoria dela. Em carta a Karl Abraham, Freud comentou sobre seu neto Ernst, filho de Sophie Freud e Max Halberstadt, dizendo que "a educação rígida de uma mãe inteligente, esclarecida pela Dra. Hermine Hug-Hellmuth, fez muito bem a Ernst". Em 1922, Hug-Hellmuth foi encarregada do programa de ensino do Ambulatorium da Sociedade Psicanalítica de Viena, o qual passou a incluir 18 cursos diferentes. Pouco tempo depois, foi nomeada diretora do Centro de Aconselhamento Educacional ligado ao Ambulatorium. Todos esses fatos demonstram o reconhecimento de seu trabalho por parte de Freud.

MacLean (1986) argumenta que, na época em que o movimento psicanalítico estava vivenciando a fragmentação causada pelas discordâncias com Alfred Adler e Carl Jung, Hug-Hellmuth colaborou com Freud e seu grupo trazendo material importante obtido a partir de suas observações e de seu trabalho com crianças. Seus manuscritos publicados em 1912, em especial, ajudaram a fornecer suporte para a existência da sexualidade infantil. Segundo Grinstein (1994), sabe-se, através de várias fontes, que já no momento inicial da psicanálise ela estava desenvolvendo uma forma de tratamento psicanalítico que combinava terapia lúdica e educação. Anny Katan,[1] sua contemporânea, relatou que Hug-Hellmuth fazia com que as crianças fossem ao seu consultório, onde as ajudava a brincar e a falar. O fato de que, desde cedo, ela usava o brincar em seu trabalho com crianças fica evidente nas suas descrições cuidadosas do brincar e na importância que atribui à fantasia e à comunicação em seus primeiros artigos. Em sua monografia *A vida mental da criança: um estudo psicanalítico*, publicada em 1913, a autora enfatiza a importância da observação de crianças na construção do conhecimento psicanalítico. Nesse texto, ela aponta também a importância da brincadeira para o desenvolvimento da cognição, da imaginação, do raciocínio, da fala e da emoção. Em suas publicações subsequentes, ela contribuiu para a compreensão psicanalítica das crianças por meio de uma gama mais ampla de tópicos, publicando textos sobre a relação entre psicanálise e pedagogia, a neurose de guerra em crianças, a relação entre erotismo e matemática, a técnica psicanalítica infantil, entre outros temas.

O presente livro contém uma tradução do artigo "Sobre a técnica da psicanálise infantil", publicado originalmente, em 1921, no *Internationale Zeitschrift für Psychoanalyse*. Esse texto foi apresentado, em 1920, no Congresso Internacional de Psicanálise de Hague. Segundo MacLean, essa apresentação de Hug-Hellmuth consistiu na primeira conferência sobre a técnica da psicanálise de crianças, o que deixa clara a importância do texto escolhido para compor este livro. Estavam presentes nesse congresso Melanie Klein, Eugénie Sokolnicka, Anna Freud, Sabina Spielrein, entre outras figuras centrais da psicanálise infantil.

Plastow (2011) argumenta que Hermine Hug-Hellmuth é a precursora de duas correntes divergentes da psicanálise de crianças. O aspecto educativo de sua proposta foi adotado por Anna Freud, principalmente por meio de sua postura pedagógica no tratamento e sua ênfase no eu, nos mecanismos de defesa e nas linhas prescritivas de desenvolvimento. Por outro lado, está presente também em sua obra uma corrente mais propriamente analítica, que inclui a conceituação da transferência e do papel do brincar, a qual foi adotada por Melanie Klein. Esse autor sustenta que houve uma negação deliberada, por partes dessas duas psicanalistas, da importância e da influência de Hug-Hellmuth sobre elas. Independentemente de possíveis influências e injustiças cometidas ao longo do desenvolvimento da psicanálise, a riqueza e a atualidade dessa psicanalista são inegáveis. Seus textos não têm um valor

---

[1] Katan, A. Comunicação pessoal, 9 de julho de 1985.

apenas histórico, mas contêm também *insights* fascinantes para orientar o trabalho psicanalítico com crianças.

Referências

Grinstein, A., Hills, B. Hermine Hug-Hellmuth: Her Life and Work. *Journal of the American Psychoanalytic Association*, v. 42, n. 3, p. 901-904, 1994. Disponível em: https://doi.org/10.1177/000306519404200316. Acesso em: 15 fev. 2025.

Hug-Hellmuth, H Von. *Aus dem Seelenleben des Kindes. Eine Psychoanalytische Studie*. Leipzig: F. Deuticke, 1913.

Hug-Hellmuth, H. Zur Technik der Kinderanalyse. *Internationale Zeitschrift für psychoanalyse*, v. 7, n. 2, p. 179-197, 1921.

MacLean G. A Brief Story about Dr. Hermine Hug-Hellmuth. *Canadian Journal of Psychiatry*, v. 31, p. 586-589, 1986.

McGuire, W. (ed.). *The Freud Jung Letters: The Correspondence between Sigmund Freud and C. G. Jung*. New Jersey: Princeton University Press, 1974.

Plastow, M. Hermine Hug-Hellmuth, the First Child Analyst: Legacy and Dilemmas. *Australian Psychiatry*, v. 19, n. 3, p. 206-210, 2011.

Soubrenie, D. Prólogo a *De la audition colorée*. *In*: Hug-Hellmuth, H. *Essais psychanalytiques*. Paris: Payot, 1991. p. 41-48.

Valejo Orellana, R. Hermine Hug-Hellmuth, geniuna pionera del psicoanálisis del niño. *Revista de la Asociación Española de Neuropsiquiatría*, v. 89, p. 131-142, 2004.

Sobre a técnica da psicanálise infantil (1921)[1]
Hermine Hug-Hellmuth

Tradução: Sidnei Vilmar Noé

*A resposta a questões técnicas, na psicanálise,
nunca é autoevidente.*
Sigmund Freud.
"Estudos clínicos sobre a teoria das neuroses."

A psicanálise da criança e do adulto têm o mesmo propósito e objetivo: o restabelecimento da saúde anímica; o estabelecimento do equilíbrio psíquico, abalado por impressões que nos sejam conhecidas ou ignoradas.

A tarefa do médico é atendida com a cura, independentemente de quais caminhos o paciente trilhe em relação ao juízo moral de seu comportamento em face do mundo exterior; basta que o ser humano volte a ser capaz de trabalhar e viver; que doravante não seja mais ameaçado a sucumbir, ante o achaque das decepções da vida.

A psicanálise que educa à cura não pode dar-se por satisfeita com a libertação do ser humano jovem de seus sofrimentos; ela precisa conferir-lhe também valores morais, estéticos e sociais. Seu objeto não é o ser humano maduro, capaz de responder saudavelmente por suas ações e omissões, mas a criança, o jovem; logo, seres humanos que se encontram no meio de seu caminho de desenvolvimento e que precisam ser fortalecidos, sob a condução pedagógica do psicanalista, para se tornarem pessoas cientes de

---

[1] Palestra proferida no VI Congresso Internacional de Psicanálise em Haia, realizado de 8 a 12 de setembro de 1920. Originalmente publicada no periódico *Internationale Zeitschrift für psychoanalyse*, v. 7, n. 2, p. 179-197, 1921, sob o título "Zur Technik der Kinderanalyse".

seus objetivos e que tenham força de vontade. O psicanalista pedagógico-terapêutico jamais olvidará que, antes de tudo, a análise infantil sempre é análise do caráter, portanto, educação.

A peculiaridade da alma infantil, sua relação especial com o meio, demanda uma técnica especial à sua análise.

Três são os pontos que de antemão servem de baliza:

1. A criança não comparece à psicanálise como o adulto por impulso próprio, mas, via de regra, pela vontade dos pais – nesse quesito, sua sorte assemelha-se à do ser humano maduro –, logo, somente quando todos os demais recursos hajam se demonstrado insuficientes.
2. A criança encontra-se em meio ao decurso das vivências que a adoecem. O adulto adoece por acontecimentos do passado; a criança, por presentes; a constante mudança dos acontecimentos gera um quadro sob constante câmbio, na relação da criança com seu meio.
3. A criança, contrariamente ao homem, e certamente também em conformidade com um elevado número de pacientes adultas femininas, muitas vezes, nem sequer tem interesse em se modificar; isto é, renunciar a sua atitude momentânea, em relação ao meio. Ela se acha infinitamente importante com suas "malcriações"; seu sentimento de onipotência, sob o qual subjuga as pessoas em seu entorno; seu narcisismo, que se envaidece da constante atenção, da parte de seu meio, não deixa que ela abdique de seu comportamento "levado". À criança fortemente sádica, bem como à pronunciadamente masoquista, seu exibicionismo, diariamente repetido, suas explosões de fúria, e os castigos correspondentes, são como uma necessidade inerente à sua alma doente. Todavia, tampouco aquelas naturezas mais felizes – que já enquanto crianças souberam adaptar-se a qualquer condição de vida e conservaram, em sua memória, somente o lado favorável de que "tudo voltara a ficar bem", não obstante os constantes aborrecimentos na casa dos pais – anseiam pela convalescença; nem consideram como uma distração agradável a internação provisória em uma instituição socioeducativa; em suma, também estas não se adaptam a qualquer mudança em seu círculo de vida.

Certa feita, eu admiti à terapia um pequeno ladrão contumaz que via em todas as suas vivências na escola e no lar uma "incitação" e se contentava com o completo fracasso na aprendizagem com a seguinte observação: "O pai também não quis estudar, e veja como estamos bem hoje". E, para outro menino de 12 anos, um pequeno fujão que eu analisei no setor pedagógico-terapêutico da Clínica Infantil de Viena, a estadia ali era tão agradável, em virtude da gastronomia excelente, que ele, embora muitas vezes expressasse saudade dos pais, no fundo não desejava qualquer mudança.

A experiência me ensinou que, de modo geral, meninas na puberdade se deparam de maneira mais indefesa com os conflitos domésticos, e que, por causa disso, estes lhes são mais dolorosos quando comparados aos dos meninos da mesma idade. A explicação deverá ser procurada, em parte, na maior ligação da menina à casa dos pais por conta de sua criação, que desde cedo esteve mais voltada à repressão, e na sua menor habilidade de enfrentamento das excitações incestuosas, que afloram veementemente no período do amadurecimento, por via da sublimação.

Em sua pesquisa de referência à terapia psicanalítica infantil "Análise de fobia de um menino de 5 anos",[2] Freud nos indica um método que funciona para radiografar aquelas profundezas da alma da criança pequena onde as excitações libidinosas se convertem em medo infantil. Nesse patamar de idade, pode-se descartar uma terapia análoga à psicanálise do adulto; somente se poderá empregar uma educação fundada em reconhecimentos psicanalíticos e em uma compreensão plena do mundo cognitivo e emocional infantil, que despertarão a confiança plena da criança e, mediante ambos os fatores, estabelecerão um caminho de proteção da criança ante os múltiplos erros e danos. Como o cuidado com o corpo e a alma da criança pequena está predominantemente nas mãos das mulheres, o reconhecimento acima expresso nos leva à exigência da formação de mulheres, inteligentes e benevolentes, para a obra educacional psicanalítica.

Já uma psicanálise acorde à técnica somente poderá ser posta em prática a partir do sétimo ou oitavo ano de vida. Porém, mesmo com crianças em idade tão precoce, como tratarei mais adiante, ela precisará desviar-se dos trilhos usuais e contentar-se com sucessos parciais, quando correr o risco de intimidar a criança, através de uma exploração demasiado invasiva de seu contexto emocional e cognitivo, e estabelecer expectativas elevadas demais à sua capacidade de compreensão, confundindo-a ainda mais em vez de libertá-la.

---

[2] In: Freud, Sigmund. *Histórias clínicas: Cinco casos paradigmáticos da clínica psicanalítica*. Tradução de Tito Lívio Cruz Romão. Belo Horizonte: Autêntica, 2022. (N.T.)

De modo geral, é possível subdividir naturalmente os analisandos em dois grupos: o daqueles que de antemão sabem ou logo se dão conta de em que consiste a terapia, seu propósito e seu objetivo; e o daqueles que não podem ser esclarecidos sobre o propósito de seu encontro com o psicanalista, seja por causa da sua idade ainda muito tenra, porque por enquanto ainda não sofram pessoalmente sob seus sintomas (p. ex. tendências homossexuais destacadas), seja, finalmente, devido a outros fatores individuais (p. ex., uma compleição mais fraca). Essas crianças podem ser deixadas em paz com sua opinião sobre essas sessões conjuntas, p. ex., de que sirvam para transmitir-lhes algum tipo de conhecimento, desacostumá-las de alguma "malcriação", brincar com elas ou, ainda, que demandem de algum interesse particular pela sua pessoa.

Um menino frágil de 13 anos em nenhum momento duvidou da afirmação de sua mãe de que eu era uma amiga de seu pai recluso, que viera para parabenizá-lo pelo dia de seu santo padroeiro. Como ele possuía dificuldade de articulação, também tomou por verdadeira a explicação adicional de que eu o ensinaria a melhorar sua dicção, e de fato se esforçou em pronunciar as palavras mais nitidamente.

A mãe de outro menino de 11 anos, que vivia completamente imerso em seu mundo de fantasia e sonho, escolhera uma introdução, sem minha ciência prévia, que não me pareceu admissível sem reservas. Ela lhe dissera que uma senhora de seu círculo de conhecidos se interessava muito pelos sonhos das crianças e se ofereceu para que ele lhe contasse sobre os seus. No decurso da psicanálise, eu me convenci de que a mãe não havia causado nenhum dano, pois, no começo, seus relatos de sonhos, talvez um tanto inventados, na verdade foram tão somente espelhamentos de suas fantasias diurnas, conscientes e inconscientes.

Sobre quando tenha chegado o momento certo de se falar com o analisando sobre o propósito das horas conjuntas, não é possível estabelecer qualquer regra fixa; de único guia confiável servem a experiência e a sensibilidade pessoais.

Imediatamente vinculada a essa questão se encontra a convenção de certas exigências cujo cumprimento é caracterizado como *conditio sine qua non* no início da terapia do adulto. De saída, é necessário compreender que, no caso de educandos psicanalíticos do segundo grupo, de modo geral, é necessário renunciar à exigência direta de uma abertura incondicional e de uma verbalização acrítica de quaisquer associações, e que esta somente pode ser introduzida oportunamente, em um momento favorável.

Em contrapartida, no caso de analisandos do primeiro grupo – logo, seres humanos mais maduros, que não raramente já foram informados, por algum outro membro da família que se submetera à psicanálise, acerca de sua essência –, muitas vezes, desde a primeira sessão, essa condição da mais franca abertura, bem como do sigilo em relação a colegas da mesma idade, irmãos e demais familiares, terá seu lugar. Evidentemente, justamente em relação à imposição do sigilo, não se pode ignorar que mandamentos e proibições desafiam diretamente o jovem à sua transgressão.

O período de tempo da psicanálise infantil, via de regra, é determinado pelo tempo na escola, que os pais, de forma alguma, querem ver encurtado. Com exceção de alguns poucos casos, em que o jovem paciente tenha dificuldades especiais de acompanhar o ritmo escolar, eu sempre achei que uma redução a três ou quatro sessões semanais, desde que estas somente sejam mantidas por tempo suficiente, não prejudica o sucesso da psicanálise. Em contrapartida, parece-me ser da maior relevância um rigoroso respeito aos horários. Aqui reside uma parte da autoeducação do ser humano jovem, que não lhe deveria ser poupada. Naturalmente, às vezes um forte autocontrole, a renúncia a uma participação importante são exigidos para que a criança permaneça até o fim da sessão; todavia significaria deixar o educando no controle, deixar-se envolver pelas reivindicações juvenis, mascaradas pela hesitação.

Enquanto a psicanálise pedagógico-terapêutica de crianças em idades mais maduras (de 14 a 18 anos), muitas vezes, transcorre de modo similar à do adulto – na medida em que já, desde as primeiras sessões, seja possível falar a respeito das exigências da terapia, das transferências positiva e negativa, da resistência, do significado dos fluxos anímicos inconscientes para todo o decurso de nossa vivência –, a psicanálise do jovem ou da criança, que ficou para trás no processo de desenvolvimento de seu espírito, estruturar-se-á, desde o início, de modo diferente.

Dessarte, considero desfavorável trazer os pacientes pequenos já à pré-consulta com o psicanalista. A espera na antessala durante a entrevista de triagem, mediante a qual a criança se sinta exposta, humilhada, e, não raramente, dela decorra uma agitação muito intensa, seja por angústia, amargura, teimosia, vergonha, pode pôr em xeque a terapia ou, no mínimo, dificultar seu começo. É necessário remover do caminho qualquer resistência, mesmo antes de ter a possibilidade de criar uma ponte ao acordo; sob certa medida, somos confrontados com a tarefa de remover, para além de um abismo, um monte de entulhos.

Assim como o primeiro contato do psicanalista com o paciente juvenil, também a própria terapia deveria acontecer, sempre que possível, em seu próprio lar. A psicanálise precisa ser tornada independente do humor do analisando, que certamente sabe produzir ora um mal-estar que impeça seu comparecimento; outrora um atraso, ou a própria "matação" das sessões psicanalíticas. Pois à criança não só falta o interesse pela questão financeira, que sempre serve de constante estímulo à continuidade ininterrupta da terapia do adulto, mas, ainda por cima, oferece-se à sua consciência uma oportunidade de atribuir aos seus pais a responsabilidade pela sua ausência e, assim, uma oportunidade para satisfazer seus apetites de borra e vingança contra eles. Naturalmente, toda criança pressiona, na euforia da transferência positiva, para transferir o local da psicanálise à casa do psicanalista; contudo, eu sempre me convenci da inconstância dessa alteração, cada vez que razões externas falassem em prol dessa mudança de lugar da análise. Não obstante o quanto essa exigência demande em termos de investimento de tempo e esforço da parte do psicanalista pedagógico-terapêutico, já que implica somente poder atender metade dos pacientes diários, em comparação aos seus colegas médicos; bem como quão difícil seja sustentar uma conversação totalmente ininterrupta ou espiada na casa do paciente, esses males me parecem pequenos, se confrontados àqueles que põem em risco a exequibilidade da análise, quando esta é deixada nas mãos da criança, meramente sob o ponto de vista exterior. Por outro lado, que a casa dos pais use, como subterfúgio à interrupção da terapia, a desculpa de que seja impossível supervisionar duradouramente o caminho da criança ao psicanalista, mesmo mediante todo o zelo, isso não é nenhuma novidade ao psicanalista infantil.

A despeito do efeito favorável que, às vezes, a distância provisória da casa dos pais de crianças difíceis de educar possa ter, ainda assim, tenho alguns senões contra o tratamento psicanalítico em um instituto qualquer, onde elas sejam abrigadas como educandas internas ou temporárias; por um lado, porque o mandamento do sigilo, em uma situação em que elas se sintam infinitamente importantes diante de seus colegas, pareça-lhes insuportavelmente difícil de ser respeitado, e, por outro, porque elas facilmente serão expostas ao deboche das demais quando tenham uma "consulta" sobre cujo propósito e conteúdo não possam obter qualquer tipo de informação. Como a terapia se estruturará futuramente, quando talvez em épocas melhores minha ideia de fundação de albergues juvenis psicanalíticos tiver se efetivado, não se pode antever hoje. Eu só acredito que será necessário um tato especial, grande competência e experiência pedagógica para enfrentar, exitosamente, as dificuldades, seguramente significativas, do tratamento psicanalítico que crescerão da vida em comunhão dos educandos: a inveja dos analisandos entre si; a comparação, que nem sempre recai em prol do psicanalista sob cujas mãos justamente um paciente seja entregue; a inevitável combinação das crianças entre si sobre sua análise, que também não deveria ser subestimada em relação ao seu grau de dificuldade. Ainda assim, eu acredito que a fundação de albergues juvenis psicanalíticos resolverá, ou ao menos ensinará a perceber, a complexidade do problema da condução da criança difícil de ser educada, sob a qual inúmeros pais, e a própria escola, fracassam.

Uma diferença significativa entre a psicanálise da criança e a do adulto decorre de algo que parece puramente exterior: o paciente deveria ficar deitado ou sentado, durante a terapia? Em relação ao paciente muito jovem, a questão já é respondida pelas barreiras que sua idade impõe à psicanálise. Mas também à criança mais madura, "deitar-se" significa uma preparação para uma situação de angústia. Deitar-se desperta na criança a lembrança de cenas, vivenciadas ou fantasiadas, de sobrecarga: uma teme levar uma sova; outra, uma cirurgia; ambas são acossadas pela consciência de culpa e de medo de castração oculta. Pacientes na puberdade não raramente deliram sob a hipnose, rendendo-se ao abuso sexual. Fantasias de sedução, seja do tipo homo, seja do tipo heterossexual, assumem um papel importante em meninos e meninas "nervosos" e são projetadas imediatamente sobre a pessoa do psicanalista, ao serem conclamados a se deitar.

Um adolescente de 15 anos, que veio à minha terapia pedagógico-terapêutica em virtude de uma severa fobia em relação a trovoadas, tempestades e terremotos, confidenciou-me, ao longo da psicanálise, que ele se opôs incondicionalmente ao tratamento, tão logo ouvira, de um conhecido de sua família que já havia se submetido à psicanálise, que este tivera de se deitar no divã (otomano), porque vivera sob constante medo da hipnose. E de fato esse jovem havia entrado em um estado de pânico grave quando, em uma consulta com um neurologista de sua cidade natal, este tentou hipnotizá-lo, chamando apoio da polícia e, ao cabo, fugindo às pressas para a rua.

Eu ainda não constatei que o sucesso da psicanálise seja comprometido pela atitude de sentar-se *vis-à-vis*.

Da maior relevância é a primeira sessão: nela vale encontrar a conexão com a jovem alma; isto é, "quebrar o gelo". Ela causa muita dor de cabeça e aceleração cardiovascular ao neófito e oferece, ao analista experiente, praticamente em cada caso, novas descobertas e diretrizes metodológicas. Mas não é possível estabelecer uma regra ou um programa geral; inteligência, idade e temperamento do paciente decidirão o caminho a ser embrenhado.

Com analisandos mais maduros, muitas vezes, a verdade inteira é a forma correta para conquistar sua confiança, em meio à tempestade.

A mãe de uma menina de 14 anos, extremamente nervosa, introduziu-me à sua filha como uma amiga que ela há muito não via; mas a criança não se deixou enganar. Depois de poucos minutos, ela me perguntou: "Quem é você, de fato?". E a explicação honesta, a de que eu me ocupava com jovens que achassem sua vida demasiadamente difícil, que não conseguissem lidar com ela, e que eu também queria ajudá-la a alcançar uma melhor harmonia com sua mãe, não tardou a exercer seu efeito. A criança se apegou impetuosamente a mim e buscou em mim – "que era sua segunda; não, melhor, sua verdadeira mãe" – conselho em todas as questões que a torturavam.

Às vezes ajuda, em casos de pacientes que se fecham teimosamente ante qualquer conversação, o recurso a algum tipo de artifício. Um pequeno candidato ao suicídio, de 9 anos, não toma a menor notícia de minha presença na primeira sessão, deita a cabeça sobre a mesa e não reage a qualquer palavra. Uma mosca que passou raspando meu rosto e zunindo me trouxe a ideia de fazer de conta que algo tinha caído em meu olho. Incontinente, o jovem, que gostava de aparecer, pôs-se em pé: "Por favor deixe-me ver, que vou removê-lo, mas você não deve esfregar" etc. Mediante seu gesto de ajuda, o gelo se quebrou, pois ele se fez imprescindível para mim. E, cada vez que uma forte resistência o fizesse esconder-se dentro de si, eu somente precisava apelar ao seu conselho, à sua assistência, e a psicanálise retomava vigorosamente seu progresso.

Um expediente que, segundo minha experiência, jamais falha é contar ao analisando malcriações de outras crianças. Como já se terá sido suficientemente informado pelos pais sobre as "malcriações" e "idiossincrasias" do pequeno paciente, não é necessário mais se preocupar com o eventual estímulo de uma criança com relatos dessa natureza, que até então lhe fossem estranhos. Através de uma psicanálise conduzida corretamente, ainda não se prejudicou moralmente nenhuma criança, nem no sentido sexual nem em qualquer outro. Se a piora momentânea da conduta sugerirá ao leigo tal preocupação, o psicanalista, por sua vez, saberá valorizá-la, como um indício auspicioso ao êxito.

A reação das crianças a essa forma de introdução é tríplice: muitas vezes, o paciente responde com um relato de improbidades idênticas que, no início, supostamente outros cometeram, mas que, a seguir, gradativamente são relacionadas à própria pessoa; ou, ainda, segue uma denegação veemente: "Eu nunca fiz algo assim!". Nós sabemos, da psicanálise de adultos, que qualquer não carregado de afeto significa uma admissão; e finalmente ocorre que a criança ouça o compartilhamento de maneira totalmente indiferente. Pois mal podemos errar na suposição de que os pais entendam equivocadamente algo da conduta de seu filho ou desconfiem de que, por detrás dos fatos informados, oculte-se algo ainda muito mais grave.

Com crianças de 7, 8 anos, deixar-se envolver em seus jogos, muitas vezes, é o que quebra as linhas; e, ao mesmo tempo, as formas lúdicas permitem reconhecer vários sintomas, peculiaridades e traços de caráter; no caso de crianças tão jovens, às vezes, o jogo assegurará seu papel, no decurso de toda a terapia.

Um menino de 7 anos, que sofria severamente sob insônia, síndrome pseudobulbar e espasmos convulsivos, que suscitam a suspeita de que ele haja observado atos sexuais dos pais, demonstrava durante o dia uma apatia completa. Ficava deitado no carpete por horas a fio em silêncio e sem brincar, comia muito, mas sem apetite nem preferência por comidas, e aparentemente perdera, de supetão, sua necessidade de carinho, anteriormente extraordinariamente forte. Na análise, ele me deixava brincar com seus brinquedos sem reagir muito durante toda a sessão; raramente dava alguma resposta, de modo que era difícil saber se ele, de modo geral, compreendia minhas palavras. Em uma de nossas primeiras sessões, eu lhe contara uma história de um menino pequeno que não queria dormir à noite, fazia barulho, de modo que também os pais não pudessem dormir; que o pequeno Rudi também fazia barulhos às tardes, quando o pai queria descansar; então, o pai se irritava, e Rudi levava uma surra (reação: o pequeno Hansl corre ao bufê, retira deste o "Krampus" com sua vara e, com ela, bate em meu braço: "Você é má!"). Em seguida, dissera que Rudi não gostava nem um pouco do pai; que ele ficaria feliz se seu pai não mais estivesse aí (reação: "Papai está na guerra" – seu pai, um oficial de alta patente, efetivamente encontrava-se no campo de batalha até o fim da guerra e somente viera visitar sua família, em Viena, por um breve período de férias. – De chofre, ele toma seu pequeno canhão e diz "Bum, bum").

No dia seguinte, seus desejos de morte do pai se anunciaram ainda mais nitidamente: ele brinca com um carrinho e atropela repetidamente o chofer, que eu antes caracterizara como pai do pequeno Rudi; no jogo, eu telefono para o filhinho, contando sobre o acidente do pai, deixo Rudi chorar muito e digo que o pequeno menino muitas vezes antigamente teria gostado de que, algum dia, seu pai severo desaparecesse; mas como ele, ainda assim, amava-o tanto, isso agora o fazia sentir-se melindrado. A reação do pequeno Hansl foi típica: ele me escuta, deitado no chão, questiona e retruca deveras tenso: "O que o pequeno Rudi fará agora?". Repentinamente, ele se põe em pé e corre porta afora. Da mesma maneira ele responde, no dia seguinte, quando da repetição da brincadeira, por ele desejada. No fato de deixar espontaneamente o quarto, pode-se reconhecer claramente a elaboração de seu inconsciente. Não obstante, ele também nos mostra uma diferença significativa entre o adulto e a criança no decurso dos eventos psíquicos. Enquanto a psicanálise do ser humano mais maduro tem por objetivo a plena compreensão dos motivos e sentimentos inconscientes, no caso da criança, basta, inteiramente, essa admissão sem palavras, expressa por meio de uma ação simbólica. Sim, nós aprendemos a suspeitar, a partir da psicanálise da criança, de que nela os processos psíquicos, de modo geral, ratifiquem-se em outras camadas e sob outras conexões, às vezes mais soltas e às vezes mais rígidas do que no adulto; para a criança, muitas impressões, embora nunca alcancem o limiar da consciência, ainda assim deixam para trás rastros nítidos na alma. Mesmo a psicanálise não torna conscientes esses fragmentos mnemônicos de "cenas primordiais",[3] pois o processo de fusão com novas impressões possivelmente ocorre no pré-consciente, e fica reservado a vivências posteriores, sob patamares superiores de desenvolvimento, a permissão de seu acesso à consciência. Isso também colabora para explicar o fato de que, para todas as pessoas, as impressões mais remotas sejam relativamente idênticas, p. ex., as medidas à criação, sob as quais, para uns, reside o fundamento de sua neurose, enquanto outros delas emergem incólumes.

Mais raramente, o paciente jovem relata logo na primeira consulta, por conta própria e livremente, algo de sua imago paterna ou materna, já que, tomado de desconfiança, estende suas antenas psiquicamente sensíveis contra o psicanalista. Exceto quando um amargor incomensurável contra os pais ou irmãos impele a criança à catarse espontânea, sob forma de queixumes e xingamentos. Nesse caso, cabe mostrar à jovem criança humana grande tolerância e uma total empatia com suas queixas.

---

[3] Compare o estudo de Freud, "Ein Kind wird geschlagen". *Psychoanalytische Zeitschrift*, v. V, 4, 1919. [Ed. brasileira: "Bate-se numa criança." In: Freud, S. *Neurose, psicose, perversão*. Tradução de Maria Rita Salzano Moraes. Belo Horizonte: Autêntica, 2016.

Da maior importância é a primeira comunicação ou ação simbólica da criança, na primeiríssima sessão, pois elas contêm o complexo nuclear da neurose infantil.

Um adolescente de 15 anos vem ao tratamento psicanalítico por causa de estados graves de angústia, que ele logo caracteriza como "medo da angústia". Sua primeira participação reza: "Em nossa classe, os dois melhores alunos são judeus, depois venho eu; em seguida, novamente judeus; e todos os demais são cristãos!". O rapaz denuncia, por meio dessa constatação, a acusação inconsciente contra o pai, que o corroía eternamente por dentro, porque ele tinha se casado com uma ariana e, por conseguinte, tinha se convertido do judaísmo ao protestantismo.

O pequeno Hansl, ao qual devamos um entendimento valioso do mecanismo da atividade anímica da criança, desperta o seguinte jogo, a partir de sua completa apatia na primeira sessão: eu observo no reflexo do espelho que ele está cavoucando o nariz para tirar meleca e lhe digo: "Oh, mas o que o Hansl anda fazendo? Eca, eu não quero mais ver isso!". Diante disso, ele se coloca debochadamente diante do espelho, e chama rindo: "Não olhe para cá!", e recomeça a escavar seu nariz; naturalmente, ele espera pela minha rejeição; incansavelmente, ele repete esse jogo, só intercambiando o fuçar no nariz com o mostrar da língua. Por meio da brincadeira se lhe tornara representável a vivência recorrente da rigidez do pai, da qual ele tentava se evadir, mediante ocultação de suas pequenas malcriações.

Uma menina de 16 anos sofre sob pesados sentimentos de inferioridade, por causa de seu acentuado estrabismo em ambas as vistas. Como ação sintomática característica, por querer ignorar sua visão e suas respectivas anomalias, ela espontaneamente encobre com a mão meu *pince-nez*, que se encontrava sobre a escrivaninha. Mais tarde, ela me confidenciaria que esse ato falho, durante muito tempo, perturbou sua relação comigo, ademais, muito carinhosa.

Um menino de 10 anos, que fracassava em seu estudo por causa de uma exagerada atividade de sua fantasia, na primeira sessão, relata sobre uma apresentação da peça *Lohengrin* na qual lhe desagradou muito a postura do herói; ele a imita, voltando pronunciadamente suas costas contra mim, e critica veementemente essa posição da parte de um cantor lírico no palco: "Por favor, Sra. Dra., será possível que um ator possa se postar dessa maneira diante do público?". Após breve decurso da psicanálise, confirmou-se minha suspeita de que o menino sofria sob forte recalque de seu exibicionismo.

A primeira participação de uma menina de 14 anos, que se entrega a ruminações torturantes, é a crítica ácido-irônica à aula de Geografia sobre o "clima", que ela supostamente recebera enquanto criança de 10 ou 11 anos, mediante constante repetição; também agora, já no liceu, o mesmo capítulo sobre o clima, a posição do Sol e da sombra seria tratado com a mesma obstinação: "Qual poderia ser o propósito do ensino acerca da posição do Sol e da sombra para uma criança, haja vista que essas coisas sejam totalmente indiferentes para uma criança de 11 anos etc."; essa queixa preenche quase toda a sessão, com a maior monotonia, e também, ao longo do decurso posterior da análise, reincidentemente, esse tema se tornara objeto de conjecturas, até que finalmente se desmascarasse a relação dessa questão com o principal interesse dessa menina, qual fosse, a relação sexual do ser humano. Através do rodeio, por conta de uma grande predileção por cavalos – ela se ocupa a fundo com obras sobre a criação de cavalos – e do interesse por descrições de roteiros de viagem e da vida amorosa de povos estrangeiros, veio à tona a pergunta central: "Por quanto tempo na verdade ocorre o relacionamento sexual entre homem e mulher nas diferentes raças; logo, entre pai e mãe?".

A exigência de uma "terapia ativa", tal qual requerida na psicanálise de adultos, também tem sua relevância à infantil. Certamente indica-se como adequado, no decurso posterior da terapia de uma série inteira de analisandos, atribuir-lhes pequenas tarefas. Especialmente lá onde o paciente se encontre inibido por intensos sentimentos de inferioridade, uma medida correta de produções exigidas fortalecerá sua autoconsciência.

O adolescente tímido, dependente e frágil, que falava com a língua pesada e sofria sob a zombaria das crianças da rua, após meio ano de terapia, provocou espanto em seu avô, por sua postura masculina, autônoma, diante de um oficial. Ele, que mal queria sair de casa, fora levado tão longe mediante a análise, a ponto de participar de passeios a pé e de resolver sozinho, impecavelmente, pequenas compras – primeiro para mim, depois para sua mãe.

Muito mais importante que atribuir tarefas me parece ser evitar, sempre que possível, proibições diretas. O que frutifica muito mais que proibições e ordens é o "aconselhamento". Essa forma de ponderação conjunta dos prós e contras de determinada situação tem um efeito extraordinariamente favorável sobre a autoestima do paciente, oprimido por sentimentos de inferioridade.

Quanto ao próprio caminho da psicanálise, seja da criança, seja do adulto, não é possível estipular um programa. O ouvir bondoso e cheio de compreensão, uma palavra de incentivo, inclusive, em momentos oportunos, de humor; uma incursão amorosa em todas as ninharias que à criança, de forma alguma, são encaradas como tais apontam o caminho que leva à plena confiança da jovem alma. A permanente atenção para não esquecer nem confundir nada daquilo que fora discutido nas sessões prévias integraliza as expectativas da criança em relação ao psicanalista. Sobre em que medida e quando a associação livre possa ser empregada, somente pode ser decidido caso a caso. Segundo minha experiência, vale a observação feita por Abraham[4] de que idosos carecem muito mais da condução durante a psicanálise do que pessoas de meia-idade, crianças e jovens. Talvez somente dever-se-ia acrescentar que, em relação a esses últimos, será necessário trabalhar com cuidado ainda maior que em relação aos primeiros. Na verdade, massas de representações e emoções paralisadas são mais difíceis de desenredar; mas, por outro lado, a plasticidade da alma jovem abriga, ao mesmo tempo, o perigo de uma sugestão não intencional, em vez da mediação de uma compreensão o mais nítida possível. Evidentemente, eu sempre pude me convencer de que crianças conhecem e refletem bem mais sobre os acontecimentos de seu entorno do que nós queremos admitir, haja vista nossa ansiedade inculcada. Acaso não soa quase como diretamente tragicômico que respondamos cautelosamente, e passo a passo, à pergunta recorrente, p. ex., de uma menina de 11 anos, acerca da consumação do ato sexual, e repentinamente sejamos confrontados com sua confissão de que, incitada pela mãe, ela espiou a relação íntima de seu pai com uma prostituta pelo buraco da fechadura?

Naturalmente também os sonhos desempenham um papel na psicanálise infantil, e não será necessário temer, mais do que em relação ao adulto, que a resistência determine uma vida onírica acumulada a esmo ou inventada. O suposto sonho noturno compreende tão somente uma fantasia diurna, que a criança, enquanto tal, talvez jamais expresse. Eu gostaria de sobrelevar ainda, nesse contexto, o quão difícil é fazer com que algumas crianças compartilhem acriticamente cada associação, porque simplesmente não podem se desvencilhar da aplicação útil do bom provérbio de seu entorno cotidiano no sentido de "não falar bobagens" etc.

Ainda que naturalmente termos técnicos, como complexo de Édipo, castração, exibição etc., possam ser empregados na psicanálise infantil, os fatos precisam ficar nítidos para a criança. Também no caso de um paciente

---

[4] Abraham, K. Zur Prognose psychiatrischer Behandlungen in vorgeschrittenem Lebensalter [Acerca da prognose de tratamentos psiquiátricos em idade avançada] (neste mesmo volume, p. 113 ss.).

bem jovem, é necessário explicar certas manifestações no decurso da terapia. Ele compreenderá bem o que significa "resistência", quando esta lhe seja esclarecida primeiro à luz de sua relação com a "transferência negativa", p. ex., no sentido de "não falar por birra", ou com a "positiva", enquanto vergonha de humilhar a si ou a sua família diante do psicanalista, e não por último, através do uso da expressão "Pronto, agora já contei tudo!".

A partir da resistência, sob forma de não querer dedurar nada da família, abre-se um acesso à discussão da transferência negativa, que, de modo geral, encontra aceitação mais solícita que a positiva. A discussão dessa última exige um cuidado especial à sua formulação, ainda que se dê por reconhecer nitidamente; pois, basicamente, a criança ainda não está disposta a trocar seus pais por uma pessoa estranha, mesmo quando haja toda uma justificativa para fazê-lo. A despeito disso, a primeira predisposição emocional, muitas vezes já ao início da terapia, quase que por via de regra, é a de uma transferência positiva poderosa, haja vista que o psicanalista concretiza, a bem dizer, pela sua escuta livre de afetos e pela sua disposição de querer aprofundar qualquer tipo de conversa, o ideal oculto da criança, seja paterno, seja materno. Naturalmente, ela imediatamente também tirará vantagem dessa constelação em relação à própria casa dos pais. É nesse contexto que surgem expressões da criança que enervam e irritam a família: "Mas o doutor disse que não preciso fazer isto nem aquilo"; ou "Nesse caso, preciso perguntar antes ao doutor". Cada escuta de suas queixas durante a sessão psicanalítica é tomada pela criança como um consentimento, e, a partir dele, ela tece suas fantasias e atribui a elas valor de realidade. Também os pacientes jovens sempre tendem a arquitetar complôs contra os pais e a contar, para tal, com o apoio do psicanalista. Assim como o adulto, também a criança não quer lidar com a maré alta da transferência positiva que ocorre mediante a terapia.

A transferência negativa geralmente se apresenta, em primeiro lugar, sob a forma de medo de traição; nesse caso, as crianças se dão o direito ao silêncio absoluto diante de qualquer tentativa de interlocução. A desconfiança em relação ao psicanalista fundamenta-se no caráter involuntário da criança e nas incontáveis decepções que mesmo a casa familiar mais propícia, desde cedo, inflige à criança. A partir disso pode-se explicar bem o porquê de ela se empenhar em vigiar, espreitar e abreviar as entrevistas do analista com os pais, sob um misto de medo e, ao mesmo tempo, inveja.

Nós sabemos do papel importante que a sexualidade assume na vida da alma infantil, no que concerne à percepção e ao desvio desse seu interesse da parte de seu meio. A criança está acostumada a receber uma resposta pouco satisfatória a essas questões enigmáticas, por parte de seus pais e de outros membros adultos da família; e, dessarte, reage ambiguamente à discussão aberta sobre coisas sexuais, durante a psicanálise. Ela se sente valorizada como ser humano plenamente importante e, por conta disso, almeja aparentemente recompensar a franqueza do psicanalista mediante um apego especial; mas, ao mesmo tempo, tão logo uma intensa resistência entre em cena, ela está pronta a humilhar a pessoa do psicanalista, a partir do recalque prévio, por causa dessas conversas desaprovadas. A autoridade dos pais e suas primeiras influências disciplinadoras repercutem tão fortemente na criança, que ela sempre espera do psicanalista as mesmas exigências e a mesma compreensão da vida, não importando com qual adulto lide mais detidamente. Para ela, o psicanalista corporifica também, sob medida ainda maior do que para o paciente maduro, a imago paterna ou materna. E, por isso, demora um tempo considerável para que ela chegue à certeza de que o psicanalista não esteja "mancomunado com os pais"; que, junto dele, ela realmente encontre plena liberdade e compreensão completa para cada uma de suas falas. A superestimação infantil da autoridade, em sentido tanto positivo quanto negativo, dificulta o trabalho, porque o paciente testa, com olhar arguto, onde poderia encontrar um flanco aberto no psicanalista, que lhe poderia auferir o direito a rescisão de sua crença na sua autoridade. E esse flanco exposto desejado o ser humano jovem, especialmente a criança, espera encontrar na discussão franca dos problemas sexuais; e, por isso, mostra-se, nessa fase da terapia, da maneira mais evidente, a ambivalência do analisando em relação ao seu mentor e conselheiro: a contradição, que pode sentir, entre os seus pais, na realidade, e sua imago, na fantasia, desperta o remoto desejo da criança de que o pai e a mãe, de fato, fossem os confidentes de seu pequeno coração. Assim vem à tona sua vivacidade inicial, e, com ela, despertam novamente todos os sentimentos da decepção pregressa. Desse conflito inevitável, fundado nas reminiscências de infância da pequena alma, em sua predisposição atitudinal em relação ao terapeuta, emergem as exigências fundamentais de sua pessoa. A coisa mais importante na psicanálise de crianças e adolescentes permanece sendo a empatia do psicanalista com a alma adoecida. Não depende tanto de quantos complexos possam ser tornados nitidamente conscientes à jovem criança humana, ou de quanto ela consiga "reconhecê-los"; basta, a princípio, sua reação, de modo geral. Às vezes, somente depois de muitas sessões é que vem à tona uma palavra da criança, cuja explicação ela recebera, guardara e valorizara em sua alma. Todavia, sua aceitação não se cumprira mediante elaboração consciente; grande parte da elaboração psicanalítica da criança se consuma em seu inconsciente; e, em comparação ao adulto, permanece duradouramente inconsciente. Somente a mudança em seu comportamento é que dará a prova ao psicanalista de que o esforço empregado não fora vão. Segundo minha experiência, aquelas crianças das quais supostamente se possa esperar alegrias, por sua pronta adesão, pertencem ao tipo mais difícil de se tratar; são aquelas crianças bem treinadas, que dizem "sim" para tudo, mas pensam "não" e agem de acordo.

Empatia e paciência são as vigas mestras que precisam ser erigidas desde a primeira tomada de conhecimento do jovem paciente, para que a confiança possa morar sobre solo, e sob telhado, firmes.

ღ

Um fator relevante à psicanálise infantil é a relação do psicanalista com a casa dos pais do jovem paciente. Poder-se-ia achar que o psicanalista pedagógico-terapêutico, nesse ponto, estivesse em vantagem em relação aos seus colegas médicos, já que a criança vai à terapia por vontade dos pais, ao passo que o adulto doente, por força de vontade própria e, muitas vezes, inclusive, a despeito da vontade de sua família. Infelizmente essa expectativa se demonstra inverídica. Também no caso da criança, a psicanálise é o último lugar de refúgio, e os pais se opõem a ela, repletos de desconfiança, já que viram como todos os demais recursos socioeducacionais fracassaram. Entretanto, esperam uma "cura milagrosa", que, em dias, elimine tudo aquilo que durante anos fora equivocado. A casa dos pais agarra-se a essa expectativa com unhas e dentes, não obstante a comunicação insistente do psicanalista de que o período do tratamento não pode ser estimado de antemão, porque depende da peculiaridade da criança, mas que, em todo caso, certamente se estenderá por meses. Eu sempre reiteradamente tive de me convencer de que os pais, já desde o início do tratamento, em segredo, estipulam uma data-limite à qual se atêm, sem se abrir à evidência de que a interrupção de uma terapia, no meio do caminho, significa desperdiçar tempo, esforço e dinheiro. Para as consequências de um cancelamento precipitado – já que a criança produz, consciente ou inconscientemente, uma insurreição contra a abstinência do auxílio, primeiro imposto e, depois, tido como imprescindível –, a responsabilidade, naturalmente, é atribuída ao procedimento psicanalítico. O sentimento extremamente dolorido dos pais de terem fracassado na educação, misturado com preocupação, vergonha e amargura, contribui à contundência dessa condenação. Também o reconhecimento de que na psicanálise se revelem todos os erros de criação, embora cometidos muitas vezes com a melhor das intenções, mediante os quais o psicanalista adquire uma compreensão indesejada dos assuntos internos da família, gera, em muitos pais, descontentamento e ansiedade. Esse pudor em expor as condições familiares torna-se mais fatídico na psicanálise da criança do que na do adulto, já que este não está disposto a sacrificar, mediante escrúpulos tão amedrontados, os progressos perceptíveis de sua recuperação. Outra dificuldade brota da intempestiva ansiedade dos pais, no sentido de estimular e acelerar a psicanálise mediante sua colaboração. Ao menos as mães, quase todas, querem praticar uma "terapia ativa". É infinitamente difícil convencê-las de que sua tarefa se situa em outro campo; que elas se tornarão as assistentes certas quando dedicarem à criança, ao longo do tratamento, a maior medida possível de paciência e tolerância. Elas precisam ser levadas à compreensão de que a alma jovem, ao longo da psicanálise, perpassa por um processo de recristalização, no qual, inicialmente, as antigas formas são destruídas; de que essa remoção não possa suceder sem abalos e que esses impactos, no começo, expressam-se sob um aumento das "malcriações" e "idiossincrasias". Praticamente via de regra, ocorre, após uma melhora passageira dos sintomas que chame a atenção e que desperte nos pais a expectativa da conclusão rápida das sessões, talvez em poucas semanas, inclusive, horas – não obstante a cautela expressa pelo psicanalista em relação à indicação de um prazo de trabalho –, uma forte reviravolta para pior. Uma criança resiste ainda mais veementemente às exigências disciplinares da casa dos pais; outra, em função de sua superabundante vida na fantasia, fracassa no estudo e se regozija pela liberdade incomum de poder expressar desimpedidamente seu pensamento e seu sentimento secreto; extasia-se com seus devaneios diurnos e, em primeiro lugar, desvia-se ainda mais radicalmente de seus estudos do que anteriormente. Essa piora explícita do comportamento, diga-se, da disposição anímica da criança, é avaliada diferentemente pelos pais e pelo psicanalista, já que este enxerga nela um bom indício ao desdobramento subsequente da análise.

Não é fácil convencer os pais de que a renúncia a sucessos no ensino, ao longo da psicanálise, quase que contém intrínseca e diretamente a expectativa de sucessos após a conclusão da terapia. Somente raramente os pais tendem a conceder o mesmo direito ao adoecimento anímico que ao biológico. Assim como nenhum pai ou mãe que veja seu filho prostrado sob uma pneumonia manda-o à escola, também não se deverá requerer o estudo de uma criança sob sofrimento psíquico.

A partir do narcisismo dos pais, explica-se a profunda inveja que nomeadamente preenche a mãe quando vê seu filho se apegar impetuosamente à pessoa do psicanalista. Aqui se enceta uma tarefa importante ao psicanalista: ele precisa explicar à mãe que a transferência positiva é um fenômeno transitório indispensável para o sucesso do trabalho psicanalítico, e que ela não será prejudicada por meio dele.

Não obstante as dificuldades, que fazem com que as relações entre os pais e o psicanalista não sejam estruturadas tão amigavelmente como seria do melhor interesse da criança, não se pode prescindir do contato, pois ele é uma exigência justa da casa dos pais e útil à terapia. Isso porque a criança passa por cima de tudo que não tenha um tom emocional e não seja concluído de modo pleno puramente de acordo com seu sentimento, instintivamente, sem sujeitá-lo a qualquer crítica, como ocorre com o adulto. Dessarte, nós muitas vezes não experienciamos nada, na psicanálise, dos aborrecimentos de casa ou da escola, simplesmente porque seja uma necessidade dessa criança evocar tais cenas, e seu interesse nelas se extingue, tão logo elas se desembaracem conforme esperado. Paralelamente a isso, não se deve olvidar que a criança também se cale conscientemente. Também em relação a isso, uma consulta aos pais sobre a época precisa ou correção de uma lembrança, muitas vezes, é útil. Igualmente é valioso obter um quadro do período mais remoto da vida do paciente. Sobre esse ponto específico, os pais podem satisfazer a sua necessidade de cooperação ativa com a psicanálise mediante resposta por escrito a uma série de questões acerca do desenvolvimento físico e anímico pré-infantil da criança. Essas informações contêm indicações preciosas concernentes ao *milieu*, às perspectivas de vida, às formas de criação sob os quais a criança crescera. De interesse especial ao trabalho psicanalítico é quando certas perguntas são deixadas em branco, p. ex., sobre a masturbação infantil e a forma de sua interrupção; bem como a decidida denegação de pontos como o interesse pelo processo digestivo etc., que, em relação a qualquer criança, deveriam ser confirmadas. Essa recusa afetiva de tudo o que seja "indecente" aufere ao psicanalista importantes diretrizes sobre a forma como o problema sexual deveria ser tratado.

A psicanálise do próprio filho eu considero impraticável. Não só porque a criança dificilmente desvela seus desejos e pensamentos mais profundos ao pai e à mãe; nem porque a criança não abre mão completamente de seu consciente, tampouco de seu inconsciente; mas também porque nesse caso o psicanalista teria de recorrer demasiadamente a construções e porque o narcisismo dos pais dificilmente suportaria a franqueza psicanalítica do próprio filho.

Também a relação do psicanalista com os irmãos do paciente não deixa de ter impacto sobre o andar da análise. De modo geral, irmãos mais jovens procuram, ansiosamente, uma conexão com o irmão sob tratamento; ao passo que os mais velhos mantêm distância dele, muitas vezes, mediante uma hostilidade cega, repleta de inveja e, ao mesmo tempo, sob a expectativa difusa de uma traição em relação à sua pessoa. Tanto uma quanto a outra atitude se encontram sob uma crítica odienta do analisando; desconfiado, invejoso, ele vigia a relação de seu conselheiro com seu irmão ou irmã e não quer ver destruída sua fantasia de que o psicanalista tenha intenções hostis em relação aos irmãos.

Os reconhecimentos obtidos a partir das psicanálises infantis podem ser resumidos em poucas sentenças: quase via de regra são as falhas na educação que, mediante uma predisposição grave, em vez de minorar o efeito devastador de uma experiência nociva, justamente o fomentam artificialmente. O excessivo rigor aqui, o excesso de carinho lá e, quase sempre, o déficit de consequência na criação são os culpados pelo mal do qual, de igual modo, tanto a criança quanto os pais sofrem. Os pais deveriam ser submetidos a uma análise, antes da criança; talvez assim, provavelmente, menos crianças necessitassem de psicanálise.

LOU ANDREAS-SALOMÉ (1861-1937)

A criatividade como forma de existência[1]
Renata Udler Cromberg

A fotografia em que Lou Andreas-Salomé aparece envolta em um casaco de peles, de lado, e seu rosto olha para a câmera à vontade com o retrato a vir a ser – seus cabelos desalinhados em um coque e seu rosto esplêndido exalando uma sensualidade através do olhar e da boca carnuda entreaberta – é icônica. Ela marca um devir dessa mulher nascida na Rússia, filha de uma família abastada e que viajaria livremente pela Europa até fixar residência em Göttingen, na Alemanha. Na etapa final de sua passagem pela Terra, psicanalista já não tão rica, receberia de seu amigo e mentor adorado Sigmund Freud uma quantia de dinheiro para que consertasse o casaco de peles tão protetor, mas que formava uma imagem encantadora aos outros também, aposta na permanência de Lou como magnetizadora do círculo psicanalítico e como aquela a quem Freud dirigia o olhar fixamente nas plateias lotadas de suas conferências. O espírito de Lou era de uma alegria constante, a ponto de Freud lhe dizer que mesmo quando eles discutiam os mais escabrosos assuntos ela sempre tinha um rosto como se fosse Natal.

Sem dúvida a criatividade, a força criadora e a alegria que daí advém eram a força motriz maior de Lou e de seu pensamento e sua escrita. Mas isso não se faz sem violência. Nesse sentido, a segunda foto icônica, em que Lou está em cima de uma carroça com um chicote na mão, enquanto Nietzsche e Paul Rée fingem estar submetidos e atingidos por ela, já que eram apaixonados por ela enquanto ela sustentava seu desejo, recusando qualquer contato carnal,

---

[1] Apresentação baseada no prefácio escrito por Renata Udler Cromberg para o livro *Lou Andreas-Salomé: a poeta da psicanálise*, de Marina Bialer, publicado pela Zagodoni Editora, em 2023. Também foi utilizado texto inédito de Isabela Sancho sobre a autora.

falam da violência implícita na força da sexualidade criativa e criadora. Lou a experimentou, bem como os vários amantes que teve, intelectuais criativos, seja na fase em que negava o ato sexual, seja depois de ter se entregado ao prazer carnal com Rainer Marie Rilke. Dizia-se que nove meses após cada relação profunda a que se entregava, o homem amado produzia um livro. A receptividade amorosa ativa produzia um filho simbólico. Tendo engravidado e abortado uma única vez de uma relação sexual com seu marido Andreas – com quem firmou um pacto de nunca terem filhos –, sua fertilidade simbólica foi destinada ao campo da escrita de si e favorecedora da escrita do outro. Ela ficou à sombra dos homens extraordinários com quem se relacionou, mas a poeta da psicanálise teve um lugar marcante nas relações com a geração pioneira. Sempre encontrava o divino e a beleza nas pequenas e grandes coisas da vida, já que a vida era para ela em si mesma uma obra poética. Mas muitas vezes seus escritos foram rejeitados justamente pelo seu estilo, que se afastava de uma escrita objetiva e com precisão conceitual. Paradoxalmente, ela, Anna Freud e Ruth Mack Brunswick foram as únicas mulheres que receberam os anéis que as distinguiam como membros do comitê secreto dos psicanalistas, em 1928. Freud se encantava com a personalidade de Lou, mas oscilava entre fascínio e irritação diante do seu otimismo inabalável e incurável.

Em sua obra, há uma inter-relação do erotismo com o ato criativo. Como mulher, psicanalista, escritora, Lou era apaixonada pela vida e pelo percurso criador de si mesma, sendo a embriaguez erótica um dos principais componentes para a transformação do amor em espaço de criação de si. O tema recorrente em sua obra psicanalítica é a inquietante (re)escrita de si mesmo nas relações tanto amorosas quanto criativas, que expandiria ao máximo o potencial criativo de cada pessoa. A criatividade como uma maneira de existir.

Louise von Salomé nasceu em São Petersburgo, em 1861. Por conta das origens familiares, sua primeira língua foi o alemão, aprendendo também francês e somente depois o russo. Cresceu em uma família de muitos recursos, recebendo proteção da mãe e uma afeição especial enquanto criança predileta do pai, sendo a filha mais nova de três irmãos. A família era praticante da religião luterana, e, para a Louise pequena, a ideia de Deus era da maior importância: ele lhe parecia íntimo, era um Deus particular, ouvinte mais importante de suas fabulações. Era também um Deus da onipotência infantil, que em tudo a confirma de bom grado, parecido com seu próprio pai. Criança muito imaginativa, não encontrava entre as pessoas ao seu redor uma oportunidade de dialogar com a intensidade da atividade mental que lhe acometia.

Lou ocupou um lugar de exceção, escapando da rivalidade fraternal que marcou grande parte dos primeiros psicanalistas. Isso aconteceu porque, filha caçula de irmãos homens e mimada pelo pai, ela sempre teve vocação fraternal com os homens com quem se relacionou. "Um irmão se escondia em cada um dos homens que encontrei", dizia ela.

Mas, desde 1904, confidenciava em seu diário que estar sozinha, viver interiormente para si, era para ela uma necessidade tão imperativa quanto o contato e o calor humanos. Nessa solidão povoada de fantasmas, nasceram seu afã literário e seu talento para inventar histórias. Mas foi sua imersão religiosa, guiada pelo pastor Gillot, que lhe deu o apelido Lou e a "desrussificou". Ele trouxe seu caminho pela leitura filosófica que deixará sua marca, que insistirá por toda sua vida: a convicção em um todo místico presente no núcleo de cada um. Seu filósofo favorito era Espinosa, e seu escritor favorito era Goethe.

Quando ela atinge a maioridade, é surpreendida com uma proposta de casamento da parte de Gillot, homem bastante mais velho, casado e com filhos. Essa experiência a horroriza e pode ser pensada como uma revivescência da perda de Deus após uma brusca desidealização. Ela diz que sempre o amaria enquanto filha, e parte. O momento é concomitante à morte de seu próprio pai, e ela, contrariamente às opiniões da mãe, encontra na Suíça a possível continuidade para seus estudos: segue disciplinas de Teologia, Filosofia e História da Arte na Universidade de Zurique, uma das primeiras na Europa a admitir mulheres. Depois, viaja pra Roma, e é na casa da feminista Malwida von Meysenbug que ela começa a amizade com os filósofos Paul Rée e Friedrich Nietzsche. Lou chega a escrever *Nietzsche em suas obras*, um livro considerado dos mais importantes sobre as produções desse autor.

Seu modo de viver a vida com tanta liberdade inspirou várias mulheres em suas próprias vidas e em suas produções intelectuais, mas não se pode dizer que Lou fosse uma feminista: sua luta era em nome da liberdade, da autonomia de cada um seguir seu próprio percurso na vida, de acordo com seus desejos singulares. A inspiração à máxima liberdade pessoal, que Lou tão bem encarnava, alinhava-se com o espírito boêmio, de transformação social, política e intelectual, que marcava a Europa. O modo rebelde e independente de viver, a ruptura com os valores burgueses e a quebra com a tradição culminavam na figura de Lou.

Os caminhos de Lou começaram cada vez mais a se cruzar com o de grandes intelectuais, que, para além do interesse por suas ideias, ficaram fascinados pela sua presença de mulher. Nietzsche e Rée, dois grandes intelectuais que se apaixonaram instantaneamente pela jovem Lou. Enquanto os dois homens do trio buscavam estabelecer uma relação exclusiva com ela, para Lou o fundamental era manter uma relação fraterna complementar. Mas Lou só começou sua vida sexual com Rainer Maria Rilke, atraída pela mistura de sensibilidade e masculinidade que via nele. Lou ficou muito tempo presa na experiência espiritual, buscando uma união com a natureza, e inicialmente tentou se descobrir mulher pela imersão na ficção literária. Mas Rilke é o homem que a tornou uma mulher feminina sedenta de relações corpóreas, e assim ela descreve essa arrebatadora paixão encarnada: nos escritos de Lou, é Rilke quem ganha o estatuto daquele que lhe permitiu se entregar totalmente a um homem, como tanto ansiava em suas teorizações filosóficas sobre o amor e o erotismo. Após a morte de Rilke, ela escreve um livro bastante terno de memórias a seu respeito.

O casamento com Andreas ocorreu em 1887. Lou sempre descreve sua relação com Andreas como uma atração avassaladora e uma compulsão que fez com que permanecessem casados a vida inteira, estabelecendo um convívio que foge às convenções do matrimônio, dispondo de liberdade para produzir, viajar e estabelecer relações das mais diferentes qualidades. Entre estas, está inclusa a proximidade com amigas como as escritoras Frieda von Bülow e Helene Stöcker, a pedagoga Helene Lange, a artista Rosa Mayreder, entre outras.

Lou, bastante jovem, já circula pelo meio artístico, ela mesma se destacando pela sua produção literária: aos 24 anos, lança seu primeiro romance. Também publica um livro sobre as figuras femininas no teatro de Henrik Ibsen. Ao longo da vida, escreveu aproximadamente 20 livros, que incluem romances, contos, mais de uma centena de ensaios, críticas, artigos, resenhas, além de manuscritos inéditos, cartas, diário e, ao final, sua autobiografia. Aos 20 anos, já dava seus primeiros passos na filosofia; aos 30 anos, era autora de sucessos de ficção, crítica literária e arte, escrevendo sobre os mais variados temas da vida cultural que presenciava, além de servir de inspiração a vários dos grandes escritores de sua época.

O encontro com a psicanálise se deu em 1913, no 3º Congresso Internacional de Psicanálise, em Weimar, quando ela tinha 50 anos. Nessa época, referindo-se a Lou, Karl Abraham escreve para Freud dizendo que nunca havia encontrado pessoa que tivesse da psicanálise um entendimento tão profundo e sutil. Em pouco tempo, Lou escreveu para Freud pedindo para acompanhar a sua transmissão da psicanálise e foi para Viena. Após sua participação na reunião psicanalítica de quarta-feira, foi acompanhada até seu hotel por Freud, que ria com Lou, revelando a marca de leveza e prazer compartilhado que marcaria essa relação. Para além do lado sedutor de Lou, ela era uma excelente interlocutora e ouvinte. Da parte de Lou, ela se mostrará uma discípula fiel de Freud, tomando sua defesa nos embates posteriores com Jung e rompendo com Adler. Na sua viagem de volta a Göttingen, Freud a orientou a continuar seus estudos, encorajando-a a se tornar psicanalista e sugerindo que ela se dedicasse ao atendimento de sete a oito pacientes por dia, de modo a fazer avançar a psicanálise, empregando seu talento na escuta de seus analisandos, mas também na construção coletiva da teoria psicanalítica junto aos outros pioneiros. Ela continuará uma intensa e profícua troca epistolar com Freud durante a guerra, duas centenas de cartas em 25 anos, dirigindo a ele vários de seus esboços de conceituações psicanalíticas e textos recém-publicados na revista *Imago*. É considerada uma das primeiras mulheres psicoterapeutas, inclusive no atendimento de crianças. Desde 1913, Salomé se aproximou de Ferenczi e detectou sua genialidade, comentando o prazer de debaterem juntos e afirmando estar muito interessada por suas ideias e por seu método de trabalho, já sinalizando que sua obra teria um grande advir.

Em consequência da Primeira Grande Guerra, Lou não mais recebeu a pensão fornecida pelo Estado russo e, a partir de então, intensificou a prática como psicanalista para se assegurar de certa estabilidade financeira, embora só tenha voltado a frequentar os congressos psicanalíticos quando Freud se ofereceu para ajudá-la. Ele passou a lhe enviar dinheiro com regularidade. Com uma prática clínica psicanalítica (com as consultas realizadas em sua própria casa, em Göttingen) que então consumia cerca de oito a 10 horas por dia, mas com vários analisandos pagando "valores irrisórios", ela enfrentou, ainda por cima, dificuldades para ajudar seus irmãos, que viviam, então, em condições miseráveis na Rússia.

Lou recusa a demanda de Freud de que ela trabalhe menos comentando a difícil situação financeira de seus analisandos (alemães), reiterando que estava atendendo algumas pessoas que não tinham nenhum dinheiro para pagar o tratamento, e, além de agradecer à generosa quantia de dinheiro enviada por ele, declara: "sou uma dessas pessoas raramente afortunadas que podem regozijar-se todos os dias por trabalhar exatamente naquilo que querem – e que mais se pode desejar?".

Mobilizada por necessidades financeiras, a partir de 1921, Lou publicará vários de seus escritos literários ainda inéditos. É curioso notar que, a despeito de já clinicar como psicanalista, foi somente em 1922 que Lou foi oficialmente aceita como membro da Sociedade Psicanalítica de Viena. Embora não tenha realizado uma apresentação pública de admissão, foi aberta essa exceção, considerando-se inclusive que ela já atendera como psicanalista na policlínica de Berlim. Além disso, sua admissão na sociedade vienense também foi excepcional por ela se filiar a essa sociedade, e não à berlinense, a despeito de residir na Alemanha. Ao se tornar membro, a prática psicanalítica de Lou ganha cada vez mais força, tendo ela cada vez menos tempo para dedicar à escrita literária. "Narcisismo como dupla direção", de 1921, foi o texto escolhido para este volume, pela sua novidade no aprofundamento desse conceito freudiano.

Dez anos após começar a frequentar as reuniões, Lou conheceu Anna Freud, travando uma amizade bastante íntima, uma intensa troca de cartas, e a ela Lou dedicou um de seus romances, além de contribuir no desenvolvimento de estudos que conferiram às duas a entrada oficial na sociedade. Lou também escreveu o livro *Agradecimento a Freud*, em que relatou a impressão de que sua vida, como um todo, esteve à espera da psicanálise, área do conhecimento na qual se sente à vontade e com a qual se ocupa na porção final da vida, clinicando por 20 anos.

Em 1925, morre Rilke; e, em 1930, Andreas. Nesse período, as cartas dirigidas a Freud se centram na saúde dele. Já Freud é enfático, em suas cartas, acerca de como a preocupação empática de Lou em relação a seu sofrimento trazia imenso conforto.

Ela faleceu na Alemanha, em 1937. Freud escreveu um obituário valorizando suas contribuições à psicanálise. Ela será julgada pelos nazistas como uma colaboradora e amiga de Freud, culpada de ter em sua posse livros de inúmeros autores judeus, além da fama de ser boêmia, vanguardista e progressista, e sua biblioteca pessoal será então confiscada. Por ela ser considerada um membro ativo da "ciência judia" e uma das primeiras psicanalistas mulheres, os funcionários da Gestapo destruíram todos os documentos e livros que encontravam em sua casa. Só uma parte do inventário foi preservada. A casa em que viveu foi posteriormente demolida para a construção de um edifício onde há apenas uma placa informativa de seu tempo ali. As cinzas não foram sepultadas nesse terreno, como ela desejava, mas, ironicamente, no jazigo de seu marido.

Referência

Cromberg, R. U. Prefácio. *In*: Bialer, M. *Lou Andreas-Salomé: a poeta da psicanálise*. São Paulo: Zagodoni, 2023. p. 11-29.

Narcisismo como dupla direção (1921)[1]

Lou Andreas-Salomé

Tradução: Fabio Caprio Leite de Castro

I.

O conceito freudiano de narcisismo revelou-se significativo gradualmente. Talvez isso explique por que o termo foi tão pouco discutido, mesmo entre oponentes e dissidentes, como se outras designações já o abrangessem. De fato, essa era a situação quando o narcisismo representava de modo tautológico o autoerotismo. Então, Freud adotou o termo para identificar a fase libidinal na qual, após a confusão autoerótica que o bebê vivencia entre o mundo e ele mesmo,[2] a primeira escolha de objeto recai sobre o próprio sujeito. Com isso, Freud tocou simultaneamente em um problema mais vasto: "A palavra 'narcisismo' acentua que o egoísmo também é um problema libidinal ou, para expressar de outro modo, o narcisismo pode ser considerado como o complemento libidinal do egoísmo" (*Complemento metapsicológico à doutrina do sonho*). Portanto, o narcisismo reporta-se não apenas de modo restrito a um único estágio da libido, mas ao amor-próprio que acompanha todos os estágios. E não apenas como ponto de partida primitivo do desenvolvimento, mas principalmente no sentido de um período

---

[1] O texto original, "Narzißmus als Doppelrichtung", encontra-se em *Imago Zeitschrift für Anwendung der Psychoanalyse auf die Geisteswissenschaften*, v. VII, p. 361-386, 1921. A presente tradução foi publicada, inicialmente, em 2021, pela Editora Artes & Ecos, na Série Escrita Psicanalítica, dirigida por Lucas Krüger (Andreas-Salomé, L. *Narcisismo como dupla direção*. Porto Alegre: Artes & Ecos, 2021). Agradecemos a Lucas Krüger e a Fabio Caprio Leite de Castro por cederem o texto para o presente livro.

[2] "*autoerotischer Selbst- und Weltverwechslung des Säuglings*". (N.T.)

de formação básica que vai até os sucessivos investimentos objetais da libido. Segundo a ilustração de Freud, isso ocorre de forma similar à ameba, que emite pseudópodes para depois integrá-los a si segundo a sua necessidade.

Por certo, ao introduzir o conceito de narcisismo na psicanálise teórica, Freud definiu desde o início que as energias psíquicas "coexistem no estado narcísico e são indistinguíveis em nossa análise; somente quando ocorre o investimento de objeto se torna possível diferenciar uma energia sexual, a libido, de uma energia das pulsões do eu". Por conseguinte, o narcisismo fica estabelecido como um conceito limítrofe, que a psicanálise não pode ultrapassar, mas no qual ela tem de penetrar terapeuticamente, na medida em que se trata do ponto onde os distúrbios patológicos são plenamente resolvidos, e a saúde, restaurada. Pois "doente" e "saudável" implicam, em última análise, respectivamente, inter-relações impróprias ou justas entre duas tendências internas, a depender de se elas inibem ou promovem uma à outra.[3]

Como ambas as tendências se realizam no indivíduo à medida que ele toma consciência de si, elas delimitam-se uma à outra de modo cada vez mais indiferenciado. Isso torna ainda mais imperceptível o fato de que algo na orientação libidinal impõe-se em contraposição ao próprio indivíduo singular enquanto tal, desprendendo-o e dissolvendo-o naquilo em que, antes de sua consciência, ainda estava para o todo, como o todo para ele.[4]

Se de fato as pulsões de conservação do eu e de autoafirmação devem ser separadas conceitualmente de modo rigoroso das pulsões libidinais, então a libido não significa outra coisa senão esse processo: o traço entre

---

[3] Embora, no título do ensaio, Lou Salomé tenha empregado o termo "dupla direção" (*Doppelrichtung*), aqui a autora utiliza "tendências" (*Tendenzen*). As duas tendências narcísicas às quais ela se refere serão esclarecidas em seguida. São elas a referência da libido ao eu e à original identificação com o todo – em linguagem freudiana, respectivamente, narcisismo secundário e narcisismo primário. Saúde e doença, portanto, resultariam do modo como essas duas tendências se inter-relacionam, promovendo ou inibindo uma à outra. (N.T.)

[4] "*noch für alles stand, wie alles gesamthaft für sie*". Lou Salomé parece referir-se nesse trecho a duas questões simultaneamente: à dupla tendência do narcisismo e à distinção entre as pulsões do eu e as pulsões libidinais. A dupla tendência do narcisismo é realizável no próprio indivíduo em conformidade com a sua progressiva consciência de si, ou seja, através da crescente distinção entre o eu e o objeto. Entretanto, na própria consciência, as duas tendências narcísicas se tornam cada vez mais indiferenciadas. Isso faz com que a orientação libidinal, ao prevalecer imperceptivelmente sobre o eu, leve-o à sua dissolução, na direção do estágio do narcisismo primário, ou seja, de indistinção entre o eu e o objeto. (N.T.)

a solidão conquistada e sua referência posterior ao que conjuga,[5] ao que fusiona. No duplo fenômeno narcísico, seriam expressas tanto a referência da libido a nós mesmos quanto nossas próprias raízes no estado original ao qual, ao nascermos, permanecemos ainda assimilados, como a planta à terra, apesar do seu crescimento em direção oposta à luz. Também nos processos corporais vemos a transmissão sexual ligar-se a totalidades mínimas,[6] que permanecem indiferentes, como em nosso corpo as "zonas erógenas" são sobreviventes eficazes de um estágio infantil do qual os órgãos há muito se dividiram a serviço da conservação do eu.[7]

A questão não deve soar, de forma alguma, do seguinte modo: se é teoricamente possível apreender de modo unívoco o duplo sentido do narcisismo. Tampouco se é possível consignar a pulsão do eu à libido (por exemplo, como se também a necessidade de alimentação correspondesse a uma espécie de conjugação com o que nos é exterior). Ou, inversamente, se é possível subordinar a libido ao esforço de apoderamento do indivíduo (na avidez do eu). Não, essa não é a questão fundamental, mas sim a diferença intrínseca de experiências, que é mantida através de uma dupla terminologia, em vez de serem ocultadas pela unificação forçada do termo.

Rastrear, tão longe quanto possível, tão profundamente quanto seja factível, as circunstâncias vitais ocultas: é disso que trata a psicanálise freudiana, e apenas por isso ela faz uso da oposição popular entre pulsões do eu e pulsões sexuais. Desse modo, parece-me um perigo se o narcisismo não for enfatizado em sua dupla face essencial, ou seja, se o seu problema acabar sem solução, por conta de uma confusão de palavras com o mero amor-próprio. Gostaria, portanto, de enfatizar o outro lado, que remonta ao estágio anterior à consciência do eu – o do persistente sentimento de identificação com o todo, da renovada fusão com o todo enquanto meta

---

[5] "*konjugierendes*". (N.T.)

[6] "*kleinste Totalitäten*". (N.T.)

[7] Deliberadamente, não falo aqui da pulsão do eu e da "pulsão da espécie". Especialmente desde a virada teleológica dessa expressão em C. G. Jung, recordamos o quão inexoravelmente a teleologia se aninhou nela, desde Schopenhauer e o evolucionismo, apesar da enfatizada natureza científica da concepção. (Cf. o esclarecimento de Carl Abraham já na *Internationale Zeitschrift für Psychoanalyse*, v. III, p. 72.) Em particular, a sexualidade infantil, que é fundamental para toda a sexualidade posterior, deixa-se cobrir minimamente pela "pulsão da espécie". O nosso narcisismo realmente revive com a paternidade e a maternidade, com a imagem da criança. Assim, na reprodução da espécie, a palavra não nos levaria a uma só estação longe do eu.

positiva fundamental da libido[8] –, precisamente sob três pontos: no âmbito de nossos investimentos objetais, no âmbito da atribuição de nossos valores e no âmbito da realização narcísica através da criação artística.

Primeiramente, porém, antes de ficar "farta do tom pedante",[9] gostaria de contar a respeito de um menino que atendi e que me permitiu observar vigorosamente como o nosso progressivo tornar-se eu[10] não apenas nos impele para as novas alegrias de um amor-próprio mais consciente. Também foi possível observar como o eu pode impor-se desde já como uma perda do prazer de sermos absorvidos passivamente naquilo que ainda não distinguimos plenamente de nós mesmos. Ao tempo desse duplo evento de perda e aquisição, ele começou a transformar-se, de um menino afetuoso e confiante em choroso e irritado. Ele atingia, e não de brincadeira, a sua mãe muito amada, alternando estados de raiva e ansiedade. Certamente, ele não teria conseguido expressar seu sofrimento com mais clareza do que o fez um colega – um pouco mais letrado linguisticamente – ao pai, que estava irritado, diante da censura amarga que este lhe fez: "Tu és tão arrogante, e estou tão triste".

A causa da irritabilidade do menino emergiu quando o seu sofrimento desapareceu. Assim que ele parou de falar de si mesmo na terceira pessoa, o primeiro "eu" irrompeu dele, como a dolorosa erupção de um dente.

---

[8] Com efeito, é pela indicação do caráter positivo do componente *passivo* que a libido pode ser suficientemente diferenciada de uma mera "atitude" de nossa luta pelo poder do eu, como A. Adler a concebe e que o conduz a um encurtamento e uma simplificação intelectualista dos processos psíquicos. De fato, essa afirmação é feita por alguém que quer garantir muitos seguidores, os quais se afastaram de Freud, pois não se podia brincar com a sexualidade perversa como se fosse um mero "jargão" da expressão emocional. Porém, A. Adler precisa de alguma forma encontrar um substituto para uma positiva duplicidade (ativa e passiva) – que, para o nosso método do olhar humano, torna-se eficaz onde quer que a vida se mexa. Esse substituto aparece finalmente na dureza e na rigidez da mera ficção libidinal – embora como um sinal de inferioridade. Ele é tão geral e essencial para Adler que o "psíquico" quase poderia ser compreendido como tal. Isto é, o saudável, o não inferior teria de ser constrangido para prover suficientemente a psique com a passividade.

[9] A expressão utilizada por Lou, "*trocknen Tones satt*", é uma fórmula aproximada de um verso de Mefistófeles no *Fausto*, de Goethe: "*Ich bin des trocknen Tons nun satt./ Muß wieder recht den Teufel spielen*" (Estou farto do tom pedante./ Torno a fazer-me de demônio) (Goethe, Johann Wolfgang von. *Fausto: uma tragédia. Primeira parte*. 7. ed. Trad. Jenny Klabin Segall. São Paulo: Editora 34, 2020. p. 193. Edição bilíngue). (N.T.)

[10] "*Ichwerden*". (N.T.)

Entretanto, a nova palavra "eu" só se aplicava aos encontros com o ambiente que se tornaram habituais. Os momentos da antiga harmonia continuavam sendo assinados pelo "menino" [em terceira pessoa][11] em vez do "eu". Então ele explicava a alguém que o via parado em um canto: "Eu mau!". Logo depois, correndo radiante para sua mãe, ele declarava: "Menino bom de novo!". Apenas depois de alguns meses, o "menino" retirou-se em definitivo. Algo muito diferente de um rosto desesperadamente raivoso espiou pela fresta da porta quando, ao entrar com dignidade enfatizada, ele disse aos presentes: "Eu cheguei!". Só então desapareceu a sua aflição constante, profunda e assustada, o atávico sofrimento de todos nós: a inconcebível constatação de ver-se abandonado ao próprio isolamento, cuja incompreensão fazia parecer que este fosse externamente provocado.

Em cada golpe ou grito contra os entes queridos, em cada dor vingativa, ele havia revivido a última volúpia, saboreando dolorosamente nas lágrimas da mãe a identidade perdida. Em minha opinião, esse sadismo infantil fala em favor da natureza por vezes somente secundária do elemento sádico, ao menos enquanto um envelope de nossas identificações ainda inconscientes. Igualmente é possível notar o quão incrivelmente próximo ele está do complexo de Édipo. Sua surpreendente insolência envolve a sobreposição da expansão emocional errante, na estreiteza do tornar-se consciente do próprio isolamento e, portanto, na agressão proveniente do eu.

No caso do menino, o conflito interno com o nascimento do eu ainda não havia sido completamente eliminado. Isso só aconteceu por meio de um fenômeno cuja ocorrência não é incomum e pode ter diferentes motivos, mas que nesse caso especial tornou-se claramente o substituto de emergência para a perda do sentido de tudo.[12] O menino introduziu furtivamente um pequeno companheiro invisível no mundo de suas novas experiências, cujo contorno físico ele tirou de um livro ilustrado, no qual um jovem alegre aparecia saltando em direção a crianças enfeitadas com flores, com as palavras abaixo: "o Maio chegou". A partir de então, o jovem Maio forneceu o sósia complementar ao menino em várias situações: alegre ou triste, bom ou mau, premiado ou castigado, e até mesmo morto ou vivo. Maio fornecia-lhe o complemento, conforme necessário. Se as coisas não andavam de acordo com o desejo do menino, ele se consolava ainda mais com as incomensuráveis realizações do desejo de Maio. Porém, se um

---

[11] Acréscimo do tradutor. (N.T.)

[12] "*Allesbedeutung*". (N.T.)

excesso de felicidade ameaçava derrubar o menino (como no Natal, diante da árvore e da abundância de presentes), ele tomava uma decisão rápida: "Hoje nada para Maio!". Em ambos os casos, era evidente que a inveja ou a alegria maliciosa não contribuíam para isso. Com Maio mais feliz, o menino se confortava; com Maio vazio, o menino se abstinha, naquela singular genuína "abnegação"[13] de quem ainda não tem a posse exclusiva de si.

À medida que essa posse exclusiva de si se firmava, Maio aparecia com menos frequência. Tinha de percorrer uma distância maior até a casa que inicialmente compartilhava. Mais tarde, "Maio" mudou-se para uma localidade vizinha e finalmente teve de se acomodar ao uso da ferrovia e passou a depender dos horários dos trens. Quando parti para a Baviera, recebi "Maio" para uma escolta de viagem e junto a mim ele "morreu", por assim dizer, de uma morte que o fez permanecer localizado naquela região. Ao ser questionado sobre a minha estadia, o menino garantiu: "A Lou está no céu agora". Resta acrescentar que – de certo modo, em paralelo a Maio – a autoconsciência e a autoconfiança do menino se fortaleceram de maneira muito particular, e ele passou a suportar a comparação com esse "eu". No entanto, ainda agora (aos 3 anos de idade) houve uma ocasião em que Maio reapareceu, embora "apenas de noite". Isto é, no momento em que esse menino insolitamente musical se deixou levar por uma cantiga de salmo que, como último ato de modéstia – e isso é interessante –, ele não atribuiu somente ao dotadíssimo "eu".

Mais tarde, quando a libido se torna uma característica consciente do eu, padecendo de angústia com o recalcamento e com a inibição de nosso esforço de apoderamento, sofremos de antemão, pelo consentimento hesitante ao surgimento de uma personalidade rígida e individualmente destacada. Também esse consentimento atua em favor do impulso de recalcamento,[14] através do qual aquele que se supõe um mar deve se conformar ao leito demarcado de um rio. Tal como a última missão de Maio, essa circunstância parece durar mais tempo em crianças com atividade imaginativa[15] mais forte. Também me ocorreu de observá-la em uma idade notavelmente posterior à do menino em questão.

Recordo-me, a propósito, de um incidente ocorrido muito proximamente ao meu sétimo ano, em circunstâncias excepcionais que nos levariam

---

[13] "*Selbstlosigkeit*". (N.T.)

[14] "*Verdrängungsschüben*". (N.T.)

[15] "*Phantasietätigkeit*". (N.T.)

muito longe para serem debatidas aqui. Foi quando pela primeira vez abandonei a devota credulidade infantil e, desse modo, aquela proteção divina que envolve a criança como a última casca do ovo espiritual. Em certo sentido, apenas quando essa casca é rompida se consuma o nascimento do eu em um mundo alheio.[16,17] Tratava-se de uma impressão diante da minha própria imagem refletida no espelho, como uma nova e repentina consciência dessa imagem, excluída de todo o resto. O despertar dessa consciência ocorreu não por causa de algo proveniente da aparência (por exemplo, como a imagem mais bela ou como resultado do pecado duvidoso daquela época), mas pelo próprio fato de ser algo delimitado, que tem o seu relevo. Algo me invadia como se eu estivesse privada da pátria, sem teto, como se cada coisa sem exceção me tivesse incluído em si, me tivesse oferecido amigavelmente um acolhimento.[18] Naturalmente, crianças e pessoas doentes, mais do que adultos normais, experimentam essa estranheza[19] de se tornar, às margens da barreira do eu, uma mera figura-fantasma, uma aparência enganosa. Aos adultos, somente a circunstância oposta derruba o seu suporte, isto é, a possibilidade de desaparecimento da segurança oferecida pela barreira do eu.

Assim como na criança com a consciência do eu ainda não consolidada, no psicótico a desintegração do eu revela aquele outro lado do narcisismo, no qual ele não coincide totalmente com o "amor-próprio". Por isso, o psicótico tanto nos diz sobre essa circunstância através da perda dos limites do seu eu, na medida em que ele perde sua capacidade de transferência[20] e de investimento objetal – os quais são possíveis somente a partir do eu.

---

[16] "*Weltfremde*". (N.T.)

[17] Esses detalhes são utilizados em uma história infantil publicada por Diederichs, *A hora sem Deus*. Aliás, um tema que valeria a pena investigar com mais frequência, na medida em que todos crescem com alguma representação da fé. A hora decisiva da primeira dúvida da pessoa não é necessariamente condicionada de modo teórico. Ela é muitas vezes tardia e não tão profundamente efetiva. Entretanto, a primeira dúvida permanece característica a todos, mesmo que essa experiência prática seja inicialmente recalcada com esforço teórico.

[18] No excelente livro de G. Róheim, ao explicar os ritos do espelho, parece-me que não é suficientemente levada em consideração a dupla direção narcísica. Ordens e proibições baseiam-se no fato de que o autoespelhamento, o remorso, o dano social e o perigo provêm do eu. No lado oposto, é complementar a isso a timidez do eu diante de si mesmo, enquanto ele permanece atado à limitação.

[19] "*Unheimlichkeit*". (N.T.)

[20] "*Übertragung*". (N.T.)

Ele regride ao ponto em que não transfere mais singularmente como tal e, portanto, também não transfere para si mesmo como indivíduo singular. Assim como o bebê, o psicótico experimenta sozinho essa incompletude[21] em uma forma tão pura, que chega a faltar a palavra característica para isso. Nessa incompletude, ficamos presos com as nossas designações na mistura das duas metades, em uma totalidade indistinguível, que agora só podemos examinar de um lado.

É evidente que existiram e existem pessoas que dispõem de denominações para o que não tem palavras, mas são apenas aquelas designações que sublinham o indizível para derivar o direito de tratar suas palavras como entidades. Estes são os metafísicos, especialmente os de data mais antiga. O que aconteceria se apenas fizéssemos uso da nebulosidade de tais expressões para uma finalidade diferente, para distinguir entre os lados da experiência prática e factual da nossa interioridade humana? Sem dúvida, assim como a clássica linguagem religiosa do fiel nos instrui mais claramente sobre os estados da devoção, também nos instruem as expressões idiomáticas do metafísico sobre modos de existência conscientes da nossa vivência que, para a psicologia do eu, tornam-se invisíveis, tal como estrelas durante o dia. O grande religioso e o grande filósofo são igualmente poderosos na expressão, porque, como o psicanalista sabe muito bem, preservaram seus impulsos mais ardentes da formação primordial do narcisismo. Eles podem presentear o investigador do psiquismo humano, pelo mesmo motivo que o faz o psicótico.

Um pouco disso tem em sua consciência o herói do espelho – Narciso –, padrinho de Terminus, quando unilateralmente olha sozinho para o erotismo satisfeito do eu. Porém, consideremos que o Narciso da lenda não está diante de um espelho artificial, e sim da natureza. Talvez não esteja vendo apenas a si mesmo na água, mas a si mesmo *como tudo* o mais,[22] e talvez não tivesse ele ali se detido, mas fugido? Não é fato que desde sempre paira sobre seu rosto, ao lado do êxtase, a melancolia? Como esses dois se unificam? Felicidade e luto, o que foi roubado de si mesmo e o que foi rejeitado, a entrega e a afirmação de si: isso é algo que se traduz em imagem somente ao poeta.[23]

---

[21] "*Halbheit*". (N.T.)

[22] "*als alles noch*". Ou seja, algo como "tudo o mais a seu redor". (N.T.)

[23] "– Isso então: isso emana de mim e dissolve-se
no ar e no sentimento dos bosques,
escapa de mim facilmente e não se torna mais meu
e brilha, porque não se depara com inimizade.

II.

Do ponto de vista psicanalítico, tornou-se revelador e instrutivo, em todos os aspectos, que mesmo o amor objetal remonte ao amor-próprio, tal como a obra-prima acrobática da ameba e seus pseudópodes retráteis, de acordo com a drástica analogia apresentada por Freud. Profundamente, os respectivos objetos aparecem como meras ocasiões para despejar sobre eles um excesso de amor referido a nós mesmos e que, por assim dizer, apenas não foi devidamente acomodado. Como em Santo Agostinho: "Eu amei o amor". A questão sobre como podemos sair de nosso amor-próprio através da libido objetal foi discutida várias vezes por Freud no sentido de um excesso.

Atualmente, penso que essa "demasia" decorre, já desde o ambiente de casa, da circunstância em que a *direção de comportamento* desconsidera os limites do eu enquanto tais, excede-os, não aplicando e até mesmo se opondo a eles. Isso significa que esse comportamento é narcisicamente condicionado. Simultaneamente, renova-se, em toda autoafirmação, um trabalho de dissolução de si mesmo. Por certo, existe também o amor-próprio muito real que é voltado para si conscientemente, o qual obtém a sua satisfação através de uma vantagem para o eu, e não através da voluptuosidade. Mesmo quando a volúpia genuína se alivia sobre o eu, ela é facilmente disfarçada por esse eu diante do olhar indagador, e até mesmo seu excesso flui em torno do eu como seu ponto central.

Somente por ocasião do investimento objetal a libido se delineia como algo para si, por essa razão, ela se esboça pela primeira vez enquanto libidinal

---

Isso se eleva de mim o tempo todo
Eu não quero ir, eu espero, eu permaneço;
mas todos os meus limites têm pressa,
subvertem para fora e já estão lá.

E mesmo no sono: nada nos liga o suficiente.
Centro flexível em mim, núcleo cheio de falhas,
Que não detém sua polpa. Evasão, voo
de todas as partes da minha superfície.

Agora fica em aberto na falta de resposta
água dispersa, e eu posso por muito tempo
olhá-la maravilhado sob minha coroa de rosas.

Lá não é amado. Lá em baixo
nada mais é do que a indiferença de pedras apressadas,
e eu posso ver como estou triste."
("Narciso", de Rainer Maria Rilke, manuscrito)

nos contornos do objeto. Por trás dessa circunstância, está a região de onde ela provém, e aquilo que se destaca em primeiro plano na figura singular do objeto nos seduz, na medida em que ele veste esse traje regional.[24] Penso que derive daí a "sobrestimação sexual" freudiana, o esforço para aumentar o objeto da libido, para dotá-lo de tudo que é belo e valioso. A libido busca tornar o objeto um substituto[25] digno e apropriado daquilo que abrange o todo, algo dificilmente implementável, como o próprio sujeito-objeto. Em última análise, todo objeto é representante[26] – no sentido estritamente psicanalítico da palavra – enquanto "símbolo" para a abundância inexprimível daquilo que está inconscientemente conectado a ele.

No âmbito da libido, nenhum investimento objetal possui outra realidade senão a simbólica. O prazer que se refere a ela assemelha-se ao que Ferenczi certa vez descreveu como o "prazer do reencontro"[27]: "a tendência de redescobrir o que se tornou amado em todas as coisas do mundo exterior hostil é provavelmente também a fonte da formação do símbolo".[28] E nós acrescentamos, por conseguinte: essa tendência é também a fonte da libido objetal narcisicamente derivada e alimentada. É fundamentalmente válida a visão psicanalítica[29] de que os objetos de amor posteriores são transferências dos primeiros. "Objeto da libido" significa ser transferido[30] de uma unidade sujeito-objeto ainda indivisa para uma imagem externa pontual. No mero isolamento, essa imagem externa significa tão pouco que nos contentamos libidinalmente conosco em nossa solidão, assim como procuramos ignorar ou desconsiderar involuntariamente nossos limites.

Como é sabido, Freud fala de "sobrestimação sexual" como um gasto demasiado do "excesso" de libido de nosso narcisismo, com o qual ele empobrece e sofre, para depois, em troca, ser reabastecido pela experiência

---

[24] "*Landestracht*". (N.T.)

[25] "*Stellvertreter*". (N.T.)

[26] "*stellvertretend*". (N.T.)

[27] "*Wiederfindunglust*". (N.T.)

[28] O prazer do reencontro distingue-se do prazer que se refere ao gasto de energia meramente econômico e que está na base técnica do chiste de Freud (Ferenczi. Analyse von Gleichnissen. *Internationale Zeitschrift für Psychoanalyse*, v. III, 5, p. 278).

[29] "*Die psychoanalytische Einsicht*". A expressão também pode ser traduzida por "*insight* psicanalítico". (N.T.)

[30] "*Übertragensein*". (N.T.)

do amor. De qualquer modo, isso é mais marcante no caso da libido que entra em forte contraste com o esforço de apoderamento, isto é, no homem. A fim de observar plenamente o quanto nosso narcisismo é enriquecido e intensificado por suas sobrestimações sexuais, ou seja, quando ele recua em relação ao eu, talvez devamos considerá-lo, em particular, lá onde ele não se "masculinizou" tão a fundo no distrito do eu. Ou, ainda, antes que isso aconteça, lá onde ele é impelido de volta para o mais infantil, naquilo que permanece mais distante da agressividade consciente do eu.

Não se quer com isso dar maior importância à libido da mulher e à sua reversão descrita por Freud (da sexualidade clitoriana à sexualidade passiva da vagina). No entanto, se o lado do eu do narcisismo ficar prejudicado,[31] isso permite à mulher chegar integralmente à visão sobre o outro lado de seu ser, o qual permaneceria de outra forma muito afastado. A volúpia de se sobrepor a si mesma, de não ficar parada no caminho, no venturoso reviver de um estado originário ainda estranho ao eu, sob determinadas circunstâncias, pode ganhar uma forma masoquista, levando à afirmação tanto da dor física quanto da situação de humilhação. Em relação ao eu, portanto, a volúpia é *contraditória*, pois "uma reversão da atividade em passividade e por um retorno em direção à própria pessoa nunca empenha, de fato, todo o montante de moção pulsional".[32] O paradoxo dessa vivência é trazido à luz pelo fato de que o narcisismo é uma dupla consumação da afirmação de si e do gozo[33] naquilo que ainda é ilimitado originalmente. Como Freud mesmo admite, nós teríamos "todas as razões para assumir essa dor, como outras sensações de desprazer que invadem a excitação sexual e criam um estado de prazer, razão pela qual também pode agradar o desprazer da dor".[34]

---

[31] "*Kommt* [...] *zu kurz*". (N.T.)

[32] Freud, S. *As pulsões e seus destinos*. Tradução de Pedro Heliodoro Tavares. Belo Horizonte: Autêntica, 2013. (N.T.)

[33] "*Schwelgen*". (N.T.)

[34] Cf. páginas finais de "Das neuroses de doença ou patoneuroses", de Ferenczi, *Internationale Zeitschrift für Psychoanalyse*, v. IV, 5, em que o masoquismo e a genitalidade feminina são discutidos como problemas muito sombrios, e em que as lesões corporais são discutidas como uma ocasião para a regressão ao masoquismo epidérmico original (a pele como zona erógena mais infantil!). Muito cedo P. Federn pronunciou-se a favor do caráter primário da "libido da paixão", ao contrário da afirmação de Freud ("um masoquismo original que [...] não tivesse surgido do sadismo, não parece existir"). "Em contrapartida, devo afirmar com segurança que a libido pode ser feminina e

Freud persiste em afirmar o caráter secundário do masoquismo, enquanto uma reação aos estados anteriores, que sucessivamente exigem, por assim dizer, a dor da expiação.

De resto, no que concerne à libido feminina, considero algo a ser esclarecido, não apenas pela expressão sexual original na intensificação do traço masoquista, para o qual o eu contribui de forma significativa, mesmo que de modo negativo, como determinante da dor. O impulso de retorno[35] ao passivo também garante permanentemente às zonas erógenas seu alcance original – em contraste com o avanço para o ativo. O princípio da parada, do prolongamento, isto é, aquela ternura que é altamente adequada para animar o refinamento mental dos processos corporais, vincula os hábitos da criança à erogeneidade infantil do corpo inteiro, por assim dizer, do contato difuso e total que ainda não foi circunscrito.

Finalmente, e não menos importante: é esse vestígio, remanescente da própria sexualidade clitoriana, que, em se tornando supérfluo para o objetivo genital, vive na mulher do modo mais infantil ou puerilmente até... sim, até mesmo, talvez, quando no parto a mulher coloca o "filho" de si mesma no mundo. Nesse clímax da experiência feminina, ela, a geradora, a alimentadora, a educadora da criança está ao mesmo tempo próxima do elemento masculino. É a *sua* parte de atividade que se complementa de modo quase bissexual e, portanto, volta-se ao narcisismo original, o qual somente é possível na imagem da mãe que, doando-se, segura o seu seio.

Em correspondência com a inveja do pênis na mulher, não é incomum encontrar no homem um desejo de dar à luz a si mesmo de novo (o que seria diferente de querer voltar para a mãe amada = parturiente, tanto quanto do "incestuoso querer-ser-pai-de-si-mesmo"[36]). De acordo com algumas de minhas observações, acredito ver uma ênfase feminina clitoridiana remodelada, no sentido em que, de acordo com a concepção infantil do erotismo

---

masculina" (*Internationale Zeitschrift für Psychoanalyse*, v. II, 2, p. 119). "O critério do masoquismo é [...] a atitude passiva e prazerosa do eu total. As pessoas que têm sexualidade normal e masoquista indicam que a sexualidade masoquista 'passa pelo cérebro', aceitam a dominação de todo o eu próprio". Com isso, P. Federn reivindica para o masoquismo primário a idoneidade da plena capacidade de amar, que, segundo Freud, é caracterizada como "a relação do eu total com os objetos" (*Sammlung kleiner Schriften zur Neurosenlehren*, IV, p. 274).

[35] "*Rückschub*". (N.T.)

[36] "*Sich-eigner-Vaterseinwollen*". (N.T.)

anal, o clitóris significa algo amovível do corpo (a "caca" [*Lumpf*] da célebre análise infantil de Freud).³⁷ Igualmente essa concepção se expressa em algumas (naturalmente não todas) fantasias de gravidez de homens neuróticos.

Detenho-me nesse ponto porque muitas vezes me chamou a atenção como o fato de o menino se tornar homem era sentido, em um primeiro momento, como uma pressão vinda de algo alheio: como uma violenta externalidade³⁸ que se impõe e é incorporada a si mesmo, ao invés de permanecer como algo sob a sua possessão. Antes que o "excesso" da libido seja dirigido ao objeto, a libido se faz perceptível em tais casos *quase da mesma forma que a degradação do amor-próprio narcisista*, ou seja, degradação da unidade da libido e do eu. É somente através do investimento objetal que os dois se unem na zona comum em seu encanto³⁹ pelo objeto.

Então não é tanto o investimento objetal nem a sobrestimação sexual, no âmbito do seu investimento, o que parece perigoso para o nosso narcisismo. É este que, por sua vez, torna-se perigoso para o objeto da libido. É por culpa de sua intervenção permanente que o objeto finalmente se faz penalizado. Na medida em que ele é admitido desde o início, apenas por uma espécie de função representante,⁴⁰ quanto mais é festejado o advento dessa função, mais o objeto se evapora na sua real natureza. As decepções amorosas típicas têm nisso sua razão última e inevitável, não apenas quando o amor diminui com o tempo ou através de visões decepcionantes. Afora essas duas situações, o objeto deve responder com seu corpo pelo fato de ser muito mais que a corporeidade, e com seu ser particular aparentemente eleito, escolhido, em razão de seu ser universal. Quanto mais aumenta o êxtase do amor, enriquecendo sempre mais exuberantemente e sem economia o seu objeto, tanto mais sutil e desnutrido fica o objeto em seu simbolismo. Por outro lado, quanto mais

---

³⁷ O termo "*Lumpf*" é utilizado por Hans como "caca". Cf. Freud, S. Análise de fobia em um menino de cinco anos (Caso Pequeno Hans) [1909]. *In: Histórias clínicas*. Tradução de Tito Lívio Cruz Romão. Belo Horizonte: Autêntica, 2022. (N.T.)

³⁸ Vários sonhos de rapazes fazem parte desse contexto. Por exemplo, no sonho a pessoa está envolta consigo mesma como se estivesse com um disfarce ou uma máscara, algo nela a prende, a cada instante pode perfurar, rasgar tudo e, ao final, destruir a si mesma. Ou então: a pessoa deita-se ao lado de uma cova aberta, na qual uma pedra tumular ameaça cair, a qual se projeta ali perto e espera apenas o primeiro movimento descuidado, pois *ela* corresponde à abertura que enterra *o próprio sonhador*.

³⁹ "*Entzücken*". (N.T.)

⁴⁰ "*Stellvertreterschaft*". (N.T.)

ardente é a nossa exaltação, mais arrefecedora é a confusão provocada, até que, na altura certa, o fogo e o gelo pareçam ao tato quase idênticos. (Isso pode tornar o destino do amor feliz quase mais desagradável do que o do amor infeliz, pois deixa frio o parceiro, enquanto permanece para si bem aquecido.)

Mesmo por trás da libido genital amadurecida, que leva a realidade mais a sério, cresce o processo simbolizante que faz prevalecerem identificações narcisistas no âmbito genital. Essas identificações não requerem pontes objetais específicas, estendendo-se sobre tudo, mas também não deixam validar nada além de si mesmas. Atribui-se normalmente à libido objetal algo que, segundo me parece, contorna-a, deriva diretamente do narcisismo e somente converge com ela nas zelosas formações simbólicas.

Isso inclui, em grande medida, o que se chama de amizade entre sexos diferentes. Na discussão extremamente popular desse tópico, observei muitas vezes pessoas imparciais se defenderem com estranho vigor para ver na amizade apenas algo que não é ainda amor ou já não é mais amor, ou que está lutando com o seu próprio recalcamento. Segundo a minha impressão, isso ocorre pelo fato de que, na aliança de amizade, certamente existem muitos componentes sexuais, porém, com frequência são aqueles que não pertenciam originalmente ao parceiro, mas se ligaram a ele de outro lugar. A saber, pela restauração do aspecto narcísico em sublimações de infantilismos. Desse modo, existiria justificadamente o sentimento de certa não sexualidade em relação ao amigo.

Esse sentimento não está enraizado no erotismo recíproco, mas em algo terceiro. Algo que cresce a partir de interesses ainda infantis ou floresce em interesses mais espirituais, indiferentemente se os amigos são um em Deus, ou apenas estão juntos na colheita ou na pesca. O essencial é que, enquanto amado e reconhecido, o amigo é finalmente valorizado, de certo modo transfigurado. Isso ocorre somente a partir desse terceiro elemento que, de resto, é capaz de ligar mais firmemente do que o erotismo, pois, ao permanecer distraído do objetivo sexual de tomar posse do corpo, ele se oferece por inteiro à nossa libido assim reprocessada, por assim dizer, pelo qual ela desmorona[41] inteiramente. Na sublimação da sua prática autoerótica mais antiga, a libido chega, de certa maneira, a uma confusão sociável do eu e do mundo *à deux*.[42]

---

[41] "*verfällt*". (N.T.)

[42] Em francês no original: "a dois". (N.T.)

Desse modo, é concedido ao narcisismo bem processado e alegremente desenvolvido – fora da libido genital – o mais amplo alcance, em troca da rigidez genital-libidinosa do abraço de outro parceiro. Pode-se fazer a piada de mau gosto: nosso velho autoerotismo, uma vez espalhado por todo o corpo da criança, simplesmente conseguiria, no esforço da sublimação, subir gradativamente dos membros à cabeça, como um verdadeiro "deslocamento de baixo para cima". Entretanto, a partir desse trampolim, o autoerotismo consegue dar aquele salto poderoso que renova o significado da libido para a vida cultural em geral, o salto *da libido corporal para o mundo das ênfases objetivas*.[43] Ou seja, o salto do centro do egocentrismo mais infantil em direção ao exterior. Isso sem adornar esse exterior simbolicamente, mas avaliando-o objetivamente, explorando-o realmente.

É sempre a partir do nosso próprio narcisismo que se produzem – em caso normal e em consequência ideal – também as elaborações mais espirituais e mais transformadoras. O narcisismo que salta do corpo, sempre de uma nova maneira, volta a ter o chão real sob seus pés. A objetividade é a gloriosa meta humana, a qual finalmente acena para o narcisismo a serviço da investigação ou do progresso, da arte ou da cultura, como Eros transformado. Onde quer que ele fique preso em sonhos infantis, onde seu grande salto falhe por ser muito curto, o narcisismo também descarrila em si mesmo para um estado patológico, sem fundo.

III.

O que significa fundamentalmente o impulso de sobrestimação, que desloca o objeto de sua individualidade e realidade para algo que tem validade e valor simbólico? Impulso que, em um processo paralelo, permite elaborar em sublimações a pulsão narcísica original? A validade e o valor simbólico baseiam-se no fato de a pessoa que se tornou consciente[44] se ver compelida, quanto mais o tempo passa, a proceder invariavelmente de modo indireto com seus métodos de identificação infantil. Assim, ela dissimula a sua inviabilidade, de forma alegórica.

A pessoa torna isso possível ao exagerar o valor da porção representante que, no *excesso de valor*, mostra-se, por assim dizer, a sua própria

---

[43] "*sachlicher Betonungen*". (N.T.)

[44] "*der bewußtgewordene Mensch*". (N.T.)

personificação. A quantidade de libido narcísica, que permanece presa nisso, corrompe com êxito o juízo sempre mais adaptado à realidade, firma com ele um pacto de mediação, segundo o qual o "valor" representa, simbolicamente, a personificação, "a unidade e a justificação última de tudo".[45]

O problema do valor, em geral, é sempre um problema da libido. Através dele, destitui-se da limitação, da interdependência recíproca de todo o resto, tomando algo emprestado do estado libidinal. *Todo* valor é uma aspiração à sobrestimação e ao afastamento da relatividade do individualmente válido: o valor se estende, anseia inevitavelmente à convicção através da fé. Daí aquela crença de que "nada é impossível", nem mesmo a reconexão do sonho primitivo mais infantil à experiência de mundo mais objetiva. Dessa crença também gosta o nosso narcisismo sublimador, esse ambicioso idealizador. É este que nos torna semelhantes, de certa forma, aos eternos *Toggenburgern*,[46] que veneram seu objeto de amor tanto mais abundantemente quanto seu matrimônio real se revela mais inviável.

Não importa quantas provas e justificativas cultivemos para prosseguir, nada consegue ser convincente sem uma conexão secreta e pessoal com a demanda narcísica dentro de nós. Por outro lado, se algo for aprovado, nenhuma força compensatória conseguiria nos convencer do contrário. Não importa o quão modestamente nos asseguremos sobre a objetividade, isso ainda resultaria em uma avaliação a ser validada subjetivamente. Embora tenhamos a subjetividade como validade final e total, nosso narcisismo não é nada além do saber, ainda obscuramente retido na vivência do sentimento de que *aquilo que nos é mais subjetivo é o nosso ponto de conexão objetiva*.

Toda a metafísica aspira a colocar o "ser" em concordância com "Deus", como um princípio de valor absoluto. Nessa medida, é verdade que ela não é apenas narcisicamente condicionada em seu modo de pensar, mas é também em si mesma a imagem reflexa, filosoficamente processada, da aliança entre narcisismo e objetividade. Talvez esse duplo estado de coisas emerja mais diretamente na questão do *valor da vida*, pois só por meio da vida e

---

[45] *"Ein und alles"*. (N.T.)

[46] Habitantes da região de Toggenburg, nos Alpes suíços. Essa alusão também se encontra no ensaio *O erótico*, de 1910, no qual Lou Salomé se refere ao *Toggenburger* como o protótipo da "extrema masculinidade" (*Die Erotik*. Vezseny: Ngiyaw ebooks, 2008. p. 79). É possível que se trate de uma referência à figura idealizada do "Cavaleiro Toggenburg", balada romântica escrita por Friedrich Schiller (*Sämtliche Gedichte und Balladen*. 5. ed. Berlin: Insel Verlag, 2005). (N.T.)

graças a ela o valor *se torna* uma questão. Simultaneamente, o valor da vida é o próprio valor do narcisismo. Tal como no valor da vida, o julgamento sobre o narcisismo é pacientemente suportado como algo oponível objetivamente. Em relação à embriaguez da vida enquanto tal – em que algo circula proveitosamente no sangue e no cérebro das pessoas saudáveis –, isto é, na embriaguez narcísica persistente por trás de tudo, o otimista está permanentemente certo. Na renúncia a essa premissa íntima "não objetiva", o pessimista, aquele que julga sem libido, "sem amor", está simplesmente equivocado a respeito do portador da vida, o único e verdadeiramente vivo!

Onde o elemento narcisista no homem se sobrepõe demais, apesar de seus poderes de despertar a vida, isso o leva a uma confiança excessiva, a uma embaraçosa colisão com a realidade externa. Por outro lado, onde ele está muito fragilmente submetido ao julgamento real determinado, mesmo seus mais felizes sucessos não suscitam nenhuma alegria real. Por isso a existência se equilibra no chamado normal entre essas duas direções, as quais contêm, por assim dizer, algo de "maníaco" e algo de "melancólico". A situação factual é normalmente falsificada[47] em ambos os casos – e não obstante se testemunha mais nesses polos do que as condições moderadas fazem quando se afastam muito "do ódio como do amor". Dessa maneira, a "vida" *é* total somente em suas superestimações em ambos os lados, em suas avaliações absolutas, que vão além de toda parcialidade, *verdadeiramente*, presentes como "vida".

Os valores narcisicamente condicionados só se tornam realmente um problema ou uma conquista onde o "valioso" e o "investido pela libido" não coincidem imediatamente como no caso do valor da própria vida. Ou seja, onde a atribuição de valor pressupõe que se abandone, ou ao menos se modifique, a reação mais infantil a fim de que ele seja realizado. Em outras palavras, onde o ato de idealização simbolizante sobre o objeto já vem acompanhado do ato de elaboração sublimante sobre a própria pulsão (processos que podem ser claramente distinguidos e que Freud acertadamente advertiu para não confundir). É extraordinariamente interessante que, do ponto de vista do narcisismo, torne-se possível não apenas a elevação do objeto, mas também a elevação do sujeito, através da elaboração mais "valiosa" possível. Isso foi o que o texto de Freud sobre o narcisismo fixou anteriormente como o "ponto germinativo da formação ideal" ("Introdução ao narcisismo").

Esse ponto germinativo mostra-se essencial quando nosso autorretrato começa a decepcionar-nos através de experiências reais: "Nosso eu ideal é

---

[47] "*fälschend*". (N.T.)

dirigido ao amor-próprio que o eu real desfrutou na infância" (Freud, "Introdução ao narcisismo"). Como a prática infantil do desejo não é suficiente a longo prazo, depois que a oposição no mundo estabelece padrões cada vez mais objetivos, surge a necessidade de certas hierarquias, de gradações e estruturas também em nosso mundo pulsional. Nossa imagem, desejada no interior do ideal, retorna a nós com essas dimensões, sublinhando alguns traços, apagando outros. Sentimo-nos belos e grandes, enormes, mas somente se também nos acharmos pequenos ou muito feios nos traços desviantes *podemos* desapreciar-nos no que se refere à imagem ideal que somos, mas não em tudo e de todo.

Essa retroatividade do ideal narcísico formado, religioso, ético ou o que seja não deve ser subestimada. Ela permanece essencial, mesmo com a subtração eventual de fatores estranhos e externos em sua formação, como as ordens e proibições de nossos educadores, nosso mundo circundante, a disciplina[48] mais fina ou a mais grosseira. Há, para isso, aquele *quantum* de libido objetal[49] que nos liga a pessoas cuidadosas e paternalistas e as transforma em símbolos de todos os valores ideais mais dignos de serem imitados, com os quais ficamos fortemente envolvidos. O narcisismo sabe

---

[48] "*Drill*". Trata-se do substantivo derivado de "*drillen*", similar ao verbo inglês "*to drill*", podendo nesse contexto ser traduzido por exercício, treino ou disciplina. (N.T.)

[49] A diferença entre a disciplina e o sentimento de amor é perfeitamente moldada por uma observação de I. Marzinowski (com a qual me familiarizei em uma conversa dessa forma): Em um caso, procura-se manter o sigilo sobre uma má conduta para contornar o ato criminoso como se ele não tivesse sido cometido. Em outro caso, espera-se por confissão, credo, por um ajoelhar-se em direção ao peito daquele por quem há um *desejo de ser amado*. No entanto, estou menos de acordo com Marzinowski quando, em "As fontes eróticas do sentimento de inferioridade" (*Zeitschrift für Sexualwissenschaft*, v. IV), ele enxerga a maturidade plena, para além do desejo de amor recíproco, na autonomia de amor: "Se te amo, o que te importa!". É verdade que isso concorda com as exigências morais de maneira impressionante, soa esplendidamente altruísta, mas de modo muito frequente fala a linguagem de nosso narcisismo que ainda *não atingiu o amor objetal pleno*. Em vez dos autossuficientes no amor, são as pessoas que dependem exclusivamente do amor recíproco as que têm uma inclinação narcísica (o que é ainda muito mais verdadeiro para o eu conscientemente vaidoso ou para o narcisismo frágil). Isso porque elas são inconscientemente participantes de tudo, e sua libido objetal é apenas frouxamente apegada às manifestações do objeto. Ao serem pressionadas no seu excesso narcísico, elas podem, de modo altamente egoísta, "dar mais felicidade do que receber". Isto é, ficam mais agradecidas pela violência de uma pessoa que desperta o amor nelas, do que por seu amor em troca, do qual facilmente se envergonham e que facilmente hostilizam.

como impulsionar simbolicamente a dimensão pessoal no âmbito da libido objetal, prevalecente em contextos cada vez mais amplos, espirituais, abstratos, chegando por si, finalmente, à autonomia do valor.

O sentimento narcísico diz mais cedo, desejando intensamente: "A vida já vale a pena!". Depois, um sentimento mais maduro consuma-se como *exigente*: "Somente o valor é verdadeiramente vida!". Trata-se de uma sobrevaloração do valor,[50] colocado acima do ser, que se comporta como absoluto, dimensão puramente ética da cultura. Essa dimensão é marcada, também, como desempenho máximo de nosso narcisismo.

Essa circunstância me parece ainda mais significativa à medida que a visão psicanalítica penetra profundamente nas motivações e nos substratos éticos. Ao considerar os fatos psicológicos, a afirmação de Freud sobre o "ponto germinativo narcísico da formação ideal" está tão distante de improvisações metafísicas quanto da orientação racionalista que recua em toda parte por influências externas (como a utilidade ou a compulsão com a subsequente sanção). Com Freud a questão vai tão fundo quanto o homem é capaz de acompanhar o que é humano. Vai ao mais primordial dele mesmo, até onde se tornou consciente de si e procura preencher essa separação; mesmo contra sua própria força pulsional, na obediência ou no amor, para poder renovar a experiência primordial de ser parte do todo.[51]

Se o eu, cada vez mais nitidamente diferenciado, se deixasse transbordar pelo fluxo desordenado das pulsões, ficaria então restringido a uma violenta infantilização. O mundo externo perder-se-ia sem que a condição original de sua criança ainda inconsciente fosse restaurada. Sem dúvida, a constituição de nós mesmos com os valores morais mais elevados é uma realidade fantasiada que nós tanto imitamos. Por outro lado, essa incondicionalidade atesta precisamente como deve ter nascido de nosso ser aquilo que aprovamos com tão grandes gestos. Com efeito, somos nós que nos desapontamos ou nos desagradamos. O repreendido e o comportado com seu valor ideal são inseparavelmente um só em nós. Por essa razão, a fonte do amor narcísico não se esvazia (e ficam tão surpreendentemente próximos, o neurótico desesperado e o delirante, que se supõem quase divinos).

Nesse sentido, toda ética genuína, toda autonomia ética forma um compromisso entre comando e aspiração. Em princípio, tenta-se evitar que

---

[50] "*Wert-Überwertung*". (N.T.)

[51] "*Allteilhaftigeit*". (N.T.)

o aspirado a torne inatingível através de um rígido ideal do valor exigido. Isso envolve o que é ordenado no sonho primordial de um ser abrangente e subjacente a tudo. Contudo, esse compromisso se trai claramente nos valores mais rígidos – sim, justamente nestes – nas conexões subterrâneas[52] entre o devido e o desejado, ou, dito de outra forma: entre a ética e a religião.

Nenhuma religião pode prescindir de um momento que seja eticamente válido (isto é, como a criança que *levanta os olhos* para o pai). Da mesma forma, nenhuma conquista ética de si pode prescindir do momento de calor da mãe que o abraça.[53] Tudo o que chamamos de "sublimar" se baseia simplesmente nessa *possibilidade de preservar algo da intimidade última do comportamento libidinal, mesmo contra o mais abstrato e impessoal*. É isso que possibilita o processo pelo qual "a energia sexual – no todo ou em grande parte – é desviada do uso sexual e direcionada para outros fins" (Freud, *Três ensaios sobre a sexualidade*). Na vivência religiosa do "devoto", irrompe a libido objetal mais antiga, ligada aos pais no fluxo narcísico, produzindo um desempenho verdadeiramente brilhante do narcisismo. O que domina tudo e o mais íntimo de tudo conduzem juntos ao valor de Deus.[54] Exatamente este que de outro modo se tornaria bastante prejudicial ao objeto da libido. A volatilidade de si em um simbolismo cada vez mais representativo é o que faz do valor de Deus uma obra-prima e, precisamente, um símbolo de todos os símbolos do amor, a tal ponto que Deus se personifica nele.[55]

O que é eficaz na profundeza do religioso – a tendência a uma dimensão narcísica confiante e idealizadora – também orienta aquele que se desprende

---

[52] "*unterirdischen Zusammenhängen*". (N.T.)

[53] Pelo contexto e pela construção da frase, esse momento "de calor da mãe que abraça" pode ser interpretado como o momento "religioso" da ética. (N.T.)

[54] "*Gotteswert*". (N.T.)

[55] É verdade que a idealização do objeto pode paralisar a sublimação pulsional, e Deus produz mais encantamento do que a moral. A propósito, geralmente isso só ocorre para aqueles que creem no além de maneira sólida e resoluta ao lado das formas de felicidade altamente sublimadas, afirmando drasticamente os desejos mais infantis – a ascese vale somente para quem a alcança. Isso parece incoerente e ofende a sua lógica moral apenas para aquele que permanece fora de tal crença. Pois o comportamento exaltado, "piedoso", substitui de modo avaliativo por si mesmo, em si mesmo, o céu material (da criança) e o respectivo Deus da pessoa. Por isso, apesar de uma visão sóbria e objetiva, é mais fácil permanecer menos honesto consigo mesmo e renegar o fundamento e a base narcisista (que o céu da fé ingênua cobre calmamente), porque é preciso equilibrar-se no seu mais alto ponto terreno.

das representações de crenças usuais⁵⁶ em suas tentativas de sublimação, para que essas representações não o alienem de si mesmo. Devotando-se ao que lhe é mais valioso, o religioso não deve vê-lo simultaneamente sobrevoar acima de si, alçando-se tão alto que o faça olhar envergonhado e indignado para o seu eu enfraquecido abaixo. Ou seja, em vez do voo pretendido, o religioso colapsaria na angústia da consciência e no sentimento de culpa.⁵⁷

A advertência de Freud deve ser atendida seriamente: "ir além" do que se é capaz nas sublimações não significa preparar-se para a perfeição, mas para a neurose. Somos novamente impelidos a constatar com que profundidade e sobriedade Freud explora psicanaliticamente os problemas éticos, também no que diz respeito à consciência da culpa.⁵⁸ À parte as soluções metafísicas tanto quanto as soluções superficiais (utilitárias), a questão é respondida por Freud no sentido de que a nossa maior megalomania narcisista está na base da ambição ética, do impulso do eu, adaptado à realidade para o alto e para a frente. Através do eu, aquilo que não pode seguir da mesma maneira a marcha fatigante fica pelo caminho, desprezado. Até que a pessoa somente "se veja" do ponto de vista daquilo que somente ela avalia como o Ser, sem poder propriamente *ser*, devendo por isso tentar recalcar e renegar sua própria constituição sem se libertar dela.⁵⁹

Tal processo mostra-se relativamente inofensivo no castigo da temida "disciplina",⁶⁰ e também na obediência ao amor de investimento objetal que não foi suficiente. No entanto, se isso toca na fonte narcísica dos fenômenos éticos, chamamos tal enfermidade de consciência de culpa, remorso.⁶¹ Por isso, todas as neuroses são sempre também neuroses de culpa, sempre sob o sinal de que a pessoa se sente impelida na atenção consigo pela saúde

---

⁵⁶ "*üblichen Glaubensvorstellungen*". (N.T.)

⁵⁷ "*Schuldgefühle*". (N.T.)

⁵⁸ "*Schuldbewußtseins*". (N.T.)

⁵⁹ Utilizei a maiúscula para a grafia de "Ser" (*Sein*), reforçando que se trata de um substantivo, em relação ao verbo "ser" (*sein*), cujo itálico é empregado por Lou Salomé no original. Ou seja, não obstante o impulso narcísico na direção da afirmação dos valores, através do eu a pessoa verifica, diante da realidade, que nem tudo alcançará a perfeição desejada. Desse modo, o eu precisa reconhecer que não é perfeitamente idêntico ao ideal valorativo almejado, ao mesmo tempo que não pode afastá-lo completamente. (N.T.)

⁶⁰ "*Drill*". (N.T.)

⁶¹ "*Reue*". (N.T.)

acentuadamente instintiva.⁶² Isso ocorre ainda que o neurótico não seja propriamente o tipo "intenso", mas o da consciência moral que trata de reagir de modo rigoroso. Precisamente por essa razão, de forma muito apreensiva, ele mantém os desejos ruidosos a sete chaves.⁶³

Em contraste com o neurótico, no aprofundamento dessa circunstância, o psicótico vê a consciência posta fora de jogo até chegar a um ponto de ruptura. O psicótico perde a inibição pulsional e permanece delinquente, no plano da fantasia, somente enquanto fica afastado do mundo real, de modo muito negativista, para poder intervir nele com ações. É por isso que o *páthos* neurótico pode transformar-se no psicótico em um tom irônico. Como se fosse um espectador já não envolvido e impotente, o eu do psicótico ainda tenta tecer da melhor forma uma crítica, depois de desmoronarem a isenção e o recalcamento. O psicótico desorganiza-se e, por isso, no lugar do mundo real com o qual deve confrontar-se, vê em obra a técnica da produção de desejo narcisista mais primitiva⁶⁴ (a técnica do sonho do saudável).

Fiz essa digressão porque me parece haver no campo da ética, em condições normais, uma analogia com o "neurótico" e o "psicótico". Além do sentimento de culpa relacionado ao eu, às suas deficiências e ações, há também um sentimento similar de decepção com a vida e o mundo, do qual nos sentimos cúmplices. Não enfrentamos esse sentimento farisaicamente ou mendigando como se fosse outra coisa. Junto a ele *somos feridos em um vínculo primitivo que sobrevive narcisicamente em nós*. Naturalmente, isso expressa o mais infantil, em comparação com a consciência dirigida pelo eu, que carrega especialmente a preocupação com sua própria salvação espiritual e pode assim persistir.

Desde a minha infância e ainda mais tarde, recordo-me de uma mágoa grotesca⁶⁵ pelas decepções com outras pessoas que me afligiram muito mais "eticamente" do que as minhas próprias falhas. Para que serviria tornar-me mais perfeita se isso não era ordenado a todos, razão pela qual eu também me incluiria? O encantamento e a gratidão capturavam-me onde algo parecia materializar essas crenças, e com isso eu me aliviava rapidamente de qualquer preocupação pessoal, cuja personagem eu partia ao meio. Por mais

---

⁶² "*instinktsicheren Gesundheit*". (N.T.)

⁶³ "*hinter Schloß und Riegel*". (N.T.)

⁶⁴ "*Technik der primitivsten narzißtischen Wunschproduktion*". (N.T.)

⁶⁵ "*eines grotesken Herzwehs*". (N.T.)

infantil que isso possa parecer, por outro lado, há na busca da perfeição ética um indiscutível traço de ironia. Aquele que pretende ser escrupuloso – que deseja liberar-se do modo mais ético do seu egoísmo – deve permanecer o mais zelosa e constantemente ocupado consigo, de tal modo que ele não consegue esquecer-se totalmente nem da sua mágoa nem do seu desejo.

Com isso, podem ser distinguidos dois modos de comportamento em relação à orientação ética. Um baseia-se predominantemente nas exigências axiológicas da consciência do eu[66] e aspira a manter o eu no centro. O outro baseia-se na antiga arte de identificação do narcisismo, mas é igualmente elaborado nos sonhos eticamente direcionados. Essa observação permite fundamentar um aspecto importante da questão. Evidentemente toda ética extrai sua característica principal – precisamente, a sua incondicionalidade, o seu caráter absoluto e a sua validade universal – da contribuição narcísica primordial. Essa contribuição está disponível em tudo que é excessivo e somente nos "eticiza"[67] com esse material questionável. Isso leva a interações entre os dois comportamentos éticos acima definidos, cujo paradoxo, em uma consideração mais próxima, dificilmente poderia ser superado. Afinal, não há ascetismo ou rigor da lei, nenhum desprezo definitivo do real que não tenha chamado o cúmplice narcísico. É antes de tudo ele, o cobiçoso, o atrevido, que nos ensina também: "Deixe passar o mundo, não foi nada".

Por outro lado, a ética dirigida de modo absoluto precisa da abundância plena do possível e do real. Ela deve fazer justiça a todos os casos singulares, considerar todas as inter-relações. Essa abundância encontra-se no sonho de salvação e felicidade das pessoas, desde o egoísmo infantil até o egoísmo sublime do idealista inabalável[68] e daquele que busca a Deus. A essência da prática ética, que condiciona *narcisisticamente* a sua incondicionalidade, assim como a expressão de valor austero e majestoso do narcisismo eticamente utilizado, resultam em tal emaranhado de contradições que se pode tranquilamente afirmar: somente quem procede de modo puramente esquemático, para além do caso singular, acredita poder desenrolar esse emaranhado transbordante de vida em uma linha reta.

Entretanto, não posso interromper esse assunto sem assinalar precisamente em que medida se encontra toda a minha consideração e reverência

---

[66] "*den Wertanforderungen des Ichbewußtseins*". (N.T.)

[67] "*ethisiert*". (N.T.)

[68] "*Himmelsstürmers*". (N.T.)

pelo fenômeno do "ético" no ser humano. Pois só através desse fenômeno é possível elevar-se às atividades criativas – não obstante o ético provenha da lei, da regra e do dever. Através do atrito inerente a tal contradição – a incondicionalidade consegue unicamente se fazer valer "caso a caso", isto é, somente em sua consumação viva –, a atividade torna-se criativa *par excellence*,[69] realizando o que "nunca e em nenhum lugar acontece".[70] Nesse sentido, a ética demonstra plenamente a sua identidade naquilo que requer menos ser conciliado com as prescrições, no cruzamento simultâneo de ordens e proibições, e somente assim eleva em autêntica autonomia aquilo que é válido na vivência.

Compreensivelmente, a regulamentação, a lei, conserva a sua maior evidência por princípio lá onde devem ser evitados os ingredientes do desejo secreto, embora a "ética" seja também algo de não prescrito, e por excelência versificado.[71] Ou seja, em todo o seu zelo pela ação, a ética carrega ao mesmo tempo o estigma do sonhador, lá onde a ação do poeta modela a sua obra. Porém, se o poeta executa "sonhando", o indivíduo eticamente orientado age na prática: ele arrisca seu sonho na realidade, na atribulação, através da experiência, na colisão de todas as coincidências e confusões. É nisso que reside a dignidade do fragmentário, o nunca acabado, que na melhor das hipóteses tem algum êxito, em comparação com o acabamento[72] das obras artísticas, cujo defeito o artista não pode suportar, e que ele explode muitas e muitas vezes até colocá-las em jogo. A ética é *risco*, a ousadia extrema do narcisismo, sua sublime insolência, sua aventura exemplar, a eclosão última de sua coragem e exuberância na vida.

IV.

Naquilo que chamamos de arte, criação artística ou, em termos mais gerais, atividade poética – em vez da atividade orientada para a vida prática[73] –, não é necessário rastrear o berçário narcisista em seus resquícios, como no caso

---

[69] Em francês no original: "por excelência". (N.T.)

[70] Verso de Friedrich Schiller no poema "Sobre os amigos", que faz referência à fantasia como aquilo que não se torna obsoleto (Schiller, Friedrich. An die Freunde. *In*: *Sämtliche Werke*. München, 1962. v. 1. p. 419-421). (N.T.)

[71] "*Gedichtete*". (N.T.)

[72] "*Werkrundung*". (N.T.)

[73] "*poetisch anstatt praktisch gerichtete Betätigung*". (N.T.)

de investimentos objetais ou atribuições de valor. Toma-se a saída pela arte sempre por alguma trilha, procedendo assim até os últimos fins, "julgando" e "investindo" narcisicamente. Se esse mesmo método estivesse à nossa disposição de modo vitalício, a cada instante e a cada impressão, não o descartaríamos através de nossa adaptação lógico-prática ao mundo real e do eu.[74] Assim, poderíamos retornar pela recordação onde a vivência interior e o incidente exterior ainda permanecem inseparáveis para o mesmo acontecimento.

Nessas recordações, vigora algo diferente do que na memória,[75] sobre a qual Freud afirma que parece "agarrar-se inteiramente à consciência, e deve ser nitidamente separada dos traços de recordação nos quais as vivências do inconsciente se fixam" (rodapé de "O inconsciente"). Esses traços devem ser pensados na área das "representações de objetos" efetivas, não através das "representações de palavras" separadas (Freud), que são meras convenções de compreensão das quais nos apropriamos mnemonicamente. A extrema exatidão, o triunfo da melhor memória, pode resultar em proporção inversa à clareza da recordação, a qual se efetiva na conjugação viva das impressões, por assim dizer, e somente ao longo da vida se eleva à consciência. Memória nós *temos*, recordações nós *somos*. Esse é o fundamento do mero "retrato" não artístico,[76] o qual não se aplica nem às crianças nem aos povos primitivos, na medida em que eles podem tomar o real ainda fantasticamente e o fantasiado enquanto real.

O movimento ilusório do filme caracteriza, melhor do que tudo, o contraste com aquilo que se move na recordação. Pode-se até pensar que as recordações seriam influenciadas de maneira fatal pela memória das visualizações auxiliares impecáveis do passado, desorganizando-o e desintegrando-o em sua totalidade fundamental. Em certa medida, a recordação jamais é apenas uma realização "prática", mas sempre também um ato "poético". Ela é, por assim dizer, o pedaço de poesia que guardamos em cada um de nós, o resultado e ao mesmo tempo a distância de um passado gerador e viabilizador de um panorama consciente, de uma atualidade e uma afetividade sempre renovadas, mesmo onde os dois não se juntam de maneira tão formativa como na obra do poeta. A poesia é a continuação do que a

---

[74] "*Ich- und Realwelt*". (N.T.)

[75] Lou Salomé mantém a diferenciação freudiana entre a memória (*das Gedächtnis*) e a recordação (*die Erinnerung*). (N.T.)

[76] "*des unkünstlerischen bloßen 'Abbildes'*". (N.T.)

criança ainda vivia e que teve de sacrificar ao adolescente por sua prática existencial: poesia é a recordação que se tornou perfeita.[77]

Nada é mais capaz de trazer de volta as impressões da infância profunda do que o levantamento dos recalcamentos. E nada se esforça mais violentamente por essa libertação reminiscente do que a vida infantil, embora completamente cercada pelas ordens e proibições dos adultos. Aos recalcamentos infantis conectam-se os posteriores – formando assim "o tesouro dos traços de recordação, os quais são privados da disponibilidade consciente e que então, por ligação associativa, atraem para si o material sobre o qual, desde a consciência, operam as forças repulsivas do recalcamento. Sem a amnésia infantil, pode-se dizer, não existiria nenhuma amnésia histérica".[78] Muito cedo, em seu estudo sobre "O poeta e o fantasiar", Freud entendeu a arte como o antídoto específico contra os venenos do recalcamento. Desde então, o seu trabalho sobre o assunto já fez muitas expansões, mas esse ponto principal permanece o mesmo, ainda que ele possa suscitar o descontentamento do artista, o qual resulta geralmente de uma interpretação muito superficial.

Frequentemente, ficamos atentos apenas ao fato de que a arte garante a satisfação de desejos que, de outra maneira, não prevaleceriam de todo, ou prevaleceriam de forma penalizada, ou, em última instância, de modo patológico. Porém, negligencia-se assim todo o alcance da distinção freudiana entre meta de desejo "consciente" e "inconsciente". Ninguém precisa menos da realização de desejos pessoais do que o artista. Ninguém fica menos preso a eles. Na verdade, como criador, ninguém parte desde o princípio das realizações em vez de persegui-las. Através da intermitente retração à fusão mais primordial, que se decompõe somente depois em sujeito e objeto, o artista, ao criar, dispensa-se mais do que em qualquer circunstância de um sentido individual e da sua privacidade.[79]

De fato, é isso que autoriza e torna possível a suspensão do recalcamento, justamente o que devolve aos impulsos uma liberdade, como se fossem "egossintônicos",[80] no sentido da censura consciente. (Cf. Freud:

---

[77] "*perfektgewordene Erinnerung*". (N.T.)

[78] Freud, Sigmund. *Drei Abhandlungen zur Sexualtheorie* [*Três ensaios sobre a teoria da sexualidade*]. 1905.

[79] Ou seja, segundo a perspectiva de Lou Salomé, na ação criativa que se produz através de um retorno ao narcisismo mais primordial, o artista dispensa o julgamento individual ou privado sobre a sua própria criação. (N.T.)

[80] "*ich-gerecht*". (N.T.)

"o inconsciente torna-se egossintônico unicamente por essa constelação, sem que o seu recalcamento seja alterado. O êxito do inconsciente nessa cooperação é inequívoco. Os esforços intensificados comportam-se, contudo, de modo diferente dos normais, eles capacitam a um desempenho particularmente pleno".[81]) Para isso, é decisivo que não voltemos ao nosso eu individual, enquanto ele se relaciona conscientemente consigo mesmo, mas àquela base comum a todos, à infância do ser, na qual se baseia também o deleite artístico.[82,83] Sem querer, o artista tem o seu público em si e consigo mesmo, e tanto mais quanto mais completamente ele cuida para evitá-lo, consumido pelo próprio processo criativo.

Torna-se notório, em minha opinião, no comportamento ético, a que ponto o universalmente válido só se deixa ser "eticamente" implementado "caso a caso", revelando precisamente nessa contradição aparente o seu verdadeiro significado criativo. Por outro lado, surpreende, no personalíssimo envolvimento do artista, o quão completamente ele abraça o elemento geral para somente então tornar-se realmente obra.[84] Aqui se revela o mais

---

[81] Freud, Sigmund. *Das Unbewußte* [*O inconsciente*]. 1905.

[82] "*künstlerische Mitgenuß*". (N.T.)

[83] Nesse âmbito, dois tipos de trabalho criativo podem ser distinguidos, dependendo de até que ponto a supressão dos recalcamentos é colocada em questão. Essa supressão pode desencadear o processo tão cheio de luta e angústia que inicialmente desperta relutância em vez de alegria. Hermann Bang contou-me quantas vezes ele pulou da cadeira ao sair do trabalho e correu para a janela, na esperança de que algo que o distraísse do lado de fora o libertasse. O sentimento de felicidade surge aqui apenas como uma pressão liberada de recalcamento, como uma economia de energia (análoga às observações de Freud sobre a técnica do chiste). A felicidade tem um efeito mais positivo e incondicional onde é menos uma questão de luta pelo recalcamento do que de expansões e prolongamentos involuntários de nosso ser. Ou seja, quando se trata de receber a dádiva de algo que não havia representado um desejo ou uma recusa em nossa existência e que no plano prático não "importava" de todo. Isto é, a dádiva não correspondia à nossa estrutura pessoal, já "recalcada" com a abundância premente das impressões originais não utilizáveis. Ao alcançar profundamente o mais infantil, podemos logo associar o que se executa de tal modo "como obra": o complemento, o pressentimento, que se estende alto ao redor de nós, só agora envolvendo a humanidade de todos. O narcisismo identificatório, arrancado de seu infantilismo pela fantasia produtiva, participa disso embriagado, sem que a atitude de nosso eu pessoal seja mudada na prática.

[84] Lou Salomé retoma aqui a questão ética, colocando-a paralelamente com a arte, a fim de apresentar os dois modos em que a tensão paradoxal da criação genuína pode ser formulada, na conexão entre aquilo que é o mais subjetivo e a objetividade. A busca do

subjetivo como um ponto de conexão com o objetivamente válido. Sintoniza com isso a experiência de que o comportamento criativo, quanto mais facilmente e quanto mais vitoriosamente se impõe, mais entra em oposição implacável ao estado habitual da pessoa, seja corporal, seja psíquico. Nisso o comportamento criativo se assemelha ao fruto do ventre, cujo crescimento leva a mudanças, à aflição no resto do organismo, ou deixa circular a toxina materna em suas veias. Não raro desperta o artista de seu atordoamento[85] como de uma compulsão, com o sentimento de libertação que lhe permite pensar novamente de modo aleatório, deixando-se andar sem impedimento em direção ao que é pessoal ou objetivamente desejável. Sem dúvida, ele se sente muitas vezes transformado por aquilo que desempenhou anteriormente: como se tivesse executado muitas coisas que o ocupavam severamente; como se tivessem ocorrido reavaliações que acentuam aquilo que antes era imperceptível, permitindo que o velho rejuvenesça e o jovem envelheça.

É interessante estudar o artista em seu aspecto sexual. O artista permanece absorto com seus principais complexos durante o foco criativo, profundamente envolvido na concepção, apenas na medida em que esta é elaborada – por assim dizer –, livre de volúpia privada. Ou seja, na medida em que o ponto central se desloca completamente para fora da periferia pessoal. Se isso falha, mesmo que minimamente, o esforço pessoal para a realização do desejo da fantasia agora significa fracasso na criatividade. Pois o artista precisa de regressão ao mais infantil e, com isso, ao seu influxo corporal, mas ele também é "criativo" a esse respeito.[86]

A participação de Eros na criação humana[87] – por mais forte que a indicação a ele seja também imputável a Freud – é provavelmente uma das

---

universalmente válido da ética encontra a sua realização somente na situação singular, na qual a pessoa vivencia o seu valor. O artista, ao contrário, em seu movimento em direção ao singular, necessita da passagem ao universal para poder finalizar a execução da sua obra. (N.T.)

[85] "*Benommenheit*". (N.T.)

[86] Isto é, não se trata de uma volúpia privada, ou egoica. Não obstante o artista faça um movimento de retorno ao narcisismo mais original, o foco criativo desloca a libido para fora do seu corpo na criação artística. Sem dúvida, o artista participa com seu corpo da sua criação, e é nessa ponte, entre o corpo e a produção artística, que se encontra a função criativa. (N.T.)

[87] "*Geistschöpferischem*". Evito o termo "espírito" na tradução de "*Geist*", que compõe a palavra, e escolho traduzi-lo por "humano", do mesmo modo como dizemos em português "ciências humanas" para "*Geisteswissenchaften*". (N.T.)

descobertas mais antigas. No fundo, também deveria ser dado como certo que, a esse propósito, apenas são consideradas *as partes* que não descarregamos diretamente na meta comum, mas contra essa meta, preservando, assim, o infantil. Porém, essas partes só se tornam criativamente significativas com o auxílio do recalcamento: em vez de "desinfantilizar" e "genitalizar", elas operariam uma descorporificação do polimorfo originalmente infantil. Prefeririamos dizer que a criação artística revela de certo modo o núcleo fértil do corporal, o qual cresce por todos os lados na obra.

Conforme as palavras de Ernest Jones (do excelente estudo "A concepção de Maria através do ouvido", *Jahrbuch*, v. IV), no artístico reside "a reação à aspiração contra a sexualidade, e a sublimação das formas que a aspiração assume".[88] Desejo e reação devem ser aqui prodigiosamente representados,[89] e nisso Schopenhauer baseia o seu conhecido experimento: ceder à estimulação sexual e, então, repentinamente, no ponto de máxima intensidade, voltá-la ao trabalho intelectual.

Ficamos tentados a acreditar que experimentos semelhantes deveriam confirmar-se em relação não apenas à participação sexual específica, mas também a toda pulsionalidade. Por exemplo, isso ocorre no caso de impulsos estigmatizados como "maus" aos quais cedemos facilmente apenas por descuido. O desejo ainda amoral de algo narcisicamente indistinto em um estreitamento egoísta, tão impermeável em sua viravolta, pode conter possibilidades nessa transição que emergem não na ação prática, mas na imaginação criativa. De fato, "sexual" é como "mau", nesse sentido, para unicamente apropriar-se mais e mais do criativo. Quando Goethe assegura que não conhece "nenhum crime que ele não poderia ter cometido",[90]

---

[88] Encontrei justamente dois versos de Hugo von Hofmannsthal que reproduzem muito bem tanto a ajuda do recalcamento na criação quanto a sua conexão contraditória com a corporeidade:
1. "Fora do sepulcro coberto eu queria cavar no espaço livre,
Mas então eu rompi a via à luz e a caverna brilhou."
2. "Terrível é essa arte! Eu fio com o corpo a linha,
E essa linha ao mesmo tempo é também meu caminho pelo ar."

[89] Em seus *Três ensaios sobre a sexualidade*, Freud menciona que, embora a excitação sexual seja praticamente atribuída ao belo, os próprios órgãos genitais nunca são descritos como tais. Seguramente isso explica como a alta qualidade da abordagem estética apenas prevaleceu contra as convenções da prática. A esse respeito, a revelação do nu como poético não é senão uma consequência da folha de figueira.

[90] A citação feita por Lou ("*von keinem Verbrechen, das er nicht auch begangen haben könnte*") não apresenta a fonte e parece ser a versão aproximada de uma frase que pode ser

isso não caracteriza o ser humano mais personalizado, mas o mais típico. Isto é, aquele que infantilmente ainda contém tudo seria o mais capaz de atingir a meta pelo caminho da forma artística, ainda que do modo mais arriscado. Trata-se de compreender "que os objetos preferidos do homem, seus ideais, provêm das mesmas percepções e experiências que aqueles mais abominados por ele e, originalmente, diferem uns dos outros apenas por ligeiras modificações" (Freud, "O inconsciente").

Se o indivíduo desvia de sua condição criativa, ele verá a si mesmo como resultado pavorosamente suspenso entre nada e nada. Nem se sentirá seguro[91] junto à sua obra nem no mundo real, onde ele se tornou questionável, tanto para o julgamento dos outros como para o seu próprio, isto é, acerca de sua personalidade privada no âmbito dos valores práticos do mundo. Mesmo que as paralisações e as perturbações durante o trabalho façam os artistas parecerem neuróticos, há um perigoso pré-requisito básico para toda criação que os adapta a uma condição quase psicótica: em sua atividade mais genuína, a sua criação os faz dar as costas ao seu eu.

Ocasionalmente, através de múltiplas observações, tenho-me convencido, com certa naturalidade, de que nas quedas do comportamento produtivo pode ocorrer uma recaída no infantilismo de tipo sexual (o que é confirmado pelo comentário de Freud: "Na sexualidade, o mais elevado e o mais baixo estão em toda parte intimamente ligados entre si".[92] Exatamente por essa razão se intensifica o temor de que não se trata de uma interrupção temporária, mas de uma diminuição da potência psíquica em geral. No entanto, isso é ainda mais desagradável porque os estados criativos muitas vezes *requerem* francas suspensões e destituições, pausas de descanso da consciência, à qual se subtrai um trabalho secreto adiantado. Por exemplo, tal como a retração da seiva no tronco invernal escapa ao olhar, enquanto caem com toda a melancolia as folhas vazias e descoloridas das árvores.

---

encontrada em um escrito de Goethe intitulado *Individual*: "*Man darf nur alt werden, um milder zu sein; ich sehe keinen Fehler begehen, den ich nicht auch begangen hätte*" (Pode-se tornar-se velho para ser mais suave; eu não vejo nenhuma falha cometida que eu também não tivesse cometido) (Goethe, Johann Wolfgang von. Einzelnes. *Kunsttheoretische Schriften und Übersetzungen*. Berlin: Aufbau, 1960. v. 18. p. 507). (N.T.)

[91] "*geborgen*". Particípio do verbo "*bergen*", que também pode ser traduzido como "pôr a salvo". (N.T.)

[92] Freud, Sigmund. *Drei Abhandlungen zur Sexualtheorie* [*Três ensaios sobre a teoria da sexualidade*]. 1905.

Julgamos a nós mesmos a partir do olho da consciência, o qual provamos desde que atravessamos os limites de nossa infância. Esse olhar avaliativo e condenatório é ainda mais inexorável, mais agudo, quanto mais fortemente as pulsões se acumulam e se fortalecem nesses limites.[93] Por isso, é como se o criador pudesse novamente saborear o paraíso da infância – mas também o seu inferno.

A alienação de nosso eu é inofensiva apenas na nossa pequena psicose de todas as noites, nosso maravilhoso estado de criação noturna, o sonho, que já foi comparado tantas vezes à obra de arte primitiva.[94] O que se assemelha ao sonho na criação é a enorme objetividade com que ele nos apresenta seu conteúdo, esbanjando, naquela que parece a mais caótica confusão, uma surpreendente força de moldagem, de configuração convincente. Porém, esse não é, em minha opinião, o seu torque mais artístico, mas sim a capacidade onírica *de fazer justiça a tantas coisas independentemente de nossa posição pessoal a seu respeito*. É conhecida a incômoda pergunta de Lichtenberg sobre por que, no mundo, até mesmo os poetas são incapazes de dar vida a personagens estranhos de modo preciso, sapiente, incorruptível, através de estereótipos, tal como o sonho consegue fazer sem esforço. Isso sempre me pareceu a prova mais profunda de que, no narcisismo saudável e intacto, esse momento hipersubjetivo é eficaz, ou seja, as suas realizações de desejo não podem evitar uma profunda identificação com tudo, pois isso corresponde à sua tendência involuntária.

Tanto no texto do sonho manifesto quanto no do conteúdo latente, encontram-se aspectos que transcendem aquilo que é pessoalmente desejável. O sonhador não alcança conscientemente esses aspectos, mas, se estes forem perseguidos a fundo o suficiente no plano psicanalítico, eles conduzem ao elemento universalmente abrangente do narcisismo. Só que no sonho dorme Homero, que poderia tirar vantagem do trabalho onírico. Nos sonhos despertos, por outro lado, em que a superioridade intelectual não está adormecida e em que também pode ser facilitada a observação dos fatos, não ocorre a identificação narcísica com sua objetividade involuntariamente

---

[93] Em um pequeno estudo ("Die Objektwahl in der Liebe", *Zentralblatt*, v. IV, p. 11-12, p. 598), o jovem Markus, prematuramente falecido, colocou em relevo o modo como se estabelecem no "período de latência" freudiano os juízos que sucessivamente afrontam de modo tão autoritário a sexualidade, como se fossem de outro mundo.

[94] *"primitivem Kunstwerk"*. (N.T.)

generosa. Os desejos do eu predominam e, com sua autorreflexão passiva, destroem o impulso ativo da forma.[95]

Também pode haver pontos na obra de arte em que o sonho ou o sonho desperto podem falar traiçoeiramente. Isto é, através do trabalho insuficiente da consciência ou do recalcamento insuficiente do eu. Nesses pontos, a análise pode iniciar com particular sucesso, mas o que é artisticamente bem-sucedido desafia toda previsibilidade. Por assim dizer, a análise não torna possível traçar, do lado reverso do tecido padrão colorido, o curso dos fios e dos nós.[96]

À parte a "questão do talento", que remonta ao talento artístico, a *necessidade de objetivação* já está presente na identificação narcísica como base de todo trabalho criativo. O impulso ao trabalho e a vontade de dar forma resultam no ímpeto dessa unidade ainda não dividida em passivo e ativo, da qual nossos estados médios – mediados pela consciência e dela derivados – sabem muito pouco. É por isso que a linguagem se divide em duas (embora no plano biológico nós ainda interpretemos "impulsividade" e "reação" como idênticas características de vida). Visto que as criações da arte agora precisam se impor em sua realidade fora do curso prático da existência, elas ligam seu modo de experiência à *repetibilidade*. Tornar-se forma significa isto: na simples presença, tornar-se presente, ser, persistir por determinação inalterável até o fim e ao extremo, de modo que a cada criação interna, a cada deleite, o todo seja vivamente apresentado.[97]

---

[95] Ocorreu-me ocasionalmente em sonhos despertos a transição para um estado ativo-produtivo, que se disponibilizou quando o texto desejado, costumeiramente de base muito consciente, cedeu com seu jogo de realização passiva antes de um domínio mais formal de suas associações. *Essa transição mesma* não se preocupa em ser refletida ilustrativamente. Criam-se símbolos, por assim dizer, formadores de sentido, de modo parecido ao que acontece no "fenômeno funcional" de Silberer. Essa transição também nos dispensa de nossa consciência do eu isolada, só que, em vez de ocorrer entre o acordar e o adormecer, nesse caso ela ocorre entre o sonho desperto e a produção.

[96] No que diz respeito à psicanálise de artistas criativos vivos, gostaria de acreditar que se deve distinguir muito cuidadosa e estritamente entre dois efeitos possíveis. O primeiro é o artisticamente libertador, por meio do qual são removidas inibições e paralisações nos processos de sublimação que dispensam da forma. O segundo é o potencialmente perigoso, na medida em que pode tocar a escuridão em que o fruto germina. O nosso pouco conhecimento sobre como os processos criativos ocorrem não nos permite dar uma resposta à questão sobre se podemos nos ater ao elemento pessoal, extraestético, em uma psicanálise profunda.

[97] "*das Ganze*". (N.T.)

As crianças, em seu frescor imaginativo, sabem disso, quando insistem cheias de zelo em ouvir o que está sendo dito de novo, absolutamente com as mesmas palavras, e censuram cada mudança como uma "mentira", como um ataque a algo positivo. Essa veneração à forma, que para ela é conteúdo em um sentido mais profundo e vice-versa, facilmente faz as crianças parecerem mais dotadas artisticamente do que se certifica mais tarde. Elas ainda têm, literalmente, espaço de "jogo" para isso dentro da realidade prático-lógica, que ainda não as cerca coercitivamente e que ainda não relega o que é "originalmente criado" além do mundo e do eu em uma categoria completamente diferente.

O artista experimentaria seu trabalho de maneira lúdica e bem-aventurada se não tratasse de traduzi-lo depois de criar a obra, da mesma forma como apenas uma "elaboração secundária" pode preservar os sonhos de serem perdidos. Não estamos tratando de algo que se faz peça por peça e que precisa ser elaborado, mas da simples presença na qual os véus são rasgados e podem se tornar subitamente impenetráveis. É isso o que constitui o esforço realmente extenuante junto ao trabalho, sua pressa e angústia.

As três características eminentemente humanas que estão conectadas com tudo o que é criativo são a luta contra o recalcamento, o perigo de descarrilar para a materialidade infantil e, por fim, essa tensão excessivamente dispersa. Sem elas, estaríamos diante de uma "instrução para a vida feliz" que, enquanto tal, não se conhece na Terra, como uma forma de atingir o gozo[98] em plenitude, na qual embriaguez e paz se uniriam em uma mesma experiência inédita. Não é à toa que a alegria precede como um arauto tais momentos, antes que a consciência se dê conta de sua aproximação. Isso seria o contrário de outra alegria que conhecemos, semelhante à maníaca, como também o seu deslocamento abrupto no lugar da melancolia patológica, ou do luto normal pela perda.[99]

---

[98] "*Schwelgen*". (N.T.)

[99] Em "Luto e melancolia" (In: *Neurose, psicose, perversão.* Tradução Maria Rita Salzano Moraes. Belo Horizonte: Autêntica, 2016, p. 115), apesar de certa comparabilidade da melancolia com o luto normal, da mania com a alegria, Freud questiona por que a mania se segue previsivelmente à melancolia, mas a alegria não se segue à tristeza, senão apenas a habituação resignada, como o *hábito gradual* de se acostumar com a perda. "Esse desligamento aconteça tão lenta e gradualmente que, ao terminar o trabalho, também se tenha dissipado o gasto que ele requeria". Além do ponto de vista econômico, também se pode levar em consideração que o luto normal se restringe ao seu caso individual, e justamente o que resta se equilibra com a resignação, enquanto

Na criatividade, mais do que em qualquer lugar, encontramos as cores e as imagens com as quais algo quase divino se pinta na Terra. E, quando o homem imagina um Deus como o criador do mundo, não é apenas para explicar o mundo, mas também a essência – narcisista – de Deus. Se esse mundo aderisse em abundância ao mal e à calamidade, a fé piedosa em um Deus que não ousa se tornar obra e mundo seria anulada.

---

na melancolia "tudo" se perde no plano narcísico, inclusive o próprio eu, tornando-se autodestrutivo e desvalorizador de si mesmo. Da mesma forma, a virada para a mania restaura "tudo", não se acostuma com os túmulos, mas festeja as ressurreições. Essa circunstância lembra os estados narcísicos levados a cabo pelo criador poético.

KAREN HORNEY (1885-1952)

A sexualidade feminina
Fátima Caropreso

Desde seu ingresso na psicanálise e seus primeiros escritos, Karen Horney causou polêmica, ao propor ideias originais que, ao mesmo tempo que complementavam as concepções freudianas, questionavam premissas básicas dessa teoria. Ela teve um papel fundamental na institucionalização da psicanálise na Alemanha e nos Estados Unidos, mas se afastou das associações psicanalíticas tradicionais e construiu o seu próprio espaço. Ao contrário de muitas das primeiras psicanalistas, Horney se tornou bastante conhecida em vida, e o valor de sua obra, em especial da etapa final de seu pensamento, foi reconhecido por muitos.

Karen Danielsen nasceu em 16 de setembro de 1885, em Blankenese, na Alemanha. Em 1910, ela se casou com Oscar Horney e passou a se chamar Karen Horney. Em 1906, ingressou no curso de Medicina da Universidade de Freiburg, uma das poucas universidades da Europa que aceitavam mulheres naquele curso. Em 1908, foi transferida para a Universidade de Göttingen e, depois, para a Universidade de Berlim, onde se graduou, em 1913 (Rubins, 1978; Eckardt, 2005; Aldridge; Kilgo; Jepkemboi, 2014). Em 1910, Horney iniciou sua análise com Karl Abraham, que havia chegado a Berlim em 1907 e estava iniciando sua prática psicanalítica. Em 1920, Horney participou da criação do Instituto Psicanalítico de Berlim, do qual se tornou docente e diretora de formação. Esse instituto foi criado por seis psicanalistas, e Horney era a única mulher entre eles (Paris, 1996; Eckardt, 2005).

Eckardt (2005) comenta que a comunidade psicanalítica de Berlim, influenciada pelo espírito da exuberante da República de Weimar, tinha uma atmosfera muito diferente da comunidade psicanalítica de Viena, que era muito mais diretamente influenciada pela sombra gigante de Freud.

A autora comenta que a entusiasmada comunidade berlinense abraçou a psicanálise como uma ciência jovem que desafiava seus membros a fazer novas contribuições criativas. O espírito da época estimulava a ruptura de tradições e convenções, o que influenciou os psicanalistas de Berlim, que viam a psicanálise como uma força que liberaria o potencial humano e permitiria seu desenvolvimento. Esse ambiente avesso à ortodoxia foi um solo fértil que favoreceu o pensamento independente e criativo de Karen Horney.

Em 1932, após se divorciar, Karen Horney mudou-se para os Estados Unidos. Franz Alexander a convidou para ser diretora associada do recém-criado Instituto de Psicanálise de Chicago, o primeiro instituto psicanalítico dos Estados Unidos. Dois anos depois, ela se mudou para Nova York devido a conflitos com Franz Alexander, e lá passou a integrar o Instituto Psicanalítico de Nova York. Nessa cidade, além de lecionar em tal instituto, ela trabalhou em consultório particular e na New School for Social Research, uma universidade gratuita que recrutava a elite intelectual e cultural europeia que havia escapado do nazismo. A New School desempenhou um papel importante em sua carreira emergente. Horney era uma palestrante brilhante e popular, e, a partir de suas palestras, desenvolveu novas teorias sobre o desenvolvimento neurótico. Em 1941, ela foi excluída do Instituto Psicanalítico de Nova York, devido a suas propostas consideradas radicais. Após sua expulsão, organizou a Associação para o Avanço da Psicanálise e o centro de ensino dessa instituição, chamado Instituto Americano de Psicanálise (Gilman, 2001; Eckardt, 2005).

Paris (1996) considera que as ideias de Karen Horney podem ser divididas em três fases. A primeira se estende do início de 1920 ao início de 1930, momento em que ela escreveu uma série de ensaios propondo ideias novas acerca da psicologia feminina. Nesses textos, ela discordou de concepções de Freud sobre a inveja do pênis, o masoquismo feminino e o desenvolvimento da feminilidade, o que fez com que eles não fossem favoravelmente recebidos. Embora tais publicações tenham gerado controvérsias quando apareceram, logo em seguida foram amplamente ignoradas, comenta o autor. Cohen (2001) argumenta que o pensamento de Horney sobre as mulheres, que começa a ser apresentado nesse período, antecipou muito do trabalho das críticas feministas modernas da psicanálise, embora tenha sido largamente ignorado durante muito tempo, provavelmente devido à sua posterior dissidência e expulsão da psicanálise dominante.

Na segunda fase, com a publicação dos livros *A personalidade neurótica do nosso tempo* (1937) e *Novos caminhos da psicanálise* (1939), a ênfase sobre a cultura e as relações interpessoais, que já havia emergido em seus ensaios sobre a feminilidade, tornou-se primordial. Horney propôs um modelo para a estrutura das neuroses no qual as condições adversas do ambiente como um todo seriam os fatores principais do adoecimento neurótico, e o desenvolvimento sexual da criança desempenharia um papel pequeno e não essencial. A publicação do primeiro desses livros teve um impacto enorme e a tornou famosa, ao mesmo tempo que gerou desconforto nos membros do Instituto Psicanalítico de Nova York. Com a publicação do segundo livro, no qual ela aprofundou a discordância quanto às premissas fundamentais da psicanálise freudiana, a oposição a ela foi intensificada e levou a sua expulsão.

Na última fase de seu pensamento, com a publicação de *Nossos conflitos internos* (1945) e dos textos que se seguem, ela desenvolve sua teoria madura, abordando, em especial, a questão sobre como as pessoas lidam com a ansiedade produzida pela frustração de necessidades psicológicas básicas negando seus sentimentos reais e desenvolvendo estratégias de defesa elaboradas. Nesse período, ela desenvolve uma complexa taxonomia na qual as defesas são divididas em interpessoais e intrapsíquicas e aprofunda sua ênfase no presente, em vez do passado, para a compreensão das neuroses.

O texto que compõe este livro, "Sobre a gênese do complexo de castração feminino", pertence à primeira fase, menos conhecida, da teoria de Horney. Ele consiste em uma palestra proferida no VII Congresso Internacional de Psicanálise, em Berlim, em setembro de 1922. O texto foi originalmente publicado no nono volume de 1923 do *Internationale Zeitschrift für Psychoanalyse*. Nele, Horney apresenta *insights* brilhantes sobre a sexualidade infantil e o desenvolvimento feminino, os quais questionam e complementam as concepções psicanalíticas até então apresentadas. Esse é um dos textos desse período da psicanálise que ilustram como o ingresso das mulheres nessa disciplina permitiu uma compreensão da sexualidade e do desenvolvimento da personalidade feminina que a psicanálise freudiana estava longe de alcançar.

Referências

Aldridge, J.; Kilgo, J. L.; Jepkemboi, G. Four Hidden Matriarchs of Psychoanalysis: The Relationship of Lou von Salome, Karen Horney, Sabina Spielrein and Anna Freud to Sigmund Freud. *International Journal of Psychology and Counselling*, v. 6, n. 4, p. 32-39, 2014.

Cohen, M. The Unknown Karen Horney: Essays on Gender, Culture and Psychoanalysis. *American Journal of Psychiatry*, v. 158, n. 11, p. 1941, 2001.

Eckardt, M. H. Karen Horney: A Portrait. *The American Journal of Psychoanalysis*, v. 65, n. 2, p. 95-101, 2005.

Gilman, S. L. Karen Horney, M. D., 1885-1952. *American Journal of Psychiatry*, v. 158, n. 8, p. 1205, 2001.

Horney, K. *New Ways in Psychoanalysis*. New York: W. W. Norton, 1939.

Horney, K. *Our Inner Conflicts*. New York: W. W. Norton, 1945.

Horney, K. *The Neurotic Personality of Our Time*. New York: W. W. Norton, 1937.

Horney, K. Zur Genese des weiblichen Kastrationskomplexes. *Internationale Zeitschrift für Psychoanalyse*, v. 9, p. 12-26, 1923.

Paris, B. J. Introduction to Karen Horney. *The American Journal of Psychoanalysis*, v. 56, n. 2, p. 135-140, 1996. DOI: https://doi.org/10.1007/BF02733046.

Rubins, J. *Karen Horney: Gentle Rebel of Psychoanalysis*. New York: Summit, 1978.

Sobre a gênese do complexo de castração feminino (1923)[1]

Karen Horney

Tradução: Sidnei Vilmar Noé

Não obstante o complexo de castração feminino haver se tornado cada vez mais conhecido por nós, sob suas formas de manifestação,[2] nossa compreensão de sua natureza, como um todo, não cresceu na mesma proporção. Justamente em função da abundância do material reunido, doravante familiar, impõe-se mais intensamente à consciência a estranheza de todo esse fenômeno, que, enquanto tal, torna-se um problema. Quando analisamos as observações até a data feitas sobre as formas de manifestação do complexo de castração feminino e as conclusões associadas a elas, silenciosamente abafadas, vemos que a compreensão até hoje se erige sobre um pensamento fundamental, que pode ser, em parte, caracterizado com base no trabalho de Abraham sobre esse tema e sintetizado da seguinte maneira:

Muitas pessoas femininas, em idade infantil ou madura, sofrem temporária ou duradouramente sob o fato de terem sido geradas mulheres. As manifestações da vida anímica feminina que demandam da ojeriza de ser mulher podem ser reconduzidas à inveja do pênis na menina pequena. Da inadmissibilidade dessa imaginação de não tê-lo [o pênis] por princípio é que florescem, de fantasias passivas – enquanto predisposição à vingança contra o homem privilegiado –, ativas, de castração.

---

[1] Palestra realizada no VII Congresso Internacional de Psicanálise, em Berlim, em setembro de 1922. Originalmente publicada em: HORNEY, K. Zur Genese des weiblichen Kastrationskomplexes. *Internationale Zeitschrift für Psychoanalyse*, v. 9, n. 1, p. 12-26, 1923. (N.T.)

[2] Cf. sobretudo: Abraham, Karls. Ausserungsformen des weiblichen Kastration-komplexes [Formas de expressao do complexo de castracao feminino]. *Internationale Zeitschrift für Psychoanalyse*, 1921, v. 7, p. 422-452.

O sentimento feminino de desvantagem em relação às genitálias, nesse tocante, é assumido essencialmente como fato dado, sem ser problematizado em si, talvez também porque pareça natural demais ao narcisismo masculino. Mesmo assim, o resultado das pesquisas correntes não rezaria nada além de que uma das metades do gênero humano seja infeliz com seu papel sexual e que essa insatisfação somente possa ser superada sob condições muito favoráveis, o que é nada satisfatório não só ao narcisismo feminino, como também ao próprio pensamento biológico. Disso decorre a seguinte inquirição: as formas de manifestação, por nós conhecidas, do complexo de castração feminino realmente baseiam-se, mediante toda sua enorme implicação não só à neurose feminina, mas também ao caráter e ao destino da mulher saudavelmente prática, tão somente, na insatisfação determinada pela inveja do pênis, com seu respectivo papel sexual; ou talvez essa insatisfação somente é anteposta, sob grande medida, por outros poderes, cujas forças dinâmicas nos sejam conhecidas a partir da formação das neuroses?

Acredito que possamos enfrentar esse problema por vários lados; aqui, gostaria de compartilhar reflexões estritamente ontogenéticas, como contribuição à sua solução, desde o que foi se impondo paulatinamente, ao longo de muitos anos de práxis predominantemente voltada a pacientes femininas com complexo de castração muito pronunciado.

Segundo a compreensão predominante até hoje, o complexo de inveja do pênis é inteiramente o ponto fulcral ao complexo de castração feminino, já que a denominação "complexo de masculinidade" é usada praticamente como seu sinônimo. Dessarte resulta, como primeira pergunta, por que haveríamos de observar a inveja do pênis, quase como uma manifestação normal e típica, também lá onde não ocorra nenhum hábito masculino, p. ex., nenhum irmão privilegiado, que torne compreensível tal inveja; também lá onde não aconteça nenhum "infortúnio"[3] na vivência feminina, que faça parecer cobiçável a assunção do papel masculino.

O importante aqui me parece ser o questionamento em si, pois, quando levantado, oferecem-se-lhe respostas, quase por conta própria, a partir daquilo que já nos é abundantemente conhecido. Com efeito, se partirmos da forma, certamente mais frequente e direta, de expressão da inveja do pênis, a saber, querer urinar como um homem, um exame crítico do material mostrará facilmente que esse desejo é composto de três elementos, dos quais ora um, ora outro se tornará o mais relevante.

---

[3] Cf. Freud, S. *Tabu da virgindade*.

De maneira mais sucinta, posso tratar a questão a partir da própria participação da erótica da micção, haja vista que esta é a mais explicitamente destacada. Se quisermos fazer jus, com toda a intensidade, à inveja que brota dessa fonte, é necessário ter presente, sobretudo, a supervalorização narcisista[4] que os processos de excreção assumem na criança. Fantasias de onipotência, especialmente aquelas de natureza sádica, de fato, deixam-se associar mais facilmente ao jato de urina masculina, como, p. ex. – só para destacar uma dentre muitas –, a que me fora relatada por uma classe de meninos: se dois rapazes urinarem em cruz, morreria aquele no qual pensassem naquele momento.

Embora certamente precise surgir, desde a erótica da micção, um forte sentimento de discriminação, da parte da menina pequena, sua cota de participação na verdade seria superestimada se simplesmente remetêssemos o conteúdo de cada sintoma e de cada fantasia, como até hoje multiplamente se fez, ao desejo de querer urinar de maneira masculina. Pelo contrário, a força impulsora, que molda e mantém esse desejo, muitas vezes, deveria ser procurada em impulsos parciais[5] totalmente diferentes; nomeada e sobejamente, no impulso ativo e passivo ao exibicionismo. Essa concatenação se funda na circunstância de que o menino, justamente ao urinar, possa expor e até mesmo ver seus genitais, inclusive de maneira consentida; logo, satisfazer, de certo modo, sua curiosidade sexual a cada ato de micção, ao menos no que diga respeito ao seu próprio corpo.

Essa parcela, gerada pelo impulso exibicionista, tornou-se bem nítida para mim em uma paciente na qual o desejo de urinar de maneira masculina, às vezes, dominava todo seu quadro de doença. Nessa época, ela raramente vinha à análise sem querer ter visto, no trajeto, um homem urinando e, certa feita, ela compartilhou, muito espontaneamente: "Se eu pudesse pedir um presente do céu, este seria que, ao menos uma vez, eu pudesse urinar como um homem". Ao que, a partir das associações, inequivocamente, possamos complementar: Então eu saberia como eu de fato sou construída. Que o homem possa se ver ao urinar, enquanto a mulher não, era efetivamente

---

[4] Cf. Abraham. Zur narzißtischen Überbewertung der Exkretionsvorgänge in Traum und Neurose [Sobre a supervalorização dos processos de excreção no sonho e na neurose]. *Internationale Zeitschrift für Psychoanalyse*, 1920, caderno 1.

[5] Optou-se aqui por traduzir "*Trieb*" como "impulso" porque a autora reiteradamente usa o termo associado a outros vocábulos bem definidos, como, nessa oração, "força", "parcial" e "exibicionismo". A versão corrente no vernáculo como "pulsão" sugere algo mais indeterminado. (N.T.)

para ela, que estagnara consideravelmente na fase pré-genital, uma das raízes principais da sua acentuada inveja do pênis.

Assim como a mulher remanesce o maior enigma ao homem pela ocultação de suas genitálias, também o homem o é à mulher, justamente pela visibilidade de um objeto de inveja intensa.

A imbricação estreita entre a erótica da micção e o impulso exibicionista também se mostrou em outra paciente (Y), cuja forma muito estranha de se masturbar somente tinha o sentido de urinar como o pai. Seu mais intenso *páthos* de angústia baseava-se em sua neurose compulsiva ao exibicionismo; seu agente principal, a fantasia de ser vista por outros durante essa masturbação. Portanto, nela, expressava-se o desejo atávico da menina pequena: eu também gostaria de ter uma genitália que pudesse mostrar, assim como o pai, cada vez que urino.

Parece-me também que, em cada caso de excessiva timidez e pudor da parte das meninas, esse fator assume um papel preponderante; assim como também suspeito de que, pelo menos entre nós, povos aculturados, a distinção presente entre o vestuário do homem e da mulher remonte justamente à premissa de que a menina não deve se exibir e, por conta disso, regride, em suas tendências exibicionistas, a um estágio onde esse desejo de se mostrar ainda vale para o corpo por inteiro. Portanto, a partir disso, uma linha conduz diretamente ao entendimento de por que a mulher usa decote, e o homem, fraque. Dessa maneira, a partir daqui, igualmente se logra certa compreensão daquele critério sempre referido em primeiro lugar quando está em jogo a discriminação entre homem e mulher: a maior subjetividade da mulher em face da maior objetividade do homem. Logo, o impulso à pesquisa do homem é fundamentado em seu próprio corpo, e, desse modo, ele pode ou precisa voltar-se para fora; ao passo que a mulher, que não consegue encontrar nenhuma clareza sobre si, muito mais dificilmente poderá desvencilhar-se de si mesma.

Finalmente, mas nem por isso menos importante, esse desejo, por mim considerado protótipo à inveja do pênis, contém, enquanto terceiro elemento, desejos de masturbação reprimidos, na maioria das vezes, muito escondidos. Isso remonta, quase sempre, a uma conexão de pensamentos inconsciente, cuja base consiste na circunstância de que o menino pode tocar seus genitais ao urinar e isso seja entendido como uma licença, que lhe fora concedida, à masturbação.

Assim sendo, uma paciente me dissera haver testemunhado como um pai chamou a atenção, todo indignado, de sua menininha pequena, para não tocar "lá embaixo" com suas mãozinhas: "Ele a proíbe de fazê-lo, mas ele próprio fá-lo, cinco a seis vezes ao dia". A mesma relação vocês facilmente reconhecerão no caso Y, em que justamente o modo de urinar masculino se tornou o fator determinante à sua forma de masturbação. Ademais, constatou-se nesse caso que ela, em parte, não poderia se livrar de sua compulsão à masturbação enquanto mantivesse de pé, inconscientemente, sua reivindicação de querer ser um homem. O resultado dessa observação eu considero algo bem típico: a menina tem uma dificuldade muito especial para superar o onanismo, porque tem o sentimento de que algo lhe fora proibido, injustamente, e consentido ao menino, graças à sua constituição corporal diversa; – ou, de acordo ao problema aqui tratado, e visto de trás para frente: dessa fonte pode surgir facilmente um sentimento pesado de ter sido passada para trás, de modo que a fundamentação posterior da recusa em ser mulher remonte à ideia de que o homem desfruta de uma maior liberdade na vida sexual, calcada em uma experiência similar à infância mais primordial. Van Ophuijsen, à guisa de conclusão de sua obra sobre o complexo masculino da mulher, acentua enfaticamente a impressão, que obtivera na análise, da imbricação íntima entre o complexo de masculinidade, a masturbação clitoriana infantil e a erótica da micção. Deve-se efetivamente procurar nessas reflexões seu elo.

Bem resumidamente, portanto, os pensamentos aqui expostos e, com eles, a resposta à pergunta feita na introdução deste artigo, sobre o porquê da ocorrência típica da inveja do pênis, rezariam o seguinte: a menina não se sente, como também Abraham destaca em determinada passagem de sua obra, por inteiro e primordialmente inferior, mas tolhida em sua possibilidade de satisfazer certos impulsos parciais, extraordinariamente importantes ao período pré-genital, na comparação com o menino; sim, eu acredito inclusive poder corresponder ainda mais fielmente ao conteúdo proposto, afirmando: a menina de fato foi prejudicada – aos olhos de uma criança nesse estágio de desenvolvimento – em certas possibilidades de satisfação, ante o menino. Portanto, somente se realmente tivermos clareza da realidade desse desfavorecimento é que compreenderemos que a inveja do pênis quase se constitui como uma manifestação necessária na vida de uma criança feminina e assim constitui uma complicação, igualmente necessária, no caminho do desenvolvimento feminino.

Mesmo que a mulher madura, mais tarde, assuma um papel maior, no que diga respeito à sua força produtiva e talvez preponderante na vida sexual – nomeadamente, à maternidade –, isso ainda não pode servir de compensação à menina pequena que ainda se encontre nesse estágio incipiente, porque inicialmente está além de suas possibilidades diretas de obtenção de prazer.

Aqui eu gostaria de introduzir um parágrafo maior, pois chego ao segundo questionamento, muito mais amplo: *a inveja do pênis é realmente a mantenedora, e a força motriz última, do complexo que aqui nos interessa?*

Partindo dessa questão, precisamos refletir sobre quais fatores determinam se o complexo de inveja do pênis é superado, de maneira mais ou menos bem-sucedida, ou regressivamente reforçado e fixado. Esse raciocínio nos força a examinar mais de perto a estruturação da libido objetal nesses casos. E eis que encontramos que essas meninas e mulheres, que tão ruidosamente expõem seu desejo de masculinidade, tenham passado, bem no início, por uma fase de mais intensa ligação ao pai. Em outras palavras: elas tentaram primeiramente enfrentar o complexo de Édipo de modo normal, na medida em que mantivessem sua identificação original com a mãe e, junto a ela, fizessem do pai seu objeto de amor.

Sabemos que a menina, nessa fase, tem as duas possibilidades conhecidas de superar seu complexo de inveja do pênis de uma maneira que lhe seja favorável, na medida em que o desejo narcisista autoerótico pelo pênis, justamente em função da identificação com a mãe, possa diluir-se no desejo feminino pelo homem (logo, pelo pai) e no maternal, por um filho ou uma filha [do pai]. E, de acordo com isso – também no caso mais favorável –, é elucidativo à vida amorosa ulterior da mulher saudável relembrar-se de que a origem, ou melhor, aquela gênese primordial de ambas as atitudes, é de natureza narcísica e, a bem dizer, do tipo de querer possuir.

Desse modo, ora vemos, em relação aos nossos casos, que esse desenvolvimento ao feminino e ao maternal ocorreu sob sua forma mais intensa. Logo, no caso da paciente Y, como no de todas as demais que referirei aqui, cuja neurose estava inteiramente sob o signo do complexo de castração, suas múltiplas fantasias de estupro apontam para essa fase. Já que os homens pelos quais acreditava haver sido abusada, todos e cada qual, inconfundivelmente, eram imagos paternas, também as fantasias precisam ser entendidas como repetição compulsiva de uma fantasia arquetípica, mediante as quais ela, até anos mais tarde, sentia-se em simbiose com a mãe e, assim, vivenciava completamente, junto a ela o ato de ser possuída pelo pai. O que chama a atenção, nesse tocante, é que essa paciente, ademais lúcida, no começo da análise tendesse muito fortemente a considerar essas fantasias de estupro como realmente ocorridas.

Tal agarrar-se à ficção da realidade daquela fantasia primordial feminina também se expressa em outros casos, sob forma diversa. Por exemplo, eu obtive múltiplas confirmações, quase diretas, de uma paciente (X), do quanto ela havia tomado por real esse amor paterno; entre outras, certa feita, quando lhe emergiu a lembrança de que seu pai havia lhe cantado uma canção de amor e irrompeu de dentro dela uma mistura de decepção e desespero: "E tudo isso, na verdade, era pura mentira!". O mesmo expressara-se, no caso dela, sob forma de um sintoma que eu gostaria de arrolar aqui como representante de toda uma classe, identicamente construída: nomeadamente que ela às vezes compulsoriamente precisasse ingerir muito sal. Na verdade, era a mãe que precisara ingerir sal, por causa de hemorragias pulmonares que haviam surgido durante os primeiros anos de vida da paciente. Esses sangramentos nos pulmões ela agora concebera inconscientemente como manifestações decorrentes das relações sexuais dos pais. Sob esse sintoma, portanto, expressava-se o pleito inconsciente de haver sofrido a mesma coisa que a mãe, da parte do pai. A partir dessa mesma exigência, ela se considerava uma meretriz – quando na verdade era virgem – e compulsivamente tinha a necessidade de confessar a um novo objeto amoroso quaisquer vivências desse tipo.

Múltiplas observações inequívocas do mesmo tipo dão conta de que parece importante ter bem presente que a criança, nessa primeira fase, em função da identificação com a mãe – hostil ou amigável –, fantasie ser possuída totalmente pelo pai, enquanto repetição ontogenética de um período filogenético, e o vivencie em sua fantasia de modo tão real quanto certa feita haja sido real, em uma época em que todas as mulheres, por princípio, pertenciam ao pai.

Nós sabemos que o destino natural dessa fantasia amorosa é seu fracasso[6] diante da realidade. Nos casos de um predomínio posterior do complexo de castração, esse fracasso doravante estruturar-se-á, muitas vezes, sob uma decepção impressionante, cuja vivência deixe para trás rastros profundos na neurose. Portanto, ocorre aqui uma perturbação, mais ou menos delimitada, no desenvolvimento do senso de realidade. Muitas vezes tem-se a impressão

---

[6] Optou-se por traduzir "*Versagung*" por "fracasso", haja vista sua correspondência semântica ao uso amplo do verbo "*versagen*" como "fracassar", e de sua variante "*Versager*", empregado em sentido lato na linguagem coloquial em sentido pejorativo, como "fracassado", a despeito de outras variações correntes no vernáculo, inclusive da interpretação idiossincrática de Jaques Lacan. (N.T.)

de que a intensidade do sentimento dessa ligação com o pai seja tão forte, que o reconhecimento da irrealidade, por princípio, dessa relação não possa ser aceita; em outros casos, por sua vez, parece que esse talento à fantasia, de saída, seja excessivamente imane, de modo que dificulte a correta captação da realidade; por fim, multiplamente, as relações reais com os pais são tão infelizes que, a partir delas, parece explicável a fixação na fantasia.

Essas pacientes, portanto, sentem como se o pai realmente alguma vez as tivesse amado e ora traído ou abandonado. De vez em quando, daqui também surge a seguinte dúvida: Eu só imaginei tudo isso ou era mesmo realidade? Essa atitude claudicante também se denunciara na compulsão à repetição da paciente Z, a quem me referirei em seguida, na medida em que ela, cada vez que um homem lhe demonstrava sua afeição, temia que esta somente fosse fruto de sua imaginação. Inclusive, quando já estava noiva, ela sempre de novo precisava certificar-se de que não só imaginara tudo isso. Em um devaneio diurno, ela é assaltada por um homem; derruba-o ao chão, com um soco no nariz, e lhe dá um pontapé em seu órgão [genital (N.T.)]; a seguir, queria registrar um boletim de ocorrência, mas fora retida pelo medo de que o homem pudesse afirmar que ela somente tivesse fantasiado tudo isso. Eu mencionei, em relação à paciente Y, a dúvida que esta tinha quanto ao caráter de realidade de suas fantasias de estupro, e que essa desconfiança remontava à vivência primordial com o pai. Em seu caso, fora possível perseguir como a dúvida oriunda dessa fonte espraiava-se sobre todos os eventos de sua vida e assim formava, tão justamente, um fundamento à sua neurose compulsiva. O progresso da análise despertara aqui, como em tantos outros casos, a aparência de que essa fundamentação da dúvida alcançava raízes mais profundas àquela, por nós conhecida, relacionada ao papel sexual.[7]

Na paciente X, que gozava a partir de múltiplas recordações daquele primeiro período e o caracterizava como seu paraíso da infância, essa decepção associara-se, segundo sua lembrança, a um castigo injusto imposto pelo pai, quando tinha 5 ou 6 anos. Mostrou-se que na mesma época nascera uma irmã e que ela se sentira repelida pelo pai, por sua causa. O desencobrimento dessas camadas mais profundas tornara nítido que, por detrás da inveja da irmã, escondia-se uma inveja furiosa da mãe, na verdade, primariamente, em relação às suas inúmeras gravidezes: "A mãe sempre estava parindo filhos", dissera ela, certa feita, cheia de indignação.

---

[7] Cf. a fundamentação freudiana da dúvida, enquanto dúvida em relação à própria capacidade de amar (ódio).

Sob a mais forte repressão, encontravam-se ainda duas outras raízes díspares ao seu sentimento de abandono pelo pai. Por um lado, a inveja sexual da mãe, que remontava às suas observações dos coitos que espiara em uma época na qual seu senso de realidade já havia despertado a tal ponto que não pudesse mais elaborar inteiramente, em seu interior, o que observara, sob a fantasia da vivência própria. Na introdução, destacamos um mal-entendido, que apontava para essa fonte última: quando eu falara de um tempo "após [*nach*] a decepção", ela entendera "noite [*Nacht*] da decepção"[8] e trouxera à tona uma associação com Brangena, que vigiara a noite de amor entre Tristão e Isolda.

Nesse caso, em linguagem igualmente nítida se expressara a compulsão à repetição: sua vivência amorosa típica fora se tornar, primeiramente, a amada de uma figura substitutiva do pai, para, a seguir, ser abandonada por ele. Em conexão com esse tipo de evento expressara-se, nitidamente, uma raiz última desse complexo, qual seja, seus sentimentos de culpa. Certamente, em grande medida, estes deveriam ser compreendidos como acusações voltadas ao pai, que ora se voltavam contra sua própria pessoa. A despeito disso, fora possível acompanhar claramente como esses sentimentos de culpa, sobretudo por conta dos impulsos intensos à remoção da mãe – para ela identificar, antes de tudo, significava "eliminar" e "colocar-se no lugar" –, roduziram nela uma expectativa de desgraça, que, naturalmente, em primeira linha, tinha como alvo sua relação com o pai.

Eu gostaria de salientar, nesse caso em particular, a forte impressão que obtive acerca da significância do desejo por um filho (do pai);[9] e eu gostaria de frisar especialmente isso porque me parece que estamos inclinados a subestimar o poder do impulso inconsciente desse desejo e, sobretudo, seu caráter libidinoso, haja vista que ele, posteriormente, pode ser aceito pelo ego mais facilmente do que muitas outras aspirações sexuais. Sua relação com o complexo de inveja do pênis é dupla: por um lado, sabe-se que esse desejo, por fazer parte do período autoerótico do desejo por um membro [falo (N.T.)], é anterior e proporciona um "reforço libidinoso inconsciente"[10] ao impulso

---

[8] As palavras "*nach*", no primeiro caso, e "*Nacht*", no segundo, soam bem parecidas. (N.T.)

[9] Cf. também a coetânea palestra de O. Rank sobre "Perversão e neurose".

[10] Cf. Freud, S. Über Triebumsetzungen, insbesondere der Analerotik [Sobre transposições da pulsão, especialmente no erotismo anal]. *Internationale Zeitschrift für Psychoanalyse*, 1917, v. 4, n. 3, p. 125-130.

maternal. Caso a menina vivencie, em relação ao pai, a decepção descrita, então o desejo de ter filhos é abandonado, e sua posição se torna regressiva – condizente à conhecida metáfora de ser possuída por representações anais e pela atávica avidez pelo pênis. A ânsia pelo pênis, nesse caso, não só é simplesmente reativada, mas reforçada mediante toda a força pulsional, que, no caso da criança feminina, é intrínseca ao seu desejo de ter filhos.

Essa conexão se me tornou especialmente evidente no caso Z, em que, após o desaparecimento de algumas manifestações neuróticas compulsivas, permanecera um intenso medo da gravidez e do parto, enquanto último sintoma renitente. Demonstrara-se aqui, paralelamente às observações continuadas do coito dos pais, que uma gravidez da mãe e o nascimento de um irmão, quando ela tinha 2 anos, tornaram-se suas vivências decisivas. Esse caso, por muito tempo, pareceu perfeitamente adequado para explicitar o sentido central da inveja do pênis. A inveja do pênis, que se concatenara ao irmão e à sua raiva contra ele, por ser um intruso que a reprimira da posição de filha única, uma vez revelada, foi representada conscientemente mediante veemente paixão; e, com ela, todas as demais formas de expressão que encaramos como sua manifestação consequente, sobretudo, a atitude vingativa contra o homem, mediante intensas fantasias de castração; a rejeição de trabalhos e funções femininas, em especial, a gravidez; bem como a forte homossexualidade inconsciente. Somente quando a psicanálise penetrou, mesmo ante as maiores resistências imagináveis, nas camadas mais profundas é que se revelou que a inveja do pênis remonta à inveja da criança que a mãe, e não ela, recebera do pai; e que esta, primeiramente, foi deslocada da criança para o pênis. De igual modo, sua raiva do irmão se diluíra em uma contra o pai, pelo qual se sentia traída, e contra a mãe, que, em vez dela, recebera a criança. Somente a dissolução desse deslocamento é que realmente dissipou sua inveja do pênis e suas reivindicações de masculinidade, e lhe concedeu a possibilidade interior de ser totalmente mulher, e de querer ter, ela própria, filhos.

O que se sucedeu? Esquematizadas *en gros* se deixam reconhecer as seguintes linhas: a) a inveja da criança se deslocara ao irmão e seus genitais; b) nitidamente aqui entrara em jogo o mecanismo descoberto por Freud; ela abandonara o pai, enquanto objeto amoroso, e substituíra regressivamente a relação objetal com ele por uma identificação com ele.

Isso veio a expressar-se nas suas já referidas exigências de masculinidade. Foi possível demonstrar facilmente que ela não queria ser homem de modo geral, mas que o verdadeiro sentido dessas demandas era bancar o pai: ela assumiu a mesma profissão do pai; após sua morte, brincou de ser o homem cobiçado e mandachuva, diante da mãe; quando, certa feita, escapou-lhe sonoramente uma flatulência, ela pensou satisfeita: "Saiu igualzinha ao pai!". Todavia, no seu caso em particular, não chegou a uma escolha objetal completamente homossexual; o desenvolvimento da libido objetal parecia estar perturbado de modo geral e ter culminado em uma nítida regressão a um estádio narcisista autoerótico. *Summa summarum* ocorreu o seguinte: o deslocamento da inveja infantil do irmão e do pênis; a identificação com o pai; e a regressão à fase pré-genital. Todos esses processos atuaram na mesma direção, qual seja, a ativação de uma poderosa inveja do pênis, que estava em primeiro plano e parecia dominar tudo.

Tal desenvolvimento do complexo de Édipo, em que uma fase de identificação com a mãe é tão amplamente substituída por uma com o pai, mediante concomitante regressão a uma fase pré-genital, parece-me ser bem típica para todos os casos de predomínio do complexo de castração – e eu enxergo no processo de identificação com o pai o verdadeiro cerne do complexo de castração feminino.

Aqui eu gostaria de ir logo ao encontro de duas objeções: a primeira diz, p. ex., que tal pendular entre pai e mãe, a bem dizer, não tem nada de especial; ao contrário, podemos observá-lo em qualquer criança, e conhecidamente, de acordo com Freud, a libido de todos nós oscila, ao longo de toda a vida, entre o objeto masculino e o feminino; a segunda refere-se à relação com a homossexualidade e pode ser expressa da seguinte maneira: Freud nos convenceu, em seu trabalho sobre a psicogênese de um caso de homossexualidade feminina, de que tal desenvolvimento à identificação com o pai é o fundamento da homossexualidade manifesta – e eu aqui somente descrevo o mesmo processo, agora aplicado à gênese do complexo de castração. Em relação a isso, gostaria de frisar que justamente esse trabalho de Freud abriu-me um caminho à compreensão do complexo de castração feminino. Nesses casos, justamente, por um lado, a intensidade de oscilação normal da libido é significativamente excedida; por outro, a repressão da predisposição amorosa e a identificação com o pai não são tão completamente bem-sucedidas como no caso da homossexualidade. Logo, a similaridade do desenvolvimento não depõe contra seu significado para o complexo de castração feminino; ao contrário, mediante tal consideração, a homossexualidade perde muito de sua excepcionalidade.

Em todos os casos com preponderância do complexo de castração, encontra-se conhecidamente, sem exceção, uma inclinação, mais ou menos significativa, à homossexualidade: querer bancar o pai justamente sempre compreende também, de algum modo, cobiçar a mãe. A relação entre a regressão narcisista e a ocupação[11] do objeto homossexual pendula, sob todos os graus possíveis, de sorte que seja possível compor uma linha ininterrupta à homossexualidade manifesta.

Uma terceira objeção, que nesse contexto é levantada, diz respeito à relação temporal e causal com a inveja do pênis e consiste no seguinte: a relação entre a inveja do pênis e a identificação com o pai não seria, antes pelo contrário, inversa; diga-se, somente mediante uma inveja mais intensa do pênis é que tal identificação duradoura com o pai tornar-se-ia possível? Eu acredito que é bastante evidente que uma inveja do pênis especialmente intensa, seja quais forem as razões (constituição ou vivência pessoal), ajude a preparar uma reversão à identificação com o pai; porém, o decurso dos casos descritos, como também se dá em outros, na verdade, mostra que, não obstante a inveja do pênis haver sido intensa, ocorrera uma atitude amorosa em relação ao pai, bem caracteristicamente feminina, e a decepção amorosa assim que sofrida levara à rejeição do papel feminino. Em função dessa rejeição, seguida de uma identificação com o pai, é que a inveja do pênis fora reativada e, somente, alimentada por essas fontes poderosas, manifestou toda a sua eficácia.

Já que certo despertar do senso de realidade é uma condição prévia a essa reversão à identificação com o pai, é inevitável que a menina não mais possa contentar-se, como antes, com a simples realização em fantasia dessa posse almejada do pênis; mas que doravante surjam ruminações sobre o porquê de não possuí-lo; sobre o paradeiro do membro. A direção dessas conjecturas é determinada por toda a disposição emocional da menina. Ela é caracterizada pelas seguintes divisas: uma, não totalmente superada, ligação amorosa feminina com o pai; raiva e vingança em relação a ele, por conta da decepção sofrida por causa dele; e, por último e não menos importante, pela pressão dos sentimentos de culpa despertados poderosamente, em função das fantasias incestuosas relacionadas ao pai. E assim sucede que essas ruminações sempre remontem ao pai.

Isso se me tornou bem transparente na paciente Y, já citada diversas vezes antes. Eu dissera a vocês que essa paciente produzia fantasias de estupro que considerava reais e que estas, em última análise, referiam-se ao pai. Também em seu caso chegara a uma identificação bem abrangente com o pai; ela, p. ex., em relação à mãe, assumia uma atitude bem típica de um

---

[11] Diferente das traduções comuns de "*Besetzung*" por "investimento", optou-se aqui por "ocupação", uma vez que corresponde mais ao sentido lexical do termo.

filho. Desse modo, produzia sonhos nos quais o pai fosse atacado por uma cobra ou por outros animais selvagens, dos quais ela, em seguida, o salvasse.

Suas fantasias de castração se revestiam da ideia de que ela não fosse construída de modo normal na região genital e que tivesse sido ferida. Sobre ambos os aspectos, ela fizera muitas conjecturas, principalmente na direção de que essas alterações fossem oriundas de estupros. Ficou claro que essa fixação renitente nessas sensações e fantasias genitais, inclusive, tinham o sentido de provar para si mesma, sempre de novo, a realidade desses abusos; logo, em última análise, a realidade da relação amorosa com o pai. Sobre o significado dessa fantasia e da força da compulsão à repetição aqui atuante, a melhor luz é lançada pelo fato de que ela, anteriormente à análise, haja se forçado a submeter-se a seis laparotomias, em parte feitas somente por causa de suas dores naquela região. No caso de outra paciente, em que a inveja do pênis predominava, por assim dizer, sob sua forma mais grotesca, esse sentimento de haver sido ferida fora deslocado sobre outros órgãos, de modo que, após a dissolução de seus sintomas neuróticos compulsivos, se manifestasse um quadro hipocondríaco importante. Na época, a resistência rezava: é brincadeira que eu me deixe analisar, porque, na verdade, são meu coração, meus pulmões, meu estômago, meu intestino que estão organicamente doentes. A prerrogativa da realidade, também aqui, era tão forte que ela, certa feita, quase se obrigara a fazer uma cirurgia de cólon. Suas manias sempre lhe repetiam: "Eu fui talhada com doença pelo pai". De fato, após o abrandamento dessas manifestações hipocondríacas, fantasias passivas de espancamento dominaram seu quadro. Eu não vejo nenhuma possibilidade de fazer jus a essas manifestações somente a partir do complexo de inveja do pênis. Na verdade, em contrapartida, seus traços fundamentais ficam bem nítidos se enxergarmos nelas a atividade do impulso de querer compulsoriamente sofrer novamente aquilo sofrido da parte do pai, e de atestar para si mesma a realidade do sofrido.

Essa série de materiais poderia ser ampliada a bel-prazer; todavia, isso somente corroboraria o dado de que aqui nos deparamos com essa fantasia basilar de ser castrada mediante a relação amorosa com o pai, embora sob formas bem variadas de expressão. Essa fantasia, que isoladamente já nos é tão familiar há tanto tempo, é, segundo minhas observações, de uma importância tão típica e fundamental, que gostaria de caracterizá-la como o outro cerne de todo o complexo de castração feminino.

O imane significado dessa combinação reside no fato de que, dessa maneira, uma das partes mais importantes da feminilidade reprimida seja intimamente imbricada a fantasias de castração; ou, visto da perspectiva da sequência temporal de seu surgimento, é a feminilidade ferida que produz o complexo de castração, e não este que primeiramente prejudica o desenvolvimento feminino.

A predisposição atitudinal vingativa contra o homem, que tantas vezes constitui um traço bem destacado de mulheres com forte complexo de castração, encontraria aqui sua fundamentação mais profunda; ao passo que tentativas de explicar essa atitude vingativa a partir da inveja do pênis e da expectativa frustrada da menina de receber o pênis como presente do pai não faz jus à coletânea de fatos, que uma análise das camadas mais profundas traz à tona. Naturalmente, é mais fácil renunciar na psicanálise à inveja do pênis do que à fantasia, muito mais profundamente recalcada, que atribui a perda da genitália masculina a um ato amoroso com o pai, porque à inveja do pênis, em si, não se ligam quaisquer sentimentos de culpa.

Que essa atitude de vingança diante do homem, mais tarde, muitas vezes, volte-se de modo especialmente intenso contra o homem que realize a defloração explica-se, nesse contexto, sem constrangimento, na medida em que, na fantasia, justamente o pai teria sido o primeiro homem; e, por isso, também na vida amorosa real ulterior, o primeiro homem precisará assumir, sob grande medida, o significado do pai, algo que se expressara nos costumes descritos por Freud acerca do tabu da virgindade, dado que a consumação da defloração realmente era delegada para uma figura substitutiva do pai. A defloração é, para o inconsciente, a repetição, na fantasia, daquela vivência do ato amoroso com o pai, e, por isso, nela, repetem-se também todos os afetos que a integram: a forte ligação tanto quanto a defesa contra o incesto, assim como a aqui por último descrita atitude vingativa por causa da decepção amorosa e da castração supostamente sofrida em decorrência desse ato.

Assim chego ao final de minhas considerações. Meu problema fora a pergunta sobre se a insatisfação com o papel sexual feminino, determinada pela inveja do pênis, realmente seria o alfa e ômega do complexo de castração feminino. Vimos, com efeito, que a construção anatômica das genitálias femininas é de grande importância para o desenvolvimento psíquico da mulher. Também é indubitável que as formas de expressão do complexo de castração feminino sejam essencialmente determinadas a partir da inveja do pênis; mas a conclusão de que a recusa de ser mulher se baseie nela parece inadmissível. Pelo contrário, vimos que a inveja do pênis, de modo algum, obstrui a ligação amorosa com o pai, tipicamente intensa e feminina; porém, em primeiro lugar – exatamente conforme às neuroses masculinas correspondentes –, um fracasso ante o complexo de Édipo conduz a essa recusa do papel sexual. Tanto o neurótico masculino, que se identifica com a mãe, quanto a feminina, que se identifica com o pai, renunciam identicamente ao papel sexual que lhes compete. E o medo da castração do neurótico masculino, cujo desejo de castração subjacente, segundo minha impressão, jamais foi suficientemente enfatizado, corresponde, a partir dessa perspectiva, exatamente ao anseio pelo pênis da neurótica feminina. Essa simetria seria ainda mais patente, não fosse a predisposição atitudinal interior do homem à identificação com a mãe tão diametralmente contraposta àquela da identificação da mulher com o pai. Isso ocorre sob dupla perspectiva: no homem, não só esse desejo de ser mulher contradiz seu narcisismo consciente, como também é duplamente denegado, pois, em sua imaginação do que seria ser mulher, situa-se concomitantemente a realização de todos os seus medos de punição, referentes à sua genitália. Na mulher, em contrapartida, a identificação com o pai é corroborada por antigos desejos, que tinham como alvo a mesma direção; não abriga, em si, qualquer sentimento de culpa, mas, antes, um de alívio, pois, a partir da imbricação das representações de castração com fantasias incestuosas voltadas ao pai, chega-se justamente ao resultado desastroso, aqui descrito, de que, inversamente, ser mulher seja sentido como culpa.

Freud sempre nos mostrou, em seus trabalhos sobre "Luto e melancolia", "Sobre a psicogênese de um caso de homossexualidade feminina " e "Psicologia de massas e análise do Eu", a vasta abrangência que o processo de identificação ocupa na psique humana. Justamente essa identificação com a contraparte sexual paterna/materna me parece ser também o ponto de partida do qual decorra o desenvolvimento tanto à homossexualidade quanto ao complexo de castração, em ambos os sexos.

RUTH MACK BRUNSWICK (1897-1946)

A invenção do pré-edipiano[1]
Renata Udler Cromberg

Ruth Jane Mack nasceu em Chicago, em 17 de fevereiro de 1897, filha única de um rico casal da burguesia judaica. O pai era um brilhante jurista e filantropo conhecido, Julian William Mack (1866-1943), com quem ela tinha um relacionamento caótico devido à rigidez dele. Não se conhece nada do relacionamento com sua mãe, Jessie Fox (1876-1938). Ruth cedo se tornou versada em literatura, música e artes, de uma maneira inusual. Em 1918, graduou-se no Radcliffe College, em Cambridge, Massachusetts, sob a tutela de Elmer Ernest Southard, uma eminência de Harvard que a introduziu no mundo da psicologia. Casou-se muito jovem, no mesmo ano, com o cardiologista Hermann Ludwig Blumgart (1895-1977). Tendo sido rejeitada em Harvard por ser mulher, estudou Medicina na Universidade Tufts, em Medford, Massachusetts, especializando-se em Psiquiatria. Em 1922, aos 25 anos, mudou-se sozinha para Viena para começar sua análise com Freud, com a intenção de curar-se de uma grave hipocondria. A indicação a Freud foi feita por intermédio do seu cunhado, Leonard Blumgart (1902-1971), psicanalista em Nova York que havia realizado uma análise com Freud anos antes. Nessa época, Freud analisava muitos norte-americanos, que às vezes permaneciam vários anos em Viena para se tratar ou se tornar psicanalistas. Como a estadia de Ruth em Viena se prolongava, Hermann visitou Freud para tentar salvar seu casamento, considerado sem

---

[1] Esta apresentação se baseou no prefácio, de minha autoria, do livro *Ruth Mack Brunswick: escritos reunidos*, primeira publicação mundial das obras completas de Ruth Mack Brunswick, pela Editora Quina, em 2023.

esperanças por esse último. Hermann retornou para os Estados Unidos e o divórcio com Ruth se deu em 1924.

Foi nessas circunstâncias que Ruth Mack encontrou Mark Brunswick, um compositor norte-americano.[2] Ele se apaixonou em segredo por ela desde que assistira a seu casamento, em que o noivo, Hermann, era primo-irmão de sua mãe. Já separada do marido, Ruth ficou encantada com Mark, cinco anos mais jovem do que ela. No entanto, como Mark sofria de distúrbios de personalidade, Ruth convenceu Freud a assumi-lo em análise. Pouco tempo depois, seu irmão, David Brunswick, que estudava Psicologia, também iniciou sua análise com Freud (entre 1927 e 1930), tornando-se posteriormente psicanalista em Los Angeles. Durante um período, portanto, tanto Ruth Mack quanto Mark e David Brunswick compartilharam o divã de Freud. Freud discutia e explicava o caso de Mark a Ruth, como se faz em uma supervisão. Mark tinha um caso com uma jovem, mas, finalmente, em 1928, depois de quatro anos de tratamento, decidiu casar-se com Ruth. Oscar Rie e o próprio Freud foram escolhidos como testemunhas.[3] "Laços complicados ligavam esse grupo de americanos: nos últimos anos do Juiz Mack, pai de Ruth, a mãe de Mark Brunswick casou-se com ele" (Roazen, 1971, p. 469).

É interessante observar que, em 1925, a Associação Internacional de Psicanálise (IPA) havia estipulado regras fundamentais para uma análise poder acontecer: a proibição de analisar membros da própria família e membros de uma mesma família e a obrigatoriedade da análise anterior ao processo de se tornar analista. Parece que, em torno de Freud, ao menos no que se refere a Ruth Mack Brunswick, essas regras foram ignoradas. Ela analisou o casal Schur, Freud analisou o casal Brunswick, embora tenha lamentado o fato de ter discutido o caso de Mark com ela, o que achava que tinha atrapalhado seu casamento e a saúde mental dos dois. Paul Roazen (1971, p. 466) refere-se jocosamente a essa situação, apesar das regras da IPA, com a expressão "Na casa do Rabino pode".

Ruth Mack Brunswick começou sua prática analítica em Viena, em 1925, tornando-se membro da Sociedade Psicanalítica de Viena apenas em 1928. Ela desempenhou um papel importante como mediadora entre os psicanalistas norte-americanos e o círculo de Freud. Na clínica particular de Freud, era a

---

[2] Acabou por se tornar professor de Música e presidente de seu departamento no City College de Nova York, de 1945 a 1965.

[3] Pode-se ressaltar que a presença de Freud em eventos desse tipo era algo muito raro, não tendo inclusive participado da festa de casamento dos seus próprios filhos.

via pela qual ricos norte-americanos obtinham acesso a ele; e cuidava, de um modo geral, dos pacientes norte-americanos psicanalisados em Viena.

Ruth era charmosa, inteligente, feminina e vivaz (James; Wilson; Boyer, 1971). Ela se tornou uma das discípulas mais fervorosas de Freud e, ao lado de Marie Bonaparte, Jeanne Lampl-de Groot e outras, pertencia ao "círculo das mulheres" que estava em torno dele na década de 1920. Mas, mesmo dentro desse círculo, Ruth era a colaboradora favorita de Freud, sendo privilegiada no acesso às suas pesquisas. Foi uma das poucas mulheres que receberam o cobiçado anel de Freud, inicialmente concedido apenas ao Comitê Secreto (as outras foram Anna Freud e Lou Andreas-Salomé). Ambos eram inseparáveis, e, segundo Roazen, a inteligência e a coragem de Ruth para assumir riscos iluminou a década e meia final da velhice de Freud.

Ela entrou na intimidade familiar do mestre e viu-se finalmente sob sua dependência, como uma filha, como sua filha Anna Freud, que, aliás, expressava descontentamento e ciúmes com essa situação. Por anos, rumores de sua feroz rivalidade correram nos círculos psicanalíticos, culminando com a indicação de Sergei Pankejeff a Brunswick, paciente que Anna Freud estaria esperando ser a ela indicado pelo pai. A publicação do artigo sobre essa análise, "Um suplemento sobre a história de uma neurose infantil" (1928), coincidiu com o ano do seu casamento com Mark Brunswick. Logo depois do casamento, Ruth e Mark voltaram por um ano aos Estados Unidos, em 1929, onde nasceu a única filha do casal, chamada Mathilde Juliana Brunswick. Seu nome era uma homenagem a Mathilde Hollister, filha de Freud e amiga íntima do casal. Freud amava muito essa criança.

Ao voltar, ambos retomaram seus tratamentos com Freud. Os sintomas de Mark pioraram, e os de Ruth também se agravaram. Sofrendo com seus distúrbios digestivos, ela tomou o hábito de acalmar a dor com repetidas injeções de morfina e opiáceos. À medida que sua análise avançava, a dependência transferencial em relação a Freud aumentava, assim como a toxicomania. Mark Brunswick tinha muitas ocasiões para observar Freud em seu ambiente íntimo, pois o casal fazia muitas visitas à família. Mark considerou mais tarde, em sua entrevista com Roazen, que esses contatos pessoais haviam sido benéficos, mas havia também reforçado certos traços patológicos.

Ruth se tornará uma verdadeira freudiana, especializada no tratamento das psicoses e apaixonada pela questão das relações pré-edipianas. Freud via nela uma habilidade psicológica natural e um talento intuitivo para descobrir o inconsciente. Tinha a capacidade intelectual de integrar suas descobertas à estrutura freudiana. Freud a apoiava, enviando-lhe muitos pacientes entre seus próximos: Max Schur e sua mulher, Helen, em 1924, assim como Robert Fliess, o único dos cinco filhos de Wilhelm Fliess que se tornou psicanalista e psiquiatra, Karl Menninger, que se tornaria uma iminência da psiquiatria e da psicanálise norte-americanas, Muriel Gardiner, psicanalista norte-americana, e Sergei Konstantinovitch Pankejeff (o "homem dos lobos"), a partir de 1926. Curiosamente, Ruth analisou Muriel Gardiner ao mesmo tempo que Sergei Pankejeff. Eles se encontravam no consultório de sua analista e ele deu aulas de russo a ela. Simpatizando com ele, ela chegou a ser sua terceira analista. Ajudou-o financeiramente e fez com que redigisse suas memórias, que foram traduzidas no mundo inteiro. Encontram-se também nesse volume dela os textos de Freud e de Ruth Mack Brunswick sobre esse caso, e ela acrescentou o seu próprio depoimento (Gardiner, 1981). Muriel Gardiner foi uma grande ativista da resistência na Segunda Guerra Mundial, empregou sua fortuna para salvar milhares de judeus e foi uma grande benemérita de causas psicanalíticas.

Durante certo período, Ruth Mack Brunswick foi também médica de Freud, já doente há vários anos, função dividida com Max Schur, que se tornaria seu médico pessoal. Vale observar que ela ainda se encontrava em análise com Freud, e que Max Schur, por sua vez, analisando de Ruth, também acabou cumprindo a função dos cuidados médicos de sua analista.

Decepcionado com sua incapacidade de curar sua querida discípula, Freud continuava, todavia, a mantê-la sob sua dependência, manifestando-lhe ao mesmo tempo sentimentos positivos pela sua independência de pensamento (o que fazia dela uma interlocutora favorita no plano científico) e sentimentos negativos em relação à sua adição e à sua dependência em relação a ele. Freud continuou também a análise de seu marido. Em 1937, depois de anos de dramas e conflitos decorrentes dessa inverossímil confusão, Ruth divorciou-se de Mark Brunswick, mas se casou novamente com ele seis meses depois, opondo-se à opinião de Freud, que era a favor da separação. Também em 1937, por indicação de Freud, Ruth foi hospitalizada numa tentativa de vencer sua adição em morfina e opiáceos; uma tentativa, porém, sem sucesso.

Segundo conhecidos, ela nunca dava mostras de estar perturbada ou em estado mórbido. Ela continuou recebendo encaminhamentos de colegas, inclusive de Freud, e atuou eficientemente como psicanalista até o fim da vida. No ano seguinte, às vésperas da *Anschluss* nazista, em 1938, Ruth deixa Viena com sua filha Mathilde e sua sogra. Mark telefonava com frequência para que Ruth voltasse a Nova York e acompanhasse seu pai doente, que solicitava sua presença. Após o retorno aos Estados Unidos, ajudou muitos amigos, psicanalistas judeus austríacos, a deixar a Áustria, fornecendo vistos que lhes salvaram a vida quando a invasão nazista se deu.

Ruth Brunswick reencontrou Freud já em seu exílio em Londres, no verão de 1938. Depois da morte de Freud, em 1939, instalou-se na prática privada em Nova York, tornando-se membro da Sociedade Psicanalítica de Nova York, onde ensinou, e membro do conselho editorial do *International Journal of Psychoanalysis*.

Em 1940, divorciou-se de Mark Brunswick, que se tornou alcoólatra, e publicou "A fase pré-edipiana do desenvolvimento da libido", no *Psychoanalitical Quaterly*, cuja tradução compõe este livro. Com o divórcio, a morte de sua mãe, também em 1940, e a de seu pai, em 1943, a toxicomania de Ruth se agravou consideravelmente. Ela procurou Hermann Nunberg para uma nova análise, apresentando então uma leve melhora. Em 23 de janeiro de 1946, Ruth organizou um jantar de recepção para apresentar sua amiga Marie Bonaparte aos colegas psicanalistas de Nova York, mas não se sentiu em condições de comparecer ao evento. No dia seguinte, foi encontrada morta em seu banheiro. A causa de sua morte foi atribuída a uma "crise cardíaca induzida por uma pneumonia", porém, na verdade, Ruth sofreu uma queda no banheiro, batendo a cabeça e fraturando o crânio. A hipótese sugerida por Paul Roazen é que nessa noite ela poderia ter tomado em excesso pílulas para dormir, o que provocou sua queda acidental. No necrológio lido em uma reunião da Sociedade Psicanalítica de Nova York dias depois, em 29 de janeiro de 1946, Nunberg revela seu atordoamento com a morte repentina e trágica de sua paciente:

> Nos anos anteriores, sua saúde física precária a impedia de participar plenamente das atividades da Sociedade. Mas no último ano ela mostrou tanta vitalidade, estava tão bem-humorada, que havia muitos motivos para esperar sua colaboração mais ativa. Ela tinha muitos planos e ideias para futuros trabalhos científicos, e agora é difícil acreditar que não se possa mais discutir todos esses problemas com ela. [...] Lendo seus artigos, do primeiro ao último, não se pode deixar de admirar sua perspicácia, seu bom senso e seu profundo conhecimento da natureza humana, combinados com calor e simpatia pelo paciente que ela soube orientar com rara habilidade. Ela era capaz de apreender e compreender toda a personalidade e,

quando falava sobre um caso, imaginava-se o paciente como um ser vivo (Nunberg, 1946, p. 141).

A proximidade e a afinidade entre o pensamento clínico e teórico de Brunswick e Freud trouxeram a elaboração do conceito de fase pré-edipiana. Esse conceito foi utilizado pela primeira vez por ela em 1929 no artigo sobre a paranoia feminina, e posteriormente também utilizado por Freud em "Sobre a sexualidade feminina", de 1931. Brunswick esboçou inicialmente suas teorias sobre uma fase de desenvolvimento que precedia o complexo de Édipo em um trabalho sem título escrito em 1930. Elas foram retomadas e finalmente publicadas em 1940, no artigo "A fase pré--edipiana do desenvolvimento da libido". Nesse texto, Brunswick afirma muito delicadamente sua antecedência na elaboração do conceito, provavelmente para não ferir a suscetibilidade de Freud: "Até onde sei, o termo 'pré-edipiano foi empregado pela primeira vez por Freud em 1931 na obra citada ['Sobre a sexualidade feminina'], p. 373, e por esta autora em 'The Analysis of a Case of Paranoia' [Análise de um caso de paranoia]. *The Journal of Nervous and Mental Disease*, v. LXX, 1929, p. 177". Apenas as datas da publicação apontam a antecedência. Ela deveria estar muito alerta da cisão entre Freud e Rank por causa da defesa deste, em 1924, de que havia fatores etiológicos da doença psíquica que não estavam relacionados com o complexo de Édipo. Também, junto a Freud, tinha reservas em relação ao pensamento kleiniano, a quem se atribui erroneamente a prioridade na elaboração desse conceito.

A obra inventiva de Ruth Mack Brunswick aponta que ela foi pioneira no tratamento psicanalítico das psicoses, no estudo do desenvolvimento emocional de crianças pequenas e suas mães e no reconhecimento da importância dessa relação para a origem da doença mental. No entanto, sua obra e sua importância ficaram apagadas até os anos 1960. Ela era uma das psicanalistas mais lembradas pelos seus contemporâneos e mais reconhecida pelas suas qualidades clínicas e teóricas, mas desapareceu do mapa psicanalítico, virando mera nota de rodapé de um caso emblemático freudiano, um verdadeiro apagamento daquela que foi considerada, com unanimidade entre os entrevistados por Roazen, como a "preferida" de Freud por mais de uma década.

Referências

Brunswick, R. M. *Ruth Mack Brunswick: escritos reunidos*. São Paulo: Quina, 2023.

Brunswick, R. M. The Preoedipal Phase of the Libido Development. *Psychoanalytic Quarterly*, v. 9, p. 293-319, 1940.

Freud, S. *História de uma neurose infantil. In*: *História de uma neurose infantil ("o homem dos lobos"), Além do princípio do prazer e outros textos (1917-1920)*. São Paulo: Companhia das Letras, 2010. (Obras Completas, v. 14).

Gardiner, M. *L'Homme aux loups par ses psychanalystes et par lui-même*. Paris: Gallimard, 1981. Publicado originalmente em 1971.

James, T.; Wilson, J.; Boyer, P. *Notable American Women 1607-1950: A Bibliographical Dictionary*. London: Oxford University Press, 1971.

Nunberg, H. In Memorian: Ruth Mack Brunswick. *The Psychoanalytic Quarterly*, v. 15, n. 2, p. 141-143, 1946.

Roazen, P. Ruth Mack Brunswick: dependência e vício. *In*: *Freud e seus discípulos*. São Paulo: Cultrix, 1971. p. 466-483.

Ruth Mack Brunswick. *In*: Roudinesco, E. *Dicionário de psicanálise*. Rio de Janeiro: Zahar, 1998. p. 481.

A fase pré-edipiana do desenvolvimento da libido (1940)[1]

Ruth Mack Brunswick

Tradução: Virginia Helena Ferreira da Costa

> *O material aqui publicado é resultado de um trabalho iniciado no verão de 1930 em colaboração com Freud. O ponto de partida foi um caso de ciúme delirante que eu analisei e publiquei previamente e que de maneira inadvertida revelou uma riqueza de informações indubitáveis sobre um período até então desconhecido, anterior ao complexo de Édipo e, em consequência, denominado pré-edipiano. O registro escrito dessa colaboração é um manuscrito que consiste nas minhas notas, datilografadas após discussões com Freud, e nos comentários marginais, ideias e sugestões do próprio Freud.*

Estamos acostumados ao postulado de que as raízes da doença neurótica devem ser encontradas no complexo de Édipo. O homem ou a mulher normais emergiram de sua sexualidade infantil, da qual esse complexo é o ápice, e abandonaram o objeto de amor desse período, enquanto o neurótico permaneceu fixado ao objeto de amor edipiano.

Assim, originalmente, Freud postulou a etiologia das neuroses; mas, em seu trabalho sobre a sexualidade feminina,[2] publicado pela primeira vez em

---

[1] Publicado originalmente em *Psychoanalytic Quarterly*, v. 9, p. 293-319, 1940, sob o título "The Preoedipal Phase of the Libido Developme". Esta tradução foi publicada inicialmente no livro *Ruth Mack Brunswick: escritos reunidos*, publicado em 2023 pela Editora Quina. Agradecemos à editora e à tradutora pela cessão do texto. (N.E.)

[2] Freud, S. Sobre a sexualidade feminina [1931]. *In*: *O mal-estar na civilização, Novas conferências introdutórias à psicanálise e outros textos*. Trad. Paulo César de Souza. São Paulo: Companhia das Letras, 2010. (Obras Completas, v. 18).

1931, ele limita o papel do complexo de Édipo em mulheres e atribui grande importância ao período pré-edipiano[3] na formação de doença neurótica. De fato, no que concerne às mulheres, ele declara ter sido obrigado a retratar a afirmação de que o complexo em questão contém o núcleo das neuroses.

Quando tentamos examinar as origens e os precursores do complexo de Édipo, encontramos entre os analistas uma oposição não muito diferente daquela perpetrada pelo mundo externo ao complexo em si. O uso do termo "sexualidade pré-edipiana" parece despertar certa lealdade a esse complexo, como se sua validade estivesse sendo ameaçada. Evidentemente, tivemos dificuldade suficiente em reconhecer a plena importância do complexo de Édipo: insulto parece acrescentado à injúria, quando somos chamados a ir além dele. A admissão da importância desse complexo constitui, em certo sentido, a principal distinção entre o analista e o mundo externo, que, é claro, sempre relutou em aceitar a sexualidade das crianças, principalmente a sexualidade adulta, genital, tal como se revela no complexo em foco. Uma situação diferente surgiu com a criação de outro grande complexo da infância, o complexo de castração. Sua própria natureza criou outro destino para ele. Este permaneceu desconhecido no geral, exceto por analistas, e, de fato, provou ser o rochedo sobre o qual a adesão de certos analistas à psicanálise se estilhaçou. Não há dúvida de que o complexo de castração é muito mais estranho ao nosso modo consciente de pensamento do que o de Édipo; mas, se somos livres para observá-lo, sua expressão na primeira infância é igualmente direta como a do próprio complexo de Édipo.

A importância do complexo de castração no desenvolvimento, bem como na renúncia ao complexo de Édipo, ficou evidente há muito tempo. No entanto, devemos acrescentar que todas essas concepções são estritamente aplicáveis à criança masculina. Presumia-se que o desenvolvimento da menina não diferia radicalmente daquele do menino, mas, no decorrer da última década, vimos que o desenvolvimento masculino e o feminino, embora muito parecidos, não correm em paralelo em nenhum sentido.

O presente trabalho é uma tentativa preliminar de correlacionar nosso conhecimento dos sexos e descrever esse nível mais antigo de desenvolvimento da libido que se estende desde o nascimento até a formação do complexo de Édipo.

---

[3] Até onde sei, o termo "pré-edipiano" foi empregado pela primeira vez por Freud em 1931 na obra citada, p. 373, e por esta autora em "The Analysis of a Case of Paranoia". *The Journal of Nervous and Mental Disease*, v. LXX, 1929, p. 17

Infelizmente, correlação e precisão exigem a reafirmação de muito do que é conhecido ou até mesmo óbvio. Às vezes, a nova formulação difere da antiga apenas por uma nuance; mas, com frequência, é exatamente essa nuance que é significativa. Por essas razões, peço a indulgência do leitor ao longo de uma repetição frequentemente banal e cansativa de muitos fatos autoevidentes da teoria psicanalítica.

Uma segunda desculpa diz respeito ao caráter aparentemente esquemático deste trabalho. Só no final me aventurei a aplicar a visão teórica aqui adquirida em um ou dois problemas clínicos. Entretanto, não preciso afirmar que as observações clínicas foram as únicas responsáveis pelo que se tornou, em tão breve apresentação, um mero diagrama do desenvolvimento precoce.

Podemos definir nossos termos de uma só vez. Sobre o complexo de Édipo, nós compreendemos não apenas o apego positivo da criança ao progenitor do sexo oposto, como, sobretudo, a situação *triangular*: a criança positivamente ligada a um dos pais e em rivalidade com o outro. A fase pré-edipiana, por outro lado, é para ambos os sexos aquele primeiro período de apego ao primeiro objeto de amor, a mãe, antes do advento do pai como um rival. É o período durante o qual existe uma relação exclusiva entre mãe e filho. Outros indivíduos estão, é claro, presentes no mundo externo, principalmente o pai, que é objeto de afeto e admiração, assim como de aborrecimento quando interfere na dedicação da mãe para com o filho. Mas ele ainda não é um rival, nem o forte vínculo entre mãe e filho foi cindido entre os vários outros indivíduos no ambiente, como está destinado a ser. A única pessoa que compartilha a relação mãe-filho é a babá, e ela se funde ordinariamente, embora não invariavelmente, à figura da mãe.

O exame da fase inicial de apego materno exclusivo está cercado de dificuldades. Em primeiro lugar, esse período é o mais antigo, o mais arcaico e o mais estranho ao nosso modo habitual de pensamento. Segundo, é sobreposto a materiais de outras fases, e, portanto, não é facilmente discernível. Terceiro, é o período com a maior ausência de articulação, de modo que mesmo observações diretas do berçário não são fáceis de serem feitas. E, finalmente, as forças da repressão mutilaram e, muitas vezes, destruíram a ponto de tornar irreconhecível muito sobre essa época que contém as raízes de todo o desenvolvimento posterior.

As complicadas relações cronológicas da fase pré-edipiana, do complexo de Édipo e do complexo de castração variam tanto de acordo com o sexo da criança como individualmente, segundo o tempo e a incidência de traumas, observações infantis da cena primária, a percepção da diferença sexual, o nascimento de outro filho etc. No menino, o apego à mãe pré-edipiana é, aparentemente, de duração muito mais curta do que na menina, diluindo-se muito cedo no complexo de Édipo. Isso é seguido, por sua vez, pelo complexo de castração, com base no qual aquele primeiro complexo é destruído. Isso é diferente na menina. Aqui também o apego pré-edipiano à mãe se desenvolve em algo surpreendentemente parecido com o complexo de Édipo do menino, com a mãe como objeto de amor e o pai como rival.[4] Como vamos ver, o complexo de Édipo ativo da menina também é destruído pela descoberta da castração, embora por razões que diferem radicalmente das do menino. Mas, com base no complexo de castração e nas ruínas desse primitivo complexo de Édipo, desenvolve-se o complexo de Édipo positivo, ou passivo, da menininha, em que o pai é o novo objeto de amor, e a mãe, a rival.

Assim, vemos que a menina percorre um caminho longo e complicado antes de entrar no complexo de Édipo. Com efeito, durante o exame dos fenômenos pré-edipianos, não temos certeza quanto à importância comparativa dos fenômenos pré-edipianos e edipianos no desenvolvimento feminino.

No início de sua vida sexual, a menina é, para todas as intenções e todos os propósitos, um menino. Sua relação com seu primeiro objeto de amor, a mãe, é precisamente aquela do menino, com moções libidinais passivas e ativas igualmente conflitantes. Mas, ao contrário do menino, a menina deve abandonar esse amor e transferi-lo para o pai, um processo difícil, que hoje sabemos ser alcançado em alguns casos apenas parcialmente. Uma vez no complexo de Édipo, a mulher normal tende a permanecer nele; esse complexo na mulher não sofre uma destruição tão generalizada quanto a que se efetiva no homem. Pelo contrário, conserva-se e forma a base normal da vida erótica da mulher. A resistência do complexo de Édipo feminino aos poderes de destruição se explica pelas diferenças na estrutura do supereu masculino e feminino.

É evidente que o desenvolvimento sexual da mulher, em contraste com o do homem, é complicado pelo fato de que ela deve renegar seu primeiro objeto de amor, a mãe, e transferir sua libido para o pai, enquanto o menino, ao passar do estágio pré-edipiano para o edipiano, não faz nenhuma

---

[4] Essa situação é descrita por Jeanne Lampl-de Groot em "Zur Entwicklungsgeschichte des Oedipuskomplexes der Frau" [A evolução do complexo de Édipo nas mulheres]. *Internationale Zeitschrift für Psychoanalyse*, v. XIII, n. 3, p. 269-282, 1927.

mudança de objeto. Mas a mulher não tem apenas dois objetos de amor: ela tem também dois órgãos sexuais, o clitóris e a vagina, ao passo que, de novo, o menino tem apenas um. Um possível paralelo entre o objeto de amor e o órgão sexual será visto mais tarde. Podemos, entretanto, fazer a seguinte afirmação: que, embora a mulher seja obrigada a renegar um objeto sexual em favor de outro e, também, um órgão sexual em favor de outro, o menino depara com a tarefa quase igualmente árdua de mudar não objetos de amor ou órgãos sexuais, mas a própria atitude para com o objeto de amor original, a mãe. Isso quer dizer, originalmente, que o menino passivo é obrigado a desenvolver esse grau completo de atividade em direção à mulher, o que é tomado como símbolo de sua saúde psíquica.

Os fenômenos da fase pré-edipiana devem ser descritos em seus próprios termos, e não nos do complexo de Édipo. Na medida em que a fase pré-edipiana se estende desde o início da vida até a formação desse complexo, é óbvio que a descoberta da diferença sexual ordinariamente se insere em seu escopo, sobretudo no caso da menina, em que a fase pré-edipiana é muito mais extensa. Antes dessa descoberta, a criança faz uma diferenciação pessoal, mas não sexual, entre os indivíduos de seu mundo imediato. Deve ser lembrado que, até por volta dos 3 anos de idade, as zonas pré-genitais superam a genital em importância. Da mesma forma, o menino, julgando os outros a partir de si mesmo, toma por certa a posse universal do pênis, assim como a boca, o ânus etc. A menina que ainda não descobriu a existência do pênis acredita que sua constituição sexual é universal.

Três grandes pares de antíteses existem ao longo de todo o desenvolvimento da libido, misturando-se, sobrepondo-se e combinando-se, nunca coincidindo totalmente e, por fim, substituindo um ao outro. A primeira e a segunda infâncias são caracterizadas pelos dois primeiros, e a adolescência, pelo terceiro. São eles (1) *ativo-passivo*, (2) *fálico-castrado*, (3) *masculino-feminino*. Esquematicamente, mas apenas nesse nível, estes seguem um após o outro, cada um característico de determinado estágio de desenvolvimento. Tentaremos definir cada estágio segundo seus próprios termos, e não apoiados nos termos de uma fase posterior.

O primeiro grande par de antíteses, *ativo-passivo*, rege o início da vida. Que o bebê seja em grande parte passivo é evidente; muitas vezes, ele deve ser ensinado até mesmo a respirar e a mamar. Somos tentados a afirmar que o desenvolvimento consiste, em grande parte, na superação da atividade sobre uma passividade anterior. Restringimo-nos a qualquer generalização semelhante pelo fato de que não apenas não sabemos quase nada sobre a natureza essencial da passividade e da atividade, ou de sua relação entre si, como, além disso, trata-se de uma questão de especulação se a passividade é convertida em atividade, ou se certos esforços de desenvolvimento são especificamente ativos e outros, passivos, e se, no curso de desenvolvimento, os esforços ativos aumentam em número e intensidade e, assim, ocupam mais espaço. O que vemos e o que somos capazes, em alguma medida, de rastrear, pelo menos descritivamente e talvez dinamicamente, é uma atividade em constante crescimento por parte da criança. Ela aprende a sentar em vez de ser segurada; estende a mão para a própria mamadeira em vez de simplesmente recebê-la etc. O que aprendemos é que cada parte da atividade é baseada, em alguma medida, em uma identificação com a mãe ativa, uma identificação que fornece uma forma para a atividade inerente à criança que faz por e para si mesma o que a mãe fez por ela, desempenhando os papéis tanto da mãe como da criança de uma maneira típica da infância. De fato, a criança desempenha o papel da mãe não só consigo mesma, como também com outras crianças, animais e brinquedos e, em última instância e acima de tudo, com a própria mãe.

A fase ativo-passiva é pré-fálica, o que Jones chama de deuterofálica.[5] Como já observei anteriormente, a criança toma como dada a semelhança de sua própria organização sexual com a dos outros, e o genital não é um assunto de maior preocupação do que as outras zonas erógenas, notadamente, nessa idade precoce, a boca. Assim, o sexo da criança é irrelevante; e é de notar que o papel da mãe, nesse momento anterior à diferenciação, não é feminino, e sim ativo.

Uma nova época começa com a descoberta da castração, que estabelece o domínio do segundo par de antíteses, *fálico-castrado*. Isso ainda não coincide com o masculino e o feminino, embora, ao tomar conhecimento da presença ou da ausência do genital exclusivamente fálico, ele se aproxime mais do par final do que do anterior. No entanto, a falta do falo é, de início, considerada individual ou acidental, em nenhum sentido irremediável. Com exceção do clitóris, o órgão genital feminino, incluindo a vagina, ainda é essencialmente

---

[5] Brunswick cita um texto de 1927 de Ernest Jones intitulado "The Early Development of Female Sexuality" [O desenvolvimento inicial da sexualidade feminina], publicado em *International Journal of Psychoanalysis*, v. 8, n. 4, p. 459-472. No artigo, o autor divide a fase fálica em protofálica e deuterofálica. Nessa última, a criança não divide as pessoas em feminino e masculino, mas em castrado e possuidor de pênis. Está vinculada ao narcisismo e a um compromisso neurótico. (N.T.)

desconhecido. Estamos todos familiarizados com as reações da criança à descoberta da castração. Sabemos que o menino não questiona de imediato o sexo da pessoa mais importante de seu ambiente, a mãe. Pelo contrário, ele toma como dado que ela é, ao menos, fálica. Assim, a castração, como um fato irreparável que afeta todas as mulheres, não é prontamente aceita pela criança. Com o reconhecimento final da castração da mãe e a possibilidade da própria castração pelas mãos do pai, o complexo de Édipo do menino é destruído.

Mas, enquanto o homem normal desiste da mãe e se salva da castração, o neurótico se defronta com duas possibilidades: primeiro, reprime, porém falha em desistir de seu amor pela mãe; e, segundo, não raro em combinação com a primeira possibilidade, aceita em fantasia a castração pelo pai, dá a ela um significado libidinal e toma o pai como objeto de amor. Chamamos isso de complexo de Édipo negativo ou passivo.

Gostaria de oferecer uma sugestão feita por Freud em nossas primeiras discussões sobre esses problemas. Os termos complexo de Édipo "ativo" e "passivo" são mais abrangentes e precisos em suas aplicações a ambos os sexos do que os habituais "positivo" e "negativo". De acordo com essa nova terminologia, a sexualidade pré-edipiana da menina se torna seu complexo de Édipo ativo, tendo a mãe como objeto. O passivo tem o pai como objeto. Para o menino, o complexo de Édipo passivo denota o que normalmente chamamos de complexo de Édipo positivo, em que a mãe é o objeto. E o passivo, que costumamos chamar de complexo de Édipo negativo, tem o pai como objeto e é um fenômeno neurótico quando ocorre em qualquer extensão definida. Entretanto, aqui vou manter a terminologia mais antiga por causa da confusão inevitável entre os termos pré-edipiano e edipiano.

O homem no complexo de Édipo passivo se assemelha tão intimamente à mulher em seu apego edipiano ao pai que é como se nossa nova compreensão do desenvolvimento feminino devesse nos ajudar em nosso exame dos problemas do homem neurótico. Freud sugere que a fase pré-edipiana do menino deveria ser exaustivamente investigada com base nessa nova concepção da sexualidade feminina inicial.[6] Este trabalho é uma tentativa nessa direção. Gostaria de acrescentar que foi necessário repetir muito do material contido nos dois artigos de Freud sobre a sexualidade feminina, porque essas descobertas formam o pano de fundo essencial tanto para o

---

[6] Freud, S. Sobre a sexualidade feminina [1931]. *In: Amor, sexualidade, feminilidade.* Tradução Maria Rita Salzano Moraes. Belo Horizonte: Autêntica, 2018. (Obras Incompletas de Sigmund Freud). p. 298.

estudo do desenvolvimento correspondente do menino como para o exame mais aprofundado desses fenômenos na menina.

Voltemo-nos agora para a primeira posição da criança, que é passiva em relação à mãe ativa. O desenvolvimento normal demanda que a atividade supere a passividade. Se a passividade permanece, é abandonada ou convertida, não se sabe. Clinicamente, parece dar lugar à atividade. O grau em que isso ocorre varia muito. O processo é mais vigoroso em meninos do que em meninas, e a quantidade real de atividade sem dúvida é maior. O caráter inicial da criança depende em grande parte das proporções relativas de atividade e passividade.

É evidente que a primeira atividade da criança é, ao menos na forma de sua aparência externa, uma cópia da mãe. Esse é o tipo mais fundamental e primitivo de identificação, dependente, para sua existência, unicamente da substituição da passividade pela atividade e, em consequência, do apego à mãe pela identificação com a mãe, independentemente de qualquer outro vínculo afetivo.

Pode-se afirmar que a incapacidade de uma criança pequena em produzir uma atividade adequada é uma das primeiras anormalidades. A passividade, então, predomina. Mas o que, além dos elementos constitucionais, interfere na produção normal de atividade nessa idade inicial? Observações do berçário provaram ser úteis aqui. Resumidamente, pode-se afirmar que todo ato bem-sucedido de identificação com a mãe torna esta menos necessária para a criança. À medida que ela se torna menos necessária, as restrições e exigências que é obrigada a fazer são cada vez mais ressentidas. A criança que acaba de vencer a difícil tarefa de reviver ativamente o que, até agora, experimentou de maneira passiva – e aqui a compulsão à repetição adquire todo o seu significado – fica particularmente na defensiva em relação a essa recém-adquirida atividade. É uma posição libidinal recém-conquistada que a criança guarda com zelo. Qualquer atividade por parte da mãe é suscetível de ser ressentida. Portanto, a menos que aceite um papel mais ou menos passivo, ela se torna, na melhor das hipóteses, supérflua. A criança reage à sua presença com uma espécie de agressividade primitiva, defensiva, que é um subproduto e uma proteção de sua atividade, bem como a defesa contra sua passividade original, mal superada. A atração de qualquer posição libidinal anterior é profunda; cada etapa do desenvolvimento é duramente conquistada e, portanto, obrigada a ser defendida. A verdadeira agressividade surge de modo inevitável quando a mãe é obrigada a dificultar essa atividade nascente, seja proibindo, seja compelindo a certos atos. É evidente que a agressividade resultante derivada da atividade original é, agora, dirigida especificamente contra a mãe, que, nesse momento, tem autoridade para restringir, proibir e comandar, de acordo com as exigências da situação e em virtude do fato de que, até sua depreciação posterior por causa de sua castração, não é apenas ativa, fálica, mas *onipotente*.

Essa talvez seja a mais simples das várias maneiras como surge a agressividade. Na realidade, temos de lidar com situações muito mais ameaçadoras. Feridas narcísicas precoces por parte da mãe aumentam em muito a hostilidade da criança. Claramente, entre essas feridas, que não tentarei enumerar em detalhes, estão o desmame, o nascimento de um irmão ou irmã, a relação entre o pai e a mãe, a rejeição sexual da criança de ambos os sexos por parte da mãe; e, por fim, a depreciação da mãe como resultado de sua castração. Com base nessas feridas, segue um conflito que exige que a agressividade contra ela seja reprimida. Mas, na medida em que cada nova atividade está associada com a hostilidade reprimida, grande quantidade de atividade normal deve, muitas vezes, ser perdida para garantir o sucesso da repressão. Um indivíduo impedido em seu desenvolvimento em geral regride; quando mais atividade exigida pelo desenvolvimento é bloqueada, ocorre uma regressão mais profunda a um nível ainda anterior, mais passivo. Nós sabemos que o interesse pelo genital e a descoberta da diferença sexual coincidem com um "empurrão" biológico que ocorre por volta do final do terceiro ano de vida, quando o período fálico começa. O despertar orgânico do genital fálico leva ao amplo período de atividade sexual infantil. Os desejos libidinais da criança em relação à mãe, tanto o passivo quanto, especialmente, o ativo, tornam-se intensos. São acompanhados pela masturbação fálica com o clitóris como o órgão executor da menina. O menino parece se livrar com relativa facilidade de seu apego pré-edipiano predominantemente passivo à mãe para o complexo de Édipo normal, caracteristicamente ativo. A fase correspondente na menina, obviamente, ainda é vista como pré-edipiana. Enquanto a libido genital está no auge, a castração da mãe é percebida e, afinal, reconhecida com todas as suas implicações. Sob a ameaça de castração pelo pai, o menino abandona a mãe como seu objeto de amor e volta a sua atividade para a formação do superego suas sublimações, auxiliado, sem dúvida, por uma atitude levemente desdenhosa em relação ao sexo castrado, e pelo fato de que, possuindo ele próprio o falo, tem muito menos necessidade dele em seu objeto de amor do que a menina. Não a castração da mãe, e sim a ameaça contra o próprio pênis do menino resulta na destruição do complexo de Édipo masculino.

Ocorre de outro modo com a menina. Aqui, a castração da mãe significa não apenas a depreciação do objeto de amor e a possibilidade de castração da própria menina, como no caso do menino; a castração da mãe é, antes de tudo, a ruína das esperanças da menina de, alguma vez, adquirir a posse de um pênis. Ela abandona a mãe como objeto de amor com muito mais amargura e peremptoriedade do que o menino. Procura transferir sua libido para o pai, uma transferência assolada por dificuldades decorrentes da tenacidade do apego materno pré-edipiano ativo e passivo. Na menina normal, são essencialmente os esforços passivos que, na identificação com a mãe castrada, são transferidos com sucesso para o pai na fase edipiana, e, na vida adulta, ao marido. Os esforços ativos são sublimados nesse momento e só muito mais tarde encontram seu alcance real na relação da mulher com o próprio filho, na sua identificação final e completa com a mãe ativa.

Aqui, gostaria de chamar a atenção para uma pequena observação clínica. Entre o apego da menina à mãe e o apego ao pai pode, às vezes, ser observado um breve interregno semelhante ao período de latência. Podemos chamá-lo de período de latência pré-edipiana. É uma espécie de suspensão da libido que se desligou da mãe e ainda não encontrou sua conexão com o pai. Deve ser encontrado, ou ao menos observado, especialmente em meninas com um pouco de atraso no desenvolvimento da libido, em quem o apego à mãe persistiu além do tempo normal. Isso precede a nova onda de sexualidade do complexo de Édipo passivo ou positivo.

O par final de antíteses, *masculino-feminino*, vem na puberdade. No menino, o fluxo da libido viril traz consigo, pela primeira vez, o desejo de penetrar a vagina recém-descoberta. É estabelecida uma nova relação com a mulher, que, no entanto, tem suas raízes naqueles restos do complexo de Édipo que não foram destruídos. Estes variam em qualidade e quantidade. Uma quantidade saudável de atividade em relação à mãe nas fases pré-edipiana e edipiana é de valor imensurável para a relação última do homem com a mulher.

Na menina adolescente, a onda de libido passiva, o que significa libido com objetivo passivo incitada pela menstruação e pelo despertar da vagina, é direcionada para o pai em uma intensificação da posição da libido edipiana, que podemos agora chamar de feminina.

Há muita investigação sobre o curso de nossos três pares de antíteses. Voltamos ao nosso ponto de partida na tentativa de examinar aquele fenômeno principal do período pré-edipiano, a relação exclusiva mãe-filho. A relação da criança com a mãe é, obviamente, o fundamento de sua vida psíquica, a base e o protótipo de todas as relações amorosas posteriores.

Podemos examiná-la sob dois pontos de vista: primeiro, em relação às zonas envolvidas: oral, anal e genital; e, segundo, a partir daquele outro ângulo do desenvolvimento da libido que estávamos considerando: primeiro e principalmente, nesse momento inicial, do ponto de vista ativo-passivo e, mais tarde, do fálico-castrado.

Gostaria de considerar, aqui, o conceito de mãe fálica, um conceito que nos é familiar com base nas fantasias de neuróticos, psicóticos e crianças, normais e anormais. Enquanto tanto a mãe ativa como a castrada existem na realidade, a mãe fálica é pura fantasia, hipótese infantil elaborada [*elaborated*] após a descoberta do pênis e da possibilidade de sua perda ou ausência na mulher. É uma hipótese criada para garantir a posse do pênis pela mãe e, como tal, surge provavelmente quando a criança fica insegura de que a mãe de fato o possua. Antes, na fase ativo-passiva, parece mais do que provável que o órgão executor da mãe ativa seja o seio; a ideia do pênis é, então, projetada de volta à mãe ativa depois de reconhecida a importância do falo. Assim, é uma fantasia de natureza regressiva, compensatória. Continuaremos a usar o termo "mãe fálica", primeiro pelo predomínio da ideia nas neuroses e psicoses, e, segundo, porque, se a ideia é primária ou regressiva, o termo é aquele que melhor designa a mãe todo-poderosa, a mãe que é capaz de tudo e que possui todos os atributos valiosos.

Nessa tenra idade, o único contato possível com a criança é o físico; portanto, provavelmente nada se iguala em importância ao cuidado físico do bebê pela mãe ou babá. Toda a vida psíquica infantil corre paralelamente a esse cuidado. O papel da criança é sobretudo passivo, tornando-se ativo apenas em resposta direta a certos estímulos. O corpo como um todo, com as zonas erógenas em particular, incluindo a pele, que desempenha um papel tão importante nesse momento, deve necessariamente ser limpo e tratado. Sabemos que o cuidado físico bem administrado é fonte de intenso prazer para o bebê e, igualmente, que o manuseio brusco ou inesperado tem efeito traumático. Parece que o primeiro apego à mãe, de natureza passiva, deriva sua força e sua tenacidade, em grande parte, de seus cuidados físicos e, claro, acima de tudo, da alimentação da criança pela mãe. Não há dúvida sobre a natureza sexual da resposta da criança. Somente pelo fato de, nessa idade tão precoce, o genital desempenhar um papel tão reduzido é que a relação mãe-filho se mostra inocente; dessa forma, também, a natureza do amor infantil é sem finalidade e difusa, parecendo "inofensiva". O prazer é obtido por inúmeras fontes; o apetite da criança por ele é aleatório e sem um objetivo específico, talvez uma razão pela qual esse apetite permaneça insaciado.

Dissemos que o desenvolvimento traz consigo uma atividade crescente; assim, podemos esperar descobrir, como de fato é o caso, que a criança tenta repetir de maneira ativa cada detalhe do cuidado físico que experimentou passivamente. Também aqui sou obrigada a omitir exemplos concretos, com uma exceção importante: a mãe, durante o banho e os cuidados com a criança, é obrigada a tocar seus órgãos genitais. Uma nova parcela de atividade aparece quando a criança, em vez de permitir que seus genitais sejam tocados pela mãe e experimentar sensações prazerosas resultantes dessa experiência passiva, toca os próprios genitais não para lavá-los, e sim puramente por causa daquelas sensações prazerosas às quais se familiarizou em decorrência dos cuidados da mãe. Aqui temos a primeira base de fato para a masturbação infantil, a primeira experiência da qual essa masturbação é a repetição voluntária. A fantasia fálica mais antiga da criança é, sem dúvida, aquela de representar o papel da mãe em relação a si mesma, tocando seus órgãos genitais e provocando, com isso, as mesmas sensações prazerosas originariamente incitadas pela mãe. Logo, o cuidado físico da mãe com os órgãos genitais constitui uma verdadeira sedução e é encarado pela criança desse modo. A culpa incorrida pela mãe é duplicada quando, mais tarde, ela proíbe o que ela mesma provocou: a masturbação fálica. Observações de crianças pequenas, bem como de certo tipo primitivo de adulto no decorrer da análise, tornam provável que o objetivo genital passivo persista muito tempo depois que o papel da mãe foi amplamente assumido pela criança. Apesar de grande exibição de atividade, a criança no início da fase fálica ainda deseja principalmente que seus órgãos genitais sejam tocados pela mãe.

Quando é feita a afirmação de que o cuidado físico da criança pela mãe constitui a base real para a masturbação infantil, o significado da cena primária como o estímulo sexual que frequentemente inicia a masturbação não é, de modo algum, diminuído ou desconsiderado. O ponto é que o cuidado físico da mãe fornece o padrão segundo o qual a criança pode, então, reagir ao estímulo da cena primária.

É mais fácil discernir a fase fálica do que a fase oral e a anal. A verdadeira fase oral é atravessada enquanto o bebê ainda é muito inarticulado para nos fornecer material suficiente. A fase anal, que se inicia por volta dos 2 anos de idade, é mais expressiva. Aqui, inicia-se o *dar* em contraste com o *receber* anterior e mais passivo. É evidente que o dar ativo está presente, em certa medida, desde o primeiro dia de vida, como manifestado pela defecação ou pela micção espontâneas. Na fase fálica, a atitude ativa assume o comando. Na regressão, que geralmente se segue da aceitação da castração da mulher no final da fase fálica, é possível observar com nitidez ambas as fases, oral e anal, em razão da nossa maior semelhança com uma criança mais velha, bem como da sua própria articulação progressiva.

Dissemos que o cuidado físico da criança fornece a base para a masturbação infantil, com suas fantasias orais, anais e fálicas, e seus papéis passivos e ativos intercambiáveis. Mas, como também foi posto, há outra coisa com a qual estamos acostumados a associar a masturbação infantil, e essa coisa é a cena primária. Enquanto se prolongar a relação mãe-filho exclusiva, as relações entre os pais serão de menor interesse para a criança. Mas, no momento em que se forma o complexo de Édipo ativo do menino ou da menina, as relações entre os pais se tornam objeto de interesse intenso e ciumento. Sabemos que a criança aproveita todas as oportunidades para observar a vida sexual dos pais e que, na ausência dessa oportunidade, ela encontra algum substituto, mesmo que apenas na fantasia. Sempre nos perguntamos como a criança é capaz de compreender as relações sexuais dos pais. A resposta pode ser encontrada na relação física inicial da criança com a mãe.

Com frequência observamos que a criança não apenas se identifica com o pai rival em seu amor pela mãe; ela também identifica o pai consigo mesma. O que o pai faz com a mãe? A resposta da criança é que ele, sem dúvida, performa aqueles atos que têm sido fonte de intenso prazer para a própria criança: na fantasia oral, por exemplo, a mãe amamenta o pai. Agora, embora a amamentação seja, em parte, ativa, sendo todo o ato humano misto, ela é, no entanto, originalmente e em grande parte, passiva, decerto porque ocorre em uma época da vida em que a criança é predominantemente passiva. Devemos nos lembrar de que ainda não há diferença sexual entre os pais. Assim, na fantasia da relação oral entre eles, o papel do pai é, em parte, passivo. Um papel passivo do pai soa contraditório a ponto de ser absurdo. Mas deve-se ter em mente a capacidade da criança de projetar os próprios desejos sobre os outros, bem como o fato de ativo e passivo, nesse momento, não estarem associados à distinção sexual, na medida em que ela ainda não existe. A contrapartida da fantasia passiva de ser amamentado é a fantasia oral ativa de amamentar. Aqui a mãe é amamentada pela criança, ou pelo pai.[7] Nunca se deve perder de vista que toda fantasia passiva adquire sua contrapartida ativa, e que esse jogo de troca de papéis é

---

[7] Para evitar uma confusão indevida por parte do leitor, devemos nos lembrar de que amamentar [*to suckle*] é sempre um verbo transitivo, embora seja frequentemente empregado no sentido oposto, resultando em uma confusão típica dessa fase inicial.

uma das principais características da infância. Lembro-me de uma paciente particularmente infantil cuja única fantasia masturbatória consciente era amamentar sua boneca. Sob essa fantasia manifesta, na qual o papel da mãe é dominante, encontrava-se a fantasia de mamar no seio materno.

Sabemos da importância do treinamento esfincteriano da criança e da facilidade com que isso pode se tornar traumático. Falamos do nível de desenvolvimento sádico-anal e notamos que o despertar da zona anal corresponde pontualmente à produção de impulsos agressivos intensos em um indivíduo que, a essa altura, já se tornou mais capaz de expressão do que o era durante a fase oral. No berçário pode-se observar que, durante o período anal, qualquer estimulação da zona anal (ou, no curso de uma análise adulta, qualquer estimulação dos mecanismos ou materiais anais) pode causar uma violenta explosão de raiva. Existe uma conexão etiológica entre a estimulação anal e a produção de raiva. Os enemas tão frequentes na infância têm toda a aparência de um estupro; a criança reage com uma explosão de raiva tempestuosa, embora desamparada, que só pode ser comparada ao orgasmo. A raiva parece ser a verdadeira expressão motora do erotismo anal, o orgasmo anal equivalente ao orgasmo genital.[8]

Na fase fálica, o desejo passivo original da criança é o de ser masturbado pela mãe. Ele também é atribuído pela criança ao pai, de acordo com o mecanismo descrito na fantasia da amamentação. No momento em que o desejo ativo de tocar o genital da mãe é formado, influências inibidoras e proibições em geral se tornam suficientemente fortes para limitar a criança – com efeito, apesar de não na fantasia, e nem sempre de fato – ao desejo de ver o genital da mãe. Como consequência, o conceito de coito mais comum ou equivalente da fase fálica, na qual a vagina ainda é desconhecida e a necessidade de penetração ainda não foi formada, é o toque mútuo dos órgãos genitais. Isso é, realmente, o que as crianças costumam fazer quando tentam imitar o coito dos pais.

Assim, vemos que, a despeito de o coito parental ser incorporado à vida fantasiosa edipiana da criança e à sua masturbação, a compreensão e o interesse que a criança traz para o coito parental se baseiam nas próprias experiências físicas pré-edipianas vividas com a mãe e seus desejos resultantes. O fator biológico, obviamente, supera todos os outros; os animais são

---

[8] Freud, S. Sobre a sexualidade feminina [1931]. *In: O mal-estar na civilização, Novas conferências introdutórias à psicanálise e outros textos*. Trad. Paulo César de Souza. São Paulo: Companhia das Letras, 2010. (Obras Completas, v. 18). p. 390.

capazes de performar o ato sexual sem nenhum processo de aprendizado aparente. Sem dúvida, na puberdade entram em ação forças que permitem ao indivíduo ter relações sexuais independentemente de suas observações ou experiências anteriores. O que sempre nos surpreende não é a capacidade do adolescente no que se refere às relações sexuais, e sim a espantosa compreensão que a criança de 3 ou 4 anos demonstra das relações sexuais dos pais. Essa compreensão se torna menos misteriosa se considerarmos não apenas o conhecimento herdado e instintivo, como também as experiências físicas reais nas mãos da mãe ou da babá.

Gostaria agora de descrever cronologicamente, e em relação entre si, os dois grandes desejos da infância: o desejo de um bebê e o desejo de um pênis. O desejo original, assexuado e "inofensivo" de um bebê surge muito cedo; baseia-se inteiramente na identificação primitiva da criança de ambos os sexos com a mãe ativa e, na ausência de uma verdadeira relação objetal com a mãe, não é nem passivo nem ativo. A criança quer tudo o que a mãe onipotente e possuidora tem, a fim de fazer tudo o que a mãe faz; e uma mãe é, acima de tudo, a possuidora de um bebê. Na fase anal, com seu novo conceito de dar e receber e de aumentar a relação objetal com a mãe, o desejo de um bebê adquire uma segunda raiz: tanto o menino como a menina desejam, então, ter um bebê da mãe. Esse desejo originalmente passivo, como qualquer outro, adquire uma forma ativa: o desejo de presentear a mãe com um bebê. O menino desiste do desejo passivo de ter um bebê quando sua atividade predomina. À medida que seu complexo de Édipo se desenvolve, uma identificação com o pai substitui a identificação anterior com a mãe ativa. A menina, por outro lado, renega seu desejo ativo de ter um bebê ao aceitar a própria castração e a consequente incapacidade de engravidar a mãe; o desejo passivo, no entanto, é retido e é normalmente transferido da mãe para o pai, quando, como sabemos, assume maior importância. A normalidade exige que o menino renegue seu desejo passivo de ter um filho, e a menina, seu desejo ativo.

Provisoriamente, podemos afirmar que existem três tipos de atividade infantil. O primeiro tipo familiar é a atividade da mãe provedora, vista na primeira identificação da criança com a mãe. O segundo tipo, também familiar e muito posterior, surge da identificação com o pai edipiano. A menina é incapaz de atingir plenamente esse tipo, por mais que tente. (Essas tentativas e esses fracassos são mais conhecidos por nós pelas relações homossexuais das mulheres e sua rivalidade com os homens.) O menino com inadequações temporárias de desenvolvimento, em vez de inadequações anatômicas irremediáveis, e, portanto, de posse de uma identificação com o pai plenamente potencial, alcança, de fato, um papel de pai adequado em relação à mãe, que ele abandona apenas sob a ameaça edipiana de castração pelo pai.

Mas existe um terceiro tipo de atividade não familiar na criança de ambos os sexos, aparentemente inerente ao indivíduo e independente dos mecanismos de identificação. Nossa ignorância em relação à natureza da atividade torna difícil a descrição, e somos obrigados a recorrer à analogia. O jovem pajem em uma ópera, um papel quase sempre representado por mulheres, personifica esse tipo de atividade e é característico da criança não castrada, ou melhor, sexualmente indiferenciada. Recentemente, uma paciente mulher com forte apego à mãe comentou: "Não é que eu queira ser homem. Acho que o que eu realmente quero ser é um menino". A fantasia de infância favorita dessa menina era ser um pajem da realeza.

A atividade necessária para a identificação com o pai, sem dúvida, utiliza todas as formas preexistentes e, então, acrescenta o carimbo final da masculinidade. Esse tipo de atividade final e abrangente nunca é totalmente alcançado pela menina.

O desejo ativo por um pênis na menina surge com a observação da diferença entre os sexos e a determinação de ter o que o menino tem. Essa base original é narcísica. Uma raiz objetal se forma quando a menina percebe que, sem o pênis, não consegue conquistar a mãe. Em geral, a renúncia ao desejo ativo do pênis e ao apego à mãe é coincidente. Ao contrário de nossas ideias anteriores, o desejo do pênis não é trocado pelo desejo do bebê, que, como vimos, de fato o precede há muito tempo. No curso do desenvolvimento normal, o impossível é abandonado, e o possível é retido. A menina concentra sua energia no desejo permissível e legítimo de ter um bebê. O desejo ativo do pênis, o desejo da posse plena e permanente de um pênis, dá lugar ao desejo passivo, o desejo de recebê-lo do homem no coito. A partir disso, como a menina sabe, ela receberá uma criança. Assim, os dois desejos por fim se unem. Originalmente narcísicos, ambos os desejos, em seguida, encontram raízes transitórias na relação com a mãe antes de, afinal, ligarem-se permanentemente ao pai.

Examinemos, agora, a masturbação fálica da menina, tão menos familiar para nós do que a do menino. É um fato surpreendente que muitas mulheres adultas não estejam familiarizadas com a masturbação e com o orgasmo. Talvez não seja correto chamá-las de frígidas; elas são responsivas ao coito, e seu prazer, embora difícil de descrever, é inegável. Porém, ele é mais difuso do que específico e carece da curva alta e acentuada, típica do verdadeiro orgasmo.

Sabemos que o clitóris é o órgão executor da sexualidade infantil da menina. Sabemos também que o primeiro objeto dessa sexualidade é a mãe. Uma das maiores diferenças entre os sexos é a enorme extensão em que a sexualidade infantil é reprimida na menina. Exceto em estados neuróticos profundos, nenhum homem recorre a nenhuma repressão semelhante de sua sexualidade infantil. A repressão da menina não raro resulta em grave limitação de toda a sua sexualidade, com lesão psíquica permanente. Freud explicou a aversão feminina pela masturbação com base no trauma da castração: todo ato de masturbação revela novamente à menina o fato físico de sua própria castração. As meninas parecem abandonar o uso das mãos na masturbação mais cedo e com mais frequência do que os meninos, não obstante o mesmo fenômeno seja, claro, encontrado em meninos. A masturbação é, então, realizada pela pressão das coxas. O uso das mãos revela com muita precisão tátil a natureza real do genital da menina e, em razão disso, é descartado.

Sem dúvida, a castração é a base narcísica para a repressão da masturbação nas mulheres. Mas há outro motivo. Vimos que a renúncia ao primeiro objeto de amor da menina é acompanhada de tremenda amargura. Enquanto o menino adquire o que viemos a considerar o desprezo masculino normal pelas mulheres, a menina, incapaz de senti-lo por causa de sua própria natureza idêntica, liberta-se da mãe com um grau de hostilidade muito maior do que qualquer hostilidade comparável no menino. A mãe e a masturbação fálica da menina estão tão intimamente ligadas que parece razoável acreditar que a perda de uma esteja, de alguma forma, ligada à perda da outra. Embora o clitóris seja sem dúvida usado durante o complexo de Édipo positivo, uma vez que a criança é obrigada a utilizar todos os meios que possui, não deixa de ser verdade que o original e, pode-se dizer, mais apropriado objeto da atividade do clitóris é a mãe. Portanto, ainda que a menina, mais tarde, use seu clitóris na masturbação com fantasias edipianas passivas, seu papel original foi perdido, em outras palavras, reprimido junto ao objeto original. Todos nós conhecemos aqueles casos difíceis em que a masturbação foi reprimida com tanto vigor, e em uma idade tão precoce, que sua retomada no curso da análise parece quase impossível. Essas mulheres podem, entretanto, apresentar forte fixação paterna, expressa em diversas fantasias edipianas que, contudo, não são acompanhadas por nenhuma atividade física masturbatória. Lembro-me de um caso especialmente instrutivo de uma mulher com forte apego ao pai e nenhuma masturbação física verificável. Sua análise mostrou que ela era profundamente apegada a uma babá que havia sido demitida quando a paciente tinha 2 anos de idade. A paciente logo transferiu seu amor pela babá para o pai, a quem se apegou em excesso. Mas a masturbação, tão profundamente reprimida aos 2 anos de idade, só foi retomada ao final de uma extensa e bem-sucedida análise, durante a qual ficou claro que sua repressão coincidia precisamente com a repressão do apego à mãe, ou, nesse caso, a substituta da mãe.

A vagina, como sabemos, deriva sua sensibilidade principalmente do clitóris e, em seguida, do ânus. Tornou-se uma questão se, como já afirmado, a vagina é sempre, ou mesmo geralmente, um "órgão silencioso" até a adolescência. Parece provável que exista com frequência uma sensibilidade vaginal precoce de origem anal. Um grau acentuado de sensibilidade anal parece favorecer o desenvolvimento de sensações vaginais precoces, provavelmente porque o ânus, como a vagina, é um órgão receptivo e, como tal, transfere sua sensibilidade passiva para a vagina muito mais prontamente do que o clitóris ativo. Desnecessário dizer que, mesmo quando existe sensibilidade vaginal, seu papel é decididamente menor e secundário em relação ao do clitóris, enquanto órgão da sexualidade infantil. Uma correlação entre os períodos de sensibilidade do clitóris e vaginal e a idade da menina quando ela abandona a mãe e se liga ao pai deve lançar uma luz valiosa sobre a relação entre a natureza do órgão sexual e seu objeto de amor.

Como sabemos, nem toda menina abandona a masturbação junto a seu apego à mãe. As razões para a continuação da masturbação são múltiplas e não precisam ser abordadas aqui. Mas é importante notar que a repressão da masturbação nas meninas costuma coincidir com o abandono da mãe como objeto de amor. Ao nos lembrarmos de como é difícil penetrar nas repressões que cercam o primeiro objeto de amor da menina, chegamos a uma pista na busca, igualmente difícil, pela sexualidade perdida de algumas mulheres.

Sabemos que a relação exclusiva mãe-criança está fadada à extinção. Muitos fatores militam contra ela, o mais poderoso talvez seja sua natureza primitiva e arcaica. A ambivalência e a passividade caracterizam toda relação primitiva e acabam por destruí-la. A hostilidade e a rebelião prevalecem quando a atração passiva é muito forte, ou quando fatores externos dificultam a atividade desejada.

A atitude edipiana do menino nos fornece com frequência uma visão de sua atitude pré-edipiana. Um complexo de Édipo demasiadamente forte e persistente, combinado com uma dificuldade excepcional em abandoná-lo, mesmo sob risco de castração pelo pai, quase sempre significa a existência de obstáculos na produção da atividade edipiana normal. Ou houve muita agressividade contra a mãe, por qualquer uma das razões que conhecemos, ou, por razões desconhecidas, o vínculo passivo foi muito forte. Nesses casos, o menino se apega obstinadamente à sua relação edipiana ativa, alcançada com tanta dificuldade. O quadro clínico é de uma profunda fixação materna no nível edipiano, mas um estudo mais detalhado revela que grande parte da fixação é passiva em vez de ativa, e pré-edipiana em vez de edipiana.

Já investigamos o destino da relação da menina com a mãe e vimos que as frustrações do período pré-edipiano fornecem a base para o ciúme e o antagonismo manifestados pela menina no complexo de Édipo normal. Além do fato de esses primeiros níveis de desenvolvimento estarem mais ameaçados de mudança, repressão e extinção, existem determinados rancores que a criança nutre pela mãe que em geral são o resultado de eventos externos traumáticos. Em nossa consideração sobre as causas da agressividade contra a mãe, esses rancores já foram mencionados. Porém, além de serem fonte inicial de agressividade contra a mãe, eles desempenham um papel adicional na dissolução final do apego materno.

O desmame é, sem dúvida, a primeira grande interferência na relação entre mãe e criança. Provavelmente é verdade que não importa quão cedo ocorra o desmame, o bebê reage emocionalmente não apenas à perda da comida, que pode ser compensada de outras maneiras, como também à perda do próprio seio. A decepção com a mãe nesse período inicial estabelece uma fragilidade latente na relação, uma fragilidade que os traumas posteriores reativam sucessivamente.

Sabemos que uma gravidez subsequente altera tanto o leite da mãe que o desmame se torna necessário. Mais tarde, o nascimento de um irmão ou uma irmã ocupa ainda mais a mãe, que, pelo menos na fantasia, era até então uma possessão exclusiva da criança. O ciúme e a hostilidade, de início dirigidos ao irmão ou à irmã recém-nascidos, são mais tarde voltados à mãe, que é obviamente responsável pela presença do intruso. O papel do pai começa a ser percebido e relacionado ao nascimento do irmão ou da irmã mais novos. A competição com o pai mostra-se inútil para a criança de ambos os sexos; assim, sua rejeição sexual pela mãe é inevitável.

Devemos nos lembrar de que a mãe, que, por meio de seus cuidados físicos com a criança, estimulou ou até mesmo iniciou sua atividade fálica, agora tenta proibir a masturbação infantil que ela mesma provocou e da qual é o objeto. Todos nós conhecemos as reações mais ou menos traumáticas da criança a qualquer tentativa da parte da mãe de suprimir a masturbação, acompanhada ou não pelas habituais ameaças de castração. Quase invariavelmente é a mãe que expressa a ameaça de castração; mas, apesar desse fato prático, é o pai que, por alguma necessidade biológica, torna-se o castrador do menino, enquanto a mãe retém esse poder sobre a menina. A castração da menina pelo pai parece, como tantas outras coisas, apenas uma segunda edição da castração original pela mãe.

A reação hostil da criança à ameaça de castração é bem conhecida. Há, contudo, outra reação devida, sem dúvida, ao próprio medo culpado da criança quanto aos perigos da masturbação. Temendo a masturbação, mas incapaz de abandoná-la, a criança faz um pacto tácito com a mãe ou babá proibidora. Essas são as crianças que não conseguem dormir a menos que a mãe esteja com elas, cuja vida se torna miserável com o dia de folga da babá. Elas se apegam à mãe ou à babá na esperança de que, dessa forma, as apavorantes consequências da masturbação sejam evitadas. Rebelam-se por serem proibidas de se masturbar, porém são gratas pela ajuda dada na luta contra a masturbação. É óbvio, nesses casos, que a renúncia à masturbação a pedido da mãe resultou em um grau indevido de dependência regressiva e passiva da mãe.

Mas a mãe não apenas rejeita e negligencia a criança, proibindo sua masturbação. Seu crime máximo é a sua depreciação como objeto de amor em decorrência de sua castração. A essa castração o menino normal reage com um grau de desprezo que, modificado, persiste ao longo de sua atitude posterior em relação às mulheres.

Já vimos que a menina reage de forma muito mais traumática do que o menino à castração da mãe. Por um lado, a mãe falhou em fornecer a ela um órgão genital adequado; por outro, a menina é obrigada a admitir que essa omissão se deve, sem dúvida, à falta de pênis da própria mãe. Esta, tornada responsável pela inadequação sexual, simultaneamente deixa de ser objeto de amor por causa de sua inferioridade. Quando a menina se reconcilia, em maior ou menor grau, com a própria falta do pênis, ela decide tomar como objeto de amor um indivíduo cuja posse do pênis é garantida e por cujo amor pode até valer a pena se submeter, ou, na verdade, aceitar a castração. A castração pelo pai adquire um valor libidinal, e uma virtude é criada como resultado de uma necessidade. Aqui, a menina se identifica com a mãe castrada; e esse é, de fato, o seu papel ao longo do complexo de Édipo passivo.

É impossível rastrear a influência da fase pré-edipiana no desenvolvimento posterior sem uma descrição completa e detalhada de toda a sexualidade infantil. Vamos, portanto, considerar brevemente um ou dois quadros clínicos nos quais as influências pré-edipianas são particularmente marcantes.

A primeira paciente em quem a sexualidade pré-edipiana se revelou de modo inequívoco foi a mulher paranoica a quem já me referi várias vezes. O aspecto notável desse caso é a ausência total do complexo de Édipo normal. A sedução traumática fixou tanto a paciente em seu primeiro objeto de amor homossexual que todo desenvolvimento posterior foi bloqueado. A pobreza do crescimento psíquico produziu um indivíduo simples e infantil, no qual se destacavam as atitudes e os mecanismos pré-edipianos, em geral ofuscados pelas complicações do complexo de Édipo. Julguei esse caso extremamente raro, sua existência sendo dependente de sua natureza incomum e das circunstâncias do trauma.

Mas a perspicácia obtida nessa análise e aplicada a outros pacientes demonstrou que a diferença era apenas de grau. Além disso, nenhum trauma particular, como a sedução, é essencial para a produção desse quadro clínico, que, em vez de ser excepcional, provou-se extraordinariamente comum. A mulher subdesenvolvida e primitiva, com escassa heterossexualidade e um apego infantil e inquestionável à mãe, apresenta-se quase regularmente a uma mulher analista. Esse tipo de indivíduo não consulta um analista homem por total falta de contato com homens. O grau em que uma mulher é bem-sucedida em abandonar seu primeiro objeto de amor e concentrar sua libido no pai determina toda a sua vida posterior. Entre o apego exclusivo à mãe, por um lado, e a transferência completa da libido para o pai, por outro, encontram-se as inúmeras gradações de desenvolvimento normal e anormal. Quase se poderia dizer que o sucesso parcial é mais a regra do que a exceção, tão grande é a proporção de mulheres cuja libido permaneceu fixada na mãe.

A fase pré-edipiana do homem, apesar de sua relativa brevidade, talvez seja menos dramática do que a da mulher, mas é igualmente abrangente. Isso resulta no que passamos a considerar a neurose típica do homem: seu apego passivo ao pai no chamado complexo de Édipo negativo. Nesta apresentação, sou obrigada a limitar-me àquelas observações que me levaram a acreditar que a atitude submissa do homem relativamente ao pai tem origem na fase pré-edipiana. A consideração de outros fatores etiológicos importantes, como o masoquismo, é necessariamente omitida.

Vimos como a menina, em seu apego pré-edipiano ativo à mãe, assemelha-se ao menino em seu complexo de Édipo ativo. O menino no complexo de Édipo negativo ou passivo se assemelha muito à menina em sua relação edipiana passiva e positiva com o pai. Incapaz de alcançar a plena atividade do homem na identificação com o pai, a menina retorna à sua identificação com a mãe ativa. Sob a influência da castração, ela transfere sua passividade da mãe para o pai. Todavia, o menino também pode encontrar obstáculos em sua identificação com o pai edipiano. O primeiro deles é a presença do que eu gostaria de chamar de "passividade nuclear" da criança, aquela passividade original de ampla variação constitucional com a qual ela nasce no mundo. De alguma forma, seja como resultado de forte tendência à regressão, seja pela presença de um ponto desconhecido de fixação no nível pré-edipiano, isto é, por alguma incapacidade constitucional de superar a inércia primária, o desenvolvimento da atividade é prejudicado. Um entrave adicional é a agressividade indevida em relação à mãe. As causas externas da hostilidade são múltiplas, mas, além disso, certos seres humanos provavelmente apresentam, real ou potencialmente, um número maior do que o normal de impulsos agressivos. Quando a atividade é, assim, comprometida em sua origem, parece altamente provável que traços desse comprometimento, como aquelas evidências somáticas de dano ao próprio plasma germinativo, tornem-se evidentes em algum momento no curso do desenvolvimento posterior.

Durante o complexo de Édipo ativo do menino, a agressividade em relação à mãe pode se manifestar como amor sádico. Mas uma hostilidade fundamental interfere seriamente na formação completa do amor edipiano normal, e a ambivalência persistente enfraquece ainda mais a relação. Esses indivíduos são sensíveis a traumas, e a rejeição edipiana e o desapontamento com frequência resultam em uma regressão ao apego materno anterior, que, como sabemos, pertence ao nível ativo-passivo, e não ao nível fálico-castrado. Essa regressão possibilita ao menino neurótico evitar todo o tema da castração. A incapacidade de aceitar a castração da mãe é, em si, uma causa comum de regressão. Nessas circunstâncias, apenas indivíduos fálicos são aceitáveis como objetos de amor. Nesse quadro clínico de homossexualidade masculina manifesta, a influência da fase pré-edipiana é inequívoca.

No entanto, o principal tipo neurótico que resulta da fixação pré-edipiana é o do homem com um complexo de Édipo passivo. Sob o estresse da castração materna, o menino se identificou com a mãe e tomou o pai como seu objeto de amor. Descrevemos a maneira como a menina transfere sua passividade da mãe para o pai e vimos que o menino neurótico segue um curso semelhante. Mas o menino que, em virtude da castração da mãe, transferiu sua passividade da mãe para o pai não ganhou com a troca.

Sua posse do falo é ainda mais ameaçada por seu amor pelo pai. Os vários métodos para resolver esse dilema se refletem nas diversas manifestações clínicas das neuroses. Uma psicose paranoica pode ocorrer quando o amor do pai é tão forte que se torna intolerável. Às vezes, por outro lado, o indivíduo é bem-sucedido em transferir sua passividade do pai de volta para seu objeto original, a mãe, evitando, assim, a esfera paranoica do pai. Nesses casos, decorre uma neurose caracterizada, ao longo da vida, por uma oscilação como que pendular de um dos pais para o outro. Quando esses indivíduos conseguem se ligar de forma mais ou menos permanente à mãe, tem-se a chamada "fixação materna". Sempre se pensou que esses indivíduos não poderiam abandonar o seu objeto edipiano. Mas um exame mais atento revela que a mãe que não pode ser abandonada é a mãe fálica, e que a relação é dominada não pelo usual amor edipiano ativo, e sim por um apego que é, em grande parte, pré-edipiano e passivo. Diante da natureza primitiva desse apego passivo e tenaz à mãe, decorre uma relação intensamente ambivalente entre o homem e sua mãe substituta. Toda a sua masculinidade se ressente e se rebela contra a sua passividade e a sua dependência da mãe fálica. Aqui é evidente que a persistência da passividade pré-edipiana levou a uma malformação do complexo de Édipo e desempenhou um papel importante talvez na gênese e certamente na manutenção do amor passivo do homem por seu pai.

Embora eu esteja inclinada a acreditar que a passividade não resolvida e não assimilada seja amplamente responsável por essas anormalidades do desenvolvimento, existe também uma atividade primitiva cuja natureza e cujo possível papel patogênico ainda não foram estudados.

É axiomático que as dificuldades de investigação e as hesitações de nossos achados variam inversamente em relação à idade da criança sob investigação. Esse axioma é o meu pretexto para a natureza fragmentária deste trabalho.

Anexo

**Presença feminina nas
reuniões das quartas-feiras (1906-1918)**

Ata	Participante
00 – 105	Não há registro de participação feminina
106, 107, 109-122, 125, 126,130-134, 136-140, 144	Hilferding
123	Mrs. Oppenheim, Hilferding
124	Mrs. Oppenheim
146	Hilferding
147	Sabina Spielrein
148, 149, 150, 154, 155, 163, 164, 165, 168, 169	Sabina Spielrein
151, 153	Mrs. Stegmann, Sabina Spielrein
152	Mrs. Stegmann, Sabina Spielrein
159, 160, 161	Tatiana Rosenthal, Sabina Spielrein
162	Sra. Sachs, Dra Jokl, Sabina Spielrein
166	Sra. Sachs, Sabina Spielrein
167	Sabina Spielrein
176, 177, 180, 182, 183, 187, 190, 191-194, 196	Lou Andreas Salomé
185	Lou Andreas-Salomé, Sra. Weisse, Sra. Jones
186	Lou Andreas-Salomé, Sra. Sachs
195	Sra. Jones, Lou Andreas-Salomé, Sra. Sachs
202	Sra. Sachs, Sra. Sperber
205, 206, 207, 210	Hellmuth
208	Hellmuth
209	Sra. Zollschau, Hellmuth
211	Sra. Meisels, Sra. Meitner, Sra. Alexander (Roth), Sra. Zimmermann, Hellmuth

213, 215-226, 235, 237, 241, 245, 23 de fevereiro de 1916, 15 de março de 1916, 05 de abril de 1916	Hellmuth
227	Sra. Bloch
228, 230, 232, 233, 238, 239, 240, 244, 247	Hellmuth, Sokolnicka
229	Hellmuth, Sokolnicka, Loë Kann (Srta. Jones)
231, 242, 243	Sokolnicka
234	Hellmuth, Sokolnicka, Srta. Emden
236	Hellmuth, Sokolnicka, Srta. Reik
249	Hellmuth, Srta. Judith Bernays
05 de janeiro de 1916	Hellmuth, Dra. Nunberg, Sokolnicka
19 de janeiro de 1916, 07 de junho de 1916, 13 de dezembro de 1916, 10 de janeiro de 1917,	Hellmuth, Dra. Schmiedl
08 de novembro de 1916	Hellmuth, Dra. Schmiedl, Sokolnicka
07 de fevereiro de 1917	Dra. Federn, Dra. Reik
07 de março de 1917	Hellmuth, Dra. Schmiedl, Dra. Federn, Dra. Reik, Dra. Révesz
18 de abril de 1917	Hellmuth, Dra. Révesz
16 de maio de 1917	Hellmuth, Dra. Reik, Srta. Hellberg, Dra. Révesz
06 de junho de 1917	Hellmuth, Srta. Ilm
10 de outubro de 1917	Hellmuth, Anna Freud
14 de novembro de 1917	Hellmuth, Helene Deutsch, Dra. Federn
12 de dezembro de 1917	Hellmuth, Helene Deutsch, Dra. Révesz, Sra. Ilm
16 de janeiro de 1918	Hellmuth, Helene Deutsch, Dra. Bloch, Dra. Révesz
30 de janeiro de 1918	Hellmuth, Dra. Révesz, Helene Deutsch
13 de fevereiro de 1918	Dra. Federn
13 de março de 1918	Hellmuth, Helene Deutsch, Dra. Révesz
17 de abril de 1918	Hellmuth, Dra. Révesz, Srta. Dicker
15 de maio de 1918	Dra. Révesz, Srta. Grissmann

05 de junho de 1918	Hellmuth, Dra. Révesz, Anna Freud, Dra. Horowitz, Srta. Strassky
12 de junho de 1918	Hellmuth, Dra. Révesz, Anna Freud, Srta. Strassky
19 de novembro de 1918	Helene Deutsch, Hellmuth, Sokolnicka, Srta. Bernfeld, Anna Freud, Srta. Pötzl

Fonte: Andres, Isabela Rodrigues. *Vozes emergentes: o percurso das primeiras psicanalistas pelas Atas da Sociedade Psicanalítica de Viena*. 2025. Dissertação (Mestrado em Psicologia Clínica) – PUC-SP, Faculdade de Ciências Humanas e da Saúde, São Paulo, mar. 2025.

A pesquisa histórica de Isabela Rodrigues Andres, fundamentada na análise das *Atas da Sociedade Psicanalítica de Viena* (1906 – 1918), investiga as trajetórias das pioneiras da primeira geração psicanalítica que, desafiando as restrições sociais de seu tempo, fizeram contribuições significativas para a teoria e prática psicanalíticas, especialmente nos campos da análise infantil, educação, linguagem e sexualidade feminina. Ela recupera suas contribuições como justiça histórica à invisibilização de sua marginalização e resistência como vozes desafiadoras das estruturas de poder vigentes.

Agradecimentos

Agradecemos a Gilson Iannini e às editoras do Grupo Autêntica, Rejane Dias e Cecília Martins, pelo convite para editar este livro e pela confiança. Agradecemos também a generosidade dos editores e tradutores que disponibilizaram algumas das traduções reproduzidas neste livro: Lucas Krüger, editor da Artes & Ecos, e Fábio Caprio Leite de Castro, por cederem a tradução do texto de Lou Andreas-Salomé; Alexandre Socha, editor da Quina Editora, e Virginia Helena Ferreira da Costa, por cederem a tradução do texto de Ruth Mack Brunswick; Eduardo Blücher e Rafael Fulanetti, da Editora Blücher, e Renata Dias Mundt, por cederem a tradução do texto de Sabina Spielrein; e Teresa Pinheiro, por ceder a tradução do texto de Margarete Hilferding. Por fim, expressamos nosso agradecimento a Klara Naszkowska, pelo prefácio do livro; a Sidnei Vilmar Noé, pela tradução dos textos de Karen Horney, Emma Eckstein e Hermine Hug-Hellmuth; e a Richard Theisen Simanke, pela redação de alguns dos capítulos introdutórios e pelas traduções dos textos de Eugenia Sokolnicka e Barbara Low.

Organização, prefácio e introduções

Renata Udler Cromberg
Psicanalista, pesquisadora e escritora. Graduou-se em Psicologia e em Filosofia pela Universidade de São Paulo (USP) e realizou doutorado e pós-doutorado no Instituto de Psicologia da mesma instituição. É membro do Departamento de Psicanálise do Instituto Sedes Sapientiae, do Grupo Brasileiro de Pesquisa Sándor Ferenczi, da International Association for Spielrein Studies, além de professora convidada do Programa de Teoria Psicanalítica da Coordenadoria Geral de Especialização, Aperfeiçoamento e Extensão da Pontifícia Universidade Católica de São Paulo (Cogeae/PUC-SP). Entre muitas outras publicações nacionais e estrangeiras, é autora de *Paranoia e cena incestuosa: violência e abuso sexual* (Artesã, 2021) e organizadora e autora de textos e notas de *Sabina Spielrein: uma pioneira da psicanálise* – Obras Completas, v. I e II (Blucher, 2021) e *Sabina Spielrein: uma pioneira da psicanálise* – Obras Completas, v. III (Blucher, no prelo).

Fátima Caropreso
Psicóloga, mestre e doutora em Filosofia. Atualmente é professora associada do Departamento de Psicologia da Universidade Federal de Juiz de Fora (UFJF) e pesquisadora visitante do Departamento de Estudos Psicossociais e Psicanalíticos da Universidade de Essex, no Reino Unido. Sua principal área de especialização é história e epistemologia da psicanálise, e, desde 2010, pesquisa mulheres psicanalistas. Seus projetos de pesquisa atuais concentram-se no trabalho de Judith Kestenberg com crianças sobreviventes do Holocausto e nas teorias sobre a linguagem e o simbolismo de Sabina Spielrein. É bolsista de produtividade em pesquisa do Conselho Nacional de Desenvolvimento Científico e Tecnológico (CNPq). Algumas de suas principais

publicações são *Freud e a natureza do psíquico* (Annablume, 2010), "The Death Instinct and the Mental Dimension Beyond the Pleasure Principle in the Works of Spielrein and Freud" (*International Journal of Psychoanalysis*, v. 98, n. 6, 2017), "Sabina Spielrein's Theory of the Origin and Development of Language" (*International Journal of Psychoanalysis*, v. 101, n. 4, 2020), "Barbara Low and Sabina Spielrein: Misrepresentations of Their Works in the History of Psychoanalysis" (*American Imago*, v. 79, n. 2, 2022, em coautoria com Richard Simanke), "The Research Trajectory of Judith Kestenberg: From the Study of Movements to Research with Child Victims of the Holocaust" (*S:I.M.O.N. – Shoah: Intervention. Methods. Documentation*, v. 11, n. 1, 2024) e "Death Instinct and Mental Conflict in Sabina Spielrein's Early Work" (*American Imago*, v. 81, n. 4, 2024).

Klara Naszkowska

PhD, é historiadora cultural e oral de mulheres judias e explora as intersecções entre gênero, sexualidade, estudos judaicos, psicanálise, migração, memória e pós-memória. Suas publicações recentes incluem os capítulos "Give Me Permission to Remember: Judith S. Kestenberg and the Memory of the Holocaust", em *Contemporary Psychoanalysis and Jewish Thought: Answering a Question with More Questions* (Routledge, 2023), e "Help, Health, Husbands, and Hutzpah: The Lives of Five Women Analysts", em *The Émigré Analysts and American Psychoanalysis: History and Contemporary Relevance* (Routledge, 2023). Seu livro mais recente é um volume editado, *Early Women Psychoanalysts: History, Biography, and Contemporary Relevance* (Routledge, 2024). Foi também editora convidada de um número especial da revista *American Imago* dedicado a Sabina Spielrein (2025). Atualmente, está finalizando o livro narrativo de não ficção *Clara Happel, Judaism, and Psychoanalysis in America: Memory, History, and Interpretation*, com lançamento previsto para 2026 pela Routledge. Em seu mais recente projeto de investigação, *Between Silence, Memory, and Postmemory: Shoah and Migration of Polish Jewish Female Psychoanalysts in the United States*, utiliza materiais de arquivo e entrevistas para reconstruir biografias de mulheres psicanalistas judias polonesas que fugiram do nazismo para os Estados Unidos. O projeto centra-se nos seus relatos sobre o passado e na recontagem de suas histórias de perda e sobrevivência por seus filhos e netos. Sua pesquisa foi premiada com uma Fulbright Fellowship e uma Schlesinger Library Research Support Grant. É também a diretora fundadora da International Association for Spielrein Studies (criada em 2017) e professora adjunta da Montclair State University.

Richard Theisen Simanke

Professor titular do Departamento de Psicologia da Universidade Federal de Juiz de Fora (UFJF), onde leciona no Programa de Mestrado em Filosofia e nos Programas de Mestrado e Doutorado em Psicologia. Anteriormente, foi professor associado do Departamento de Filosofia e Metodologia da Ciência da Universidade Federal de São Carlos (UFSCar), lecionando nos Programas de Mestrado e Doutorado em Filosofia. Suas principais áreas de pesquisa são história e filosofia da psicologia e da psicanálise, epistemologia e história, e filosofia da ciência. É professor visitante no Departamento de Estudos Psicossociais e Psicanalíticos da Universidade de Essex, no Reino Unido (2024-2025), e bolsista de Produtividade em Pesquisa do Conselho Nacional de Desenvolvimento Científico e Tecnológico (CNPq) desde 2002. É autor, entre outros trabalhos, de *A formação da teoria freudiana das psicoses* (Loyola, 2009), *Metapsicologia lacaniana: os anos de formação* (Discurso Editorial, 2002), *Entre o corpo e a consciência: ensaios de interpretação da metapsicologia freudiana* (EDUFSCar, 2011, em coautoria com Fátima Caropreso), *A fundação da psicanálise: uma análise do* Projeto de uma psicologia *de Freud. V. I: Do neurônio à memória* (Langage, 2023), *Repetição* (Sinthoma, 2024) e *A fundação da psicanálise: uma análise do* Projeto de uma psicologia *de Freud. V. II: Corpo, prazer e consciência* (Langage, 2025).

Este livro foi composto com tipografia Adobe Garamond Pro e
impresso em papel Off-White 70g/m² na Formato Artes Gráficas.